Elmar R. Gruber

DIE PSI-PROTOKOLLE

Für Thomas, Marco und Oliver

Elmar R. Gruber

Die Psi-Protokolle

Das geheime CIA-Forschungsprogramm und die revolutionären Erkenntnisse der neuen Parapsychologie

Mit 50 meist farbigen Fotos
und 9 Abbildungen

Mit Beilage: CD-ROM
»Mysterium light«

Langen Müller

Bildnachweis

Fotos:

Bio-Emissionslabor 35, 37–40, 42; Mind Science Foundation 29, 30; Esotera-Archiv 6, 19; Elmar R. Gruber 3–5, 10, 14, 15, 18, 21–25, 28, 31, 46, 50; Kimiko Kawano 36; Stanley Krippner 32–34; Yoshio Machi 26, 27, 41; Leszek Matela 17; Edwin C. May 13; Darlene Moore 1, 2; Princeton Engineering Anomalies Research (Margins of Reality) 43–45, 47–49; Harold E. Puthoff 7–9; Paul H. Smith 11, 12; Charles T. Tart 16, 20

Abbildungen:

Harold E. Puthoff 1–3; Keith Harary 4; Elmar R. Gruber 5–7; Journal of Scientific Exploration 8; Journal of Parapsychology 9

Vorsatz:

Ein Experiment zur anomalen Informationsübertragung durch sogenannte Qi-Emission im *Bio-Emissionslabor* in Chiba, Japan.

Nachsatz:

»Mysterium light«, Auszug aus der großen CD-ROM »Mysterium«, plus Offline-Version von »Mysterium Online« (United Soft Media Verlag GmbH)

Gedruckt auf chlorfrei gebleichtem Papier

Umschlagentwurf: Wolfgang Heinzel
Satz: Schaber Datentechnik, Wels
Gesetzt aus der 10,5/12,5 Punkt Stempel Garamond in PostScript
Druck: Jos. C. Huber, Dießen
Binden: R. Oldenbourg, München
Printed in Germany
ISBN 3-7844-2669-7

Inhalt

Prolog

Die Auseinandersetzung mit dem Unerklärlichen hat stets die Phantasie der Menschen beflügelt. In allen Zeiten und Kulturen und aus allen Schichten der Bevölkerung wird von außerordentlichen Anomalien im Zusammenhang mit dem menschlichen Bewußtsein berichtet; Anomalien, die im volkstümlichen Verständnis mit den Begriffen »paranormal«, »mystisch« und »spirituell« assoziiert werden. Sie sind fester Bestandteil der menschlichen Erfahrung.

Die Wissenschaft, die sich dem Studium dieser Phänomene verschrieben hatte, mußte einen langen Kampf austragen. Den Kampf gegen die leichtgläubigen Befürworter alles »Übersinnlichen« und den Kampf gegen jene, die alles Paranormale ungeprüft verneinen. Sie hat die Auseinandersetzungen mit Bravour überstanden und schickt sich an, einen unentbehrlichen Platz in der neuen Wissenschaft vom Bewußtsein einzunehmen – dem letzten unbekannten Territorium unserer Erkenntnis.

Sie haben noch nie von AC, AMP, Ganzfeld oder DMILS gehört? Auch nicht von AFMK und CRV? Dann liegt das vielleicht daran, daß die Entwicklung der wissenschaftlichen Erforschung des Paranormalen in den letzten Jahren an Ihnen vorbeigegangen ist. An vielen ist sie vorbeigegangen. Denn die Psi-Forschung hat sich verstärkt von der Bühne der Öffentlichkeit zurückgezogen. Vielleicht hat sie damit ihr drittes und entscheidendes historisches Stadium erreicht.

In der Frühzeit war Parapsychologie ein Tummelplatz für Dilettanten und Freizeitforscher, später, zur Zeit der großen Pioniere, wurden die Weichen gestellt für eine zumindest partielle Anerkennung durch die »harten Wissenschaften«. Dennoch blieb ein wesentlicher Teil der Untersuchungen in den Händen von interessierten Laien. Seit etwa zwei Jahrzehnten zieht sich die Psi-Forschung merklich auf ein Gebiet zurück, das nur noch mit geeigneter wissenschaftlicher Ausbildung bewältigt werden kann. Komplizierte naturwissenschaftliche Theorien und für Laien undurchschaubare Experimente prägen die gegenwärtige Lage der Forschung. Es mag bedauerlich sein, daß die nach außen hin sensationellen Untersuchungen ausbleiben, die Jahrzehnte der Parapsychologie geprägt und durch die journalistische Ausschlachtung ins Zwielicht gerückt hatten.

Diese Entwicklung war allerdings der Anfang eines Durchbruchs. Nicht ein Durchbruch durch unzweifelhaft dokumentierte außerordentliche Psi-Leistungen Begabter, sondern ein Durchbruch im Stillen, auf ganz anderen Pfaden, als man es vielleicht erwarten mochte. Auf den Pfaden einer wissenschaftlichen Suche, die danach trachtet, das rätselhafte Zusammenspiel von Geist und Materie auf der kleinsten Ebene zu entschlüsseln.

Unbemerkt von vielen ist der Durchbruch in den letzten Jahren tatsächlich gelungen. Das Dasein der Psi-Forschung als belächelte Pseudo-Wissenschaft gehört der Vergangenheit an.

Die neue Entwicklung begann, als die Väter der Forschung diesen Planeten verließen. Innerhalb eines Jahrzehnts endete die Ära der Pioniere, die als starke Persönlichkeiten die Parapsychologie als Wissenschaft etabliert hatten – freilich jeder auf unterschiedliche Weise und mit wechselndem Erfolg. Die großen, weithin bekannten Namen verschwanden: Zuerst Joseph Banks Rhine (1895–1980), der Begründer der quantitativ-statistischen Forschung in seinem *Institute for Parapsychology* in Durham, North Carolina; ein Jahr später in den Niederlanden Wilhelm H. C. Tenhaeff (1894–1981), der Tiefenpsychologie und Parapsychologie zusammenführte; Rhines Frau Louisa Ella Rhine (1891–1983), die sich bedeutende Verdienste in der Analyse von Spontanfällen erworben hatte; schließlich der Nestor der deutschen Parapsychologie, Hans Bender (1907–1991), Begründer des *Instituts für Grenzgebiete der Psychologie und Psychohygiene* in Freiburg; zuletzt der führende italienische Parapsychologe und Psychoanalytiker Emilio Servadio (1904–1995). Das waren prägende Gestalten, deren Untersuchungen nationale und internationale Berühmtheit genießen. Sie haben ein Vakuum hinterlassen, was ihre Eigenart und das Feuer der Leidenschaft anbelangt, das sie in vielen Schülern zu entfachen vermochten. Aber sie haben kein Vakuum in den Labors zurückgelas-

sen. Dort ereignet sich derweil der bahnbrechende Wandel, der es den innovativsten Psi-Forschern erlaubt, die letzten Grenzen ins Auge zu fassen: die High-Tech-Maschine von morgen, die auf die direkte Interaktion zwischen Bewußtsein und Materie reagiert.
Mittlerweile zollen die Schulwissenschaften der neuen Parapsychologie Respekt und öffnen vermehrt ihre Fachzeitschriften für wegweisende parapsychologische Artikel. Man findet sie in so anerkannten Zeitschriften wie *Foundations of Physics*, *Physical Review*, *American Psychologist*, *Psychological Bulletin*, *Statistical Science*, *Brain and Behavioral Sciences* oder *Perceptual and Motor Skills.* Sie dokumentieren damit den Erfolg der neuen Psi-Forschung, ihre Eingliederung als anerkanntes Wissensgebiet. Auch die gewandelten Einstellungen prominenter Kritiker belegen diesen Trend. Sie mußten anerkennen, daß die Experimente eine hohe Qualität erreicht haben und sich die Ergebnisse nicht mehr von der Hand weisen lassen.
In den Augen der Wissenschaftler braucht die neue Parapsychologie nicht mehr Beweise erbringen, daß die Phänomene, die sie untersucht, existieren. Sie kann sich nunmehr ganz der Frage widmen, wie sie verstanden, eingeordnet und genutzt werden können. Für die Parapsychologen, die früher in der Hauptsache damit beschäftigt waren, die Existenzberechtigung ihrer Forschungen unter Beweis zu stellen, kommt dies einem Quantensprung gleich. Jetzt kann die ganze Energie dem Verständnis dieser Phänomene zugeführt werden.
In einem offiziellen Gutachten über die moderne Psi-Forschung urteilte kürzlich die geachtete Statistikerin Jessica Utts, Professorin an der University of California in Davis: »Die statistischen Ergebnisse der begutachteten Studien liegen weit jenseits dessen, was durch Zufall erwartet wird. Argumente, daß diese Resultate auf methodologischen Fehlern in den Experimenten basieren könnten, konnten eindeutig zurückgewiesen werden … Es wird empfohlen, daß künftige Experimente sich darauf konzentrieren, zu verstehen, wie dieses Phänomen funktioniert und wie man es so brauchbar wie möglich macht. Es besteht wenig Gewinn darin, weiterhin Experimente anzustellen, die nur Beweise liefern.«[1]
Noch sind diese Entwicklungen unbeachtet von weiten Teilen der

Bevölkerung, während das Außergewöhnliche und Unheimliche weiterhin Hochkonjunktur hat. Fernsehsender überbieten sich gegenseitig mit phantastischen Phänomenen – Geschichten im Grenzbereich zwischen Fakt und Fiktion. Genährt werden Befürchtungen und Hoffnungen von außerordentlichen paranormalen Fähigkeiten. In der Tat ist das Außergewöhnliche wirksam in der Welt, doch kaum in Form plakativer Phänomene, sondern unsichtbar zumeist, als stiller, unscheinbarer Austausch zwischen Bewußtsein und Materie. Das klingt nach wenig, und doch ist es nicht weniger als eine Revolution in unserem Verständnis vom Bewußtsein und seinem Wirken in der Welt. Was wir als Zufall ansehen, ist in Wahrheit überhaupt nicht zufällig. Der Zufall besitzt eine verborgene Organisation, und diese Organisation heißt Psi. Psi ist Teil der Art, in der die Natur organisiert ist.

In diesem Buch versuche ich einen Einblick zu geben in die neuen Enklaven, die sich die Psi-Forschung geschaffen hat. Einen Einblick in die Labors kreativer Wissenschaftler, in ihre eigentümlichen, komplexen Experimente, ihre Denkweise und die Bedeutung der Resultate. *Warum* die Ergebnisse so sensationell sind, konnten bislang nur Fachleute würdigen und verstehen, denn die beobachteten Effekte sind gering; verschwindend gering verglichen mit den eindrucksvollen Fällen, die der Parapsychologie zu zweifelhafter Popularität verholfen haben. Und doch: Während die Evidenz zugunsten der großartigen Fälle schwindet und viele erstaunliche Phänomene eine natürliche Erklärung finden, sind es die unscheinbaren Effekte einer unabweisbaren Laborforschung, die kaum merklichen anomalen Einflüsse auf elektronische Maschinen und lebende Systeme, die den Faktor Psi heute als wissenschaftlich gesicherte Tatsache erscheinen lassen.

Die Psi-Protokolle, das sind die jüngsten spannenden, aber weithin unbekannten empirischen Befunde. Ich gebe nicht nur Einblicke in die amerikanischen und europäischen Labors, sondern auch in die bislang verschlossene Welt der jüngsten massiven Anstrengungen auf diesem Gebiet der russischen, chinesischen und japanischen Psi-Forschung.

Die Psi-Protokolle sind aber auch die Top-Secret-Forschungsprojekte, die zu Beginn der siebziger Jahre die CIA initiiert hatte: Ein

Geheimprogramm der US-Regierung, das 23 Jahre lang die Forschung auf diesem Gebiet mit mehr als 20 Millionen Dollar förderte. Mit dieser Arbeit waren Nicht-Parapsychologen betraut, Physiker vor allem. Unterstützt von den Regierungsgeldern und einer neuen Perspektive auf alte Probleme, entstanden in ihren Labors zahlreiche neue Ansätze, die wesentliche Neuerungen in der Psi-Forschung hervorgerufen haben.

Dabei war ihr Auftrag rein pragmatischer Natur: Psi sollte für Spionagezwecke zur Einsatzreife gebracht werden. Ein Teil der ehemals geheimen Dokumente wurde jetzt zugänglich gemacht. Sie zeigen, welchen wichtigen Stellenwert die Erforschung von Psi im Muskelspiel der Weltmächte eingenommen hat. Sie zeigen auch die Erfolge – und Grenzen – der Anwendung von Psi.

Ich habe das große Glück, seit meiner Zeit als aktiver Psi-Forscher mit jenen Wissenschaftlern, die das geheime Psi-Projekt geleitet, und vielen paranormal Begabten, mit denen sie gearbeitet haben, befreundet zu sein. Eine Freundschaft, die mir einen Einblick hinter die Kulissen von kolportierten Ergebnissen und phantastischen Behauptungen erlaubt und mir ermöglicht hat, die wahre Geschichte der Psi-Spione, ihren Aufstieg, ihren Erfolg und ihren Niedergang zu dokumentieren.

Zum gewandelten Bild der Psi-Forschung gehören neue Begriffe, die ich im Laufe meines Buches abwechselnd mit den herkömmlichen, immer noch verwendeten, gebrauche. Die neuen Termini und Konzepte werden erklärt, sobald von ihnen die Rede ist. Einige, die häufig wiederkehren, benötigen aber eine kurze Erläuterung.

Psi ist der Sammelbegriff aller paranormalen Phänomene. Er umfaßt außersinnliche Wahrnehmung und Psychokinese. Bei der außersinnlichen Wahrnehmung (ASW) werden Informationen auf unerklärliche Weise erworben. Bei der Psychokinese (PK) wird die materielle Welt auf unerklärliche Weise beeinflußt. Die außersinnliche Wahrnehmung umfaßt Telepathie (Informationsaustausch von Mensch zu Mensch ohne Zuhilfenahme der normalen Sinne), Hellsehen (Informationen über entfernte Objekte und Situationen ohne Vermittlung der normalen Sinne) und Präkognition (Informationen von zukünftigen Ereignissen, ohne daß die Informationen auf normalem Weg gewonnen werden können).

Neben diesen gängigen Begriffen wird Parapsychologie selbst als Wissenschaft von den »anomalen mentalen Phänomenen« (AMP) bezeichnet. Außersinnliche Wahrnehmung heißt »anomale Kognition« (AC). Da sich die Laborforschung über Psychokinese weitgehend auf Mikroeffekte in sogenannten stochastischen (zufälligen) Systemen konzentriert, werden für diese Wirkungen zwei Begriffe bevorzugt: »Anomale Perturbation« (AP) oder »Bewußtsein-Materie-Interaktion« (BMI). »Anomal« heißen Psi-Phänomene deshalb, weil sie Anomalien in unserem gegenwärtigen naturwissenschaftlichen und psychologischen Verständnis der Welt darstellen. Anomalien sind (noch) unerklärliche, aber durchaus reale Phänomene. Anomale Phänomene haben nichts mit *anormalen* oder *abnormen* Phänomenen gemein, zumal letztere Begriffe auf abweichendes Verhalten von einer Norm, auch in pathologischem Sinne, verweisen.

In den USA hat im allgemeinen Sprachgebrauch ein neues Wort die alte Bezeichnung für »außersinnliche Wahrnehmung« in wenigen Jahren vollkommen verdrängt: »Remote Viewing« (RV). Remote Viewing bedeutet »Fernsehen« oder »Fernwahrnehmung«. Ich lasse die Bezeichnung unübersetzt, da sie sich anschickt, international zu einem feststehenden Terminus zu werden.

Anomale Kognition wird durch zwei Methoden experimentell untersucht. Eine heißt »Methode der erzwungenen Auswahl« (*forced-choice*). Dabei muß aus vorher bekannten Zielbildern, die in eine Zufallsabfolge gebracht werden, das jeweils aktuelle Bild »erraten« werden. Die Urform dieses Tests hatte J. B. Rhine in den dreißiger Jahren in Durham, North Carolina, eingeführt. Er verwendete Kartenspiele mit den Symbolkarten Kreuz, Kreis, Wellenlinien, Quadrat und Stern. In einem Deck aus 25 Karten befanden sich jeweils fünfmal diese Symbole. Die Versuchspersonen mußten die Lage der Karten »erraten«. Gelang es ihnen, weit über der Zufallserwartung die richtigen Karten zu nennen, wurde das als ein Hinweis auf ein paranormales Vermögen gewertet.

Im Gegensatz dazu wird bei der »Methode der freien Antworten« (*free-response*) mit nicht bekannten Zielbildern, -objekten und -orten gearbeitet. Die Versuchspersonen haben die Möglichkeit, in freien Aussagen ihre Eindrücke über das Ziel zu schildern.

In den letzten Jahren hat man sich wieder vermehrt der Methode der freien Antworten zugewandt. Mit ihr lassen sich die Mechanismen von Psi besser studieren.
Bei Experimenten, die statistisch ausgewertet werden, stellt man zunächst fest, ob ein gesuchter Effekt überhaupt vorhanden ist. Dafür prüft man, ob ein Resultat »signifikant« ist. Signifikanz ist die Kennzeichnung für ein Ergebnis, das einen bestimmten Schwellenwert oberhalb oder unterhalb der Zufallserwartung erreicht hat, bei dem man davon ausgeht, daß er nicht mehr zufällig zustandegekommen sein kann, sondern aufgrund einer Einflußgröße. Man spricht für gewöhnlich von einem signifikanten Ergebnis, wenn man mit mindestens 95 % Sicherheit sagen kann, daß ein beobachteter Wert einen echten dahinter liegenden Einfluß widerspiegelt.
Wenn man die Beziehungen zweier Größen vergleichen will, kann man ihre Korrelation ermitteln. Die Korrelation ergibt ein Maß für den Zusammenhang. Hohe Korrelationen bedeuten einen engen Zusammenhang. Steigt eine Meßgröße an, während die verglichene Meßgröße ebenfalls ansteigt, dann liegt eine positive Korrelation vor. Eine hohe negative Korrelation reflektiert ebenfalls einen systematischen Zusammenhang zweier Meßgrößen. In diesem Fall steigt eine Größe an, während die andere abfällt. Beispielsweise besteht zwischen dem Alter und der Reaktionsfähigkeit eine negative Korrelation: Je älter jemand wird, desto mehr läßt seine Reaktionsfähigkeit nach.
Wenn ich im Verlauf dieses Buches von »Psi-Signal«, »Psi-Radar« usw. spreche, dann sind dies bildhafte Ausdrücke für Vorgänge, deren Natur noch weitgehend im dunkeln liegt; und wenn von »Bewußtsein« die Rede ist, wird es nicht im Gegensatz zu unbewußten psychischen Prozessen verstanden, sondern als Gesamtheit der geistig-seelischen Ausdrucksweisen eines Menschen.

Teil I

Geheimdienste und Parapsychologie: Die Geschichte von Remote Viewing und den Psi-Spionen

»Ich hatte nie Lust, mit Skeptikern zu debattieren,
denn wer nicht an die Realität von Remote Viewing
glaubte, hatte seine Hausaufgaben nicht gemacht.
Wir wußten nicht, wie man es erklären sollte,
aber wir waren weniger daran interessiert, es zu
erklären, als es in der Praxis anzuwenden.«[2]

Generalmajor Ed Thompson

1 Paranormale Aufrüstung

Der okkulte Untergrund der Kriegsführung

In Menlo Park, südlich von San Francisco, im High-Tech-Gürtel des Silicon Valley, wo Computer- und Softwarefirmen mit bereits heute legendären Namen die zeitgemäße Form des amerikanischen Traums verwirklicht haben, steht ein Forschungsinstitut, das seinesgleichen sucht: das *Stanford Research Institute* oder *SRI International.* 2700 Wissenschaftler stehen in ihren Labors mit den neuesten und aufwendigsten Analysegeräten bereit, um Auftragsforschung auszuführen. Es wimmelt von Nobelpreisträgern und illustren Namen. SRI arbeitet für Regierungen und Unternehmen in aller Welt und besitzt mehrere Niederlassungen in den USA, Europa und Asien. Von naturwissenschaftlicher Grundlagenforschung bis zur strategischen Beratung von Regierungen und technologielastigen Industrien wird am SRI alles geboten. Die Einkünfte des »Think Tank« beliefen sich im Jahr 1995 auf 320 Millionen Dollar. Die Hälfte dieser Summe kam aus Regierungskassen. Traditionell zählt die militärische Auftragsforschung zu den Haupteinnahmequellen: die Entwicklung von neuen Waffen und High-Tech-Geräten für militärische Zwecke. In diesem Aushängeschild der amerikanischen Wissenschaft ist anwendungsorientierte Forschung gefragt. Kein Platz für Phantasten.

Niemand hätte am SRI ein Labor für eine derart umstrittene und deplaziert wirkende Wissenschaft wie die Parapsychologie vermutet. Dennoch, fast ein Vierteljahrhundert lang wurde hinter den Toren des SRI parapsychologische Forschung betrieben. Nicht um die Frage, ob es Psi gibt oder nicht, ging es, sondern um die Lösung der Aufgabe, wie man Psi zur Anwendungsreife bringen kann. Zum militärischen Einsatz genaugenommen. Zum Psi-Blick hinter den Eisernen Vorhang.

Am 28. November 1995 gab Robert Gates, der ehemalige Direktor der CIA (*Central Intelligence Agency*, Zentrale Organisation des Geheimdienstes) im amerikanischen Fernsehsender ABC vor einem Millionenpublikum in der Sendung *Nightline* zu, daß seine Behörde das Psi-Forschungsprogramm am SRI 1972 ins Leben gerufen hatte. Es sei darum gegangen, das paranormale Bedrohungspotential durch die Sowjets zu analysieren und auf diesem Gebiet entsprechend aufzuholen. Von nun an würde das Programm nicht mehr weitergeführt werden.

Seitdem machen sensationelle und paranoide Geschichten die Runde. Ehemalige Mitarbeiter des Projektes verkaufen sich werbewirksam, während die Psi-Forschung selbst doppelt ins Zwielicht gerät: Einmal durch den anrüchigen Vorwurf, Forschung für militärische Nutzung betrieben zu haben, andererseits durch die hämische Bemerkung, herausgekommen sei wohl nichts als heißer Dampf. Warum hätten sonst die Sicherheitsdienste die Akte »Psi« zugeklappt?

Warum wohl?

Über das SRI-Programm einer Psi-Forschung für Geheimdienste und Militärstellen sind abenteuerliche Mythen und Legenden im Umlauf. Es zählt dennoch zu den interessantesten Abschnitten in der Geschichte der Wissenschaft von den »anomalen mentalen Phänomenen«, die bislang unter dem Namen »Parapsychologie« bekannt ist.

Ein Blick in das von Legenden umsponnene Programm lohnt auf alle Fälle, denn es fand in einer Zeit statt, in der sich die alte Wissenschaft Parapsychologie in einem Umbruch befand und ein neues Gesicht erhielt. Die Forschungen am SRI hatten ihren Anteil an diesem Wandel, und der ist nicht zu unterschätzen.

Wie Krieg selbst, bei allem zur Schau gestellten vernunftgesteuerten Zerstörungswillen, grundsätzlich ein irrationales Geschäft ist, fand sich im strategischen Denken der Militärs schon immer Raum für Hellsehen und Präkognition. Seher an der Seite großer Heerführer sind nicht umsonst schon in der Antike in den Rang mythischer Prototypen gehoben worden. In Homers Ilias führt der große Seher Kalchas die achäischen Schiffe nach Troja. Er vernimmt, wie Helenus auf seiten der Trojaner, die »Stimme der unsterblichen

Götter«. Profaner (und in »irdischeren« Dimensionen) ging es in den folgenden Jahrhunderten zu. Aber noch die Verquickung von völkischer Mythologie und astrologischer Faszination der Nazis bereitete erst vor wenigen Jahrzehnten den Boden für okkulte Kriegführung. Im Frühjahr 1942 versammelte das Kriegsministerium in einem dubiosen »Pendel-Institut« in der Admiral-von-Schroeder-Straße in Berlin ein Häufchen okkulter Schwarmgeister, Pendler, Wünschelrutengeher, Astrologen und Sensitive. Man wollte es den Engländern gleich tun, die angeblich Pendler dazu einsetzten, die Positionen von deutschen U-Booten zu erkunden. Ein Korvettenkapitän im Marineministerium, überzeugt davon, daß man mit dem Pendel mit bestimmten Strahlungen in Resonanz treten könne, hatte sich in den Kopf gesetzt, die geeignete Pendeltechnik zu finden, um dieses Ziel zu erreichen. Die »Strahlungen« der U-Boot-Körper sollten auf Seekarten radiästhetisch festgestellt werden. Wie sich die Sitzungen mit deutscher Strenge gestalteten, gehört zu den skurrilen Aspekten der Kulturgeschichte. Da gab es lächerlich steife Vorschriften, welche die Art der Kleidung, des Sitzens und die Weise, das Pendel zu halten, betrafen. Als die Erfolge ausblieben, legte man die Seekarten auf Kupferplatten in der unsinnigen Hoffnung auf eine magisch-physikalische Verstärkung des Effekts.[3]

Zwei Jahrzehnte später war man in den USA zu der Überzeugung gekommen, daß hinter dem Eisernen Vorhang vergleichbare Anstrengungen unternommen würden, und man befürchtete eine Gefahr für die nationale Sicherheit. Psi im Dienste der sowjetischen Militärs. Wie paßte das zusammen?

In der ehemaligen Sowjetunion ging die parapsychologische Forschung, ideologisch bedingt, jahrzehntelang andere Wege als im Westen. Das materialistische Weltbild ließ für die geistige Dimension, welche die Parapsychologie erkundet, keinen Raum. Dabei erfuhr die Parapsychologie dort viel früher allgemeine Anerkennung. Bereits im Februar 1922 legte der *Russische Kongreß der Gesellschaft der Naturalisten* ein positives Gutachten über die Forschungsarbeiten eines gewissen Bernard Kashinskij auf diesem Gebiet vor. Man kann die Bedeutung dieser Tatsache nicht hoch genug einschätzen. In den USA käme das der Anerkennung der Psi-For-

schung durch die *American Institutes of Mental Health* gleich, was selbst heute noch absolut unwahrscheinlich ist.
Kashinskij hatte im Jahre 1919 ein einschneidendes paranormales Erlebnis im Zusammenhang mit dem Tod seines Freundes gehabt. Es hatte ihn veranlaßt, sich fortan der Erforschung des menschlichen Nervensystems zu widmen und der Frage, wie dieses auf unerklärbare Weise auf Reize reagieren kann, die den bekannten Sinnen nicht zugänglich sind. Das war der Anfang eines Forschungsprogramms, das sich in seinem Ansatz auffällig von der westlichen parapsychologischen Tradition unterschied. Während man im Westen davon ausging, daß Psi eine weitgehend psychologisch erklärbare Eigenschaft sein muß, vertrat Kashinskij die Ansicht, es müsse sich dabei um eine biologische Komponente handeln, ein unbekanntes Sinnesorgan, zumindest aber um eine Anlage in der Struktur des Organismus.[4]
Kashinskijs Ansatz führte in der ehemaligen Sowjetunion zu einer stark neurophysiologisch und biologisch orientierten Forschungsrichtung, deren bedeutendster Vertreter der Physiologe Leonid Wassiliew wurde. Wassiliew zementierte die ideologische Basis für die sowjetische parapsychologische Forschung in den zwanziger Jahren in Büchern, Artikeln und Vorträgen.[5] Das Kernstück seiner These lautete: Die experimentellen Fakten der Telepathie sollen von einem physiologischen, also materiellen, Standpunkt aus untersucht werden, damit sie von den Anhängern des »religiösen Aberglaubens«, also eines idealistischen Standpunktes, nicht ausgebeutet werden können.
In dieser Zeit wies er in einem eleganten Versuch über »Mentalsuggestion« nach, daß Personen über große Entfernung und selbst unter Abschirmung von bekannten elektromagnetischen Strahlen, telepathisch beeinflußt werden konnten. Fernbeeinflussung – dieser beispielhafte Ansatz ist bis heute ein Leitthema der russischen Forschung geblieben und der Grund dafür, daß sich die Amerikaner schließlich veranlaßt sahen, eine Analyse des Bedrohungspotentials zu initiieren.
Wirklich nervös wurden die US-Geheimdienste allerdings erst Ende der sechziger Jahre. Über das Ausmaß der sowjetischen Forschungen zeigte man sich zutiefst erstaunt, zumal man bislang an-

genommen hatte, daß paranormale Phänomene im Rahmen der offiziellen materialistischen Doktrin keinen Platz hatten. Keine Ahnung hatte man davon, daß die diesbezüglichen Forschungen den materialistischen Ansichten überhaupt nicht widersprachen, weil sie auf der naturwissenschaftlichen, speziell der biologischen Ebene, geführt wurden.

Psi-Wettstreit der Weltmächte

Davor hatten die Geheimdienste in den USA bereits mit dem Einsatz von Psi geliebäugelt. Offenbar wurde jedoch nicht die Dringlichkeit der Erforschung erkannt. 1981 konnte man durch das »Gesetz über Informationsfreiheit« (FOIA, *Freedom of Information Act*), Einblick in geheime Akten nehmen, aus denen hervorgeht, daß die CIA schon wenige Jahre nach dem Zweiten Weltkrieg den Vorschlag zur Untersuchung der außersinnlichen Wahrnehmung unterbreitet hatte. In einem Memorandum vom 7. Januar 1952 ist zu lesen: »Wenn – und es erscheint uns nunmehr jenseits jeden Zweifels bewiesen – in einigen Personen eine gewisse Fähigkeit zur außersinnlichen Wahrnehmung existiert, sollte diese Tatsache und daraus resultierende konsequente Entwicklungen, Bedeutung für den professionellen Sicherheitsdienst besitzen.«[6]

Wir wissen nicht, ob das Projekt von 1952 jemals verwirklicht wurde. Tatsache ist, daß in jenem Jahr J. B. Rhine, Amerikas bedeutendster Parapsychologe, mit seinem Kronprinzen John Gaither Pratt (1910–1979) im Geheimauftrag der US-Regierung Europa bereiste. Mit von der Partie war Richard Lowrie, der Projektleiter am *US Corps of Engineers* der Forschungs- und Entwicklungslabors in Fort Belvoir, Virginia, unter deren Leitung das Projekt stand. Die Abordnung sollte die Möglichkeiten außersinnlicher Fähigkeiten von Tieren und deren gezielten militärischen Einsatz erkunden. Ebenfalls 1952 hielt der Arzt Andrija Puharich (1918–1995) bei einem geheimen Pentagon-Meeting einen Vortrag unter dem Titel *Ein Gutachten über die möglichen Anwendungen von außersinnlicher Wahrnehmung in der psychologischen Kriegsführung.* Ein Jahr später hielt er Vorträge über Telepathie bei der

Luftwaffe und über die biologischen Grundlagen der außersinnlichen Wahrnehmung am Chemie-Zentrum der Armee. Puharichs Weltbild war eine eigentümliche Mischung aus Parapsychologie, Okkultismus und Science-fiction. Durch ein Medium stand er in Kontakt mit »Den Neun« – angeblich die höchsten Geister des Universums. In seinem Buch *The Sacred Mushroom*[7] vertrat er die These, daß psychoaktiv wirkende Substanzen in bestimmten Pilzarten Bestandteile eines »Schlüssels zur Ewigkeit« seien. Berühmt wurde Puharich in den siebziger Jahren durch seine »Entdeckung« von Uri Geller.

Der Ex-CIA-Angestellte Victor Marchetti erzählt aus den frühen sechziger Jahren unglaublich klingende Geschichten. Oberst Oleg Penkowskij war einer der wertvollsten Kontaktmänner der CIA auf der anderen Seite. 1963 wurde er des Hochverrats für schuldig befunden und exekutiert. Marchetti zufolge hielt das die CIA nicht von dem Versuch ab, Oberst Penkowskij weiterhin zu kontaktieren. Diesmal wahrhaft auf der »anderen Seite«, mit Hilfe eines Mediums, das dem toten Agenten geheime Informationen entlocken sollte. Offenbar war die mediale Kontaktaufnahme zur Zufriedenheit der Geheimdienstler ausgefallen, denn Marchetti bemerkt, daß sie keinen Grund sahen, diese – selbst für Parapsychologen – unorthodoxen Maßnahmen zur Informationsbeschaffung einzustellen.

Um das Jahr 1967 brachten die Amerikaner in Erfahrung, daß die Sowjets 14 Forschungsinstitute mit geschätzten $ 500 Millionen jährlich unterstützten, um ihre Version von parapsychologischer Forschung voranzutreiben. Was konnte die Gegenseite veranlaßt haben, ein so unsicheres Wissensgebiet derart intensiv zu fördern? Es klingt wie eine Ironie des Schicksals, der Grund war – eine Zeitungsente!

Die amerikanische *Nautilus* war das erste atomar betriebene U-Boot der Welt. Als es 1959 seine erste Reise unter der Eisdecke des Nordpols antrat, sollen – französischen Quellen zufolge – erfolgreiche telepathische Kartenrate-Experimente zwischen einem Besatzungsmitglied und einem Forschungszentrum der Westinghouse Electric Corporation in Friendship, Maryland, durchgeführt worden sein. Man wußte, daß Westinghouse Telepathieversuche durchführen ließ und die Bell Telephone Laboratories an solche

Experimente dachten, sie aber wieder verworfen hatten. Die Kommunikation mit getauchten U-Booten stellt ein unüberwindliches Problem für die herkömmliche Nachrichtenübertragung dar. Ein findiger Journalist hatte die beiden nicht zusammenhängenden sensationellen Ereignisse einfach kombiniert und daraus eine aufregende Story geschmiedet. Seine Zeitungsente führte zu einer der eigentümlichsten Kettenreaktionen der Gegenwartsgeschichte.

Wassiliew sprach perfekt französisch. Seine Kontakte zum Westen liefen hauptsächlich über das *Institut Metapsychique International* in Paris. Raphael Kherumian, ein bekanntes Mitglied des Instituts, sammelte die Berichte über die angeblichen *Nautilus*-Experimente in der französischen Presse und sandte sie seinem Freund Wassiliew. Die Sowjets, geschockt über den Vorsprung der Amerikaner, unternahmen sofort enorme Anstrengungen, um eine militärisch nutzbare Psi-Forschung in Gang zu bringen.

Bei einer Konferenz 1968 in Moskau wurden westliche Wissenschaftler gezielt mit den Erfolgen der Untersuchungen konfrontiert. Man führte ihnen die aufsehenerregenden Psychokinese-Experimente von Nina Kulagina vor und ließ sie sogar einen Film, der diese Versuche zeigt, in den Westen »schmuggeln«.[8] Der russische Parapsychologe Eduard Naumow berichtete den Kongreßteilnehmern, daß die Rote Armee das *Nautilus*-Experiment erfolgreich »wiederholt« hätte. Solche und viele noch weniger überprüfbare, dafür aber spektakuläre Geschichten, sammelten Sheila Ostrander und Lynn Schroeder in einem Buch,[9] das nunmehr seinerseits die Amerikaner in Nervosität über den Psi-Fortschritt der Sowjets versetzte.

Bis in die späten sechziger Jahre hatten die Geheimdienste periodisch die Arbeiten der Parapsychologen verfolgt. Aber sie stützten ihre Einschätzungen auf Analysen von Nicht-Parapsychologen und Skeptikern, die stets davon abrieten, sich mit dieser unsicheren Wissenschaft auseinanderzusetzen.

Als 1969 ein führender sowjetischer Wissenschaftler bei einer obskuren Konferenz im kalifornischen Big Sur einen Vortrag über die grenzwissenschaftlichen Forschungen in seinem Land hielt, schrillten die Alarmglocken. Plötzlich sah man die Untersuchungen von »Mentalsuggestion« und »Fernbeeinflussung« in Zusammenhang mit »telepathischer Fernkontrolle« und Gehirnwäsche, und die Angst vor der feindlichen Supermacht war um eine neue konkrete Bedrohung angereichert worden: die »mentale Attacke«.

Die neuen Erkenntnisse über die Weiterentwicklung auf dem Gebiet der angewandten Psi-Forschung in der Sowjetunion erschütterten die US-Nachrichtendienste. Praktisch über Nacht kam es zu einer Kehrtwendung, und man trachtete fortan, den angeblichen Vorsprung der Sowjets schleunigst wettzumachen.[10]

Was die Militärs in den Vereinigten Staaten von der Notwendigkeit der Psi-Forschung überzeugte, waren nicht allein die Gerüchte über die angeblichen Fortschritte der Gegenseite auf diesem Gebiet. Es war der Umstand, daß Psi-Forschung preiswert ist. Im Vergleich mit den Kosten für Waffen-Arsenale ist Psi geradezu lächerlich billig. Und sollten die feindlichen Supermächte in der Tat in der Lage sein, etwa das Personal eines Silos für Interkontinentalraketen telepathisch auf große Entfernung zu beeinflussen, wie ein Bericht der DIA (*Defense Intelligence Agency*, Geheimdienst der US-Armee) unterstellt, dann war es um so dringender notwendig, die teure Hardware durch billige Gegenmaßnahmen zu schützen. Denn die DIA wußte: »Der wichtigste Antrieb hinter den sowjetischen Anstrengungen, die Möglichkeiten telepathischer Kommunikation, von Telekinese und Bionik nutzbar zu machen, soll von der sowjetischen Armee und dem KGB kommen.«[11] Der Bericht schließt mit der Überzeugung, daß die Kenntnisse der Sowjets auf diesem Gebiet jenen der USA überlegen seien.

Dieser DIA-Report aus dem Jahr 1972 stellt zweifellos eine eindrucksvolle soziologische Kuriosität dar. Er malt Szenarios von imaginären Psi-Attacken einer Sowjet-Armee von Hellsehern und Psychokineten an die Wand, die an Naivität nicht zu überbieten sind. Es heißt darin weiter:

»Früher oder später werden die Anstrengungen der Sowjets auf dem Gebiet der Psi-Forschung sie in die Lage versetzen, einige der folgenden Punkte zu verwirklichen: a) Kenntnis über Inhalte von streng geheimen US-Dokumenten, über die Bewegungen unserer Truppen und Schiffe, über Orte und Zweck unserer militärischen Installationen; b) Kenntnis der Gedanken der wichtigsten militärischen und zivilen Führer der USA; c) Verursachung des unmittelbaren Todes jeglicher US-Beamter auf Entfernung; d) Außer-Gefecht-Setzen auf Entfernung von US-Militärausrüstungen aller Arten, einschließlich Flugzeugen.«

Bei diesen Zeilen mußte einem der Atem stocken – außer den Parapsychologen. Sie wußten, daß dieses Szenario nur für Science-fiction-Romane geeignet war. Die Laborergebnisse hingegen förderten ein ganz anderes Bild zutage. Psi ist ein leicht störbares, sehr schwaches Signal, dessen kontrollierter Einsatz nur mit einer sehr hohen Fehlerquote möglich erschien. Der notorisch an Geldmangel leidenden Wissenschaft Parapsychologie konnte es nur recht sein, daß die US-Regierung ernsthaft über massive Finanzspritzen nachdachte. Eine Einschätzung der Lage wie in dem DIA-Report konnte nur förderlich sein, die Entscheidungen auf hohen politischen Ebenen zu beschleunigen. Man muß sich allen Ernstes fragen, ob die Parapsychologen in Amerika nicht das eine oder andere Gerücht über sowjetische Psi-Erfolge gezielt gefördert haben, um dem Geldfluß zusätzliche Impulse zu verleihen.

Amerikanische Regierungskreise hegten damals die Hoffnung, paranormale Fähigkeiten zu militärischen Zwecken einsetzen zu können. Ein weitgehend trügerischer Glaube, wie wir seit den okkulten Spielen der Wehrmacht wissen. Doch pragmatisches Denken hat sich in den USA nie gescheut, zugleich mit entwaffnender Naivität vorzupreschen. Seit den frühen Tagen des Kalten Krieges überwog der Wunsch, der Sowjetmacht stets einen Schritt voraus zu sein. Die Gelegenheit, den Wunsch in die Tat umzusetzen, ergab sich 1972. Daraus entwickelte sich ein 23 Jahre dauerndes Forschungs- und Anwendungsprogramm, das die mögliche Tragweite von anomaler Informationsübermittlung auf militärischem Gebiet erkundete. Es ist die Geschichte der Psi-Spionage im High-Tech-Zeitalter. Die Geschichte von »Remote Viewing«.

2 Remote Viewing

Transkontinentale Fernwahrnehmung: Rom–Detroit

Es war ein windiger, kühler Novembertag in Rom, und ich sollte zum sechsten Mal einen Ort aufsuchen, der zufällig ausgewählt worden war. Diesmal stand auf dem Zettel in dem versiegelten Umschlag »Flughafen Fiumicino«. Ich hatte noch genügend Zeit und wußte von Ausflügen mit Freunden in die an antiken Denkmälern reiche Umgebung, daß in der Nähe des Flughafens Hügel waren, von wo aus ich die Anlage gut beobachten konnte. Mehr hatte ich nicht zu tun. Ich mußte lediglich zur vereinbarten Zeit, um 17:00 Uhr, vor Ort sein und mich eine Viertelstunde lang umsehen. Unmittelbar dort, wo ich stand, bemerkte ich Löcher im Boden, die wohl von Grabräubern herrührten, die nach archäologischen Funden in der Nähe römischer und etruskischer Ausgrabungen gesucht hatten. Im Hintergrund lagen die Landepisten und das Flughafengebäude.

Zur selben Zeit hatte es sich meine amerikanische Kollegin Marilyn Schlitz in ihrer Wohnung gemütlich gemacht. Es war 11:00 Uhr, und sie befand sich in über 8000 Kilometern Entfernung in Detroit. Marilyn entspannte sich und begann ihre fragmentarisch auftauchenden Eindrücke auf Band zu sprechen: »Landepiste? Rote Lichter. Starke Tiefenwirkung ... Ein Loch im Boden, ein kerzenförmiges Ding. Blume – vielleicht unecht ... Außen. Sehe dunklen Himmel. Windig und kalt. Etwas fliegt nach oben.«

Am Ende schrieb sie eine Zusammenfassung ihrer Vorstellungen nieder: »Die Eindrücke, die ich hatte, waren von einer Außenanlage und Elmar war bei einer – ich weiß nicht, ob ›Institution‹ das richtige Wort ist – aber an einem Ort. Nicht ein Privathaus oder etwas ähnliches, sondern eine öffentliche Einrichtung. Er stand von der Hauptstruktur entfernt, konnte sie aber sehen. Vielleicht war er auf einem Parkplatz oder einem Feld, das mit der Struktur in Zusammenhang stand, durch die der Ort identifiziert wird. Ich möchte sagen, es war ein Flughafen, aber das scheint mir zu spezifisch. Da war Aktivität und es waren Menschen da, aber nicht in der Nähe Elmars.«

»Remote Viewing« oder kurz RV, im Deutschen bisweilen unschön als »Fernwahrnehmung« wiedergegeben, galt als letzter Schrei in der Parapsychologie. Die Experimente liefen nach einem einfachen Schema ab: Eine Person bleibt im Labor, während eine zweite Versuchsperson sich zu einem durch das Los bestimmten Ort begibt. Die Person vor Ort läßt etwa 15 Minuten die Eindrücke auf sich wirken. Während dieser Zeit versucht der im Labor verbliebene Mitarbeiter den Zielort zu beschreiben.

Nach mehreren Versuchen dieser Art begeben sich Gutachter mit den wörtlich abgeschriebenen Protokollen an den Zielort und an alle anderen möglichen, aber nicht ausgewählten Orte, ohne zu wissen, welcher Platz bei welchen Sitzungen ein Zielort war. Sie vergleichen die Aussagen mit den Örtlichkeiten und bilden eine Rangreihe der Protokolle nach dem Grad der Übereinstimmung. Zu dieser Rangreihe wird noch eine Beurteilung abgegeben, die den Grad der Ähnlichkeit angibt, wobei natürlich auch Fälle zu beurteilen sind, bei denen keinerlei Übereinstimmung festgestellt werden kann.

Das war einer von mehreren transkontinentalen Remote Viewing-Versuchen, und das Experiment mit dem römischen Flughafen war ein sogenannter »direkter Treffer«. Marilyn Schlitz selbst und die Gutachter hatten den Flughafen einmütig den Aussagen zu diesem Versuch an erster Stelle zugeordnet. Auch andere Zielorte beschrieb Marilyn Schlitz so genau, daß die statistische Analyse eine Wahrscheinlichkeit von 1 zu 200 000 ergab, daß diese Resultate zufällig zustande gekommen waren.[12]

Remote Viewing war die Antwort der USA auf die sowjetische Psi-Bedrohung. Der Versuchsablauf wurde am SRI mit Finanzmitteln der CIA seit 1972 entworfen und in mühevoller Kleinarbeit über Jahre hinweg perfektioniert. Zentrale Figur in dieser Entwicklung war der New Yorker Künstler und Sensitive Ingo Swann.

Ingo Swann

Swann wurde 1933 in Telluride, Colorado, geboren. Als Kind hatte er zahlreiche paranormale Erlebnisse. Er studierte Biologie und Kunst, konnte aber sein Studium nicht fortsetzen und schloß sich der Armee an. Während seiner Ausbildungszeit in Fort Knox, Kentucky, las er Aldous Huxleys *Die Pforten der Wahrnehmung*, ein Buch, das seinen Lebensweg nachhaltig beeinflussen sollte. Huxleys Buch galt als eine Bibel der Gegenkultur, einer der Auslöser für die beginnende Auseinandersetzung mit Drogenerfahrungen und Mystik. Die meiste Zeit beim Militär verbrachte Swann in Korea und im Fernen Osten, bis er sich 1958 entschloß, nach New York zu gehen und eine künstlerische Laufbahn einzuschlagen. Zehn Jahre lang hielt er sich durch einen Job bei den Vereinten Nationen über Wasser. In diese Zeit fällt seine intensive Auseinandersetzung mit der Soziologie. Auslöser für dieses Interesse war eine Einsicht, die er bei Huxley gelernt hatte: Die Pforten der Wahrnehmung bei einem Menschen können offen oder geschlossen sein. Sie können ihn entweder zu den Bereichen transpersonaler Erfahrungen und zu seinem künstlerischen Potential einlassen oder ihn davon fernhalten. Swann interessierte sich auf einer höheren Ebene für die »Pforten der Wahrnehmung« hinsichtlich gesellschaftlicher Strukturen. Welche sozialen Bedingungen erlauben eine kreative Gesellschaft der »offenen Türen«, welche eine repressive der geschlossenen?
Ende der sechziger Jahre kam er durch Bekanntschaft mit der Künstlerin Buell Mullen in die Kreise der feinen New Yorker Gesellschaft, in denen Sensitive und Medien zur Unterhaltung gehandelt wurden. Mullen entstammte einer äußerst begüterten Chicagoer Familie und hatte unter anderem Zusammenkünfte mit Medien für den Ende 1949 nach Taiwan geflohenen chinesischen Politiker Chiang Kai-schek organisiert. Bei einem Dinner erfuhr Swann von der Gattin des Dekans der Technischen Fakultät der Columbia University, die vornehmlich englische Medien »sammelte«, daß die beiden führenden britischen Geheimdienstorganisationen MI 5 und MI 6 bisweilen mit Sensitiven zusammenarbeiten. Bis zu diesem Zeitpunkt hatte Swann nie daran gedacht, ein Sensitiver, ein paranormal Begabter, zu sein. Er hatte eigentümliche Erfahrungen ge-

macht, aber er hielt weder diese noch sich selber für etwas Besonderes. Nie war ihm auch in den Sinn gekommen, daß Geheimdienste an Psi Interesse haben könnten.
Einer jener Männer, die Swann bei den Einladungen kennenlernte, war John Wingate, ein Professor an der New York University. Wingate gehörte dem Beirat der *American Society for Psychical Research* (ASPR) an, der ältesten, 1885 gegründeten parapsychologischen Vereinigung und Forschungsinstitution in den USA. Wingate führte Swann 1971 in die ASPR ein und war damit der indirekte Auslöser für den Beginn der Remote Viewing-Forschung.
Ein anderer Mann, der die Weichen in Swanns Leben stellte, war Cleve Backster, ein Experte für »Lügendetektoren« (Polygraphen). Backster erlangte weltweite Berühmtheit durch Versuche, bei denen er eine angebliche Primärwahrnehmung bei Pflanzen nachgewiesen haben will (»Backster-Effekt«): Pflanzen, die an Polygraphen angeschlossen waren, zeigten »emotionale« Reaktionen auf negative menschliche Gedanken oder auf die Tötung von Krebsen, die in siedendes Wasser geworfen wurden. In der Gemeinschaft der Parapsychologen waren seine Ideen nie anerkannt, obwohl sie große Verbreitung fanden.
Backster führte mit Swann, der mittlerweile von seinen Gönnern als Sensitiver weiter empfohlen wurde, einige Versuche mit Pflanzen durch, schließlich auch Psychokinese-Experimente. Backster zeigte sich beeindruckt. Die Erfolge machten die Runde, und schließlich luden ihn die bekannten Parapsychologen und Mitarbeiter der *American Society for Psychical Research,* Gertrude Schmeidler, Professorin an der City University in New York, und Karlis Osis, Forschungsdirektor der ASPR, zu Versuchen ein.
In dem Experiment von Gertrude Schmeidler sollte Swann Temperaturschwankungen in sensitiven Meßinstrumenten hervorrufen.[13] Einige der Temperaturmeßgeräte standen frei im Raum, andere waren in versiegelten Thermosflaschen untergebracht. Die von ihnen registrierten Schwankungen wurden kontinuierlich von Zeigergeräten registriert. Swann durfte während des Versuchs seinen Platz nicht verlassen und sollte sich bei jedem Durchgang auf ein anderes Gerät konzentrieren. Dazwischen gab es Entspannungsperioden von 45 Sekunden Länge.

Eine besonders auffällige Temperaturänderung ereignete sich während einer solchen Entspannungsperiode. Swann überlegte, wo genau sich das Meßgerät in einer bestimmten Thermosflasche befinden würde. In diesem Moment stürzte der Assistent Larry Lewis, der die Zeigerausschläge in einem benachbarten Raum beobachtete, ins Labor. Er war der Überzeugung, daß eine Thermosflasche geöffnet worden war, denn 30 Sekunden lang zeigte das Meßgerät eine konstante Veränderung von nahezu 1 °C. Er fand Schmeidler und Swann gemütlich in ihren Stühlen sitzen. Keine Flasche war berührt worden. Die auffällige Reaktion zeigte jenes Meßinstrument, über dessen Flasche Swann seine Überlegungen angestellt hatte.

Das Experiment bestätigte die Beobachtung, daß sich Psi-Effekte häufig dann in Versuchen zeigen, wenn die Konzentration und die Willensanstrengung, ein positives Resultat zustande zu bringen, aufgegeben werden und sich die Versuchsperson entspannt. Man nennt diesen Effekt *release of effort* (»Nachlassen der Anstrengung«). Offenbar unterbindet eine übermäßig starke mentale Bemühung den freien Fluß von Psi.

Diese außerordentlich erfolgreichen Experimente führten zu einem unerwarteten Medieninteresse, das die damals aktuellen Ängste ausbeutete: wenn Swann ein Temperaturmeßgerät beeinflussen konnte, könnte er dann nicht auch eine Atombombe zünden? Swann versuchte, sich von der plötzlichen öffentlichen Beachtung seiner Person nicht tangieren zu lassen. Die eigentümlichen Effekte, die er zustande brachte, hatten seine Neugierde geweckt. Swann konzentrierte sich darauf, seine Versuche mit Cleve Backster fortzusetzen. Dabei gelang es ihm, die Zellen in einem Tropfen Blut, der ihm abgenommen wurde, zu beeinflussen. Sobald sich Swann darauf konzentrierte, reagierten häufig die isolierten Blutzellen mit Potentialänderungen. Backster, als führender Experte für Lügendetektoren mit zahlreichen führenden Vertretern der Exekutive und der Geheimdienste bekannt, meinte nur trocken: »Du hast eben etwas gemacht, woran die Sowjets seit langem arbeiten: allein durch den Geist in den Körper eines anderen einzudringen.«[14]

Jenseits des Körpers oder jenseits der Sinne?

An der *American Society for Psychical Research* beschäftigte sich Karlis Osis mit außerkörperlichen Erfahrungen (international als OBE abgekürzt, für *out-of-the-body experiences*), und Ingo Swann sollte an diesen Versuchen teilnehmen. Swann, der noch nie eine OBE hatte, wurde aufgefordert, solche Erlebnisse willentlich hervorzurufen. In einem unansehnlichen Raum befand sich unter der Decke eine Empore, auf der Bilder, Zahlen und Zeichen abgelegt wurden. Die an Meßgeräte angeschlossenen Versuchspersonen konnten diese vor ihren Augen verborgenen Gegenstände nur sehen, wenn sie in einer außerkörperlichen Erfahrung an der Decke schwebten.

In diesem Raum begann die Geschichte von Remote Viewing. Swann hatte keine Ahnung, wie er eine OBE auslösen sollte. Dennoch, sein erster Versuch war ein Erfolg, auch ohne OBE, aber die Treffer wurden im Lauf der Zeit rarer. Das Ergebnis frustrierte ihn, denn bei den Versuchen mit Backster hatte er herausgefunden, daß die paranormalen Effekte mit Fortdauer der Experimente eher besser wurden. Er hörte in sich hinein und entdeckte das Problem: Er mußte seine Eindrücke von den Zielbildern durch ein Mikrophon auf ein Band sprechen. Um das zu tun, mußte er aufhören, zu »sehen« und darüber nachdenken, wie er das, was er zu »sehen« meinte, artikulieren sollte. Die bildhaften Eindrücke seiner rechten Hemisphäre gerieten in Konflikt mit der analytischen Arbeit der linken – dem sprachlichen Ausdruck. Dazu kam, daß die meist sinnlosen Zielbilder im erkennenden Geist zusätzliche Verwirrung erzeugten.

Swann schlug vor, seine Wahrnehmungen nicht zu verbalisieren, sondern sie einfach nur zu skizzieren. Die Änderung wirkte Wunder: Ingo zeichnete, ohne zu wissen, was es zu bedeuten habe, aber die Übereinstimmung mit den »sinnlosen« Zielbildern war erstaunlich. Auf dieser Ebene konnte Ingo Swann seine Tätigkeit auch besser einordnen. Er verstand sie nicht als OBE oder als paranormale Fähigkeit, sondern als eine unbekannte, biologisch fundierte Art der Wahrnehmung. Alles, was er zu tun hatte, war wahrzunehmen. In einem Experiment am 24. November 1971 konnte er einige Zielgegenstände exakt wiedergeben, so einen Kreis und etwas, das er als TU oder UT bezeichnete. Wäre das »UT« durch einen kleinen Strich verbunden, dann hätte es wie eine liegende 5 ausgesehen. Tatsächlich befand sich ein Kreis auf der Plattform, darin eine große 5. Alle in der ASPR waren beeindruckt, nur Swann war unzufrieden. Er hatte das Gefühl, daß sein Wahrnehmungsprozeß die 5 hätte identifizieren müssen. Seiner Ansicht nach funktionierte das außersinnliche Wahrnehmungssystem nach eigenen Gesetzen und eigener Logik. Vor allem funktionierte es unterhalb der Ebene bewußter Kontrolle, auf unterschwelliger Basis. Es galt herauszufinden, wie der kognitive, bewußte Geist mit dem verborgenen Psi-Wahrnehmungssystem in Wechselbeziehung steht und wie dieses Zusammenspiel verbessert werden konnte.

Beim Warten auf eine experimentelle Sitzung ereignete sich wieder ein Effekt, der dem Nachlassen der Anspannung zuzuschreiben war. Swanns Bewußtsein fand sich unversehens auf der Straße wieder. Er »sah« eine Frau in einem lächerlichen orangefarbenen Regenmantel vorbeigehen. Er war von dem Eindruck derart überrascht, daß er ihn sofort bestätigt haben wollte. Er riß sich die Elektroden für die elektroenzephalographischen Aufzeichnungen vom Kopf und stürzte mit der Assistentin Janet Mitchell auf die Straße. Sie kamen gerade rechtzeitig, um zu sehen, wie der orangefarbene Regenmantel um die Ecke Central Park West bog.

Swann, der immer noch nicht wußte, ob das eine OBE war oder ob er einfach entfernte Dinge »sah«, entwickelte mit Janet Mitchell ein eigenes Experiment. Jemand sollte eine Serie von versiegelten Umschlägen mit den Namen bekannter Städte in den USA vorbereiten. Außerdem sollte die Telefonnummer der lokalen Wetterstation angegeben werden. Ziel war es, das Wetter an dem fraglichen Ort zu beschreiben, und Janet sollte gleich im Anschluß daran den Wetterdienst anrufen, um die tatsächliche Wetterlage in Erfahrung zu bringen.

Am 8. Dezember 1971, nach den Übungssitzungen für die OBE-Experimente, hörte Swann Janets Stimme aus dem Lautsprecher: »Ingo, ich habe den Umschlag. Laß mich wissen, wann Du bereit bist.« Sie öffnete das Kuvert, das sie von der ASPR-Mitarbeiterin Vera Feldman bekommen hatte: »Das Ziel ist Tucson, Arizona.«

»Nun geschah etwas Wundervolles und Magisches«, erinnert sich Swann. »Natürlich hatte ich keine Idee, wie ich von dem scheußlichen Labor in New York nach Tucson ›gelangen‹ sollte. Als ich zuerst das Wort ›Tucson‹ hörte, blitzte ein Bild von einer heißen Wüste durch meinen Kopf. Dann hatte ich für den Bruchteil einer Sekunde das Gefühl, mich zu bewegen. Ein Teil meines Kopfes oder Gehirns oder Geistes schaltete sich aus – und ich war *da*! Zip, Bang, Pop! Jahre später nannte ich diesen Vorgang ›unmittelbarer Transfer von Wahrnehmungen‹.«
Alles ging so rasch, daß Swann sofort zu sprechen begann: »Ich befinde mich über einer nassen Autobahn, es ist kalt. Ein starker Wind bläst, und es regnet heftig. Ein richtiger Regensturm ist das!«[15] Swann lag genau richtig. Tucson erlebte Sturm und Regen und die Temperatur lag, was vollkommen ungewöhnlich war, nahe dem Gefrierpunkt.
Um diese Erfahrung zu beschreiben, schlug Swann den ASPR-Forschern den Begriff »Remote Sensing« (Fernfühlen) vor.

Aufruhr an der ASPR

In der Folge ereigneten sich einige Dinge, die ihm die Arbeit an der ASPR verleideten. Anfang 1972 erhielt Swann im Institut Besuch von zwei Unbekannten. Niemand fand heraus, wer die beiden waren, aber das Gerücht ging bald um, daß Ingo Swann von der CIA beobachtet würde. Diese Begegnung indes war weniger unangenehm für Swann als die Intrigen an der ehrwürdigen ASPR. Ingo Swann war 1967, auf der Suche nach lebendigen esoterischen Traditionen, mit Scientology in Kontakt gekommen. In den sechziger Jahren war Scientology eine weitaus weniger kontroverse Vereinigung als gegenwärtig. Zu den Grundannahmen von Scientology zählte die Auffassung, daß Menschen über angeborene »Psi-Fähigkeiten« verfügen. In den Kursen von Scientology wurde eine Technik gelehrt, sein verborgenes paranormales Potential zu heben; eine von vielen Methoden im übrigen, die im Zuge der Magie- und Psi-Begeisterung der Gegenkultur in Workshops und Seminaren feilgeboten wurden. Viele machten in jenen Jahren Bekanntschaft mit

Scientology, ohne von dem ideologischen Gerüst seines Gründers viel zu wissen und ohne sich dafür zu interessieren. Es ging ihnen um das Erlernen von Psychotechniken, um nicht mehr und nicht weniger. Für Ingo Swann war das nicht anders. Er konsumierte Kurse bei den Scientologen ebenso wie Seminare bei den »Rosenkreuzern« und anderen okkulten Vereinen, ohne jemals ein Anhänger der Scientology-Kirche zu werden.

Im Februar 1972 verbreitete sich das Gerücht, Swann sei ein Spion des Scientology-Gründers L. Ron Hubbard, und er sollte aus der ASPR hinausgeworfen werden. Das wurde ihm zumindest von einem Vorstandsmitglied zugetragen. Wie sich herausstellte, war an der ASPR seit langem sein Interesse für Scientology bekannt. Die eigentümliche Geheimnistuerei um diesen Umstand schien Grund für die gezielte Streuung eines Gerüchts, um die OBE-Versuche zu torpedieren.

Die Bombe platzte, als die Ergebnisse der formalen OBE-Versuche publiziert werden sollten. Das Komitee des *Journal* der ASPR, eine anerkannte Fachzeitschrift, lehnte den Bericht ab. Nicht etwa, weil die Versuche methodisch angreifbar waren oder weil die Experimente nicht sauber durchgeführt wurden. Der Grund war vielmehr, daß die Ergebnisse dem Komitee zu gut waren! Irgend etwas mußte daran faul sein. Es war ein Skandal. Karlis Osis, der Forschungsdirektor, verstand die Welt nicht mehr; Janet Mitchell war derart erbost, daß sie veranlaßte, die Ergebnisse wenigstens in der *Newsletter* der ASPR abzudrucken. Freilich konnte diese Veröffentlichung nicht mit einer Publikation in einer Fachzeitschrift konkurrieren, deren Artikel erst den Spießrutenlauf durch Gutachten von Kollegen hinter sich bringen mußten. Vorsitzender des Publikationskomitees war John Gaither Pratt. Swann vermutet in ihm den Drahtzieher dieses Komplotts. Pratt war angeblich überzeugt davon, daß es in der Parapsychologie niemals wiederholbare Experimente geben würde. Eben solche wie sie Swann mit Backster, Schmeidler und Osis gelungen waren.[16]

Swann sah das Ende seiner Karriere als Sensitiver gekommen. In dieser frustrierenden Situation gab ihm Backster einen Artikel aus der Feder eines Physikers zu lesen. Es handelte sich um einen Antrag für Forschungsgelder zur Untersuchung quantenbiologischer

Prozesse, darunter den anomalen Informationsaustausch zwischen Bewußtsein und Materie. Autor war der Laser-Experte Harold »Hal« Puthoff vom *Stanford Research Institute.* Er verteilte den Antrag unter Kollegen in der Hoffnung, für seine geplanten Versuche auf Interesse zu stoßen.

Swann war beeindruckt. Da sich Puthoff mit Tachyonen – Teilchen, die sich schneller als das Licht bewegen – auseinandersetzte, hoffte er, eine Antwort auf seine superschnellen Psi-Kontakte zu erhalten. Die Antwort blieb ihm Puthoff schuldig. Dafür lud er Swann ans SRI ein.

Hal Puthoff und der Magnetometer

In der Fakultät für Physik der Stanford University stand ein nach allen Regeln der Kunst abgeschirmter Magnetometer, der für Experimente zur Feststellung von Quarks in Verwendung war. Es war in jener Zeit das fortschrittlichste Gerät dieser Art und einmalig. Der Apparat selbst befand sich in einem Betonmantel unterhalb eines Kellerraumes, in dem seine Reaktionen aufgezeichnet wurden. Bevor Ingo Swann nach Kalifornien kam, arrangierte Hal Puthoff, daß sie Zugang zu dem Gerät bekämen. Der Magnetometer funktionierte einwandfrei. Unter den wachsamen Augen bedeutender Physiker der Universität wie Arthur Hebbard und Marshal Lee gelang Swann eine unerklärliche, offenbar psychokinetische Fernbeeinflussung des Magnetometers. Die gleichmäßige, mathematisch exakte Sinuswelle, die der Schreiber aufzeichnete, wurde in dem Moment durch einen unerklärlichen heftigen Zeigerausschlag unterbrochen, als Swann eine korrekte Skizze des komplexen, niemals zuvor publizierten Innenlebens des Apparats anfertigte.[17] Puthoff ließ das beeindruckende Ergebnis des Experiments in Fotokopie seinen Kollegen zukommen. Einige Wochen später standen zwei Männer der CIA vor Puthoffs Tür.

Die CIA-Beamten baten um einige exploratorische Versuche mit Ingo Swann und stellten Finanzmittel für Forschung in Aussicht, sollten diese Experimente erfolgreich verlaufen. Sie verliefen erfolgreich, und Ken Kress vom *Office of Technical Service* (OTS,

»Büro für technische Fragen«) der CIA verschaffte Puthoff die Gelder für das erste, auf acht Monate anberaumte Forschungsprogramm.

In Hal Puthoff hatten sie einen Wissenschaftler ohne Fehl und Tadel gefunden. Die Gelder waren zweifellos gut angelegt. Puthoff galt als Genie. Mit 33 Jahren besaß er ein Patent für einen einstellbaren Infrarot-Laser, den er erfunden hatte, und war Koautor des angesehenen physikalischen Lehrbuches *Fundamentals of Quantum Electronics* (Grundlagen der Quantenelektronik). In den frühen sechziger Jahren leistete Puthoff seinen Militärdienst als Marineoffizier und anschließend als Zivilangestellter an der *National Security Agency* (NSA, »Nationale Sicherheitsbehörde«) ab. Bei der Armee arbeitete er am »Projekt Licht«, das Glasfaseroptik, Laser und Hochgeschwindigkeitscomputer untersuchte. Er besaß die nötige Zulassung zu Geheimunterlagen. Für die CIA war er also gleichsam ein Kollege, mit dem man offen reden konnte. Kurzum, der ideale Wissenschaftler für ein Psi-Geheimprojekt. Puthoffs Beweggrund, mit der CIA zusammenzuarbeiten, fußte auf der Einsicht, daß Kriege in fast allen Fällen Resultate fehlgeschlagener Spionagetätigkeit waren. Die stärkste Waffe für den Frieden schien ihm in guter Spionagearbeit zu liegen.

Leider hatte Puthoff bei der Auswahl seines Mitarbeiters keine glückliche Hand bewiesen. Russell Targ, ebenfalls ein Laserphysiker, war nicht die Verkörperung des integeren Wissenschaftlers. Ein hochaufgeschossener Kerl mit einer tiefen, monotonen Stimme, den Kopf umrahmt von einem wirren Haarschopf, beäugte Targ sein Gegenüber mit geisterhaft vergrößerten Augen, die hinter unglaublich dicken Brillengläsern hervorlugten. Targ war das lebende Klischee des »verrückten Professors«. Doch war er von den irdischen Dingen nicht so abgehoben, wie es den Anschein hatte.

In den ersten Wochen wurden, auf Anregung Swanns, seine an der ASPR in New York begonnenen Versuche der Wahrnehmung entfernter Ziele am SRI weitergeführt. Ende Februar 1972 hatte Swann in New York ein Experiment mit einem »Sender« durchgeführt. Vera Feldman hatte einen unbekannten Ort aufgesucht und sich alle fünf Minuten zu einem anderen Platz bewegt. Swann, am EEG-Gerät in der ASPR angeschlossen, beschrieb die jeweiligen

Örtlichkeiten. Vera Feldman befand sich im *Museum of Natural History,* und Ingo Swanns Eindrücke erwiesen sich als erstaunlich korrekt.

Am SRI wurde das Protokoll für derartige Versuche methodisch verfeinert, und diese erhielten einen Namen: Remote Viewing. Man sprach nicht von einem »Sender«, wie bei früheren Telepathieversuchen, sondern von einem *outbound experimenter*, gleichsam ein »Versuchsleiter im Außeneinsatz«, da es sich immer um einen am Design des Experiments beteiligten Wissenschaftler handelte, der den zufällig gewählten Ort besuchte. Man sprach auch nicht mehr von »allgemeiner außersinnlicher Wahrnehmung«, weil sich nicht unterscheiden ließ, ob die Eindrücke, die Swann wiedergab, telepathischer Natur waren (also vom Bewußtsein des Versuchsleiters im Außeneinsatz stammten) oder ob sie auf Hellsehen zurückgingen und er sie mithin von den Örtlichkeiten direkt bezog. Der neue Begriff Remote Viewing war Ausdruck des neu gewonnenen Selbstbewußtseins. Am SRI scherte man sich nicht um die Geschichte der Parapsychologie, frühere Experimente und Konzepte waren nicht gefragt. Puthoff und sein Team schickten sich an, die Parapsychologie neu zu erfinden.

In gewisser Weise ist ihnen das gelungen. Der Begriff Remote Viewing und seine Abkürzung RV hat sich im englischsprachigen Raum durchgesetzt und die herkömmlichen Bezeichnungen *telepathy* (Telepathie), *clairvoyance* (Hellsehen), *precognition* (Präkognition) verdrängt.

3 SRI und CIA

Remote Viewing nach Koordinaten

Freilich, für geheimdienstliche Zwecke war Remote Viewing, das einen Versuchsleiter im Außeneinsatz benötigte, ungeeignet. Um sich die Gunst der Auftraggeber auf längere Zeit zu sichern, mußte ein Weg gefunden werden, gute Resultate zu erzielen, ohne eine Person vor Ort zu haben. Doch wie sollte der Sensitive seine inneren Antennen auf den Zielort einstellen? Mit einer Person schien das, psychologisch gesprochen, relativ einfach. Die Person vor Ort diente gleichsam als wandernder Leuchtturm, zu dem man einen unmittelbaren Bezug hatte. Für Spionagezwecke mußte das »Psi-Radar« auch ohne Signalfeuer präzise einstellbar sein.

Swann diskutierte das Problem mit jedem, den er traf, bis Jacques Vallee, der bekannte UFO-Forscher, die zündende Idee hatte. Er meinte, man müsse eine »Adresse« finden, um den anomalen Wahrnehmungskanal exakt auszurichten. Eines Abends im Swimmingpool im Apartmentkomplex in Mountain View, wo sich Swann eingemietet hatte, kam ihm die Eingebung: »Versuche es mit Koordinaten.«

Immerhin können Koordinaten so genau angegeben werden, daß es auch für ein geographisches Superhirn unmöglich ist, die korrekte Örtlichkeit für jeden Längen- und Breitengrad zu nennen, geschweige denn ausführlich zu beschreiben. Voller Stolz präsentierte Swann seine Idee am folgenden Morgen am SRI. Puthoff und Targ waren sich einig: Das war die lächerlichste Idee, die ihnen jemals zu Ohren gekommen war. Es dauerte eine Weile, aber dann mußten sie ihre Meinung gründlich revidieren. Die ersten der 100 Vorversuche mit Koordinatenangaben, die Swann durchsetzte, waren wenig vielversprechend. Doch mit der Zeit schienen die Resultate immer besser zu werden.

Stanford Research Institute, Menlo Park, Kalifornien, 3. Mai 1973: Ingo Swanns Atem geht ruhig und langsam. Er ist bereit. Hal Puthoff liest ihm die Koordinaten vor: »2 Grad Süd, 34 Grad West.« Wie aus der Pistole geschossen kommt Swanns Antwort: »Zuerst das Gefühl, über Wasser zu fliegen und auf Land zu landen. See im Westen.«

Das Ziel war der Victoria-See und damit auf dem Wasser, nicht auf dem Land. Puthoff und Targ stufen das Ergebnis auf ihrer Rangordnung der Treffergenauigkeit als einen Fehlschlag ein. Swann ist unzufrieden, weil sein Eindruck derart lebendig gewesen war. Er überredet Puthoff, eine genauere Karte zu besorgen. Gemeinsam fahren sie in die Stadt und erstehen den *Times Weltatlas.* Und siehe da, auf der exakten Koordinatenangabe befindet sich die Insel Ukerewe im südwestlichen Teil des Sees. Der größte Teil des Wassers liegt gegen Westen. Ein eindeutiger Treffer, und ein verblüffender Beweis, wie genau Remote Viewing funktionieren kann.

Stanford Research Institute, Menlo Park, Kalifornien, 29. Mai 1973: Ein CIA-Beamter, der als »Herausforderer von der Ostküste« bekannt war und auch später nur unter dem Pseudonym Richard Kennett firmierte, schickt Koordinatenangaben an Puthoff. Die Auftraggeber hatten mittlerweile die Idee mit den Koordinaten für verfolgenswert eingestuft. Die Genauigkeit des Prozesses sollte überprüft werden. Swann beschreibt detailliert eine Militäreinrichtung mit weitläufigen unterirdischen Anlangen.

Wenige Tage später ruft ein gewisser Patrick »Pat« Price bei Puthoff an. Er hatte von den Untersuchungen am SRI gehört und wollte seine Fähigkeiten testen lassen. Es gab wenige Jobs, die Pat Price in seinem Leben nicht innegehabt hatte. In den fünfziger Jahren war er kurzzeitig Polizeikommissar und Vizebürgermeister von Burbank, einem Vorort von Los Angeles. Seine Intuitionen, erzählte er Puthoff, sollen ihm schon damals geholfen haben, schwierige Fälle zu lösen.

Spontan liest ihm Puthoff Kennetts Koordinatenangaben vor. Zur Verblüffung von Puthoff übergibt Price dem SRI-Forscher drei Tage später ein fünfseitiges Manuskript mit außerordentlich detaillierten Angaben über eine Militäreinrichtung. Sie deckten sich mit den Aussagen von Ingo Swann. Das Protokoll von Price ist derart bemerkenswert, daß Puthoff ihn sofort anruft und bittet, in das Innere der beschriebenen unterirdischen Anlagen zu »blicken«, die Schreibtische zu inspizieren, Namensschilder oder Codewörter zu »lesen«. Price scheint ihm derart begabt zu sein, daß diese Aufgabe nicht unlösbar sein könnte.

Wieder vergehen einige Tage. Dann überreicht Price eine Liste mit Namen, die er auf Aktenordnern paranormal erkannt haben will, schließlich Überschriften auf Papieren, die offenbar Codewörter enthalten.

Richard Kennett selbst wußte nicht, was sich an den Koordinaten befand. Er hatte sie von seinem Freund, einem CIA-Beamten, erhalten. Und dieser hatte nun eine herbe Enttäuschung für Kennett bereit. Auf den Koordinaten stand seine Ferienhütte in den Blue Ridge Mountains von West Virginia!

Eine üble Blamage für die Sensitiven am SRI? Kennett gab sich damit nicht zufrieden. Wieso hatten Swann und Price dieselbe Militärinstallation beschrieben? Kennett fuhr zur Hütte seines Freundes und inspizierte die Umgebung. Schon bald stand er am Ende eines unbefestigten Weges vor einem Schild mit dem US-Wappen, das Unbefugten den Zutritt verwehrte. Im Hintergrund erkannte er Satellitenantennen – zweifellos eine geheime Militäreinrichtung! Offensichtlich hatte das »Psi-Radar« von Swann und Price diese Anlage weitaus interessanter gefunden als die Ferienhütte.

Kennett legte die Aussagen von Swann und Puthoff einem CIA-Mitarbeiter vor, von dem er annahm, daß er über die Militärbasis Bescheid wußte. Das Resultat war, daß sich Kennett, Puthoff und Targ einer unangenehmen Sicherheitsuntersuchung gegenübersahen. Der Geheimdienst vermutete, daß vertrauliche Informationen ausgeplaudert worden waren. An jenem Ort unterhielt die US-Navy eine geheime Basis mit weitläufigen unterirdischen Anlagen, die unter der Leitung der NSA stand. Zu ihren Aufgaben gehörte die Überwachung von amerikanischen Spionagesatelliten.

Ein Ergebnis, das auf den ersten Blick überaus eindrucksvoll erscheint. Wenn man den Fall genauer betrachtet, kann man natürlich unterstellen, daß Price in den drei Tagen, bis er sein Protokoll abgab, Zeit genug hatte, sich zu informieren. Die Koordinaten waren bekannt, er konnte auf Detailkarten suchen und so das Terrain erkunden, er konnte seine Kontakte spielen lassen, er hätte sogar nach West Virginia fliegen und sich die Gegend in aller Ruhe anschauen können, bevor er seine angeblichen Eindrücke niederschrieb. Namen und Codewörter konnte er erfinden, weil nicht zu erwarten war, daß der Geheimdienst die Angaben bestätigen oder dementieren würde.

Ich will nicht unterstellen, daß sich so etwas zugetragen hat. Nach allem, was ich von Puthoff und Price weiß, ist das eher unwahrscheinlich. Ich möchte lediglich zeigen, daß viele Aussagen, die nicht einer strengen Kontrolle unterstellt sind, für unser Verständnis des Psi-Prozesses unbrauchbar sind. Man kann ihre Quelle nicht jenseits jeden Zweifels feststellen.

Den Auftraggebern der SRI-Untersuchungen genügten jedenfalls solche Fälle, um sie von der Bedeutung der Erforschung des Remote Viewing zu überzeugen.

Stanford Research Institute, Menlo Park, Kalifornien, 21. Juli 1973: Das erste offizielle Remote Viewing Experiment mit Koordinaten für die CIA. Sicherheitsvorkehrungen aller Art. Unmittelbar vor dem Versuch übergibt ein CIA-Beamter einen versiegelten Umschlag. Puthoff öffnet ihn und liest vor: »49 Grad, 20 Minuten Süd, 70 Grad, 14 Minuten Ost.«

Swann beginnt in vielen Einzelheiten eine Insel zu schildern, beschreibt Gebäude darauf und eine Anlage, die ihm wie eine meteorologische Station erscheint. Plötzlich beschreibt er eine Art Militäranlage und gibt zu Protokoll: »Handelt es sich um eine ehemalige Basis für *Nike*-Raketen?«

Aber das reicht ihm nicht. Die Eindrücke sind so klar, daß er eine Zeichnung anfertigen will. Wie in Trance bewegt sich seine Hand rasch automatisch über das Papier. Puthoff muß ihm ständig neue Bögen hinhalten, weil seine Hand über den Rand des Blattes hinausfährt. Acht Blätter müssen schließlich zusammengeklebt werden, um die gesamte Insel darzustellen. Die Skizze zeigt eine stark bewegte Küstenlinie mit zahlreichen Buchten und Landzungen.

Der anonyme CIA-Mann, der die Experimente auswertete, zeigte sich verblüfft: Die Angaben Swanns waren in allen Einzelheiten korrekt. Es handelte sich um die unter französischer Administration stehende kleine Insel Kerguelen im südlichen Indischen Ozean. Swanns Zeichnung stimmte außerordentlich genau mit der Küstenlinie der Insel überein. Die Franzosen betrieben gemeinsam mit den Sowjets auf Kerguelen eine geheime Wetterstation. Warum eine meteorologische Station geheim sein sollte, wußte niemand. Tatsache ist, daß die Betreiber von dem Experiment Wind bekamen, weil es nicht unter Geheimhaltung fiel und einige Informationen an die Öffentlichkeit drangen. Sowjets und Franzosen protestierten – natürlich inoffiziell – bei der Staatskanzlei wegen »paranormaler Spionage« auf ihrer konspirativen Insel!

Grüße vom Jupiter

Seine paranormale Begabung unterstrich Ingo Swann mit einem interessanten Experiment. Er schlug vor, den Planeten Jupiter mit Remote Viewing zu »besuchen«, bevor die Sonden *Pioneer 10* und *11* der NASA 1973 und 1974 vorbeifliegen und Bilder zur Erde funken würden. Er wollte festzustellen, ob RV auch über enorme Distanzen funktionieren würde, ob es vielleicht länger als gewöhnlich dauern würde, bevor sich bildhafte Vorstellungen einstellen und ob sich die Eindrücke mit den Fotos der Sonden verifizieren lassen.

Das Experiment fand am 27. April 1973 statt. *Pioneer 10* war bereits auf dem Weg zu dem fernen Planeten, aber noch zu weit entfernt, um Bilder zur Erde funken zu können. Swann notierte die Eindrücke, die er empfand. Zehn Kopien davon gingen an Wissenschaftler, die für ihre Integrität bekannt waren, zwei davon Astrophysiker an den berühmten *Jet Propulsion Laboratories.* Alle nahmen die Aufzeichnungen Swanns entgegen. Zwei weitere Kopien, eine an einen bekannten amerikanischen Astronomen, die andere an einen berühmten Autor populärwissenschaftlicher Bücher, wurden abgelehnt und zurückgesandt. Einer der Adressaten konnte sich nicht enthalten, einen Brief beizulegen, der das Experiment lächerlich machte.

Gewöhnlich werfen Kritiker den Parapsychologen vor, daß sie ihre Daten nicht von Skeptikern in Verwahrung nehmen lassen, bevor deren Inhalte verifiziert werden können. Auch daran dachten Swann und die SRI-Forscher. Sie telefonierten mit zwei bekannten »Skeptikern« – so nennen sich die selbsternannten Hüter der Vernunft und Streiter gegen das, was sie für Aberglauben halten –, damit sie ebenfalls Kopien der Rohdaten aufbewahrten. Beide lehnten das Ansinnen ab. Eine solche Vorgehensweise macht nur Sinn, wenn die Angst überwiegt, daß sich die Angaben tatsächlich als unerklärlich erweisen und die besagten Skeptiker – offenbar wider ihre unverrückbaren Vorurteile – zu Kronzeugen für die Realität paranormaler Eindrücke werden könnten.

Eine Reihe weiterer Kopien ging an diverse Wissenschaftler am SRI und im Silicon Valley. Eine Kopie wurde unter der Hand einem Journalisten in San Francisco zugespielt, der sie prompt veröffentlichte.

Was hatte Swann wahrgenommen? Um 18:00 Uhr Ortszeit hatte Experiment Nr. 46 begonnen. Vier Minuten später begann Swann: »Da ist ein großer Planet mit Streifen. Ich hoffe, es ist der Jupiter.« Zu seinem Verdruß sah er einen Ring um den Planeten, und er fragte sich, ob er fälschlicherweise ein Remote Viewing des Saturn unternommen hätte. Die Astronomen, denen Swanns Zeichnungen und Notizen vorgelegt wurden, zeigten sich wenig beeindruckt und lächelten darüber – bis 1979, als die Bilder der Sonden *Voyager 1* und *2* auf die Erde gefunkt wurden. Sechs Jahre nach dem Experiment war die Sensation perfekt: Auf den Fotos der Sonden war in der Tat und für die Wissenschaftler völlig unerwartet ein Ring um den Jupiter zu sehen! Die Eindrücke Swanns wurden übrigens 1977 vor der Entdeckung des Jupiter-Ringes von Puthoff und Targ publiziert.

Das Ergebnis war für die Astrophysiker derart beeindruckend, daß Beverly Humphrey, eine Forschungsassistentin und Statistikerin am SRI *Radio Physics Laboratory* einen offiziellen Bericht über den Versuch abfaßte unter dem Titel *Swanns Remote Viewing Versuch des Planeten Jupiter.*[18] Aus den vier Seiten Rohangaben Swanns wurde ein wissenschaftlicher Rechenschaftsbericht von 300 Seiten, derart vielfältig waren die Hinweise und ihre Bestätigungen.

Beispielhaft einige von Swanns Aussagen: »Ich denke, der Planet muß einen extrem großen Wasserstoffmantel haben. Wenn eine Raumsonde mit ihm in Kontakt treten würde, dann wahrscheinlich zwischen 80 000 bis 120 000 Meilen außerhalb der Oberfläche des Planeten.«
In der Zeitschrift *Scientific American* war im September 1973 über den Planeten Jupiter zu lesen: »Über dem hypothetischen Zentrum befindet sich eine dicke Schicht, in welcher Wasserstoff das bei weitem häufigste Element ist... Die äußere Schicht weitet sich bis ungefähr 70 000 Kilometer aus und besteht hauptsächlich aus flüssigem Wasserstoff in seiner molekularen Form.«
Swann gab auch zu Protokoll: »Haben wir es hier mit einer thermalen Umkehr zu tun? Ich wette, das ist so.«
In der Fachzeitschrift *Science* war im Mai 1975 zu lesen: »Speziell das Auftreten einer Umkehr bei einer Temperatur von ca. 260 °K ist dem Eintrittsprofil von *Pioneer 10* erstaunlich ähnlich ...«
Und zu den Ringen sagte Swann: »Sehr hoch in der Atmosphäre befinden sich Kristalle, sie glimmen, vielleicht sind die Streifen wie Bänder von Kristallen, vielleicht wie Ringe um den Saturn, aber nicht so weit draußen wie bei diesem, sehr nahe innerhalb der Atmosphäre. Ich wette, sie reflektieren Radiowellen. Ist das möglich, wenn man eine Wolke von Kristallen hätte, die mit Radiowellen bestrahlt würde?«
In der Zeitschrift *Time* stand am 19. März 1979 zu lesen: »Als der Roboter bis auf 278 000 km an die Jupiterwolken herankam, mußte er starke Strahlungen überstehen, forschte tief in das von Stürmen geschüttelte Wolkengewand des Planeten und gestattete außerordentliche Ansichten der größeren Monde des Jupiter und offenbarte, von allem am überraschendsten, die Anwesenheit eines dünnen, flachen Ringes um den großen Planeten. Dazu äußerte sich der Astronom Bradford Smith von der University of Arizona: ›Wir stehen hier mit offenem Mund und können uns von dem Anblick nicht losreißen.‹«
Ein hochrangiger NASA-Mitarbeiter wollte unbedingt eine Kopie des Berichts über Swanns RV des Planeten Jupiter entgegennehmen, freilich nur inoffiziell und mit der Auflage, er würde dies leugnen, sollte sein Name genannt werden. Auch der führenden

Skeptiker-Organisation in den USA, CSICOP, wurde der Bericht angeboten. CSICOP (*Committee for the Scientific Investigation of the Claims of the Paranormal,* »Komitee für die wissenschaftliche Untersuchung der Behauptungen über paranormale Phänomene«) versteht sich als Polizei für Recht und Ordnung in der Wissenschaft. Recht und Ordnung ist bei CSICOP gleichbedeutend mit naiven und weitgehend überholten Vorstellungen von dem, was sein darf und dem, was nicht sein darf. Von »wissenschaftlicher Untersuchung« wie im Namen von CSICOP kann keine Rede sein, eher von Feldzügen gegen das, was CSICOP als Aberglauben ausgemacht hat.

Die Psi-Forscher haben selber genug mit abergläubischen Haltungen von leichtgläubigen Okkultisten zu kämpfen. Ihre Arbeit indes hat mit solchen Einstellungen nichts zu tun. Sie ist die vorurteilsfreie Erkundung von anomalen mentalen Phänomenen mit den herkömmlichen Methoden der empirischen Wissenschaft. Nicht mehr und nicht weniger.

Wie weit es bei CSICOP her ist mit vorurteilsfreier »wissenschaftlicher Untersuchung« durften Hal Puthoff und Ingo Swann deutlich erfahren. Die Verantwortlichen von CSICOP lehnten es ab, den offiziellen Bericht über das Remote Viewing des Planeten Jupiter entgegenzunehmen. Die Skeptiker hielten es weiterhin für angebracht, die Augen vor allzu schlagenden Beweisen zu verschließen.

Der Fall CSICOP sowie die Fälle des Astronomen und des hochmütigen Autors zeigen, wie wenig sich geändert hat seit den Zeiten eines Galileo Galilei (1564–1642) – und dieser Vergleich trifft doppelt zu. Galilei entdeckte mit dem von ihm nach niederländischem Vorbild konstruierten Fernrohr die Phasen der Venus, die vier ersten Monde des Jupiter und die Saturnringe. Die Wissenschaftler allerdings, denen er seine Entdeckungen vorführen wollte, weigerten sich, durch sein Fernrohr zu blicken. Sie *wollten* die Augen vor neuen Erkenntnissen verschließen, um ihr geozentrisches Weltbild zu retten. Aus dem gleichen Grund weigerten sich die Skeptiker, durch Swanns »Psi-Fernrohr« zu blicken.

SCANATE und die sexy Koordinaten

Nach den anfänglichen Pilotversuchen wurde es ernst. Das Projekt SCANATE (Scan*ning by Coordin*ate, »Scannen durch Koordinaten«), vom amerikanischen Geheimdienst CIA finanziert, wurde ins Leben gerufen. Es dauerte von 1973 bis 1975. Die Koordinaten wurden von einem NSA-Beauftragten ausgewählt und einem CIA-Kontaktmann am SRI übermittelt.

Am SRI sprach man von »sexy« Koordinaten, wenn Zielorte angepeilt werden sollten, die Bedeutung für geheimdienstliche Operationen besaßen, wenn also die »Remote Viewer« am SRI als Psi-Spione tätig werden sollten.

Die CIA vermutete seit einiger Zeit eine geheime sowjetische Anlage für unterirdische Atomtests am Stadtrand von Semipalatinsk im äußersten Osten Kasachstans. Unter Geheimdienstmitarbeitern war die Anlage als URDF-3 (*Unidentified Research and Development Facility,* »nicht identifizierte Anlage für Forschung und Entwicklung, Nummer 3«) bekannt. Bei der Luftwaffe war eine andere scherzhafte Bezeichnung in Gebrauch: PNUTS, was für *Probable Nuclear Underground Test Site* (»wahrscheinlich unterirdische atomare Testanlage«) stand. Aber Genaueres wußte man nicht.

1973 wurden Puthoff die »sexy« Koordinaten für die Werksanlage in einem versiegelten Umschlag übergeben. Pat Price skizzierte sofort industrielle Gebäude, einschließlich eines mehrere Stockwerke hohen Spezialkrans, der sich auf übermannshohen Rädern auf Schienen fortbewegt (Foto 8). Die CIA zeigte sich zutiefst verblüfft. Durch »herkömmliche« Agententätigkeit kannte man das ungefähre Aussehen der Einrichtung. Die Zeichnung eines CIA-Graphikers zeigt die erstaunliche Übereinstimmung mit den Eindrücken von Price (Foto 9).

In einer weiteren Phase des Experiments spezifizierte Price seine Intuitionen. Er sah eine Anordnung von mächtigen Gaszylindern (Abb. 1), die später auch auf Satellitenaufnahmen festgestellt werden konnten. In der dritten Phase beschrieb Price technologische Details der Anlage, die eindeutige Hinweise auf ein sowjetisches Forschungs- und Entwicklungslabor erbrachten – Informationen,

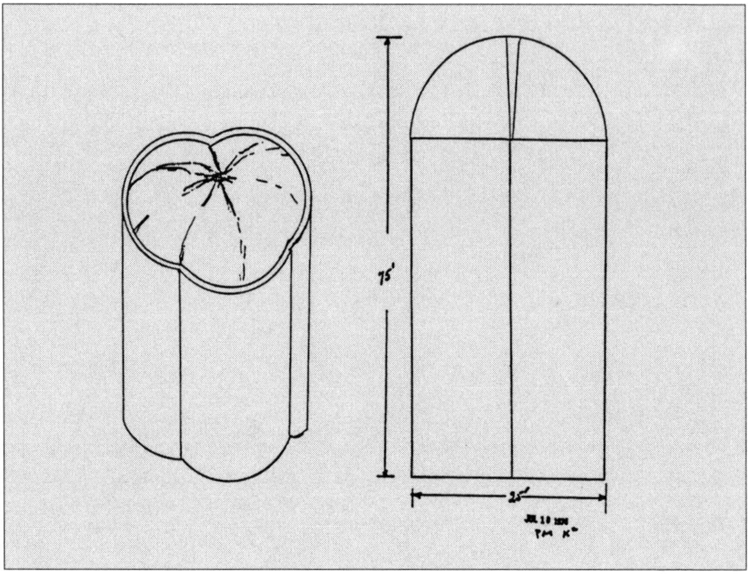

Abb. 1: Zeichnung der Gaszylinder von Pat Price.

welche der CIA nicht bekannt waren, die allerdings den Befürchtungen der Auftraggeber entsprachen.

Price beschrieb unter anderem einen großen Innenraum, wo Menschen damit beschäftigt waren, riesige metallene Kugeln mit Durchmessern von etwa 18 Metern zusammenzusetzen. Er vermutete, daß sie Energien von nuklearem Explosionsmaterial auffangen und speichern sollten (Abb. 2). Price beschrieb den Vorgang als eine neuartige Schweißtechnik. Irgendwann in den Jahren 1974 oder 1975 gelang es einem US-Spionagesatelliten, die fertigen Stahlsphären außerhalb der Gebäude aufzunehmen. Fachleute für fotografische Analysen schätzten den Durchmesser der enormen Kugeln auf exakt 18 Meter. Später fand man heraus, daß sie in der Tat durch eine neuartige Schweißtechnik zusammengefügt worden waren. Die Stahlsphären von Semipalatinsk beunruhigten die amerikanischen Geheimdienste zusehends. Einem Reporter der Zeitschrift *Aviation Week* gelang es 1977, an einige Informationen heranzukommen. Im Mai 1977 veröffentlichte er einen alarmierenden Artikel über Strahlenwaf-

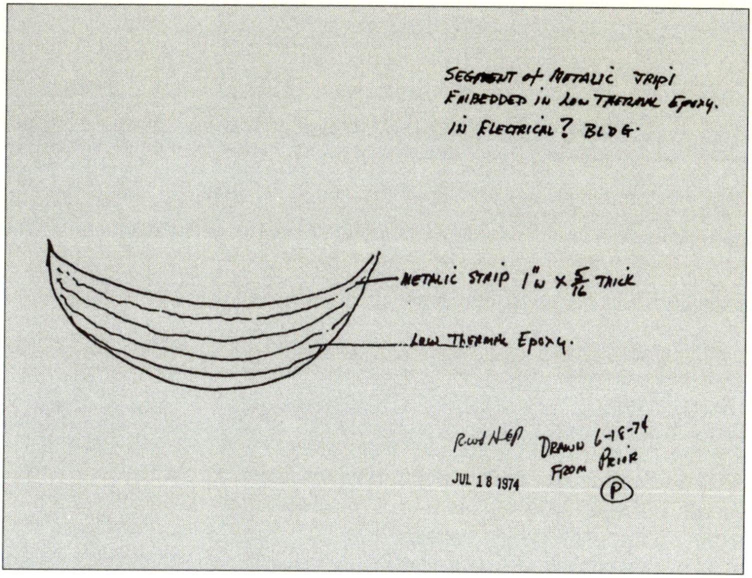

Abb. 2: Skizze der Stahlsphären von Pat Price.

fen, die seit zehn Jahren in der Anlage von Semipalatinsk entwickelt würden.

Price verstarb 1975, ohne von seinem eindrucksvollen Erfolg zu wissen. Erst viele Jahre später erhielten die SRI-Forscher von ihren Klienten die bestätigenden Informationen. Russell Targ erinnert sich an seine Enttäuschung, als die CIA das Protokoll dieses Versuches mit einem Stempel versah: EXEMPT FROM AUTOMATIC DECLASSIFICATION. Das bedeutete, daß die Ergebnisse auch nach 20 Jahren nicht der Öffentlichkeit zugänglich gemacht werden dürfen. Im Mai 1994, 21 Jahre nach diesem außergewöhnlichen Experiment, beantragte Targ die Herausgabe des Materials. Als sich ein Jahr lang nichts bewegte, schaltete er zwei Rechtsanwälte in Washington, zwei Kongreßabgeordnete und einen Senator ein, mit dem Erfolg, daß ihm am 11. August 1995 die Unterlagen ausgehändigt wurden. Targ: »Somit bin ich endlich in der Lage, der CIA für ihre großzügige Unterstützung für diese Forschung zu danken, ohne ins Gefängnis gehen zu müssen, weil ich außersinnliche Wahrnehmung und CIA in einem Atemzug nenne.«[19]

Anomaler Informationstransfer

Ende 1974 lief der CIA-Kontrakt für SCANATE aus. Für Puthoff und Targ schien die Liaison mit den Geheimdiensten auf ein kurzes Zwischenspiel in ihrer Karriere hinauszulaufen. Der Bestsellerautor Richard Bach (*Die Möwe Jonathan*) hielt mit einer Spende von $ 40 000 die Arbeit am Leben. Ein kleiner Kontrakt des ONR (*Office of Naval Research*) folgte. Es ging um die Lokalisierung von U-Booten und anderen militärischen Zielen.

Es ging aber auch um telepathische Übertragungen, die sich in der elektrischen Aktivität des Gehirns niederschlagen sollten. Bei diesem Versuch diente eine Versuchsperson als telepathischer Empfänger, die in Vorversuchen gezeigt hatte, daß sie durch Konzentrationsübungen eine einheitliche gehirnelektrische Aktivität hervorrufen konnte. Die Versuchsperson war nicht nur in der Lage, Alphawellen[20] im EEG (Elektroenzephalogramm) erscheinen zu lassen – was auf einen Zustand tiefer Entspannung hindeutet –, sondern auch in der linken wie in der rechten Gehirnhemisphäre sehr ähnliche elektrische Frequenzen hervorzurufen. Normalerweise wird ein Alpharhythmus im hinteren Teil des Gehirns (dem sogenannten Okzipitalbereich) durch Betrachten von Lichtblitzen unterbrochen. Das hängt damit zusammen, daß die Okzipitalregion der primäre Projektionsbereich für optische Eindrücke ist. Sobald optische Reize auftreffen, wird der innengerichtete, entspannte Zustand unterbrochen. Als Resultat treten raschere Wellenmuster (Betawellen[21]) in dieser Region auf.

Bei dem Experiment saß der telepathische Empfänger in einem abgedunkelten Raum und sollte sich lediglich entspannen und versuchen, einen möglichst einheitlichen Alpharhythmus zu erzeugen. Währenddessen befand sich eine zweite Versuchsperson – der telepathische Sender – in einem anderen Raum. Von Zeit zu Zeit bekam der Sender Lichtblitze zu sehen. Betrachtete man später das EEG-Muster des Empfängers, der tatsächlich niemals Lichtblitze zu Gesicht bekam, zeigte sich, daß sein EEG während der Blitzperioden des Senders eine unerklärliche teilweise Blockierung der Alphawellen im Okzipitalbereich aufwies.[22] Der Effekt war nicht so stark, wie es die Untersucher gehofft hatten, aber immerhin bestand ein

Zusammenhang zwischen den Blitzperioden und der partiellen Unterdrückung von Alphawellen, die nur durch einen anomalen Informationstransfer zustande gekommen sein konnten.
Die Ergebnisse aus Kalifornien und die unermüdlichen Präsentationen der Arbeiten durch Puthoff in Washington taten schließlich ihre Wirkung. In der zweiten Hälfte der siebziger Jahre begannen Gelder aus neuen Regierungskanälen zu fließen. Die DIA, die Luftwaffe und eine Reihe anderer Institutionen beauftragten das Team mit weiteren Arbeiten. Eine Schlüsselfigur war Jack Vorona, ein ehemaliger Atomphysiker und Leiter des technischen Direktorats der DIA. Vorona, ein brillanter Wissenschaftler, war von Hal Puthoffs Arbeiten begeistert. Seiner politischen Kühnheit und seinem Einfluß in Washington war die Fortsetzung der Forschungen zu verdanken. Puthoff konnte mit einem jährlichen Budget von annähernd einer Million Dollar rechnen. Ingo Swann wurde wieder nach Kalifornien beordert, wo er es sich im dritten Stock von Gebäude 44 am SRI gemütlich machte und dichter Zigarrendunst seine Anwesenheit ankündigte. Der Physiker Edwin May wurde ins Team berufen, eine exzellente Wahl, wie sich bald herausstellte. Als ständiger Repräsentant der DIA logierte Jim Salyer vor Ort in einem Trailer. Er saß an den abhörsicheren Telefonen und Faxgeräten und leitete sogenannte »operationale« Aufgaben an das Remote Viewing Team weiter – Aufgaben, in denen es nicht mehr um Experimente, sondern um Informationen über unbekannte Einrichtungen feindlicher Nationen ging, deren Inhalte Teil der allgemeinen Nachrichtenbeschaffung durch Agententätigkeit werden sollten. Es wurde ernst. Die Psi-Spionage konnte beginnen.

Glanz und Elend der Forschung

Das SRI-Team begann nach weiteren Psi-Begabungen Ausschau zu halten. Zum Team stießen bald Hella Hammid, eine Fotografin deutscher Abstammung, Keith Harary, ein Psi-Forscher und Sensitiver, und Gary Langford, ein Computerexperte am SRI. Zusammen mit Swann und Price wurde der Prozeß des Remote Viewing in zahllosen verblüffenden Versuchen erforscht.

Das Hauptaugenmerk am SRI lag auch nach großen operationalen Erfolgen, wie mit Semipalatinsk, auf der Forschung. Es wurden Experimente aller Art angestellt, mit freiwilligen Versuchspersonen und mit der Gruppe von Psi-Begabten. Die Qualität der Ergebnisse, vor allem aus der Gruppe der Begabten, verblüffte Puthoff und Targ immer wieder.
Einmal war das Zielobjekt für ein RV-Experiment eine Fußgängerbrücke über eine Autobahn. Die Brücke hat ein sehr charakteristisches Aussehen (Fotos 1, 2). Wie eine lange, schlanke Röhre schlängelt sie sich durch die flache Landschaft. Das Erscheinungsbild einer Röhre erhält sie durch ein engmaschiges Drahtgeflecht, das sie auf ganzer Länge umgibt.
Hella Hammid zeichnete konzentrische Quadrate, die wie der Blick in einen Gittertunnel aussehen – exakt das Bild, das man sieht, wenn man sich auf der Brücke befindet und den Weg entlangblickt (Abb. 3). Sie vermerkte dazu: »Eine Art diagonale längliche Rinne oben in der Luft.«

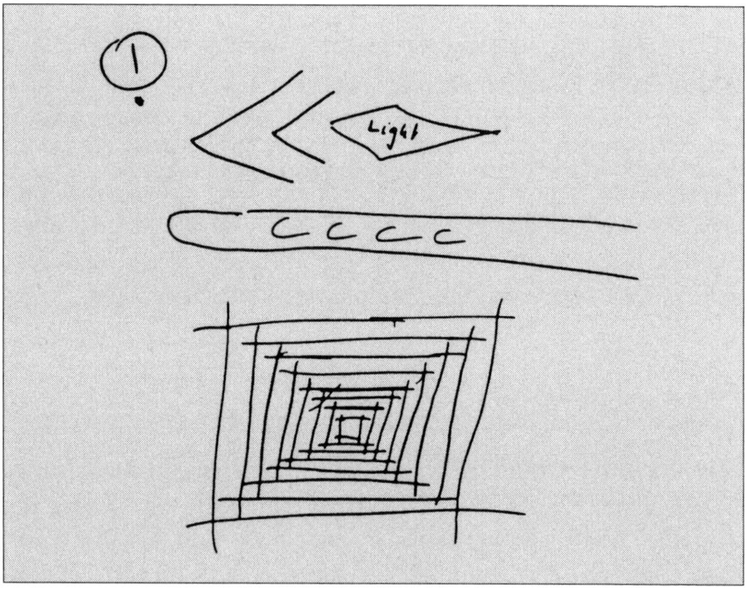

Abb. 3: Zeichnung der RV-Eindrücke zum Zielobjekt »Fußgängerbrücke« von Hella Hammid.

Keith Harary fertigte mehrere Zeichnungen an, die immer wieder das Gitterwerk hervorhoben (Abb. 4). Er schrieb dazu: »Gekreuztes Metall, ähnlich einer Brücke … etwas, worauf Menschen hochklettern … Fußgängerbrücke.« Auf einem Blatt zeichnete er einen Gitterzaun und Autos, auf einem anderen wieder das Geflecht mit den Worten darunter: »Riesiger Metallzaun?« Auf einer weiteren Zeichnung ist die Röhre mit dem Gitter deutlich zu sehen. Dazu seine Notiz: »Brücke aus Metall.«

Die Arbeit mit Sensitiven ist für die Wissenschaftler nicht einfach. Auch der umgekehrte Fall trifft zu. Primadonnen findet man in

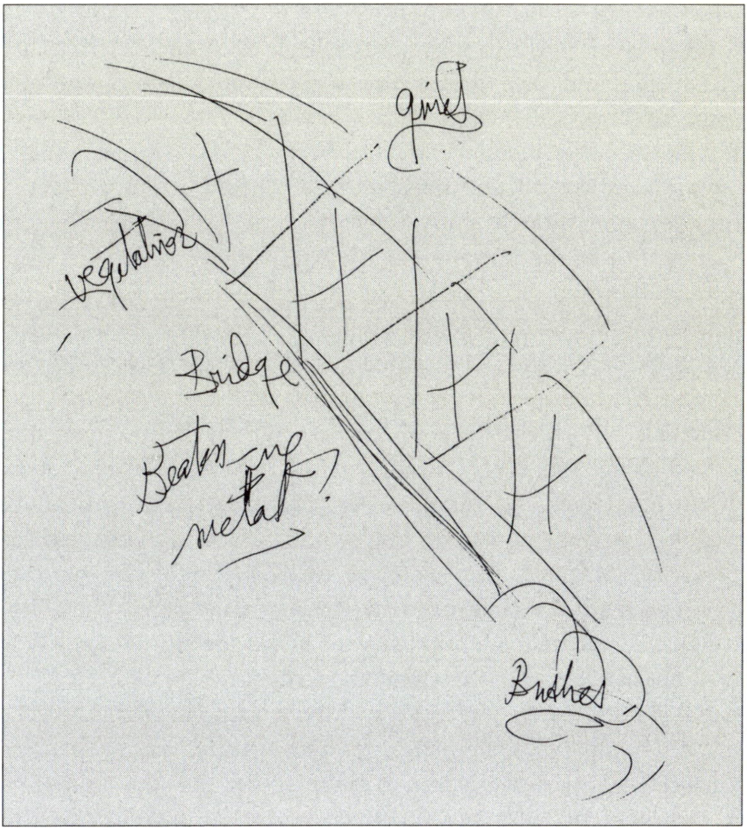

Abb. 4: Zeichnung der RV-Eindrücke zum Zielobjekt »Fußgängerbrücke« von Keith Harary.

beiden Lagern, und vielfach gehen die Ideen von dem, was sich zu erforschen lohnt, weit auseinander. Gewöhnlich kann man die Entscheidung darüber getrost den Fachleuten überlassen, den Wissenschaftlern. Aber auf dem Gebiet der anomalen mentalen Phänomene, auf dem noch so wenige gesicherte Fakten vorliegen, ist es nicht entschieden, wer als Fachmann zu gelten hat. Der Wissenschaftler, der die beste Qualifikation hat zu wissen, wie ein methodisch sauberes Experiment angestellt werden muß, um auf ein Problem eine Antwort zu bekommen? Oder der Sensitive, der einen natürlichen Zugang zur Welt des Paranormalen besitzt und dadurch in die einzigartige Lage versetzt wird, die Mechanismen zu erkennen, die in der Funktionsweise von Psi eine entscheidende Rolle spielen? Solche Problempunkte begleiteten die Forschung am SRI ständig und verhinderten bisweilen eine noch ergiebigere Ausbeute an empirischen Daten.

Ein Beispiel mag dies verdeutlichen. Im Laufe der Untersuchungen wollte man dem Geheimnis anomaler Informationsgewinnung näher kommen durch einen tiefen Blick ins Gehirn der Remote Viewer. Die kleine Gruppe der Psi-Begabten wurde in eine Forschungseinrichtung gebracht, die in militärischen Kreisen eine nahezu mythische Aura genießt, in das *Los Alamos National Laboratory* in New Mexico. Neben dem *Lawrence Livermore Laboratory* in Kalifornien gilt das *Los Alamos National Laboratory* als Amerikas wissenschaftliche Speerspitze für die Erforschung und Entwicklung von Nuklearwaffen. Dort gab es, so dachte man, genau das Gerät, das für diese Art von Untersuchung benötigt wurde. Der Apparat war ein High-Tech-EEG erster Güte, ein sogenannter Magnetoenzephalograph (MEG). Ein MEG kann die Veränderungen der Gehirnaktivität genauer als ein EEG darstellen, weil das Magnetfeld die Hirnhaut, die Schädeldecke und die Kopfhaut durchdringt, ohne zerstreut zu werden.

Keith Harary hat die teuren Versuchsreihen am *Los Alamos National Laboratory* in schlechter Erinnerung. »Eine von zahlreichen Chancen wurde dort vertan«, erzählte er mir. Ed May und seine Mitarbeiter hatten das Experiment ersonnen, das in seinem Aufbau Puthoffs Experiment über die telepathische Übertragung von Lichtblitzen sehr ähnlich war, das May mit Targ und Puthoff bereits erfolgreich wiederholt hatte.[23] Vor dem eigentlichen Remote Viewing sollten zunächst Alphawellen im Gehirn hervorgerufen werden. Harary und jeder, der Biofeedback-Alphatraining durchgemacht hat, versteht sich darauf. Keith Harary erklärte mir: »Wer kann mit Bestimmtheit sagen, daß ein Alphazustand für Remote Viewing das ist, wonach man suchen muß? Mit dieser Voraussetzung werden die Ergebnisse bereits in eine bestimmte Richtung gedrängt. Der umgekehrte Fall, aufgrund von Psi auf die damit verbundenen Gehirnwellen zu achten, wäre richtiger gewesen.« Das Versuchsprotokoll sah vor, daß ein Computer am Ende einer Halle Lichtblitze registriert. Die Remote Viewer sollten mit dem Computer und einer davor postierten Versuchsleiterin eine anomale Fernverbindung aufnehmen, wobei gehofft wurde, daß sich die Lichtblitzmuster in ihrem EEG niederschlagen. Es gab keine Zielbilder im Computer, die wiedergegeben werden sollten. So konnte man – laut Harary – nicht feststellen, ob man mit dem Computer überhaupt Kontakt aufgenommen hatte. Am Ende dieses pompösen Experiments habe May herausgefunden, daß die Daten falsch aufgezeichnet worden waren.

Zur Ehrenrettung von Ed May, der ein wahrhaft einfallsreicher und intelligenter Wissenschaftler ist, muß man festhalten, daß Hararys Kritik wohl durch die Enttäuschung zu erklären ist, daß sich aus einem solchen Experiment mit langer Vorbereitungszeit und vortrefflicher Apparatur nicht mehr herausholen ließ. Nun, das ist das Schicksal jeder Forschung, die schwer festzustellenden Phänomenen auf der Spur ist. Die Erzeugung eines Alpharhythmus im Gehirn war insofern entscheidend, da Lichtblitze zu einer Blockade des Alpharhythmus führen. Der Ausfall von Alphawellen in jenen Perioden, in denen die Lichtblitze in einem anderen Raum erschienen, hätte als Nachweis für eine anomale Informationsübertragung dienen können. Die korrekte Wiedergabe eines Zielbildes am »Kontaktort« ist für einen solchen Versuch nicht maßgeblich. Es geht nicht um die bewußte Reproduktion von Psi-Eindrücken, sondern um nur physiologisch registrierbare, nicht bewußte anomale Informationsaufnahme.

Tatsächlich waren die MEG-Versuche in Los Alamos technisch exzellent.[24] Allerdings konnten die anfänglich guten Resultate leider nicht wiederholt werden, und es stellte sich, trotz der Absegnung des Experiments im Vorfeld durch ein hochrangiges wissenschaftliches Supervisionsgremium, dem zwei Nobelpreisträger angehörten, ein kleiner Fehler im Versuchsaufbau heraus, der die Daten unbrauchbar machte.

Harary fragte sich indes, warum man die mögliche unbewußte anomale Informationsgewinnung untersucht, wenn es doch darum ging, dem Mechanismus von RV auf die Spur zu kommen; und Remote Viewing ist immer die Fähigkeit, Psi-Eindrücke *bewußt* wiederzugeben.

Man sieht an solchen Beispielen, wie weit die Vorstellungen zwischen Sensitiven und Wissenschaftlern über das, was eigentlich zu erforschen ist, auseinandergehen. Für May ging es darum, einen fundamentalen Prozeß zu erkunden, dessen Erhellung vielleicht auch für unser Verständnis anderer Formen von anomaler Kognition bedeutsam sein könnte. Für den Remote Viewer Harary war es nichts als Zeitverschwendung, wenn man die Funktionsweise von Psi nicht in »lebensnahen« Experimenten erforschte.

Daß am SRI dennoch in höchstem Maße erfolgreiche Forschung durchgeführt wurde, belegt eine zusammenfassende Studie über die Arbeit aus den Jahren von 1973 bis 1988. In diesem Zeitraum wurden insgesamt 154 Experimente zur anomalen Kognition durchgeführt mit mehr als 26 000 Einzeldurchgängen, ausgeführt von insgesamt 227 Versuchspersonen. Davon wurden annähernd 20 000 Durchgänge nach der Methode der erzwungenen Auswahl (*forced-choice*) realisiert, bei der die Versuchsperson die Zielsymbole kannte, deren zufällige Lage sie zu »erraten« hatte. Mehr als 1000 Untersuchungen fanden nach der Methode der freien Aussagen (*free-response*) statt, also der freien Beschreibung eines unbekannten Zielobjekts; das waren die Remote Viewing-Versuche. Die sechs begabtesten Remote Viewer trugen 196 Sitzungen bei.

Die statistischen Resultate waren derart überwältigend, daß der Zufall als Erklärung für die Leistungen nicht bemüht werden konnte. Wäre allein der Zufall im Spiel, würde ein solches Ergebnis nur 1mal in 10^{20} (eine Zahl mit 20 Nullen) Fällen auftreten, also nur einmal in über einer Trillion Fällen!

4 Die Psi-Spione von Fort Meade

Codename GONDOLA WISH

Als am *Stanford Research Institute* in der zweiten Hälfte der siebziger Jahre durch die gesicherte Finanzierung die Forschung erblühte, begann es sich in Armeekreisen herumzusprechen, daß man dort einen Weg gefunden hatte, Psi für geheimdienstliche Informationsbeschaffung einsetzbar zu machen. Leutnant Frederick Holmes »Skip« Atwater vom *Systems Exploitation Detachment* der Armee (SED, »Abteilung für Systemausnutzung«)[25] in Fort Meade, Maryland, war der erste, der ein intensives Interesse an diesem Projekt zeigte. Er fragte sich, warum diese Arbeit allein den Wissenschaftlern überlassen werden mußte. Was sprach dagegen, die neuartige Spionagemethode direkt in einer Armeeabteilung einzusetzen?

Atwater unterbreitete den Vorschlag, eine kleine experimentelle Gruppe von paranormal Begabten aufzubauen. Sie sollte als zweite Einheit neben der zivilen Gruppe am SRI an der Westküste der USA als eine militärische Gruppe speziell für operationale Einsätze an der Ostküste ins Leben gerufen werden. Die Idee wurde von Generalmajor Edmund Thompson, Stellvertretender Stabschef für den Nachrichtendienst, akzeptiert und als Projekt unter dem Codenamen GONDOLA WISH ins Leben gerufen.

Atwater und Leutnant Oberst Murray »Scotty« Watt, ein mürrischer, hartgesottener Geselle, der Atwater als Abteilungskommandeur vor die Nase gesetzt wurde, besuchten Puthoff und Targ am SRI. Sie wollten in Erfahrung bringen, wie man potentielle Kandidaten für RV aus den eigenen Reihen herausfiltern konnte. Die Wissenschaftler rieten ihnen, so viele Personen wie möglich in einfachen RV-Experimenten zu testen und mit den besten weiterzuarbeiten. Das war für die Militärs eine höchst unwillkommene Vorgehensweise. Schließlich sollte GONDOLA WISH geheim bleiben. Es mußte ein Weg gefunden werden, um Kandidaten auszuwählen, ohne daß bald die ganze Armee von dem Projekt erfahren würde. Und schon wurde die Aufgabe um vieles schwieriger.

Bislang hatten die SRI-Forscher wenig Augenmerk auf medizinische und psychologische Parameter gelegt, die gute Versuchspersonen auszeichnen würden. Die diesbezüglichen Ergebnisse aus der Psi-Forschung waren teilweise widersprüchlich oder zumindest nicht eindeutig. Sie schlugen deshalb vor, sich auf Leute zu konzentrieren, die ein künstlerisches Talent hatten, über räumlich-visuelle Vorstellungskraft verfügten und als kreativ galten. Psi-Eindrücke festzuhalten, schien ähnlich der Fähigkeit zu sein, flüchtig wahrgenommene Bilder detailgetreu wiedergeben zu können. Menschen mit solchen Qualifikationen sollten sich für Remote Viewing eignen. Und natürlich, die wichtigste Voraussetzung: Wer bereits paranormale Erfahrungen gemacht hatte, galt als aussichtsreichster Kandidat.

Atwater und Watt begannen die Sammlung ihrer Rekruten, indem sie die Kommandanten von INSCOM (*Intelligence and Security Command,* »Nachrichten- und Sicherheitskommando der Armee«) in Fort Meade und im Hauptquartier in Arlington Hall im nördlichen Virginia nach Mitarbeitern fragten, auf welche diese Beschreibungen zutrafen. Auch den Leitern der Armeebüros des *National Photographic Interpretation Center* (NPIC, »Nationales Zentrum für fotografische Aufklärung«) legten sie die SRI-Profile vor. Unter den Foto-Interpreten vermuteten sie Leute mit den entsprechenden visuellen Fähigkeiten. Sie vermuteten zurecht. Unter den Anwärtern, die nach Fort Meade bestellt wurden, und denen man lediglich mitteilte, es handele sich um eine Befragung über Psi beim Militär, angeordnet von INSCOM, befand sich Mel Riley, ein Fachmann für fotografische Aufklärung mit einer »paranormalen Vergangenheit«. Bei seinen Einsätzen fiel immer wieder auf, daß er über ausgezeichnete Intuitionen verfügte, wohin Aufklärungsflugzeuge dirigiert oder Kameras ausgerichtet werden sollten. Als Foto-Interpret konnte er auf Bildern Dinge erkennen, die niemand sonst wahrnehmen konnte. So gelang es ihm einmal, einen Teil eines sowjetischen Geschützes auf dem Aufklärungsfoto von einer ostdeutschen Industrieanlage auszumachen, wo der Geheimdienst keine militärischen Installationen vermutete. Das Erstaunliche daran war nicht Rileys außergewöhnliche Beobachtungsgabe: die fragliche Waffe war unter einer Plane verborgen und aus dem vorliegenden Foto unmöglich identifizierbar. Riley skizzierte seine »Wahrnehmungen«, und exakte Satellitenaufnahmen bestätigten schließlich seine Eindrücke. Offenbar setzte Riley bereits in seiner gewöhnlichen militärischen Tätigkeit unbewußt ständig Psi ein.

Mit einer kleinen Gruppe der vielversprechendsten Soldaten und Armee-Zivilisten nahm GONDOLA WISH die Arbeit auf. Es war ein Unternehmen der Hindernisse, das nicht nur mit einem sehr schmalen Budget auskommen mußte. Man hatte erst wenige Übungssitzungen durchgeführt, da wurde von höchster Stelle eine Untersuchung angeordnet. Die Verantwortlichen hatten kalte Füße bekommen, weil ihnen nicht klar war, was mit den Versuchspersonen geschehen sollte. Remote Viewing wurde als *human use experimentation* (»Experimente an Menschen«) eingestuft, und die USA hatten eine unrühmliche Geschichte auf diesem Feld zu verdauen. Seit Mitte der siebziger Jahre sorgten Anhörungen im US-Kongreß für negative Schlagzeilen. Damals wurden etwa 200 geheime Forschungsprogramme bekannt, die in den fünfziger und sechziger Jahren von der CIA unter dem Codenamen MKULTRA durchgeführt worden waren. Viele in der Öffentlichkeit sahen durch MKULTRA ihre schlimmsten Befürchtungen bestätigt: Die CIA experimentiert mit Menschen, führt Bewußtseinsmanipulation und Gehirnwäsche durch. Versuche mit der Droge LSD und verschiedenen »Wahrheitsdrogen« wurden bekannt, die Soldaten ohne deren Wissen eingenommen hatten. Einer Gruppe von Personen wurde 77 Tage lang ohne Unterbrechung LSD verabreicht, um festzustellen, ob sie einer Gehirnwäsche unterzogen werden konnten. Sowjetische Doppelagenten sollen durch experimentelle Drogen umgekommen sein. Das Unterprojekt Nr. 136 von MKULTRA beschäftigte sich mit dem möglichen Einsatz von Psi. Über den Inhalt dieser Experimente ist allerdings nichts bekannt geworden. Als Hal Puthoff 1972 die ersten CIA-Gelder erhielt, war Sidney Gottlieb immer noch Leiter der *Technical Services Division* (TSD, »Abteilung für technische Dienste«) der CIA. Gottlieb galt als eine der Schlüsselfiguren im MKULTRA-Skandal.

Die Nachrichtendienste mußten sich vorsehen. Alle Projekte, die im Verdacht standen, mit »Gehirnwäsche« oder »Bewußtseinsmanipulation« zu tun zu haben, wurden peinlich genauen Prüfungen unterzogen. Einen Eklat konnte sich niemand leisten, der fest im Sattel der militärischen Macht sitzen wollte. Entweder mußten kritische Projekte gestoppt oder die Geheimhaltungsstufe mußte erhöht werden.

Die Studie über telepathische Übertragungen von Lichtblitzen, die am SRI für das ONR durchgeführt wurde, trug den vermeintlich unverfänglichen Titel *Wahrnehmung von entfernten elektromagnetischen Quellen (physiologische Korrelate)*. 1976 stoppte Sam Koslov, ein wissenschaftlicher Assistent der Navy, dieses Forschungsprojekt aufgrund des Titels. Koslov vermutete, daß die Untersuchung mit elektromagnetischer Bewußtseinsmanipulation zu tun hatte, und analysierte die Unterlagen. Als er feststellte, daß die Versuche vielmehr parapsychologischer Natur waren, muß seine Verblüffung noch größer gewesen sein. Er ließ das Projekt einstellen.[26]

Die Remote Viewer von GONDOLA WISH und am SRI hatten stapelweise Einverständniserklärungen zu unterschreiben. Ärzte, bis hinauf zum »Generalchirurgen der Armee«, mußten ihr Plazet zu dem Programm erteilen. Der Vorgang dauerte einige Monate. Danach stand das erste Psi-Team von Fort Meade fest. Zu ihm gehörten die sechs Remote Viewer Mel Riley, Joe McMoneagle, Ken Bell, Fernand »Fern« Gauvin, Nancy Stern und Hartleigh Trent.

Diese vielversprechenden Rekruten wurden zu Tests ans SRI geschickt. Einige Wochen lang mußten sie zahlreiche klassische RV-Experimente durchführen, mit und ohne »Signalgebern« an den Zielorten. Als genügend Daten gesammelt waren schickten Targ und Puthoff die Militärs zurück nach Maryland mit dem Hinweis an die Vorgesetzten, eine ausgezeichnete Wahl getroffen zu haben: Alle seien für operationale Einsätze als Psi-Spione geeignet.

Spionage gegen die eigene Nation

Die treibende Kraft hinter dem Psi-Engagement in Fort Meade war zweifellos Generalmajor Ed Thompson. Gemeinsam mit dem Kommandanten von INSCOM gelang es ihm, daß GONDOLA WISH im Jahr 1978 in eine bessere Wirkungsstätte verlegt wurde. Das Programm erhielt vom Pentagon den neuen Codenamen GRILL FLAME, unter dem die wissenschaftlichen Experimente am SRI und die praktischen (operationalen) Einsätze in Fort Meade zusammengefaßt wurden. Jetzt flossen auch Gelder aus den Staatskassen und ermöglichten, daß in Fort Meade drei Vollzeit-Psi-Spione eingestellt werden konnten: Mel Riley, Joe McMoneagle und Ken Bell. Zuerst wurde die »Operationale Einheit« in Fort Meade in der Hauptsache vom Verteidigungsministerium mit Missionen betraut, später von den verschiedensten Geheimdienstorganisationen. Man wandte sich dieser Einheit zumeist dann zu, wenn die herkömmlichen nachrichtendienstlichen Verfahren zu keinem Erfolg geführt hatten.

Untergebracht wurden die militärischen Hellseher in zwei einfachen, unansehnlichen Gebäuden, Nr. 2560 und Nr. 2561 an der Llewellyn Street, abseits von den anderen Installationen in Fort Meade, unweit der Kimbrough Armee-Klinik (Foto 12). In der relativen Abgeschiedenheit konnte die »Operationale Einheit« mit großem Enthusiasmus und der nötigen Ruhe ihrer Aufgabe nachgehen.

Die erste Aufgabe der Remote Viewer in Fort Meade war es nicht, feindliche Einrichtungen, sondern vielmehr die eigenen geheimen Installationen der Amerikaner auszuspionieren. Spione gegen die eigene Nation? In Fort Meade gab es eine Abteilung unter dem Namen *Operations Security Group* (»Sicherheitsgruppe für praktische Einsätze«), kurz *opsec* genannt. Ihr Auftrag war es, geheime US-Institutionen vor fremder Spionage zu schützen. Eine der Hauptaufgaben der *opsec*-Gruppe bestand darin, Spionage gegen diese Einrichtungen durchzuführen, um mögliche Sicherheitslücken aufzudecken. Die Mission war in idealer Weise dazu geeignet, die Effektivität der Psi-Spionage zu testen, denn alle Angaben, die durch RV ermittelt wurden, konnten sofort an der Realität überprüft werden. Bei einem Erfolg hätten zudem die Vorgesetzten sofort einen Eindruck von dem vermittelt bekommen, womit man rechnen mußte, wenn die Sowjets tatsächlich ihrerseits Psi-Spione im Einsatz hatten.

Eines Tages erhielt Skip Atwater das Foto eines Flugzeughangars. Die Remote Viewer sollten herausfinden, was sich darin befand.[27] Die Auftraggeber versuchten, sie auf die falsche Fährte zu locken. Sie hatten darin den in der Entwicklung befindlichen neuen Panzer *XM-1* versteckt. Joe McMoneagle beschrieb zunächst ein Instrument, das wie ein Keyboard aussah und an einen Computer angeschlossen war. Er sah ein optisches System und große Granaten. Schließlich erkannte er eine Struktur, die er nicht genau deuten, aber dafür zeichnen konnte. Es wurde eine akkurat ausgearbeitete Zeichnung eines Panzers, samt dem Munitionslader, den Verschlüssen des Panzerturms, der Montage des Hauptgeschützes, verschiedenen High-Tech-Waffen und einem Diagramm des Laser-Zielsystems. Als sie die Zeichnung sahen, wurden die Verantwortlichen für die Geheimhaltung des Entwicklungsprogramms des *XM-1* blaß. Wäre McMoneagle ein sowjetischer Psi-Agent gewesen, wären sie noch ratloser vor den Generälen gestanden.

Ein ähnlicher Coup gelang Mel Riley bei einer *opsec*-Aufgabe. Atwater hatte eine derart unscharfe Aufnahme erhalten, daß man beim besten Willen nicht sagen konnte, was sie darstellen sollte. Es hätte einfach alles sein können. Riley empfing Eindrücke von einem eigentümlichen Objekt mit Flügeln, wie die einer Fledermaus, mit einem kuppelartigen Cockpit, wie bei einem Jumbo-Jet. Es schien ihm, als ob das Fluggerät mit Seilen gesteuert würde. Als er diese genauer inspizierte, sah er nichts als Licht. Riley hatte den Eindruck von einem Spielzeug, das verrückteste Ding, das er je gesehen hatte.

Sobald die Offiziere der Luftwaffe die Angaben von Atwater erhalten hatten, wurden sie hektisch, verlangten unverzüglich das unscharfe Foto zurück und erließen den Befehl, das Objekt nicht mehr mit Remote Viewing anzuvisieren. Jetzt konnten sie nur noch beten, daß die Gegenseite nicht ähnlich Begabte zur Verfügung hatte. Selbstverständlich erfuhren weder Atwater noch Riley, was der graue Fleck auf dem Foto gewesen war. Die Lösung ergab sich einige Jahre später, als zum ersten Mal die lang gehütete Geheimwaffe der Amerikaner, der *Stealth* Bomber B-2, vorgestellt wurde. Er entsprach in seinem Aussehen exakt der Beschreibung Rileys. Unter anderem verwendeten die Ingenieure optische Glasfasern anstatt elektromechanischer oder hydraulischer Kontrolldrähte, um die Erkennbarkeit des Flugzeugs auf dem Radar zu reduzieren.

Man darf nicht der Illusion verfallen, daß solche Psi-Spitzenleistungen zum alltäglichen Geschäft in Menlo Park und Fort Meade gehörten. Im Gegenteil. Es wurden Tausende Sitzungen durchgeführt, und nur wenige ergaben derartige Übereinstimmungen mit dem Ziel. Es gab allerdings gute Gründe für die Annahme, daß sich die Ergebnisse verbessern ließen. Man hatte bereits die besten Remote Viewer herausgefiltert und kannte ihre Vorlieben. Man wußte um die Umstände, die es ihnen erleichtern würden, gute Leistungen zu erbringen. Und am SRI hatte man eine Methode entwickelt, um das Signal besser ermitteln zu können, die sogenannte Konsens-Technik. Dabei wurden die Resultate verschiedener Remote Viewer zu einem Thema verglichen. Man nannte ihnen die übereinstimmenden Merkmale, und sie versuchten aufgrund der gefilterten Information, das Ziel neuerlich einzukreisen.

Bei allen offensichtlichen Erfolgen der »Operationalen Einheit« müssen die Ergebnisse mit großer Vorsicht interpretiert werden. Die Remote Viewer waren Armeeangehörige. Die meisten von ihnen wurden aus Abteilungen der Geheimdienste rekrutiert und verfügten über zum Teil hohe Zugangsstufen zu geheimen Unterlagen. Sie konnten sich über geheime Projekte in Kenntnis setzen lassen. Aufgrund ihrer Tätigkeit wußten sie über zahlreiche vertrauliche Operationen Bescheid, hatten sogar an vielen selber mitgearbeitet. Es ist ein Mythos zu glauben, daß mit einem Mal diese Informationen wie weggewischt und sie die perfekten Versuchspersonen geworden waren – unschuldige, unwissende, geistige Maschinen zur Informationsgewinnung.

Wir müssen vielmehr davon ausgehen, daß die Mitarbeiter in Fort Meade, im Gegensatz zu der Gruppe am SRI, um die brennenden aktuellen Probleme der Sicherheitsdienste wußten, weil sie mit den Tagesgeschäften vertraut waren. Sie lebten schließlich nicht in Isolationshaft im Gebäude Nr. 2560. Ihr natürliches Umfeld war eine

Kommandozentrale des Militärs, waren Büros der Nachrichtendienste. Es fiel den GRILL FLAME-Mitarbeitern wohl nicht schwer, sich zu einem *opsec tasking* – eine Aufgabenstellung in bezug auf geheime US-Projekte –, das von der Luftwaffe kam, auch wenn es in Form eines unscharfen Fotos in Auftrag gegeben wurde, einen Reim zu machen. Sicher wußten sie von der Entwicklung der neuen Wunderwaffe, des *Stealth*-Bombers. Details brauchte man nicht zu kennen, aus Gerüchten und Erzählungen von Insidern war unschwer das mögliche Zielobjekt zu beschreiben.
Trotzdem bleiben genügend exzellente Ergebnisse, die weder durch Gerüchte bekannt noch mit herkömmlichen Mitteln in Erfahrung zu bringen waren.

Acht-Martini-Ergebnisse

Während der *Nightline*-Sendung am 28. November 1995 im amerikanischen Fernsehsender ABC, als die ganze Nation über die Psi-Affäre der CIA informiert wurde, gab es einen amüsanten Zwischenfall. Er zeigt, was von der Qualität der Arbeit zu halten war. Beim Interview ließ ein anonymer Geheimdienstmitarbeiter mit einem Insider-Witz alle Zweifel verstummen: »Wenn Sie über die Acht-Martini-Ergebnisse reden wollen, nun, darüber werde ich nicht reden.«
Was in aller Welt sind »Acht-Martini-Ergebnisse«? Es handelt sich um einen flapsigen Ausdruck innerhalb der Geheimdienste über Remote Viewing-Resultate, die derart gut waren, daß sie das Weltbild desjenigen zum Einsturz brachte, der sie miterlebte. Diesem blieb nichts weiter übrig, als in die nächste Bar zu gehen und acht Martinis zu konsumieren, um wieder zu sich zu kommen. Vor allem Price am SRI und McMoneagle in Fort Meade waren für etliche Acht-Martini-Ergebnisse gut.
Die Polizei hatte 1974 die Dienste von Pat Price bei der Entführung von Patty Hearst, der Tochter des Zeitungsmagnaten Randolph Hearst, in Anspruch genommen. Price hatte sofort das Gefühl, daß es bei der Entführung nicht um Geld gehe, sondern um politische Dinge. Aus dem üblichen Berg Fotografien von Verdäch-

tigen zog er drei heraus. Beim Bild einer Person kam Price das spanische Wort *lobo* in den Sinn. *Lobo* bedeutet »Wolf«. Zwei Tage später erhielt die Polizei das erste Kommuniqué der *Symbionese Liberation Army*, wie sich die Terroristen nannten. Geld verlangten sie keines, dafür Nahrung für die Armen. Alle drei Verdächtigen, die Price ausgewählt hatte, gehörten der Gruppe an. Einer von ihnen war ein Aussteiger aus Berkeley. Er hieß William Wolfe und trug den Spitznamen »Willie the Wolf« – er war »lobo«.

Eine der ersten Spionage-Aufgaben, die den drei Remote Viewern in Fort Meade vorgelegt wurde und die ein feindliches Land betraf, wurde vom Nachrichtendienst der Luftwaffe eingereicht. Nachdem Riley sich durch spezielle Übungen entspannt hatte, teilte Atwater, der als Interviewer diente, seinem Remote Viewer lakonisch mit: »Das Ziel ist ein Objekt. Beschreiben Sie mir Ihre Eindrücke.«

Die ersten Vorstellungen, die vor dem inneren Auge von Mel Riley auftauchten, waren Metall, Drähte, Elektronik, dann ein schmales Stahlei mit einem »Dotter« aus Tritium. Schließlich hatte er den Eindruck von einem Baseball, an dessen Enden zwei breite Trichter herausragten mit einem Stundenglas an der Seite. McMoneagle nahm im Zentrum des Objekts ebenfalls etwas wahr, das wie eine Sanduhr aussah, und auch Ken Bell beschrieb dieses eigentümliche Detail. Die Auftraggeber von der Luftwaffe waren sichtlich beeindruckt, aber sie verweigerten Atwater die Auskunft über diesen Bestandteil des Objektes, denn seine Geheimhaltungsstufe schloß nicht kritische Informationen über den Aufbau von Nuklearwaffen mit ein. So viel durfte er erfahren: Es ging um eine von den Chinesen entwickelte Atombombe, und die Amerikaner waren bis zu diesem Zeitpunkt überzeugt davon, daß die Chinesen nicht in der Lage sein würden, das technische Detail, das an ein Stundenglas erinnerte, in ihre Konstruktion mit einzubauen.

Die *Air Force* wollte nun von den Remote Viewern Details über ein Ereignis wissen, das mit dem Objekt in Zusammenhang stand. Atwater las seinen Psi-Spionen die Koordinaten des Ortes vor, an dem das Ereignis stattfinden sollte. Vor dem inneren Auge Rileys tauchten Bilder von einer Wüste auf, und er sah eine Reihe konzentrischer Ringe um einen zentralen Turm. Dann sah er ein Flugzeug, das offenbar eine Bombe abwarf. Aber es geschah nichts. Joe

McMoneagle hingegen erlebte eine riesige Explosion, aber der Bombenabwurf war seiner Meinung nach ein Mißerfolg. Die atomare Detonation blieb aus.
Man hatte die Remote Viewer eingesetzt, weil Aufklärungsflugzeuge zum fraglichen Zeitpunkt keine nukleare Explosion im Testgelände der Chinesen bei Lop Nor feststellen konnten. Später konnte ermittelt werden, daß die Psi-Spione mit ihren Angaben richtig lagen. Der Fallschirm der Bombe hatte sich nicht geöffnet, die Bombe bohrte sich in die Erde, und die Detonationszünder funktionierten nicht richtig. Es gab einen lauten Knall, aber keine atomare Explosion.

Joe McMoneagle

In Fort Meade zeigte sich bald, daß Joe McMoneagle wie Pat Price am SRI eine einzigartige Begabung darstellte. McMoneagle war auch der einzige Remote Viewer, der vom Beginn des INSCOM-Programms GRILL FLAME bis zur Beendigung der Psi-Projekte im Jahr 1995 kontinuierlich mit von der Partie war. In Fort Meade, wo alles mit Codeworten und strikter militärischer Disziplin zuging, war McMoneagle nur eine Nummer auf den Protokollbögen: Remote Viewing Nr. 001/372.
Joseph McMoneagle wurde 1946 in Miami, Florida, geboren. Er war freiwillig in den Armeedienst getreten und wurde von der Sicherheitsagentur der Armee für Geheimdienstoperationen ausgewählt. 1978 wurde er der INSCOM in Arlington, Virginia, unterstellt. Der Höhepunkt seiner Karriere war seine Ernennung zum Nachrichtenoffizier für Spezialprojekte (*Special Projects Intelligence Officer*) an der 902. Nachrichtengruppe des Militärs, mit Einsätzen von den Bahamas bis nach Kambodscha und Vietnam. Seine Aufgabe bestand u. a. darin, feindliche Nachrichtenübermittlungen zu lokalisieren.
1970 war er bei der Armee in Süddeutschland stationiert. Bei einem Restaurantbesuch in Österreich fühlte er sich plötzlich schwindelig. Er ging hinaus, um frische Luft zu schnappen. Da kollabierte er auf der Straße und verschluckte seine Zunge. McMoneagle drohte

zu ersticken. Freunde verfrachteten ihn in ein Auto und brachten ihn über die Grenze nach Deutschland in ein Krankenhaus. Als er ankam, hatte sein Herz zu schlagen aufgehört. In dieser Zeit erlebte er eine außerkörperliche Erfahrung (OBE), in der er alles von einem erhöhten Standpunkt aus betrachtete. Er sah zuerst, wie in der Notaufnahme an seinem Körper gearbeitet wurde. Schließlich hatte er den Eindruck, nach hinten in einen Tunnel zu fallen. Vor einem nicht-physischen Wesen, das reine Liebe ausströmte, lief sein Leben wie ein Film im Zeitraffer vor seinem inneren Auge ab. Als er Hitze an seinem Nacken spürte und sich umdrehte, um zu sehen, was der Grund dafür war, fand er sich in ein strahlend weißes Licht eingehüllt, das er als Gott identifizierte. Das Licht gab ihm den Auftrag, zu seinem Körper zurückzukehren, obwohl er dazu keine Lust verspürte.

Kaum aus dem komatösen Zustand wieder zu sich gekommen, erzählte er jedem von dem herrlichen, weißen Licht. Seine Vorgesetzten führten McMoneagles Geschichten über Gott und das weiße Licht auf einen Gehirnschaden zurück und steckten ihn in ein Münchener Erholungsheim zur Beobachtung. Doch McMoneagle hatte keinen Gehirnschaden erlitten. Er realisierte vielmehr, daß es besser war, fortan nicht mehr über Gott und weiße Lichter zu sprechen. Seine altes Weltbild war jedoch ein für alle Mal zusammengebrochen. Fortan erlebte er häufig spontane OBEs und Eingebungen, die sich als richtig erwiesen.

Als er 1978 in die Staaten zurückkehrte, stieß er auf einen Artikel von Puthoff und Targ über Remote Viewing.[28] Er kontaktierte Puthoff und wurde in das erste Psi-Team in Fort Meade aufgenommen. Die außerordentliche Begabung von Joe McMoneagle veranschaulicht eine Aufgabe, die ihm im September 1979 gestellt wurde. Er sollte ein riesiges Gebäude in der nördlichen Sowjetunion paranormal ausspähen.[29] Es lag ein Satellitenfoto vor, das eine verdächtige Konstruktionstätigkeit nahelegte. Der Nationale Sicherheitsrat der USA hatte keine Ahnung, was in der Anlage vor sich ging. Allein aufgrund der Koordinatenangaben beschrieb McMoneagle große Gebäude und Schornsteine in der Nähe des Meeres. Die Auftraggeber waren überzeugt, daß McMoneagle richtig lag. Also zeigten sie ihm das Satellitenfoto und baten ihn, ins Innere des Gebäudes

zu »schauen«. McMoneagle schilderte und skizzierte ein neuartiges, riesiges U-Boot, das sich offenbar im Bau befand. Es sei um vieles größer als die größten bekannten U-Boote der Sowjets. Auf seiner Zeichnung versah er das Boot mit einem langen flachen Achterdeck und mit Abschußrohren, die in seltsamen Winkeln standen und Platz für achtzehn oder zwanzig Raketen boten. Weiter sagte er, das U-Boot verfüge über einen neuen Antriebsmechanismus.
Der Nationale Sicherheitsrat war der Überzeugung, daß McMoneagle falsch lag. Ein derart untypisches und enormes U-Boot, von dem die Geheimdienste nichts wußten, konnte es nicht geben. Und sicher wäre es nicht in einem Gebäude gebaut worden, das sich hundert Meter vom Wasser befand. Doch Joe McMoneagle beharrte auf seinen Eindrücken. Er sagte voraus, daß die Russen in vier Monaten einen Kanal zum Meer sprengen würden und das U-Boot aus der geheimen Werft auslaufen würde. Vier Monate später, im Januar 1980, konnten Spionagesatelliten Aufnahmen von dem größten je gebauten U-Boot machen, ein *Typhoon*, das durch den künstlichen Kanal ins Meer glitt. Auf dem Foto waren deutlich das breite, flache Achterdeck und zwanzig Abschußrohre zu erkennen.

Sowjetische Kundschafter im SRI

Mittlerweile hatte man im SRI in Kalifornien zahlreiche Daten über Remote Viewing zusammengetragen, und Ingo Swann hatte begonnen, ein System zu erarbeiten, das es erlauben würde, bessere Resultate zu erzielen. Mit der Geheimhaltung allerdings hielt man es nicht so streng wie bei den Militärs in Maryland. Freilich, geheime Aufgabenstellungen drangen nicht in die Öffentlichkeit, aber generell war bekannt, zu welchem Zweck Puthoff und sein Team Regierungsgelder bekamen.
Als ich Mitte der siebziger Jahre Russell Targ in seinem Haus in Palo Alto besuchte, war es bereits offensichtlich, daß es sich bei dem »geheimen« Psi-Programm am SRI um eines der schlechtestgehüteten Geheimnisse handelte. Unter Kollegen sickerten schon damals viele Fakten durch. Es gab keinen Grund, warum die sowjetischen Geheimdienste nicht ebenso gut informiert sein sollten.

Man begann sich deshalb mit Recht am SRI Sorgen zu machen, daß die Sowjets paranormal begabte Agenten rekrutieren würden, die das SRI-Programm infiltrieren könnten. Damit wären zwei Fliegen mit einer Klappe zu schlagen. Die Sowjets würden von den Fortschritten der Amerikaner aus erster Hand erfahren und könnten sie sogleich auf eigenem Boden »Psi-schachmatt« setzen.

Sonderlich subtil schien die andere Seite mit der amerikanischen Psi-Bedrohung hingegen nicht umzugehen. Spätestens nach den ersten Veröffentlichungen von Puthoff und Targ in zwei führenden naturwissenschaftlichen Zeitschriften[30] waren die Informationen, was das grundlegende Remote Viewing-Protokoll anbelangte, international zugänglich. Ein eigentümlicher Zwischenfall ereignete sich, als der Artikel in den *Proceedings* der IEEE, der wichtigsten ingenieurwissenschaftlichen Zeitschrift, für eine russische Ausgabe übersetzt werden sollte. Die Herausgeber weigerten sich, den Artikel ohne zusätzliche Informationen abzudrucken. Offenbar hatte man den Auftrag von oben bekommen, den amerikanischen Wissenschaftlern so viel wie möglich zu entlocken. Puthoff und Targ weigerten sich, und so dauerte es übermäßig lange, bis die schmollenden Russen den Artikel schließlich doch publizierten.

Ein weiterer Vorstoß, ohne große Umstände ins Herz des SRI-Labors vorzudringen, ging vom sowjetischen Konsulat in San Francisco aus. Der Vize-Konsul Oleg Sidorenko schickte den Kosmonauten Vitali Sevastjanow vor. Angeblich wollte er mit den SRI-Forschern über paranormale Erlebnisse bei Flügen ins All sprechen. Der dritte Mann im Bunde war Lev Lupichev, Leiter des *Instituts für Kontrollprobleme* der Akademie der Wissenschaften der UdSSR, eine der staatlich beherrschten Forschungseinrichtungen für »Psychotronik«, wie die Russen die Parapsychologie nannten.

Die vorgewarnten Wissenschaftler empfingen die kleine Abordnung im Speisesaal des SRI. Die Laborräume blieben ihnen verschlossen. Dennoch versuchten sie, so viele Informationen wie möglich herauszubekommen. Besonders interessierte es sie, ob es möglich war, Ziele vor dem Zugriff durch Remote Viewing zu schützen, wie sie es anstellten, gute Remote Viewer zu finden und wie exakt der Informationsgewinn auf anomalem Weg war. Aller Wahrscheinlichkeit nach waren die sowjetischen Besucher von dem, was sie zu hören bekamen, beeindruckt. Viele Pilotversuche unterlagen nicht der Geheimhaltung. Puthoff und Targ und später Targ und Harary veröffentlichten sie in weit verbreiteten Büchern.[31] Darunter so eindrucksvolle Versuche wie die richtige Wiedergabe von Mikropunkten. Mikropunkte sind im täglichen Agentengeschäft eine gebräuchliche Form der Informationsweitergabe. Dabei werden Fotos von Gebäuden, Dokumenten o. ä. so weit verkleinert, daß sie nur noch die Größe eines Punktes haben. Dieser wird dann in einem unverfänglichen Brief als Punkt in einem Satz eingefügt. Durch Vergrößerung kann der Mikropunkt lesbar gemacht werden. Die Remote Viewer benötigten aber keine komplizierten Geräte dafür – RV reichte aus, um den Inhalt eines Mikropunktes wiederzugeben. Bei Versuchen über große Distanzen und bei Versuchen, Ereignisse wahrzunehmen, die in der Zukunft stattfinden werden, stellten die Forscher unter Beweis, daß anomale Informationsaufnahme nicht den Beschränkungen der sinnlichen Reizübermittlung unterliegt, weder was die räumliche und zeitliche Komponente anbelangt noch was die Auflösung der Vorlage betrifft.

5 Swanns RV-System

Mentales Rauschen und analytische Überlagerung

Die Möglichkeiten, die Psi-Information zu verstärken, waren beschränkt, zumal es schwierig war, sie überhaupt zu identifizieren. Es gab kein Kriterium, das dem Remote Viewer erlaubte, zwischen reinen Phantasien und echten paranormalen Eindrücken zu unterscheiden. Swann betrachtete darum das Problem von der anderen Seite. Man konnte Psi als ein sehr schwaches und leicht störbares Signal auffassen, das in zahlreiche Störquellen eingebettet war. Konnte man das Signal nicht verstärken, so ließen sich vielleicht die Störquellen ausmachen und vermindern.

Psi ist in einem Meer »mentalen Rauschens« eingebettet, wie eine schwache Radiostation, die im akustischen Rauschen kaum wahrzunehmen ist. Einen der Bestandteile, der sich aus dem Rauschen heraus über das Signal legt, nannte Swann »analytische Überlagerung«. In allen analytischen Operationen des Geistes muß der Versuch gesehen werden, das Rauschen im Hinblick auf bekannte Muster einzuordnen und zu interpretieren. Das ist nur verständlich, denn auf diese Weise arbeitet unser Wiedererkennungssystem. Neue Eindrücke werden nach ihrer Erscheinungsform mit den bekannten Mustern im Gedächtnis verglichen und zugeordnet. Wenn eine Vorstellung undeutlich ist, z. B. wenn wir durch dichten Nebel eine schemenhafte Silhouette wahrnehmen, hat das System viele Möglichkeiten, die wenigen Signale, die nur geringe Information enthalten, mit einem bekannten Bild zu assoziieren. Es kann eine Kuh auf einer Weide sein, oder ein Schuppen, vielleicht nur ein Wagen oder ein Fels, ein kleinerer oder viel größerer Gegenstand, weil man auch die Entfernung nicht einschätzen kann. Das Vergleichssystem in unserem Kopf ist damit beschäftigt, den Gegenstand auf seine Möglichkeiten hin zu analysieren.

Man kann auch ein anderes Beispiel wählen. Damit ein Eindruck ins Bewußtsein kommt, muß er eine bestimmte Intensität und Dauer aufweisen. Zugleich muß auch ein gewisser Grad an Aufmerksamkeit vorhanden sein. Vielfach sind Sinnesreize durchaus intensiv genug, aber wir sind mit etwas anderem beschäftigt und schneiden diese Reize gewissermaßen aus unserem Bewußtsein heraus. Andere können wir auch bei hoher Aufmerksamkeit nicht bewußt wahrnehmen, weil sie den kritischen Schwellenwert für Intensität und Dauer nicht überschreiten. Viele dieser Stimuli werden dennoch unterhalb der Bewußtseinsschwelle registriert. Sie heißen darum »subliminale« Reize. Bilder, die kürzer als drei Millisekunden gezeigt werden und deshalb nicht bewußt aufnehmbar sind, gelten als subliminale visuelle Reize. Bisweilen können solche subliminalen Eindrücke fragmentarisch ins Bewußtsein gehoben werden, weil man sich an bestimmte Teile erinnert, an Formen, Farben, Gefühle. Manchmal kann man undeutliche Skizzen anfertigen, ohne zu wissen, worum es sich handelt.
In ganz ähnlicher Weise faßt Swann das paranormale Wahrnehmungssystem auf. Die Arbeit eines Remote Viewers entspricht in vielem dem Versuch, einen subliminal empfangenen Eindruck ins Bewußtsein zu heben. Er muß ständig äußerst schwache Signale in einem dichten Nebelmeer ausmachen. Die automatische Analysetätigkeit unseres Bewußtseins verhindert, daß man die Struktureigenheiten des Wahrgenommenen klar erkennt. Kann man das Signal nicht erkennen, lassen sich vielleicht die Störfaktoren näher bestimmen. Also verlagerte Swann die Aufmerksamkeit auf die analytische Arbeit. Sobald man bemerkt, daß ein mögliches Zielbild analysiert wird, muß man das zu Papier bringen. Dadurch bekommt man das Rauschen aus dem Kopf und kann sich weiter dem eigentlichen Ziel widmen.
Swanns genaue Beobachtungen anhand ungezählter RV-Sitzungen erlaubten ihm, die Rolle der analytischen Überlagerungen genauer definieren zu können. Wenn sie früh in einer Sitzung auftraten, dann sprachen sie für eine zu aktive Arbeit des Geistes, Bedeutung in ein Rauschmuster hineinlegen zu wollen. Wenn sie allerdings sehr spät in Erscheinung traten, zu einem Zeitpunkt, an dem viele Details des möglichen Zieles aufgedeckt waren, konnte es sich um

eine analytisch richtige Schlußfolgerung handeln. Es ging darum, eine Methode zu finden, die Psi-Information, die sich dem Erlebenden als schwaches Signal in einem Meer von mentalem Rauschen darstellte, herauszufiltern, ohne den Fallstricken der analytischen Überlagerung zu früh zu erliegen.

Es gehört zu den großen Glücksfällen in der neueren Geschichte der Forschung, daß ein Mann wie Ingo Swann die Möglichkeit erhielt, durch die von den Nachrichtendiensten zur Verfügung gestellten Gelder sich voll und ganz der Lösung dieser Aufgabe widmen zu können. Wenn wir Ingo Swann glauben dürfen, hat er das Problem gelöst. Im Jahre 1983 gelang ihm der Durchbruch. Er entwickelte ein exaktes Modell, wie das Unbewußte die außersinnliche Zielinformation dem Bewußtsein übermittelt. Sein Modell bestand aus genauen Instruktionen. Wenn diese befolgt würden, könne jeder die seiner Meinung nach biologisch verfügbaren Remote Viewing-Fähigkeiten trainieren und einsetzen.

Swann will herausgefunden haben, daß dem Prozeß anomaler Informationsgewinnung eine natürliche Struktur zugrunde liegt. Folgt man dieser Struktur, dann bewege man sich entlang der »Signallinie«, die einen zur richtigen Identifizierung des Zielobjektes führt. Lange Zeit war innerhalb der Parapsychologie der Mythos verbreitet, Sensitive bräuchten Zeit, um ihre außersinnlichen Informationen zu »sammeln«. Diese Ansicht ging auf die Zeit der medialen Sitzungen zurück, in denen die Aussagen von Medien häufig sehr langsam und über lange Wartezeiten hinweg gemacht wurden. Ingo Swann aber hatte festgestellt, daß es allein eine Frage der Konzentration war. Sobald er sich auf das Ziel eingestellt hatte, waren auch die Eindrücke da – sofort. Dieser Umstand faszinierte ihn. Die Frage, wie dieses augenblickliche Erscheinen von anomalen Informationen möglich war, hatte ihn zu Puthoff und zum SRI gebracht. Jetzt fragte er nicht mehr nach dem Warum, sondern versuchte, sich diese Eigenart des Prozesses zunutze zu machen. Swann hatte herausgefunden, daß sich die noch vorbewußte Psi-Information anfänglich am besten kinästhetisch erfassen läßt. Sie macht sich in unwillkürlichen Körperbewegungen bemerkbar. Manchmal konnte er sofort eine Skizze anfertigen, ohne daß sich schon ein visueller Eindruck eingestellt hatte.

Die Stadien von CRV

Zunächst setzte Swann voraus, daß man Remote Viewing nur nach der von ihm entdeckten Methode mit den Koordinaten durchzuführen habe. Die sanktionierte Vorgangsweise erhielt das Kürzel CRV (*Coordinate Remote Viewing*).[32] Dagegen zu verstoßen, hieße ein Sakrileg zu begehen.

Swann unterschied vier Stadien des Remote Viewing-Prozesses. Stadium 1 tritt gleich nach der Nennung der Koordinaten ein. Unmittelbar soll der Seher seiner Hand freien Lauf lassen und eine Skizze anfertigen. Oft sind es nur einige Linien, die automatisch, ohne Zutun des Bewußtseins, gezogen werden. Ingo Swann, mit seiner Vorliebe für Neologismen, nannte diese Bilder »Ideogramme«. Vielleicht war dies auch der Grund, warum Medien das automatische Schreiben und Zeichnen bevorzugten. Für Swann waren die automatischen Skizzen am Beginn einer Sitzung die wichtigste Voraussetzung für erfolgreiches Remote Viewing. Die Skizze legt gleichsam die »Signallinie« fest, der mit weiteren Techniken gefolgt werden soll.

Im zweiten Stadium folgen vereinzelte Sinneseindrücke, wie »kühl«, »blau«, »weiß«, »still«, »Geruch nach Holz«. Sobald ein zu konkreter Begriff auftauchte, etwa »Sägewerk«, unterbrach Swann und ließ auf einen Zettel »Sägewerk« als »analytische Überlagerung« (kurz *AOL* für *Analytical Overlay*) notieren. Solche Unterbrechungen zeigen die Bedeutung eines geschulten Interviewers beim Remote Viewing. Es ist seine Aufgabe, den Remote Viewer so zu dirigieren, daß er stets entsprechend den einzelnen Stadien relevante Informationen wiedergibt und nicht in seinen Erinnerungen und Phantasien verlorengeht.

Ein Beispiel mag dies verdeutlichen. Joe McMoneagle sollte bei seinem Trainingsaufenthalt am SRI ein Ziel in der Gegend von San Francisco beschreiben. Es war ein Kinderspielplatz mit Schaukeln aus Rohren in Form von Dinosauriern. McMoneagle zeichnete Strichfiguren von Dinosauriern und sagte: »He, das ist wie eines dieser alten Spiele, in denen man die Punkte miteinander verbinden muß. Das macht mehr Spaß als ein Faß voller Affen.« (»More fun than a barrel of monkeys« ist ein umgangssprachlicher Ausdruck für etwas, was große Freude bereitet.) Der Interviewer hielt McMoneagle dazu an, diesen Satz aufzuschreiben. Wie sich zeigte, bestand das Herzstück des Spielplatzes aus einer Gruppe von Eisenstangen, die als Affen mit gegenseitig verschlungenen Armen in der Form eines Fasses geformt waren!

Das zeigt, wie wichtig es ist, auf nebensächliche Eindrücke, sogar auf spontane Äußerungen zu achten, auf alle Möglichkeiten, die das Unbewußte versucht, um die Psi-Information ins Bewußtsein zu heben.

Swann entdeckte, daß in diesem Stadium der Arbeit häufig emotional getönte Eindrücke erscheinen. Diese konnten zwar einen Bezug zum Zielobjekt haben, waren aber häufig ebenfalls Überlagerungen der normalen Bewußtseinstätigkeit. Sie mußten deshalb niedergeschrieben und mit der Kennzeichnung *EI* für *Emotional Impact* versehen werden.

Das Stadium 3 kündigte sich zumeist mit Eindrücken von Dimensionen an, wie »riesig«, »winzig«, »schwer«, »federleicht« u. ä. Jetzt konnte dem Drang nachgegeben werden, ausführliche Zeichnungen anzufertigen. Bisweilen wurde ein Blatt nach dem anderen vollgezeichnet, und zahlreiche analytische Überlagerungen von dem, was die Zeichnungen darstellen konnten, mußten niedergeschrieben werden.

Es dauerte über ein Jahr, bis Swann durch harte Arbeit an sich selbst eine Technik entwickelt hatte, durch die weitere Detailinformationen gewonnen werden konnten. Stadium 4 des Prozesses war gefunden. Es bestand in einer Checkliste aus Angaben der ersten drei Stadien. Einzelne Aussagen, Eindrücke, Dimensionsinformationen, *»AOLs«* und *»EIs«* wurden als Überschriften auf ein Blatt Papier geschrieben, dazu gab es die beiden Kategorien »Greifbares« (wie »Holz«, »Metall«, »Haut«) und »Nicht-Greifbares« (wie »brauchbar«, »privat«). Nun kreuzte der Remote Viewer jene Elemente unter der Liste an, die ihm mit dem Zielobjekt in Beziehung zu stehen schienen. Das konnte ein langwieriges Unterfangen werden, wobei einige Elemente mehrfach angekreuzt wurden und zusätzliche Informationen ins Bewußtsein sprangen. Ein Vorgang, der häufig mehrfach wiederholt werden mußte.

Am Ende sollte man in der Lage sein, aus den vielen fragmentari-

schen Informationen ein Gesamtbild zusammenzusetzen, eine endgültige Zeichnung und Aussagen, die eine ziemlich genaue Beschreibung des Zielobjektes zulassen würden.
Swanns System wurde später noch eigentümlicher und erreichte schließlich sieben Stadien, wobei auf der letzten Stufe sogar durch phonetische Eindrücke versucht wurde, den exakten Namen des Ziels wiederzugeben. Diese späteren Entwicklungen verwarf er allerdings wieder.

Aufstand der Remote Viewer

Das System Swanns mag schwer verdaulich erscheinen. Es trägt schulmeisterliche Züge, und sein äußerst rigider Aufbau steht in auffälligem Kontrast zur Vielfalt, in welcher paranormale Eindrücke von unterschiedlichen Individuen erlebt werden.
Den GRILL FLAME-Auftraggebern schien Swanns komplexe Technik, gespickt mit an High-Tech-Fachausdrücke gemahnenden Neologismen, genau das Richtige zu sein: ein didaktisches Werkzeug, um RV erlernbar zu machen. Freilich, diesen Enthusiasmus teilten nicht alle. Erfolgreiche Remote Viewer wie Hella Hammid, Gary Langford und Keith Harary zeigten sich wenig beeindruckt. Zum einen hielten sie nichts davon, aus der Koordinaten-Technik ein Dogma zu machen. Im Gegenteil. Diese Vorgehensweise brachte in ihren Augen Remote Viewing in Verruf und erzeugte selber eine hartnäckige Quelle für analytische Überlagerung. Jeder mit einer einigermaßen guten Kenntnis der Geographie konnte aufgrund von Koordinatenangaben die ungefähre Position des Ziels angeben und hatte rasch mit Phantasien von dem möglichen Zielort – afrikanischer Busch, Berglandschaft der Anden, australische Steppe, antarktisches Eismeer usw. – zu kämpfen, die das Erkennen des Psi-Signals viel schwieriger gestalteten.
Zum anderen war durch Swanns Lehrerposition eine kuriose Situation eingetreten. Um in sein Programm aufgenommen zu werden, mußten Langford und Co. ungezählte Trainingssitzungen abhalten. Man suchte auf diese Weise nach Personen, die eine Begabung für Remote Viewing hatten. Dann durchliefen sie das Training von

Ingo Swann, und es stellte sich heraus, daß sie gute Leistungen erzielten. Für viele bedeutete dies reine Zeitverschwendung. Die Leistungen ließen sich keineswegs auf die einzigartigen Methoden Swanns zurückführen. Die Remote Viewer hatten in den Trainingssitzungen längst demonstriert, daß sie beim RV erfolgreich waren.
Hella Hammid, Gary Langford und Keith Harary wurden später gebeten, die Trainingsmethoden von Ingo Swann zu beurteilen. Sie kamen zu dem Schluß, daß die Techniken für einige Menschen hilfreich sein konnten, aber nicht unumgänglich nötig waren. Sie schienen ihnen zu rigide und zu begrenzt. Für Ingo Swann kam dies einem Hochverrat gleich. Von Stund an war er auf die Remote Viewer am SRI nicht mehr gut zu sprechen.
Zugleich begleitete ein ganz anderes Problem die Entwicklung von Remote Viewing. Offenbar gab es für vieles, was mit großem Enthusiasmus als Neuerung erprobt und eingesetzt wurde, Vorläufer. Untersucher wie Versuchspersonen gingen an das Problem ohne ausreichende Kenntnisse über die Geschichte der Parapsychologie heran. Das kann ein Nachteil oder ein Vorteil sein – vielleicht beides. Ein Vorteil, weil alte Probleme ohne historische Hypothek angegangen werden und neue Lösungen ermöglichen. Ein Nachteil, weil Erkenntnisse als neue Einblicke in einen schwierigen Gegenstandsbereich gefeiert werden, die in Wahrheit längst bekannt sind.

»Die Sonne von Waterloo«

Seit 1909 hatte der französische Chemiker René Warcollier zuerst privat, später als Präsident des *Institut Métapsychique* in Paris aufschlußreiche Telepathie- und Hellsehexperimente durchgeführt.[33] Bei den Telepathieversuchen fungierte er meist als Sender, d. h. er konzentrierte sich auf ein Bild, das er einem oder mehreren Perzipienten (Empfängern) telepathisch zu übermitteln versuchte. Einmal betrachtete er ein indisches oder tibetisches Mandala mit einer Kerze in der Mitte. Von der Flamme gingen kleine Glöckchen und winzige schneckenartige Gebilde, auf die sich Warcollier besonders konzentrierte, üppig in den roten Hintergrund über. Eine Perzipientin gab zu Protokoll: »Rotes Material, mit Silber verarbeitet, funkelnd, etwas Seidiges, sehr Biegsames, wie eine schwarze Schnecke, was sich wellenförmig bewegt. Ein Gefühl von Lieblichkeit. Ein Fakir oder ein Inder, der eine Schlange hält. Eine Szene in Indien, vielleicht Musikanten oder indische Tänzer mit kleinen Glöckchen an den Füßen.«

Warcollier hatte damals bereits entdeckt, daß sich die Perzipienten, einem bestimmten System folgend, nach und nach an das Bild herantasteten. Er erkannte, daß die Information zerstückelt ankam und daß kinästhetische Elemente häufig als erste verfügbar sind. Solche dynamischen Aspekte erscheinen rascher als statische Bilder. Weiterhin kam er zu dem Schluß, daß das Anfertigen von Zeichnungen hilfreicher ist als verbale Beschreibungen, weil außersinnliche Eindrücke auf der vorsprachlichen Ebene verarbeitet werden.

Beim Remote Viewing wurde später nicht mehr mit einer Person am Zielort gearbeitet, um Telepathie zu vermeiden. Dennoch wurde häufig das beobachtet, was Ingo Swann als *Telepathic Overlay* (»telepathische Überlagerung«) bezeichnete; d. h. es werden Elemente aufgenommen, die nicht unbedingt zum Zielbild gehören, sondern dem Denken und Fühlen des Experimentators entstammen.

Warcollier betrachtete einmal das Bild eines indianischen Totempfahls. Fälschlicherweise war er der Meinung, der Totempfahl sei eine Arbeit von Negern. Eine Perzipientin machte bezeichnenderweise die Aussage: »Negertrommel.«

Ein andermal betrachtete Warcollier eine Gruppenaufnahme von Soldaten aus dem Ersten Weltkrieg. Er selbst gehörte zu der Gruppe. Als er bei dem Versuch einer telepathischen Übermittlung die Soldaten mit den aufgepflanzten Bajonetten anschaute, dachte er an die Schützengräben, den Stacheldraht und die öde weiße Kalklandschaft der »Champagne Pouilleuse«, der staubigen Champagne, wo das Bild aufgenommen worden war. All dies war allerdings auf dem Foto nicht zu sehen. Es zeigte lediglich das arrangierte Gruppenfoto der Einheit. An dem Versuch nahmen mehrere weibliche Perzipienten teil. Eine von ihnen hatte den Eindruck: »Klirrende Waffen, ein Gefühl von Stärke, von Kampf, von scharfen Dingen, die zerreißen und zerfetzen, dahinter viel eckiges Gitterwerk.« Eine andere gab zu Protokoll: »Die Sonne von Waterloo, ein Schlachtfeld, Schwert, Gewehre, tote Pferde, eine Vorstellung von Tod. Hügel im Schnee, eine Landschaft weiß in weiß mit schwarzen Punkten (Menschen?).« Diese Beschreibung entsprach genau dem, was der Sender Warcollier über die Champagne Pouilleuse dachte. Beide Fälle zeigen, in Swanns Terminologie, eine eindeutige telepathische Überlagerung.

Am SRI machte man eine weitere Wiederentdeckung: Außersinnliche Inhalte werden häufig verkannt. Die richtigen Grundformen werden erfaßt, können auch in Skizzen wiedergegeben werden, aber es wird ihnen eine falsche Bedeutung beigemessen. In Ingo Swanns Worten: Sie werden analytisch überlagert.

Sehr augenfällig zeigte sich diese Eigenheit der außersinnlichen Wahrnehmung bei den Telepathieversuchen, die der amerikanische Schriftsteller Upton Sinclair mit seiner Frau Mary Craig in den zwanziger Jahren unternommen hatte.[34] Als telepathischer Sender fertigte er eine einfache Zeichnung an. Seine Frau, die sich in größerer Entfernung aufhielt, sollte sie wiedergeben. Einmal wurde die schematische Darstellung einer Hacke von der Perzipientin exakt wiedergegeben, aber als Teil einer Brille oder einer Schere gedeutet. Von einem Rentier als Zielbild erfaßte Craig Sinclair die Form des Geweihs, hielt das Gebilde aber für einen Zweig von Stechpalmen.

In der Sprechweise unserer Tage können wir feststellen, daß die Verkennung bei diesem Versuch auf eine analytische Überlagerung durch mentales Rauschen aufgrund frühkindlicher Erinnerungen der Empfängerin hindeutet: Craig Sinclair hatte Weihnachten öfter in einer Umgebung gefeiert, in der Stechpalmen als Festschmuck verwendet wurden und wo sich zahme Rentiere befanden, die sie beeindruckten. Offenbar verschmolzen die Psi-Informationen in tiefen Schichten der Psyche mit gefühlsmäßig besetzten Erlebnissen und drangen so in traumartig verdichteter Form zum Bewußtsein durch.

Ein anderes Beispiel für die Verkennung der Bedeutung bildhafter Psi-Informationen aus den Experimenten Warcolliers. Zielbild war einmal eine Postkarte, die einen tiefblauen See mit einer kleinen Insel und vier Booten mit dreieckigen Segeln zeigte. Die Perzipientin empfing: »Ein sehr blauer See. Ein Gefühl von Ruhe, Unendlichkeit, eine flache Oberfläche, ein klaffendes Loch in der Mitte, Schnee, eine Schneefläche.« Die Insel wurde als Loch interpretiert, die Wolken als Schnee.

Man wußte also schon lange, daß anomale Kognition ein höchst komplexer Vorgang ist, bei dem Assoziationen, Muster, nach denen Dinge gelernt und im Gedächtnis abgelegt werden, Emotionen, die momentane Befindlichkeit u. v. m. mit dem Psi-Signal interferieren. Bei ihrer Analyse des telepathischen Kommunikationsprozesses hoben Warcollier und der bekannte amerikanische Psychologe Gardner Murphy vor allem die Phänomene der Zerstückelung (Fragmentierung), der Wiederholung und des Zusammenfügens hervor. Es fiel ihnen auf, daß in dem zersplitterten Material oft bedeutungsvolle Elemente wiederholt werden, als ob ihnen damit ein besonderes Gewicht gegeben werden sollte. Schließlich unternimmt das Bewußtsein den Versuch, die Details zusammenzufügen und aus ihnen – mehr oder weniger geschickt – eine Gestalt zu bilden. Bei diesen Beschreibungen wird man unwillkürlich an die Stadien des RV-Prozesses von Swann erinnert, bis hin zu seiner Checkliste für Stadium 4.

Die Angabe von Koordinaten schien wahrhaft für die Qualität des Remote Viewing keine Rolle zu spielen. Als sie Puthoff durch einen kryptographischen Algorithmus zu einem unverständlichen Code umfunktioniert hatte, der dem Seher vorgelesen wurde, zeigten die SRI-Remote Viewer keinen Abfall in ihren Leistungen. Einer der Aufständischen, Keith Harary, schlug sogar vor, überhaupt keine Angaben mehr zu machen. Das Zielbild lag in einem verschlossenen Umschlag in sicherer Verwahrung. Puthoff kam in den Versuchsraum und sagte nur: »Ziel.« Hararys Angaben stimmten genau. Offenbar ist der paranormale Wahrnehmungsprozeß zielgerichtet und muß nicht erst durch eine »kosmische Adresse« an sein Ziel dirigiert werden.

Die intellektuellen Auseinandersetzungen am SRI spitzten sich in den frühen achtziger Jahren zu. Die Forschung drohte zu einem Kult um Persönlichkeiten zu verfallen, die ihre Territorien zu sichern trachteten. In jenem Konventikel der Psi-Forschung, das am SRI entstanden war, verhinderten die Ansprüche der Protagonisten die Weiterführung sinnvoller und innovativer Arbeit. Ingo Swann trachtete nach dem Führungsanspruch als Psi-Guru, Ed May wollte seine eigenen Forschungsprojekte realisieren, und Russell Targ wollte berühmt werden.

Zwischen allen Stühlen saß der Wissenschaftler, auf dessen Initiative alles zurückging und dessen Integrität nie in Frage gestellt war – Hal Puthoff. Nach seiner Rückkehr von einer Forschungsreise in China, während der Russell Targ einen Bericht über eine Versuchsreihe abfassen mußte, fand er eine Katastrophe auf dem Tisch liegen. Targs Untersuchung und sein Report waren derart unzulänglich, daß ihn die DIA feuerte.

Ich erinnere mich noch, wie Russell Targ damals auf den Psi-Kongressen als Moralapostel auftrat und überall verkündete, er habe das Projekt aus ethischen Gründen verlassen. Am SRI sollte Psi für militärische Zwecke nutzbar gemacht werden – eine Zielsetzung, die er nicht unterstützen könne. Puthoff stand als böser Bube da, der sich weiterhin mit den Militärs in verantwortungsloser Weise verbrüdert hatte. Der Schwarze Magier im High-Tech-Labor. Wie falsch diese Ansicht war, wußten nur jene, die Puthoff und Targ gut genug kannten. Erst viel später wurde deutlich, daß Targ, wie so viele, die an dem Projekt als Untersucher oder als Versuchspersonen beteiligt waren, an Selbstüberschätzung litten und sich kleinbürgerlichen Hoffnungen auf den großen Ruhm hingaben. Immerhin ging es darum, die Feinde der Nation in aller Welt das Fürchten zu lehren. Wissenschaftliche Arbeit geriet in den Hintergrund. Die Profilierung der eigenen Person übernahm das Feld.

Hella Hammid und Keith Harary zogen die Konsequenzen. Sie verließen das Labor. Eine Zeitlang formte Harary mit Targ ein Team. Sie bereisten die Sowjetunion, schrieben ein populäres Buch und verwirklichten den Traum jedes Börsenmaklers: Sie sagten mit Hilfe einer ausgefeilten Remote Viewing-Technik die Bewegungen des Silberpreises an der Warenterminbörse voraus – korrekt. Das Ende der Mesalliance kam schneller als gedacht mit einstweiligen Verfügungen und Prozeßverfahren. Glanz und Glorie scheint keinem sonderlich gut bekommen zu sein.

6 Psi-Spionage in Aktion

Frontladung

Im Lauf der Zeit entwickelte die Abteilung in Fort Meade ihr eigenes Sitzungsprotokoll, wobei sie nach zwei Verfahren vorging: das am SRI unter Ingo Swann entwickelte CRV und eine auf Entspannung und meditativen Techniken basierende Methode, das »Erweitertes Remote Viewing« (ERV) genannt wurde. Aber das Team fühlte sich frei in der Art der Durchführung der Sitzungen. Die Wissenschaftler am SRI hätten wahrscheinlich dagegen Einwände geäußert. Obgleich ihre Untersuchungen letztlich dem Ziel eines nachrichtendienstlichen Einsatzes dienen sollten, waren sie stets darauf bedacht, die pragmatischen Erwägungen den wissenschaftlichen Erfordernissen unterzuordnen. Zu diesen zählt in der Psi-Forschung vor allem eine rigorose Kontrolle von Lücken im Versuchsaufbau, die es den Teilnehmern gestatten könnten, Informationen auf herkömmlichen, sinnlich vermittelten Wegen zu erhalten.

Skip Atwaters militärische Psi-Truppe ging viel unbefangener an die Lösung ihrer Aufgaben. Weder kannten sie sich auf dem Gebiet der Parapsychologie gut aus, noch waren sie mit den hohen methodischen Erfordernissen in diesem Fach vertraut. Letztlich wußten auch die Parapsychologen selbst herzlich wenig über die Funktionsweise von Psi. Wenn Atwater das Gefühl hatte, einer seiner Remote Viewer habe das Ziel geortet, ohne spezifische Details wiederzugeben, dann half er weiter, indem er zusätzliche Informationen gab. In der Einheit sprach man in militärischem Slang von »Frontladung« (*front loading*) durch den Interviewer.

War das Ziel beispielsweise eine Industrieanlage in Novosibirsk und der Remote Viewer gab Eindrücke von Urwaldpfaden wieder, dann insistierte Skip Atwater nicht weiter. Der Versuch war offenbar fehlgeschlagen, und es gab zahlreiche Sitzungen, deren Resultate unbrauchbar waren. Wurde hingegen ein Industriekomplex beschrieben und Arbeiter, die sich in einer slawischen Sprache unterhielten, dann konnte es vorkommen, daß Atwater einsprang und ihm ein Satellitenfoto des Zielortes zeigte. »Das ist die Fabrik, gehe ins Innere und beschreibe die Räumlichkeiten.« Oder: »Irgendwo in dieser Fabrik arbeitet ein Mann mit dem Namen Anatoli Duroshkin. Versuche seine Umgebung zum jetzigen Zeitpunkt zu beschreiben.« Erstaunlicherweise erwies sich diese blauäugige Vorgangsweise, die von der Idee ausging, über einen »Anker« – ein Bild, eine Person, ein Detail am Zielort – gleichsam das »Psi-Radar« ausrichten zu können, häufig als erfolgreich. Bisweilen schien es, als ob durch die Zusatzinformation unmittelbar eine anomale Verbindung mit dem Ziel hergestellt werden konnte. Sofort stellten sich detaillierte bildhafte Vorstellungen ein.

Das telepathische Verhör

Das System der »Frontladung« nahm indes manchmal bedenkliche Ausmaße an, besonders wenn der Interviewer ein bestimmtes Resultat erhalten oder seine Lieblingshypothese bestätigt sehen wollte. In der Spätzeit der Arbeit in Fort Meade war das einer der Gründe für die rapide Abnahme in der Qualität der Arbeit.

Die Psi-Einheit entwickelte auch eine kuriose pseudo-telepathische Art, Individuen nach Informationen auszufragen, wenn sie als Zielpersonen in einem Psi-Spionage-Projekt dienten. Selbst wohlwollende Beobachter der Truppe sahen sich angesichts der Protokolle solcher Sitzungen gezwungen zu fragen, ob man nicht längst über das Ziel hinausgeschossen sei und die Remote Viewer ein Fall für den Psychiater wären.

Man muß sich das vergegenwärtigen: Ein Remote Viewer »kontaktet« etwa einen Spion der Gegenseite und beginnt mit ihm eine telepathische Konversation, im Zug derer er versucht, ihm seine Aufträge und Geheimnisse zu entlocken! Ich glaube kaum, daß Puthoff und Targ, obwohl sie viele außergewöhnliche Psi-Leistungen miterleben und dokumentieren konnten, eine solche Vorgehensweise für praktikabel, geschweige denn erfolgversprechend gehalten hätten. In Fort Meade dachte man anders darüber, und den Auftraggebern war es gleichgültig, wie man die Informationen beschaffen würde. Für sie stellte sich das Psi-Spionage-Team nur unter pragmatischem Gesichtspunkt dar. Wenn diese Leute schon diese absonderliche Fähigkeit besaßen, dann sollte man sie ausnutzen, solang die Quelle floß.

Einer der verrücktesten Fälle aus diesem Genre ging 1980 in die Top-Secret-Akten ein. Norm Everheart (Pseudonym), ein Spezialist für technische Operationen der CIA, kam mit dem Foto eines ausländisch aussehenden Mannes nach Fort Meade. Man vermutete, er sei vom KGB (*Komitet Gosundarstvennoi Bezpastnosti,* »Komitee für Staatssicherheit«) nach Skandinavien eingeschleust worden und befände sich gegenwärtig mit skandinavischem Paß in Südafrika. Beamte der Spionageabwehr der CIA folgten ihm. Die Südafrikaner wurden gewarnt, aber gebeten, den Mann frei agieren zu lassen, damit man seinen Auftrag aufdecken könne. Leider hatten diese aber nichts Eiligeres zu tun, als den Mann zu verhaften, offenbar aus Angst, daß eigene Staatsgeheimnisse in Umlauf gebracht werden könnten. Die Befragungen in einem Gefängnis in Kapstadt verliefen im Sande. Aus dem Mann war einfach nichts herauszubringen.

Die Beantwortung einer Frage interessierte die CIA brennend. Man wußte, daß der KGB-Spion seine Instruktionen wahrscheinlich über einen Kurzwellenempfänger als codierte Nachrichten erhielt. Wie decodierte er seine Aufträge? Man entschloß sich, den Psi-Spionen in Fort Meade eine Chance zu geben.

In der Gruppe war Ken Bell der Spezialist für Individuen. Immer, wenn es um Menschen in Notlagen oder um vermißte Personen ging, um ihre Gedanken und Absichten, war er der Mann der Wahl. Bell warf einen Blick auf das Foto, dann entspannte er sich nach einer lange geübten Technik, bis er einen tranceartigen Zustand erreicht hatte. Er beschrieb einen Mann im zweiten Stock eines Gebäudes in einer Stadt am Meer. Der Mann war eigentümlich gekleidet, wie in einen grauen Pyjama. Häftlingskleidung. Er wurde von zwei Männern in einer ihm nicht verständlichen Sprache befragt. Bell hatte das Gefühl, dieser Mann würde im Geist ein Gespräch

mit sich selbst führen, und er war sicher, daß er seine Informationen niemals preisgeben würde.
An diesem Punkt schlug Skip Atwater mit ruhiger Stimme vor, Ken Bell solle sich mit dem KGB-Agenten telepathisch unterhalten und ihm die Informationen entlocken. Für Bell war dies nichts Neues. Er versuchte es nach allen Regeln der Kunst. Der Mann blieb standhaft.
Wer gedacht hätte, daß der hartgesottene CIA-Mann Norm Everheart über das seltsame Schauspiel einer versuchten telepathischen Kontaktaufnahme mit einem KGB-Agenten belustigt oder abgestoßen war, der irrt. Enttäuscht war er schon, denn nach der korrekten Schilderung der Befragung im Gefängnis hatte er sich in der Tat mehr erwartet. Die Aufklärung eines kleinen Rätsels, das sich allerdings zur Lösung eines immensen Problems erweitern konnte: wie man feindlichen Agenten ihre Informationen abnimmt, ohne sie zu Gesicht bekommen zu müssen – telepathisch abgezapft! Nicht auszudenken, welche Folgen das nach sich ziehen würde. Tausende von arbeitslosen Agenten und allenthalben heimliche RV-Einheiten, wo Kohorten von Sehern die Absichten der militärischen und politischen Führer feindlicher Nationen eilfertig in Mikrophone diktieren.
Everheart begriff, so einfach würden die Dinge nicht liegen, bei allem Enthusiasmus für erfolgreiche Operationen. Aber er gab nicht auf. Nach einem kurzen Telefonat über eine sichere Leitung beraumte er eine neue Sitzung mit Ken Bell an. Als »Frontladung« lieferte er Bell wertvolle Informationen, auf die er sich innerlich ausrichten konnte – die Namen von Sohn und Tochter des KGB-Mannes. Und nun wurde die anscheinend (oder scheinbare) telepathische Kommunikation noch merkwürdiger, sicherlich eines der abwegigsten Verhöre in den Annalen nachrichtendienstlicher Ermittlungen. Bell sandte die telepathische Mitteilung: »Du fehlst deinem Sohn Sergei, und deine Tochter Svetlana möchte wissen, wann du nach Hause kommst.«
Prompt sei der stahlharte russische Spion weich geworden. Wie in einer Szene aus einem drittklassigen Agenten-Thriller war er in Ken Bells Kopf zu einem Häufchen Elend reduziert. Ein James Bond mit feuchten Augen, der traurig vor sich hin murmelte: »Ser-

gei möchte, daß ich mit ihm Schifahren gehe. Ich habe es ihm versprochen.« Und Bell verstärkte ihn darin: »Ja, du hast es versprochen. Du mußt rasch nach Hause gehen.«

»Das hätte mein letzter Auftrag sein sollen«, antwortete es irgendwo im Bewußtsein des still daliegenden Remote Viewers Ken Bell. Der tastete sich weiter vor und erfuhr, daß der KGB-Mann einen Taschenrechner bei sich hatte.

Als Mel Riley bei einem Versuch zu demselben Mann ebenfalls von einem Taschenrechner berichtete, war Everheart sicher, das Instrument zur Decodierung der Nachrichten entdeckt zu haben. Es war bekannt, daß KGB-Agenten oft Taschenrechner zur Codierung und Decodierung verwendeten. Manche waren sogar mit speziellen kryptographischen Chips ausgestattet. Eine Nachfrage in Südafrika ergab, daß einer der Beamten, die den Unbekannten verhört hatten, tatsächlich einen Taschenrechner bei ihm gefunden und zu sich nach Hause mitgenommen hatte. Obwohl der Gebrauch des Rechners zum Decodieren von Nachrichten nie bestätigt werden konnte, war sich Everheart sicher, daß er in dieser Weise benutzt wurde.

Die Vorlieben der Remote Viewer hatten sich in Fort Meade früh herauskristallisiert. Ken Bell war Spezialist für »persönliche Angelegenheiten«, Mel Rileys künstlerische Begabung verhalf ihm dazu, seine Eindrücke in genauen Zeichnungen wiedergeben zu können, Hartley Trent war in der Lage, Ziele exakt anvisieren zu können, während Joe McMoneagle erstaunlich akkurate Skizzen von technologischen Zielen anfertigen konnte. McMoneagle hatte beispielsweise die Eigenheit entwickelt, radioaktives oder spaltbares Material an einem grünen Dunst zu erkennen; zeigte sich eine orangefarbene Flamme, dann handelte es sich meist um eine Radiofrequenz-Strahlung. Mit Zahlen hatten alle Remote Viewer ihre Schwierigkeiten. Eine Ausnahme stellte Pat Price dar, aber Pat war in vielerlei Hinsicht ein Ausnahmefall. Beim Problem, Zahlen außersinnlich zu erfassen, vermutete man einen Zusammenhang mit der Art, wie Psi-Daten im Gehirn verarbeitet werden.

Das Psi-Anti-Terrorkommando

Am 27. Juli 1943 gab Hitler den Befehl zur Befreiung Mussolinis. Die »Operation Alarich« wurde ins Leben gerufen, doch der Geheimdienst konnte keine Informationen über seinen Aufenthaltsort liefern. Walter Schellenberg, Leiter des Auslandsgeheimdienstes des Reichssicherheitshauptamtes und einer der führenden Leute aus dem Kreis um Himmler, schreibt in seinen Memoiren: »In dieser Situation praktizierte Himmler wieder eine seiner okkulten Marotten – und nun sogar mit einem gewissen Erfolg. Er ließ einige nach dem Englandflug von Rudolf Heß verhaftete ›Vertreter der okkulten Wissenschaften‹ zusammenrufen und setzte sie in einer Villa am Wannsee in Klausur. Es waren dies Hellseher, Astrologen und Pendler, die den Aufenthaltsort des verschwundenen Duce ans Licht zu zaubern hatten. Diese Séancen kosteten uns eine ziemliche Stange Geld, da der Bedarf an gutem Essen, Trinken und Rauchen der ›Wissenschaftler‹ ganz enorm war. Aber siehe da – ein ›Meister des siderischen Pendels‹ stellte nach einiger Zeit fest, Mussolini müsse sich auf einer Insel westlich von Neapel befinden. Und tatsächlich war der Duce auch zuerst auf eine der von ihm bezeichneten kleinen Ponza-Inseln gebracht worden.«[35]

Im Ernstfall ging es den Militärs schon immer darum, alle Möglichkeiten auszuschöpfen, um den unbekannten Aufenthaltsort einer Person auszumachen. Das war in Fort Meade nicht anders. Allerdings bemerkte man dort bald, daß sich bewegliche Ziele schwerer durch RV einkreisen ließen. Die Suche nach verschwundenen Gegenständen und Personen gestaltete sich als die große Herausforderung für das Team. Für viele Seher schien es einfacher zu sein, feststehende Ziele anzuvisieren, die, sobald eine »Verbindung« hergestellt war, exploriert werden konnten. Bei Objekten an unbekannten Orten oder bei beweglichen Zielen verloren sich die GRILL FLAME-Agenten häufig in ihrem mentalen Rauschen.

Ein zusätzliches Problem schufen die Auftraggeber selbst, die von der Arbeitsweise von Psi keine Ahnung hatten. Aus Gründen der Geheimhaltung ließen sie die Remote Viewer häufig im unklaren darüber, ob sie mit ihren Aussagen richtig oder falsch lagen. Die parapsychologische Forschung hat allerdings festgestellt, daß Feedback – die Rückmeldung über Erfolg oder Mißerfolg – ein wesentlicher Bestandteil für gute und stabile Psi-Leistungen ist. In Fort Meade mußten die Remote Viewer nicht nur ständig solche Leistungen erbringen, sondern auch die Poker-Gesichter ihrer Auftraggeber ertragen, die ohne Schulterklopfen wieder abzogen, selbst wenn die Psi-Spione ins Schwarze getroffen hatten. Ein hartes Los, das McMoneagle und Co. offenbar nicht abschreckte.

Ein Beispiel verdeutlicht das Mißverhältnis zwischen den unkundigen Ansprüchen der Militärs und den geforderten und erwarteten Leistungen. Nach der Machtübernahme der Fundamentalisten im Iran und der Flucht des Schahs besetzte im November 1979 eine aufgebrachte Gruppe von religiösen Fanatikern die amerikanische Botschaft in Teheran und nahm die Bewohner als Geiseln. Sie forderten die Rückkehr des Schahs im Tausch für die Geiseln. Präsident Jimmy Carter ließ die iranischen Gelder in US-Banken einfrieren und stoppte den Import iranischen Öls. Der Sicherheitsrat der Vereinten Nationen verurteilte die iranische Terroraktion. Weder dies noch der Einsatz des Internationalen Gerichtshofes änderten etwas an der prekären Lage. Neben der Geiselkrise schienen alle anderen brennenden weltpolitischen Probleme, wie die Invasion der Sowjets in Afghanistan, zweitrangig. Carter mußte rasch handeln, denn seine Landsleute fühlten sich durch die Geiselnahme persönlich erniedrigt.

Gegen Ende 1979 und zu Beginn des Jahres 1980 hatte das Psi-Team von Fort Meade nur *eine* Aufgabe zu bewältigen, und das in Hunderten von Versuchen: den Verbleib der Geiseln zu erkunden, die Gebäude, in denen sie sich befanden, zu beschreiben, Nachrichten über ihre körperliche und geistige Verfassung zu übermitteln und die Geiselnehmer zu charakterisieren. Auftraggeber waren das amerikanische Verteidigungsministerium und der Nationale Sicherheitsrat. Tag für Tag die gleichen Aufgaben. Im Fernsehen waren ständig Berichte zu sehen, die sich mit den Eindrücken der Remote Viewer nach und nach vermischten.

Jake Stewart vom Nationalen Sicherheitsrat schaltete sogar Keith Harary am SRI in Kalifornien ein. Keith konnte wie Ken Bell besonders gut durch RV auf Personen »zielen«. Stewart wollte von Harary Informationen über die Geisel Richard Queen, ein Mann, der an beginnender multipler Sklerose litt. Niemand am SRI wußte, wer die Zielperson war. Puthoff wurde lediglich mitgeteilt, es gäbe eine »Zielperson«. Harary beschrieb einen dünnen, bärtigen Mann in einer spartanischen, kalten Umgebung. Er habe Gesundheitsprobleme mit Übelkeit und ein ernstes Nervenleiden, eine Seite seines Körpers sei praktisch gelähmt. Harary sah Menschen um die Person und hatte den Eindruck, er würde in ein oder zwei Tagen eine Reise mit einem Flugzeug antreten.

Puthoff und Harary dachten, es handle sich um ein Staatsoberhaupt, zumal Jake Stewart den Auftrag dringlich gemacht hatte. Zweifellos hatte Harary die Zielperson eindeutig getroffen. Doch was hatte es mit dem Flugzeug auf sich? Zwei Tage später wußte man es. Aus Angst, Richard Queen könne sterben, setzten ihn seine Geiselnehmer in ein Flugzeug in die USA. Ein Ärzteteam bestätigte die Aussagen zum Gesundheitszustand der ehemaligen Geisel. Als man später Richard Queen das Protokoll der RV-Sitzung mit Keith Harary vorlas, ohne ihm mitzuteilen, woher man die Information habe, wurde dieser sehr zornig. Er war überzeugt, daß einer der iranischen Terroristen ein amerikanischer Spion gewesen sein mußte, der die US-Behörden derart detailliert über seinen Zustand informiert habe.

Hararys Erfolg war sicher durch den Umstand begünstigt, daß er nur ein einziges Ziel in Zusammenhang mit der Geiselnahme anvisieren mußte, noch dazu ohne zu wissen, worum es sich handelte. Ganz anders erging es dem Fort Meade-Team. Als die Truppe bereits von den vielen Wiederholungen entnervt war, erhielt sie plötzlich den Befehl von Scotty Watt, ihre Koffer zu packen. Unweit von Fort Meade war ihre Reise bereits zu Ende. Das Grüppchen wurde in einem Motel in Laurel untergebracht. Jeder hatte sein eigenes Zimmer und es gab eine Suite für gemeinsame Meetings. Warum diese eigentümliche Verlegung? Watt erklärte mit ernster Miene, eine verdeckte Aktion zur Befreiung der Geiseln sei im Gang. Die Remote Viewer sollten die Aktion »begleiten«. Um das Projekt nicht zu gefährden und sie vor weiteren Informationen über das Fernsehen zu schützen, seien sie in das Motel verlegt worden. Nun wurde die kleine, ehemals enthusiastische Gruppe angehalten, ohne Unterlaß die iranische Aktion via Psi zu beobachten.

Eine wahnwitzige Idee, die nur durch groteske Vorstellungen von der Einsatzfähigkeit solcher Fähigkeiten gedeihen konnte.
Außer die Remote Viewer psychisch völlig zu überlasten, erbrachte der Einsatz nichts. Ebensowenig, wie die Befreiungsaktion, die zu einem Fiasko ausartete: Zwei Flugzeuge kollidierten, es gab acht Tote und zahlreiche Verletzte. Die »Iran-Klausur« der GRILL FLAME-Truppe führte zu ernsthaften seelischen Zusammenbrüchen. Nancy Stern und Fern Gauvin warfen das Handtuch. Remote Viewing würde in ihrem Vokabular nicht mehr vorkommen.
Für die verbliebenen Mitarbeiter war der Spuk noch lange nicht vorbei. Als Ergebnis des mißglückten Befreiungsversuchs wurden die Geiseln getrennt, und man verlor vollständig ihre Fährte. Neue Aufgaben für die Remote Viewer. Abermals mußte die Technik auf Befehl von oben völlig falsch eingesetzt werden, und in Gebäude Nr. 2560 in der Llewellyn Street wußte jeder, daß es nur fruchtlose Versuche sein können, das Unmögliche erreichen zu wollen. Am Ende hatte Präsident Carter Angst, denselben Fehler noch einmal zu begehen, und er verzichtete auf die geplante zweite Aktion.

Hütchenspiele mit Raketen

Einer der großen Momente des operationalen Remote Viewing ereignete sich im Mai 1978. Irgendwo in Zaire war ein sowjetischer *Tupolew-22*-Bomber abgestürzt. Der Wettlauf um ein Wrack begann. Würden die Amerikaner vor den Russen zur Stelle sein, könnten sie einen unschätzbaren Einblick in den Stand der Nachrichtentechnik der Sowjets gewinnen. Puthoff wurde vom Pentagon mit der Psi-Suche beauftragt. Gary Langford schien die interessantesten Eindrücke zu produzieren. Er sah einen Fluß im Dschungel, aus dem der Schwanz der Maschine herausragte. Dann beschrieb er die Umgebung, die Topographie und Straßen.
Die Information gelangte über die europäische Niederlassung der CIA nach Kinshasa. Wie so häufig bei operationalen Aufgaben, mußte die Quelle der Information verschwiegen werden, um die Einsatzleitung mit dem Hinweis auf Psi nicht zu überfordern. Als ein weiteres schwerwiegendes Problem erwies sich bei militäri-

schen Zielen die Befehlskette. Das Hin und Her zwischen den Einheiten vor Ort, die in Ruhe ihrer Arbeit nachgehen wollen, und den Schreibtischagenten irgendwo in den USA, die ihre geheimnisvollen Informationen übermitteln – eine Bühne der Eitelkeiten, zweifellos. Der Einsatzleiter in Zaire verlangte genauere Angaben und machte sich mit seinem Suchtrupp auf in den Busch.

Dale Graff, ein Physiker der Luftwaffe, der großes Interesse an der Arbeit des Puthoff-Teams gezeigt hatte, arbeitete gelegentlich mit einer Frau zusammen, die sich gut auf Remote Viewing verstand, Frances Bryan. Er ließ sie ebenfalls nach dem Wrack suchen, und sie fertigte eine ziemlich genaue Skizze der Umgebung an, die bereits Langford beschrieben hatte. Die Zeichnung war derart detailliert, daß man das Gelände auf einer Karte wiederfand. Als die Koordinaten in Zaire eintrafen, war das Team bereits unterwegs. Die Truppe entdeckte die *Tupolew-22,* weil sie Eingeborenen auf ihrer Suche begegneten, die damit beschäftigt waren, Wrackteile in Sicherheit zu bringen. Die Maschine fand sich keine fünf Kilometer von der Stelle entfernt, die Langford und Bryan beschrieben hatten. Das Foto, das man später am SRI herumreichte, war für die Wissenschaftler und Versuchspersonen eine Quelle der Verblüffung. Langfords Skizze stimmte derart mit dem Bild überein, als hätte er es kopiert.

In der Folge wurde Dale Graff einer der führenden DIA-Kontakte des RV-Projektes. 1979 wurde Puthoff von Graff mit einer Spezialaufgabe von hoher Wichtigkeit für die nationale Sicherheit betraut. Die Luftwaffe hatte die neue Interkontinentalrakete *MX* entwickelt und war nun auf der Suche nach einer Positionierung der Raketen, die es den Sowjets schwierig machen würde, sie durch einen Erstschlag zu vernichten. In den Wüsten von Utah und Nevada sollte jede *MX*-Rakete mit einer fast 50 Kilometer langen Schienenstraße verbunden werden, die von 23 »Garagen« unterbrochen war. Auf dem Gleis würde ständig ein verdeckter Spezialwagen verkehren, um Raketen von einer Garage in eine andere zu wechseln. Für Aufklärungssatelliten wäre es nicht möglich auszumachen, in welchem Raketensilo sich tatsächlich eine *MX* befände. Nach der Logik des Nuklearkrieges, die zwei Erstschläge pro US-Interkontinentalrakete vorsieht, hieße das: 46 Raketen für eine Schienenstrecke. Mit anderen Worten: 46 feindliche Erstschläge, um eine einzige *MX* der amerikanischen Streitkräfte auszuschalten. Gab es eine unbedachte Möglichkeit, daß die Sowjets dennoch herausfinden würden, wo sich die jeweiligen Raketen befinden? Könnten sie vielleicht sogar durch Remote Viewing das unglaublich kostspielige Szenario überlisten? Das SRI-Team sollte es herausfinden.

Charles Tart, Professor für Psychologie an der University of California in Davis und einer der produktivsten Parapsychologen, hatte eben eine Untersuchung abgeschlossen, in der unter 2000 Versuchspersonen besondere Psi-Begabungen herausgefiltert werden sollten. Mit den zehn, die am besten abschnitten, führte er das eigentliche Experiment durch, das gewissermaßen das Garagen-Spiel der Militärs kopierte.[36] Eigentlich geht es auf das Hütchenspiel zurück, mit dem in Ferienorten gerne den Touristen das Geld aus der Tasche gezogen wird. Eine Kugel befindet sich unter einem von drei Hütchen, die ein Spieler mit flinken Fingern ständig verschiebt. Es gilt das Hütchen herauszufinden, unter dem sich die Kugel jeweils aufhält.

Bei Charles Tart gab es zehn Hütchen, und sie waren nur virtuell, auf einem Computerbildschirm, vorhanden. Die Hütchen waren äußerlich nicht voneinander zu unterscheiden. Der Computer arrangierte nach jeder Nennung die Hütchen neu und merkte sich die einzelnen Hütchen, die mit für den Spieler unsichtbaren Zahlen identifizierbar waren. Unter einem der zehn virtuellen Hütchen verbarg sich die Kugel. Die Idee dieses Psi-Spieles war es, daß durch hellseherisches Psi das Zielhütchen – jenes mit der Kugel – statistisch signifikant öfter ausgewählt würde als die anderen. Das Spiel basierte somit auf einem Protokoll, das versuchte, Fehler zu korrigieren. Nicht der einzelne Treffer war gefragt, sondern eine prozentual höhere Auswahl des richtigen Zielobjektes, die dann zusammengenommen als Treffer bewertet wurde.

Zufällig würde man in etwa 10 % der Fälle das Hütchen mit der Kugel richtig identifizieren. Aber die ausgewählten Begabten hatten weit bessere Ergebnisse vorzuweisen. Eine Frau erreichte im Schnitt eine Trefferquote von 25 %. Der prozentuale Überhang gestattete es Tart bei 20 aufeinanderfolgenden Spielen dieser Art, immer das Hütchen mit der Kugel richtig zu identifizieren.

Stellen wir uns sowjetische Remote Viewer vom Kaliber der besten Versuchsperson Tarts vor, die das Hütchen-Spiel mit den Garagen für die *MX*-Raketen spielen, dann würden sie mit geringem Aufwand bei einer Genauigkeit von etwa 80 % die Position der Interkontinentalrakete ausmachen. Freilich wissen wir nicht, ob die Psi-Leistung bei wiederholtem Einsatz gleich hoch gehalten werden kann und ob sie bei solchen operationalen Einsätzen, die ganz andere Anforderungen an die psychische Stabilität stellen, als ein Laborversuch ohne Konsequenzen, mit derselben Genauigkeit zur Verfügung steht.
Tarts Versuchsergebnisse müssen die Verantwortlichen im Pentagon beeindruckt haben. Carters Nachfolger, Präsident Ronald Reagan, entschied sich gegen das Hütchenspiel mit den *MX*-Raketen. Eine Entscheidung, die nicht alleine auf Budgetproblemen basierte, sondern auch auf Ängsten vor der »Psi-Einheit« der Roten Armee. Als ich kürzlich mit Charles Tart über seine Versuche korrespondierte, gestand er mir: »Ich bin froh, daß diese Arbeit bekannt wurde. Ich halte es für eine der größten Leistungen meines Lebens, daß meine Arbeit dazu beitrug, dieses unglaublich teure und destruktive Raketensystem zu streichen. Aus Sicherheitsgründen durfte ich nie darüber sprechen.«

»General Löffelbieger«

Als 1981 Generalmajor Thompson einen neuen Posten antrat, befürchtete man in Fort Meade das Heraufziehen der Dämmerung für die Remote Viewer. Sein Nachfolger Generalmajor William Odom hatte an der Einheit kein Interesse und schob sie an INSCOM ab. Dort bekamen sie durch den neuen INSCOM-Chef Generalmajor Albert Stubblebine unverhoffte Schützenhilfe. Obwohl Stubblebine durch seine enorme Ähnlichkeit mit dem Schauspieler Lee Marvin als Prototyp des knallharten Militaristen gelten mußte, glaubte er alles und jedes über Psi. Gemeinsam mit dem INSCOM-Oberst John Alexander führte Stubblebine sogenannte »Löffelbiegeparties« durch. Bei diesen Zusammenkünften sollten die Teilnehmer in entspannter Atmosphäre das vollbringen, was der israelische

Psi-Star Uri Geller allenthalben bei Fernsehauftritten demonstriert hatte: das angeblich paranormale Verbiegen von Besteckteilen.[37] Seine außerordentliche Psi-Gläubigkeit brachte Stubblebine den Spitznamen »General Löffelbieger« ein.

Für die Einheit in Fort Meade kam Stubblebine zur rechten Zeit. Denn dieser hatte große Dinge vor. Remote Viewing allein genügte ihm nicht. Er wollte Psi-Forschung für militärische Zwecke auf allen Gebieten mit missionarischem Eifer vorantreiben. Insbesondere interessierte Stubblebine die Psychokinese (PK), und darum suchte er auf seinen »Löffelbiegeparties« nach geeigneten PK-Begabungen. Er bedrängte Hal Puthoff und Ed May, daß am SRI auch Psychokinese-Experimente durchgeführt würden und ließ seine politischen Kontakte spielen, damit das Psi-Programm florieren konnte.

Es lag nahe, Psychokinese einer eingehenden Untersuchung zu unterwerfen, zumal man nicht sicher sein kann, ob etwa Experimente zur Fernbeeinflussung von Personen auf einen telepathischen oder einen psychokinetischen Effekt zurückzuführen sind. Swann hatte bereits an der ASPR in New York bewiesen, daß er auch über psychokinetische Fähigkeiten verfügte, und letztlich wußte niemand, ob RV auch einen physikalischen – einen psychokinetischen – Aspekt aufwies. Der Versuch von Swann mit dem Magnetometer an der Stanford University legt diese Interpretation nahe. In einem erst kürzlich vom Geheimdienst freigegebenen Bericht beschreiben Puthoff und Targ ein weiteres Experiment, in dem festgestellt werden sollte, ob der Remote Viewing-Kanal bilaterale Aspekte aufweist, d. h. ob es möglich ist, daß Energien eines Individuums auf einen entfernten Ort übertragen werden können.[38] Für den Versuch wurde ebenfalls ein Magnetometer als Zielobjekt ausgewählt. Das Gerät befand sich in einem angrenzenden Laborraum. In zehn Durchgängen von je 50 Sekunden versuchte ein Seher das Zielobjekt einfach nur durch RV zu erfassen. Es zeigten sich in diesen Abschnitten Reaktionen des Magnetometers, die statistisch signifikant waren. Die Forscher hielten diesen Befund mit Recht für äußerst bedeutsam. Die Perturbation eines sensitiven Gerätes während Remote Viewing bedeutet, daß anomale Kognition und PK auf einen gemeinsamen Prozeß zurückgehen.

Solche Forschungen weiterzuführen, war für Stubblebine vordringlich. Einige Mitglieder des Repräsentantenhauses und Senatoren, darunter die Politiker der Demokraten Charlie Rose und Clairborne Pell, sagten Stubblebine ihre Unterstützung zu. Pell stellte sogar einen Vollzeitmitarbeiter ein, C. B. Scott Jones, der nichts anderes zu tun hatte, als ihn über die Fortschritte in der parapsychologischen Forschung zu informieren. Er stand mit einem großen Kreis von paranormal Begabten und selbsternannten Hellsehern in Kontakt, die von Zeit zu Zeit operationale Aufgaben für Geheimdienstmitarbeiter übernahmen. Die ursprünglichen Zentren, vorwiegend für Forschung in Menlo Park und für die praktischen Einsätze in Fort Meade, wurden nach und nach durch Dienste von freien Psi-Mitarbeitern angereichert. Das massive Interesse an Psi von höchster Stelle beflügelte allenthalben Mitarbeiter, ihre Zurückhaltung aufzugeben und Tür und Tor für okkulte Verbindungen aller Art zu öffnen.
Mit derart gestärktem Rücken ging Stubblebine daran, überall Psi-Rekruten zu sammeln. So etwa den Texaner Leonard »Lyn« Buchanan, der seine ersten paranormalen Erlebnisse als 12jähriger hatte. Buchanan kam als Linguist zu INSCOM. Bei seiner Stationierung in Augsburg muß ein eigentümliches Phänomen aufgetreten sein. Angeblich soll er mental einen Computer lahmgelegt haben. Der ideale Mitarbeiter für »General Löffelbieger«. Zu den weiteren neuen Mitarbeitern zählten Paul Smith, ein Armeeoffizier im Nachrichtendienst, der sich als begabter Remote Viewer erwies, und Tom Nance, der zum Lieblingsschüler Swanns emporstieg. Es gab aber auch solche, die um jeden Preis in die Einheit versetzt werden wollten. Zu ihnen gehörte Edward Dames, der einige Zeit, mit Geheimdienstaufgaben betraut, im Fernen Osten verbracht hatte und später in Deutschland eingesetzt wurde, um sowjetische und tschechische Kommunikation elektronisch zu stören. Seine Einheit erhielt 1981 den Auftrag, die Komponenten einer biologischen Waffe der Sowjets zu entschlüsseln. Da es unmöglich war, an die Informationen heranzukommen, überlegte er, ob er die Hilfe von Sensitiven in Anspruch nehmen sollte. Dabei entdeckte er, daß die Armee bereits auf diesem Gebiet tätig war. Dames setzte alles daran, in das RV-Programm aufgenommen zu werden. Seine Ausdauer zahlte sich aus.

»Das neue mentale Schlachtfeld«

1981 sollten die Remote Viewer am SRI und in Fort Meade den als überaus gefährlich eingestuften Terroristen Carlos orten. Man befürchtete, Carlos sei in die USA eingereist. Bei einer der zahlreichen Sitzungen beschrieb Gary Langford einen blauen Kleinbus mit eigenartigen Markierungen an den Seiten, der von südländisch aussehenden Terroristen gefahren wurde. In dem Kleinbus befand sich ein hoher US-Beamter als deren Geisel. Langford hatte den Eindruck, daß das Geschehen unvermeidlich war und sich bald ereignen würde. Puthoff fand diese Aussagen merkwürdig, weil sie in Kontrast standen zu allem, was Langford davor über Carlos in Erfahrung gebracht haben wollte.

Wenige Tage später entführten die italienischen Roten Brigaden in Verona den NATO-General James Dozier in einem blauen Kleinbus mit weißen Markierungen an den Seiten.

Die Folge war ein riesiges nachrichtendienstliches Aufgebot, um den General zu befreien. Man wollte nicht noch einmal ein Desaster erleben, wie wenige Jahre zuvor, als der Führer der Christdemokraten in Italien, Aldo Moro, nach einer ähnlichen Entführung im Kofferraum eines Fahrzeugs der Roten Brigaden erschossen aufgefunden worden war.

Langford wurde ins Pentagon beordert, um hochrangige Beamte im Verteidigungsministerium mit weiteren Psi-Informationen zu dem Fall zu beeindrucken. Abermals zeigte sich das Problem mit dem Auffinden eines beweglichen Zieles. Die Angaben waren zu ungenau, um den Aufenthaltsort General Doziers zu ermitteln.

Die Geheimdienste stocherten im Nebel und interferierten mit der Arbeit der ausgebildeten Psi-Spione, indem sie wahllos »Hellseher« engagierten und sich damit auf neue Art das Desaster einhandelten, das sie unbedingt vermeiden wollten. Einer von ihnen wurde sogar nach Vicenza geflogen, um vor Ort Richtlinien bei der Suche zu geben. Doch der hatte nichts besseres zu tun als die Pendler bei der »Aktion Alarich« – er verlangte Sonderbehandlung bei Kost und Logis. Endlich ließ er einige vage Informationen verlauten. Die Beschreibung eines Bauernhauses in der Umgebung konnte auf Tausende Gebäude passen. Dennoch, die Carabinieri stürmten das

Haus, das der selbsternannte Hellseher ausgemacht hatte. Anstatt Terroristen mit einem NATO-General fanden sie indes nur eine zu Tode erschrockene italienische Familie vor.[39]

In Fort Meade beschrieb McMoneagle zur gleichen Zeit eine Wohnung im zweiten Stock eines Hauses in Padua, zeichnete einen Radiator an der Wand und die auffällige Fassade eines Geschäftes darunter. Mittlerweile wollten die Einsatzleiter in Italien von Psi nichts mehr wissen. Es war ihnen gelungen, einige Terroristen dingfest zu machen, die ihnen das »Volksgefängnis«, in dem Dozier festgehalten wurde, verrieten. Als diesmal die richtige Wohnung gestürmt wurde und Dozier befreit werden konnte, fand man ihn im zweiten Stock jener Wohnung, die McMoneagle offenbar korrekt beschrieben hatte. Der Radiator an der Wand war da und der Laden mit der charakteristischen Fassade.

Stubblebine ließ sich von solchen Auswüchsen nicht beirren. Er rief vielmehr zahlreiche Projekte über Psi, veränderte Bewußtseinszustände, Techniken der Visualisierung u. ä. ins Leben, die sein Mitarbeiter John Alexander mit großem Enthusiasmus koordinierte. Bevor Alexander zu INSCOM stieß, hatte er 1980 in der *Military Review* einen Artikel unter dem Titel *Das neue mentale Schlachtfeld* veröffentlicht, in dem er die Möglichkeit erörterte, über Telepathie die elektrische Gehirnaktivität zu beeinflussen.[40] Alexander behauptete, die Sowjets besäßen eine »Psi-Waffe«, deren todbringende Fähigkeit nachgewiesen sei. Die größte Gefahr, die von ihr ausgehe: sie sei schwer zu lokalisieren, zumal sie nur einen Menschen als Quelle der Energie benötige. 1983 rief Alexander das *Jedi-Projekt* ins Leben (nach den Filmfiguren der »Jedi-Ritter« in *Krieg der Sterne*). Ziel des Projektes war es, auf unkonventionelle Weise physische, psychische und paranormale Höchstleistungen zu erreichen.

Bei ihren zahlreichen Aktivitäten bewegten sich Stubblebine und Alexander zweifellos auf dünnem Eis. Die Grenze zwischen dem Versuch, Psi in einem bestimmten, ihm angemessenen Rahmen zum Einsatz zu bringen, und der Vorstellung, Psi als eine außerordentliche Fähigkeit eines künftigen Menschen zu trainieren, war verwischt. Die Ideen der neuen INSCOM-Führung kamen in verdächtiger Nähe zu Konzepten, wie sie Friedrich Nietzsche in seinen Anmerkungen zum *Zarathustra* formuliert hatte: »Ein höheres Wesen, als wir selber sind, zu schaffen, ist unser Wesen. Über uns hinaus schaffen!«[41] Der Enthusiasmus, der uns hier entgegenschlägt, verleugnet nicht seinen Nährboden: der New-Age-Sumpf aus nicht reflektiertem Okkultismus und der trügerischen Hoffnung, zu jener Generation zu zählen, die den Sprung auf die nächste Stufe der Evolution vollzieht.[42] In einem gemeinsam mit zwei Koautoren verfaßten Buch schrieb John Alexander: »Es ist die Aufgabe dieses Buches, die Tür zu jenen außergewöhnlichen menschlichen Potentialen aufzustoßen, die in jedem von uns anwesend sind. Um das zu tun, müssen wir, wie die Regierungen in der ganzen Welt, einen neuen Blick auf nicht-traditionelle Methoden der Beeinflussung der Realität werfen. Wir müssen das menschliche Bewußtsein der potentiellen Kraft des individuellen Körper/Geist-Systems erhöhen – die Kraft, die Realität zu manipulieren. Wir müssen willens sein, die Kontrolle über unsere Vergangenheit, die Gegenwart und schließlich über unsere Zukunft zu übernehmen.«[43]

Ganz offensichtlich waren Stubblebine und Alexander willens, die »potentielle Kraft des individuellen Körper/Geist-Systems« zu erhöhen. Mit der Remote Viewing-Einheit in Fort Meade sollte der Anfang einer ganzen Reihe von ehrgeizigen Projekten gemacht werden. Stubblebine machte aus ihr eine formelle Unterabteilung von INSCOM (*Detachment G*), außerdem verpaßte er ihr 1983 den neuen Codenamen CENTER LANE und unterstellte sie direkt seinem Büro.

Die neuen Rekruten wurden ans SRI zur Ausbildung bei Ingo Swann geschickt, später nach New York, als Swann seine Trainingsschule in seine Heimatstadt verlegt hatte. Mit seinen Psi-Spionen hatte Stubblebine noch viel Großes vor. Darum wurden sie auch an das Institut eines Mannes geschickt, von dem sich Stubblebine viel versprach für sein Programm der Verwirklichung der verborgenen menschlichen Potentiale – an das *Monroe-Institut.* An ihm konnte man außerkörperliche Erfahrungen und verschiedene veränderte Bewußtseinszustände trainieren.

Gehirnwellen und außerkörperliche Erfahrungen

Wenn man kleine Elektroden auf der Oberfläche des Kopfes anbringt, kann man fluktuierende elektrische Potentiale aufzeichnen. Es handelt sich um die elektrischen Reaktionen von Milliarden von Gehirnzellen. Im Laufe von Jahrzehnten immer verbesserter Aufzeichnungs- und Analysemethoden hat sich gezeigt, daß die an der Kopfhaut registrierte elektrische Aktivität, das sogenannte Elektroenzephalogramm (EEG), eine gute Zuordnung zu bestimmten Bewußtseinszuständen erlaubt.

Im Wachzustand kann man unterschiedliche Stadien der Wachsamkeit unterscheiden. Sie gehen mit dem unregelmäßigen Muster einer Amplitude von 10 bis 20 mV (Mikrovolt) und einer Frequenz von 10 bis 40 Hz (Hertz)[44] einher. Entspannte Aufmerksamkeit wird vom sogenannten Alpharhythmus begleitet. Alphawellen zeigen einen relativ regelmäßigen Verlauf und eine Frequenz von ca. 8 bis 13 Hz. Einen zerfallenden Alpharhythmus und das Erscheinen von langsameren Wellen (Thetawellen, 4 bis 8 Hz) begleitet zumeist den Zustand der Schläfrigkeit. Eine Person schläft, sobald die sogenannten Schlafspindeln auftreten. Schlafspindeln sind kurze Wellenstöße in einer Frequenz von ca. 14 Hz, die mit einer geringen Amplitude beginnen und innerhalb einiger Zyklen auf etwa 30 bis 40 mV ansteigen, bis sie wieder abfallen. Während des Schlafs werden weitere Stadien unterschieden, speziell auch die verschiedenen Traumphasen. Während des traumlosen Tiefschlafes treten vermehrt äußerst langsame Deltawellen (1 Hz oder weniger) mit hoher Amplitude (100 mV oder mehr) auf.

Der Psychologe und Parapsychologe Charles Tart hatte im Jahr 1965 dic Möglichkeit, EEG-Aufzeichnungen bei einem Mann zu machen, der von sich behauptete, willentlich außerkörperliche Erfahrungen (OBE) hervorrufen zu können. Seine Versuchsperson war ein gewisser Robert Monroe.[45] Monroe, ein erfolgreicher Produzent von Radiosendungen, berichtete über OBEs in einem schlafähnlichen Zustand. Tart entdeckte bei Monroe während seiner Bemühungen um OBEs eine große Variabilität in den EEG-Wellenmustern. So zeigten sich nicht nur Alphawellen über das gesamte Spektrum von 8 bis 13 Hz, sondern sie hatten zugleich eine

enorme Amplitude, die von 40 bis 100 mV reichte. Auch die Thetawellen während des Schlafes waren anomal in ihrer Intensität. Tart hatte niemals zuvor Schlafspindeln gesehen, die 50 mV überschritten. Bei Monroe lagen sie zwischen 150 und 200 mV. Dafür konnte Tart während des Schlafs keine Deltawellen ausmachen.
Offenbar hielt sich Monroe immer lange Zeit im Zustand des Schlafwachens auf. Auch eine andere Versuchsperson von Charles Tart, die während des Schlafs über spontane OBE berichtete, scheint diese Erfahrungen während dieses Grenzzustandes gemacht zu haben. Tatsächlich berichten Personen, die häufig OBEs erleben, über sehr schlechte Schlafgewohnheiten. Sie befinden sich häufig in einem Zwischenzustand, in dem sogenannte hypnagoge Halluzinationen auftauchen. Das sind traumähnliche Bilder von starker Lebhaftigkeit, begleitet von der Überzeugung, wach zu sein. Über diesen Zustand besitzen wir für gewöhnlich keine Kontrolle. Man ist schläfrig und bemerkt das Erscheinen von Bildfolgen. Kurz darauf schläft man ein. In der Literatur des Okkultismus werden seit langem Techniken diskutiert, mit denen man diesen Zwischenzustand der bewußten Kontrolle unterwerfen kann. Er wird traditionell als jener Grenzzustand aufgefaßt, der das reichhaltigste Potential für paranormale Erfahrungen birgt.
In den folgenden Jahren schrieb Monroe verschiedene Bücher über seine Erlebnisse und widmete seine gesamte Zeit dem Studium der außerkörperlichen Erfahrungen.[46] 1974 gründete er das *Monroe-Institut,* das vor wenigen Jahren in die wunderschöne Landschaft am Fuß der Blue Ridge Mountains in Faber, Virginia, übersiedelte. Monroe leitete das Institut bis zu seinem Tode im Jahr 1995.

Mit Hemi-Sync in andere Wirklichkeiten

Seit den Anfängen unterhielt das Institut enge Kontakte zu Regierungseinrichtungen und zum Verteidigungsministerium. Stubblebine, der selber unzählige Kurse belegt hatte, wählte das Institut aus, um geheime Forschungen für INSCOM auszuführen. Es sollte festgestellt werden, ob durch die von Monroe entwickelte Hemi-Sync-Technik die Konzentration und Leistungsfähigkeit von Soldaten verbessert werden konnte.[47] Hemi-Sync arbeitet mit unterschiedlicher binauraler Stimulation. Über Kopfhörer werden dem linken und dem rechten Ohr Töne leicht unterschiedlicher Frequenz vorgespielt, die als ein einziger Ton in der Frequenz zwischen den beiden Tönen wahrgenommen werden. Angeblich sollen sich die Gehirnwellen auf diese Frequenz einstimmen. Nach einer Untersuchung des *National Research Council* (Nationaler Forschungsausschuß) soll die Methode zur Verbesserung von Lernleistungen effektiv sein.[48]

Am *Monroe-Institut* wurden auch die Remote Viewer von Fort Meade ausgebildet, denn Stubblebine gab sich nicht mit der Methode Swanns zufrieden. Er wollte, daß seine Psi-Spione auch andere paranormale Fähigkeiten entwickeln. Sie sollten lernen, außerkörperliche Erfahrungen kontrolliert hervorzurufen. Die Hemi-Sync-Bänder benutzte man später in der »Abkühlungsphase« vor einer RV-Sitzung, um leichter einen Entspannungszustand hervorzurufen.[49]

Vierzehn Monate verbrachte allein Joe McMoneagle am *Monroe-Institut* und lernte mit den Hemi-Sync-Bändern, seine spontanen OBEs einigermaßen zu kontrollieren. Allerdings zeigte sich ein unvorhergesehenes Phänomen. Je besser er seine OBE unter Kontrolle hatte, desto schlechter wurde seine Fähigkeit für Remote Viewing. Wie bereits Swann und Harary vermuteten, sind OBE und RV eigenständige Phänomene. McMoneagle fand Remote Viewing wichtiger und interessanter und entschied sich dafür, das Training von OBEs aufzugeben.

Auch am *Monroe-Institut* war McMoneagle nicht untätig und führte Remote Viewing-Versuche durch. Eines Tages wurde er in einen fensterlosen Versuchsraum eingesperrt, um nicht zu sehen, wer kommen würde, um die Zielobjekte zu bringen. Es war ein Mitarbeiter der NASA. Er brachte mehrere Umschläge, in denen sich Koordinaten-Angaben befanden. Mit Beginn der Sitzung wurden McMoneagle die Koordinaten vorgelesen. McMoneagles erster Eindruck war der einer Pyramide. Er nahm an, daß sich der Zielort in Ägypten befinde, allerdings war er verwirrt, denn er beschrieb Korridore und Räume, von denen er wußte, daß sie in ägyptischen Pyramiden nicht existierten. Auf diese Weise schilderte er alle Zielorte. Die ersten sechs waren richtig, beim siebenten wurde er müde und hatte keinen Erfolg zu verzeichnen.

Alle waren der Ansicht, daß es sich um archäologische Strukturen handelte. Nach dem Versuch wurde McMoneagle gefragt, welche Eindrücke er von der Zivilisation bekam, die diese Monumente erbaut hatte. McMoneagle meinte, sie gingen auf Lebewesen zurück, die weit größer als Menschen waren, und ihre Zivilisation sei bedeutend älter als unsere.

Der NASA-Mitarbeiter zeigte sich ungeheuer beeindruckt, weil McMoneagle über die ersten sechs Zielorte so genaue Angaben zu machen vermochte. Nur er wußte, was sich an den Orten befand, und er behielt es für sich.

Fünf Monate später erhielt das Monroe-Team einen Anruf von der NASA. Man kündigte an, daß die nächste Mission auf den Mars die von McMoneagle beschriebenen Koordinaten zum Ziel haben werde. Leider schlug die Mission fehl. Später machten die Bilder von den sogenannten Pyramiden auf dem Mars Furore. McMoneagle ist der Überzeugung, daß es sich dabei nicht um natürliche Formationen handelt, sondern daß sie einer unbekannten Zivilisation als Zwischenstation dienten. McMoneagle will sich allerdings nicht festlegen. Zu gut weiß er darüber Bescheid, daß es beim Remote Viewing praktisch unmöglich ist, zwischen dem Realen und dem Imaginalen zu unterscheiden. Ganz selten erfährt er dabei Aha-Erlebnisse. Meist dann, wenn er sehr lange an einem Ziel arbeitet und plötzlich etwas in seinem Bewußtsein erscheint und er alles über das Ziel weiß, was es zu wissen gibt. »Es ist wie ein Orgasmus«, sagte McMoneagle kürzlich in einem Interview. In diesen äußerst seltenen Fällen kann er deutlich zwischen Wirklichkeit und einem Konzept von Wirklichkeit unterscheiden.

7 Der Niedergang der RV-Einheit

Von Hexen, Channeling und Extraterrestriern

Als 1985 der Armee das Geld für die Remote Viewing-Einheit ausging, sprang die DIA ein, offenbar auf Anraten von Jack Vorona. Gemeinsam mit Hal Puthoff konnte Vorona nach langen Wochen des Klinkenputzens vom Weißen Haus über das FBI bis zur Zollbehörde und der Küstenwache die Forschung am SRI für weitere fünf Jahre sichern. Eine der Schlüsselabteilungen im Pentagon, die bis heute geheim blieb, machte zehn Millionen Dollar locker. Nutznießer dieser Gelder wurde vor allem Ed May. Puthoff hatte sich innerlich längst anderweitig orientiert. Er wollte endlich jenem Geheimnis auf die Spur kommen, das seit einiger Zeit in Physikerkreisen diskutiert wurde: die Energie aus dem Vakuum, Energie aus dem Nichts. Eine Zukunftstechnologie, die in der Hauptsache Zukunftsmusik ist. Für Puthoff genau das Feld, dem er seine intellektuellen Fähigkeiten widmen wollte. Sobald er die Forschungsgelder für das SRI gesichert hatte, verließ er das Labor, dem er zu historischem Ruhm verholfen hatte. Die Fackel trug Ed May weiter. Unter seiner Führung wurde der Forschungsaspekt intensiviert. Da der Geldsegen mit dem Abgang Puthoffs kam, floß der Löwenanteil des Forschungsetats, mehr als 70 %, Ed May zu. Allerdings machten die Untersuchungen Mays auch etwa 85 % aller Daten aus, die in den 23 Jahren der geheimen Programme gesammelt wurden.

Trotzdem war May in der Auswahl seiner Untersuchungsziele beschränkt. In den frühen neunziger Jahren, als Dale Graff zum Abteilungsleiter und Projektmanager der »Operationalen Einheit« in Fort Meade avancierte, war er eng mit dem Prozeß der Auftragsvergabe an Mays Forschungsgruppe verbunden. Für ihn wie für May gab es immer wieder unüberwindbare bürokratische Hinder-

nisse und politische Einflußgrößen, die den Kurs der Experimente bestimmten. Sie wichen sowohl von dem ab, was May gerne erforscht hätte, als auch von den Vorstellungen der anwendungsorientierten »Task-Force« in Fort Meade.
Im Sommer 1986 kehrte Mel Riley zur »Operationalen Einheit« zurück. Was er vorfand, war nicht die eingeschworene kleine Gruppe, bestimmt von der Vision, eine mentale Technik nach allen Regeln der Kunst weiterzuentwickeln und für das Vaterland zu glorreichem Einsatz zu bringen. Er fand ein Chaos vor, einen Zoo, eine Karikatur der Truppe, der er einst angehört hatte. Protegés von Stubblebine waren in die Einheit eingeschleust worden. Sie hatten weder die Ausbildung bei Swann genossen, noch hatten sie Interesse daran. Unter ihnen waren drei Frauen, die als »die Hexen« bekannt waren. Eine von ihnen las aus den Handlinien, eine andere fiel bei ihren Sitzungen in Trance, wie bei spiritistischen Séancen, die dritte legte Tarot-Karten und »channelte« Informationen, d. h. sie erhielt sie als »Eingebungen von Wesenheiten«.
An diesem Jahrmarktszauber änderte sich nichts, auch nachdem die Machtverhältnisse sich abermals verschoben. Als der Sohn eines Generals auf die Hemi-Sync-Bänder mit Verwirrungszuständen reagierte, die psychiatrische Beobachtung nötig machten, und Stubblebine selbst von seltsamen visionären Erlebnissen nach einem Kurs am *Monroe-Institut* berichtete, entzog man ihm 1984 die Kontrolle über die RV-Gruppe. Die DIA hatte die kleine Truppe nunmehr unter ihrem Kommando. Und freilich mußte ein neuer Codename her. CENTER LANE wurde ersetzt durch SUN STREAK. Von der alten Mannschaft waren nur noch Skip Atwater und Fern Gauvin dabei. Der umtriebige Ed Dames, der selber gerne Remote Viewer geworden wäre, durfte nur als Interviewer tätig werden.
Ein Jahr später verließ Atwater die Einheit und wurde Forschungsdirektor am *Monroe-Institut*. Die Moral der Gruppe verfiel zusehends. Eifersüchteleien machten die Runde, es herrschte das blanke Chaos. »Wesenheiten« meldeten sich durch das neue Mitglied Angela Dellafiora, sobald sie in Trance geriet. »Maurice« etwa und »George«, aber auch ein »Dr. Einstein«. Die Geister manifestierten sich durch automatisches Schreiben. Um dieser Art der anomalen

Informationsbeschaffung den Anstrich des wissenschaftlich Abgesicherten zu geben, behandelte man sie als eine Hybrid-Form des Remote Viewing und belegte sie mit dem Neologismus WRV (*Written Remote Viewing*, »schriftliches Remote Viewing«). Aus erster Hand war zu erfahren, daß die Ergebnisse weitgehend bescheiden und hinter dem am SRI entwickelten RV-Verfahren weit zurück blieben.

Angela Dellafiora erzielte in Trance dennoch bisweilen durchaus beachtliche Treffer. Im Januar 1989 lautete eine Anfrage des Pentagon, mit welchen Reaktionen aus Libyen auf die Behauptung der USA, in Rabta würden chemische Waffen hergestellt, zu rechnen sei. Als Antwort schrieb Dellafiora automatisch, ein »Patua« oder »Potua« genanntes Schiff würde Tripolis anlaufen, um Chemikalien zu einem Hafen im östlichen Teil Libyens zu transportieren. Tatsächlich legte ein Schiff mit dem Namen »Batato« in Tripolis an und wurde mit nicht feststellbaren Gütern beladen, die zu einem östlichen libyschen Hafen gebracht wurden.

Dennoch kam es zu heftigen Auseinandersetzungen mit den anderen Remote Viewern, allen voran Ed Dames. Hier stand das von Männern kontrollierte High-Tech RV-System nach Ingo Swann gegen das längst überwunden geglaubte okkulte Verfahren der medialen Sitzung. Mitten in der Hochburg der Ritter für die geistige Erneuerung der Menschheit feierte der magisch-mythische Ursumpf fröhliche Urständ.

Als im Februar 1988 die DIA wissen wollte, wo der Marine-Oberst William Higgins im Libanon festgehalten werde, schilderten die von Swann ausgebildeten Remote Viewer ein spezifisches Gebäude in einem südlibanesischen Dorf. Dellafiora schrieb hingegen automatisch, er würde unter einem Feld verborgen gehalten. Kurz darauf begannen die Remote Viewer Eindrücke zu erhalten, daß Oberst Higgins tot sei. Dellafiora dagegen sah ihn noch am Leben und schrieb automatisch, er würde bald freigelassen werden.

Higgins wurde nicht freigelassen. Sein zu Tode gefolterter Körper wurde kurze Zeit später gefunden. Eine freigelassene Geisel bestätigte, daß Higgins wahrscheinlich zu jener Zeit in dem von den Sehern beschriebenen Gebäude festgehalten wurde.

Dames, Smith und die anderen Remote Viewing-Rekruten waren

durch die rigide Ausbildung bei Swann gegangen und hatten den letzten Schliff am *Monroe-Institut* erhalten. Von den »Hexen«, die mit röchelnden Stimmen Geister »channelten«, automatisch schrieben, in Handlinien lasen und für Konsultationen durch Kongreßmitglieder und hohe Militärs zur Verfügung standen, hatten sie genug. Eine von ihnen, Robin Dahlgren, brachte das Faß zum Überlaufen. Doch ganz gleich, wie schlecht ihre vorgeblich paranormalen Eindrücke waren, sie konnte nicht aus der Einheit entfernt werden. Dahlgren hatte eine Liaison mit einem politisch äußerst einflußreichen Mann, der die Fäden im Hintergrund zog, Dick D'Amato, engster Mitarbeiter von Senator Robert Byrd.

Aber auch Dames, der nur Interviewer sein durfte, war stets darauf bedacht, seinen Einfluß zu vergrößern und trug auf seine Weise dazu bei, daß es mit SUN STREAK rapide bergab ging. Die wirklich interessanten Aufträge waren dünn gesät. Voller Unruhe, seiner Pflicht als Psi-Spion eifrigst Genüge zu tun, füllte Dames die leeren Stunden mit Zielen, die er selber ausgewählt hatte. Die wenigsten davon befanden sich auf unserem Planeten. Dames ging ungeniert seinen extraterrestrischen Interessen nach. Oder er ließ die Seher in die Zukunft schauen, einen Blick in die Vergangenheit tun und sie als Augenzeugen große historische Momente wie die Kreuzigung Jesu oder die Schlacht bei Waterloo miterleben. Sie durften auch bei der Marienerscheinung in Fatima zugegen sein und das Geheimnis um das Monster von Loch Ness auf paranormalem Wege lüften. Auf ihren Phantasiereisen in die Welt der Mythen und Legenden bestätigten die Remote Viewer, was Ed Dames längst vermutet hatte: Atlantis liege in Peru – auf dem Grund des Titicacasees. Kein Zweifel, Ed Dames stieß die Tür der Spekulation weiter auf, als die »Hexen« es je getan hatten, und die Remote Viewer schritten willig durch völlig andere »Pforten der Wahrnehmung« als jene, die Ingo Swann im Sinn hatte. Überprüfen ließ sich diese Klasse von Daten überhaupt nicht. Dames war dennoch der Meinung, daß »seine« Truppe zumeist richtig lag, weil sie das bestätigte, was er sich über die geheimnisvollen Ziele zusammengereimt hatte. Er vergaß allerdings, daß er die Seher ständig mit gehörigen Portionen an »Frontladung« versah, um die gewünschten Resultate zu erhalten.

»Psychic Warrior«

Die Psi-Abteilung des Militärs, mit großen Ambitionen und interessanten Ergebnissen gestartet, erlebte einen Absturz von mephistophelischer Qualität – »in ein Meer des Wahns«. Keiner symbolisierte dies vortrefflicher als David Morehouse. Hauptmann Morehouse war zwei Jahre lang von 1988 bis 1990 Mitglied des SUN STREAK-Teams, ein Remote Viewer ohne große Erfolge. Dafür wollte er seine Geschichte als Psi-Spion um so besser vermarkten. Er formte mit Dames, der den Militärdienst quittiert und die Remote Viewing-Beraterfirma *PsiTech* 1989 ins Leben gerufen hatte, ein Team. Gemeinsam wollten sie einen Bestseller landen und wenigstens auf diese Weise die ihnen ihrer Meinung nach zustehende Anerkennung erhalten. Sie engagierten einen professionellen Autor und verkauften die Rechte für einen Vorschuß von $ 100 000. Morehouse hatte keinen Moment gezögert, ein Buch über ein militärisches Projekt zu schreiben, das strengster Geheimhaltung unterstand, obwohl er immer noch in Armeediensten stand. INSCOM bekam Wind von dem Plan, und Morehouse stand kurz vor einem unehrenhaften Abgang bei seinem Arbeitgeber. Zu allem Unglück wurde er auch von der Ehefrau eines Kameraden wegen sexueller Belästigung bei seinen Vorgesetzten angezeigt. Die Folge war eine interne Untersuchung.

Morehouse war gerissen genug, sich in psychiatrische Behandlung im Walter Reed-Armeehospital in Washington zu begeben. Er spielte den Depressiven und Selbstmordgefährdeten, den Visionen von Engeln quälten. Schuld daran sei Remote Viewing. Es habe ihn völlig aus der Bahn geworfen, und nun drohte er, verrückt zu werden. Mittlerweile erzählte seine Literatur-Agentin überall, daß Morehouse und sie von Geheimdienstmitarbeitern belästigt und eingeschüchtert würden. Kaum aus der Klinik entlassen, verlangten seine Rechtsanwälte Einblick in das Geheimprogramm, um die gefährlichen Methoden, die ihren Klienten destabilisiert hätten, kennenzulernen.

Die Militärs waren schachmatt gesetzt. Sie konnten keinen Prozeß riskieren, um die geheimen Operationen nicht zu gefährden. Man einigte sich außergerichtlich auf eine Demission von David

Morehouse unter »anderen als ehrenhaften« Umständen. Morehouse hatte zwar seine Ansprüche auf eine Pension verloren, aber um so unbefangener widmete er sich der schriftstellerischen Glorifizierung seiner selbst. Der erste Verlag hatte kalte Füße bekommen und war abgesprungen, aber 1996 veröffentlichte ein anderer Verlag ein Buch von Morehouse unter dem reißerischen Titel *Psychic Warrior*.[50] Die Filmrechte verkaufte David Morehouse für $ 300 000 nach Hollywood. Kein Wunder, denn der gerissene Autor, der, bevor er nach Fort Meade gekommen war, von Psi noch nie etwas gehört hatte, erschien darin als der paranormale Superheld, ein Rambo auf dem mentalen Schlachtfeld. Er läßt seine verblüfften Leser wissen, daß er 1987 bei einem militärischen Einsatz in Jordanien von einer Kugel am Kopf getroffen wurde. Seitdem habe er Visionen und ständig außerkörperliche Erfahrungen. Vom Dienst hätte man ihn suspendiert, nachdem er sich geweigert hatte, Psi als Waffe einzusetzen. Angeblich sollte er den Staatsfeinden, einschließlich Saddam Hussein, im Auftrag des Pentagon »bösartige Gehirnwellen« senden. Die »Gehirnwellen« sollten in den Zielindividuen Verwirrung und Desorientiertheit auslösen, ja sogar den Tod bringen. Auf das Niveau dieses Unsinns war Remote Viewing gesunken.

STAR GATE und das Ende der Psi-Spione

1991 verlagerte Ed May das Labor vom SRI ein paar Straßen weiter an eine neue Wirkungsstätte, das *Cognitive Sciences Laboratory* (CSL, »Labor für kognitive Wissenschaften«) an der *Science Applications International Corporation* (SAIC, »Internationales Unternehmen für wissenschaftliche Anwendungen«), ein großes Forschungsinstitut, das ebenfalls viele seiner Aufträge vom Verteidigungsministerium erhält.[51]

Seit dem Fortgang von Puthoff wurde am SRI und später am SAIC wieder vornehmlich Forschung betrieben. Wie vorgesehen versuchte die Forschung die anwendungsorientierte Arbeit in Fort Meade nach Kräften zu unterstützen und ließ die neuesten Erkenntnisse unmittelbar den Auftraggebern zukommen. Doch diese schienen sich wenig darum zu kümmern. Entweder ruhten sie sich auf einem gut bezahlten Job aus, oder ihre Egos waren derart aufgeblasen, daß sie ihre eigenen Vorstellungen von der Psi-Spionage durchsetzen wollten. Wohin das führte, zeigen das unglückliche WRV mit seinem Rückfall in die Ahnenzeit okkulter Kriegsführung oder seltsame Exzesse wie die außerordentliche Geschichte von David Morehouse.

Das mittlerweile ungeliebte Projekt wurde weiterhin herumgestoßen wie ein herrenloser Hund. Die DIA änderte 1994 noch einmal Aufgabenumfang und Codenamen des Programms und ließ es als STAR GATE neu erstehen. Doch das von Regierungsstellen geförderte Remote Viewing-Abenteuer sollte nur noch ein weiteres Jahr überdauern. Der Kreis schloß sich 1995, als die DIA das Projekt wieder jener Organisation hinschob, die fast ein Vierteljahrhundert früher die Lawine losgetreten hatte, der CIA. Der Geheimdienst wusch seine Hände in Unschuld und behauptete, nie etwas mit Remote Viewing zu tun gehabt zu haben.

Der US-Kongreß hatte die CIA aufgefordert, die Verantwortung für das geheime Psi-Projekt zu übernehmen. Bevor die CIA sich dieser Pflicht stellte, bestand sie darauf, es von den *American Institutes for Research* (AIR, »Amerikanische Forschungsinstitute«) in Washington auswerten zu lassen. Das Gutachten war negativ. Die CIA veröffentlichte die Existenz des Programms und ihre Absicht, es aufzugeben. Tatsächlich wurde es Ende 1995 offiziell für beendet erklärt. Aber immerhin ließ sich sogar die CIA zu der Aussage hinreißen, daß man gelegentlich mit privaten Auftraggebern zusammenarbeiten werde. Die Auswahl ist groß, zumal viele der ehemaligen Remote Viewer heute private Firmen leiten, die RV für zahlende Kundschaft anbieten.

Wie war es möglich, daß AIR nach den offensichtlichen Erfolgen und den Fortschritten in den Methoden zu einem negativen Ergebnis kommen konnte? Die Antwort ist einfach, aber erschreckend. Einer der Gutachter war Ray Hyman von der University of Oregon in Eugene. Er gilt als einer der angesehensten Psychologen des Landes und seit Jahren als ein erklärter und erbitterter Gegner der Parapsychologie.[52] Das Material, das er zur Verfügung hatte, entstammte ausschließlich den beiden letzten Jahren von SUN

STREAK und STAR GATE, der Zeit der »Hexen« und von RV-Ausflügen auf den Mars und zum Verbleib der Bundeslade.
In der langen Zeit der geheimdienstlichen Finanzierung und Nutzung von Psi wurden ungezählte Dokumente in den Schubfächern angehäuft. Um zu einer angemessenen Beurteilung des Projekts zu gelangen, hätte AIR Tausende von Aktenseiten studieren und ungezählte Mitarbeiter befragen müssen. Statt dessen begnügte man sich mit einem kurzen Interview mit den drei verbliebenen Remote Viewern, einem Gespräch mit dem Projektmanager und der Auswertung von drei Einzelprojekten, die gegen Ende von STAR GATE innerhalb eines Jahres durchgeführt wurden. Die Ergebnisse von einem Jahr – noch dazu aus der Epoche des Verfalls – gegen ungezählte Aufgaben, die im Zeitraum von über 20 Jahren durchgeführt wurden!
Mit den drei Remote Viewern unternahm AIR einen Test, der mehr als fragwürdig war: Zwei von ihnen benutzten automatisches Schreiben – die umstrittene WRV-Methode –, eine der »Hexen« befragte ihre Tarot-Karten wie eine Hellseherin auf einem Jahrmarkt. Der dritte im Bunde war von seinen Vorgesetzten bereits derart frustriert, daß er zum Programm nur noch zynische Worte fand. Die in den Akten zugänglichen Anwendungen für den Geheimdienst zeigten, wie weit RV in Fort Meade bereits heruntergekommen war. Weitreichende »Frontladungen« waren zum Normalfall geworden.
Durch diese völlig unzureichende Prüfung des Projektes kam AIR zu der unhaltbaren Schlußfolgerung, daß Remote Viewing niemals für geheimdienstliche Zwecke von Nutzen war. Hätte AIR sich die Mühe gemacht, alle Dokumente aufmerksam zu lesen, hätte es in den Schubladen Gutachten der Auftraggeber aus früheren Jahren gefunden, vom *Secret Service* (Geheimdienst), der NSA, verschiedenen Militärgruppen, sogar von der CIA, die bisweilen in glühenden Worten die Brauchbarkeit von Remote Viewing als Instrument der Nachrichtengewinnung beschreiben.
Freilich waren nicht alle Stellungnahmen positiv. Aber die Erfolge übertrafen bei weitem die Rückschläge. Nur so ist erklärbar, warum sich diese Methode über Jahre hinweg bei zahlreichen Sicherheitsdiensten großer Beliebtheit erfreute.

Man muß sich fragen, ob mit dem AIR-Report die Öffentlichkeit abgespeist werden sollte. Ein cleverer Schachzug der Geheimdienste? Wurde das Kapitel Remote Viewing *coram publico* für abgeschlossen erklärt, damit im stillen Kämmerlein die Anwendung von RV weiter betrieben werden kann?
Einige Monate lang machte ein »Mr. X« im Internet mit einer Bestandsaufnahme des Remote Viewing-Projekts und der Analysen von AIR auf sich aufmerksam.[53] Hinter dem Pseudonym, das man der Angelegenheit wegen am besten mit dem französischen Begriff eines *»nom-de-guerre«* belegt, verbirgt sich Paul Smith, von 1983 bis 1990 Mitglied des RV-Teams in Fort Meade. Er war einer der wenigen Auserwählten, die 1984 persönlich von Ingo Swann in Remote Viewing nach Koordinaten (CRV) am SRI trainiert wurden. Smith war auch der Hauptautor des Trainingshandbuches für die Remote Viewer und wurde Theorielehrer für die Ausbildung in dieser Technik.
In seinen zunächst unter Pseudonym veröffentlichten Stellungnahmen macht Smith deutlich, daß der AIR-Report kein Manöver der Geheimdienste darstellt. Das Programm sei gestorben, niemand in den Nachrichtendiensten beschäftige sich weiter damit. Was die Gutachter vorfanden, waren Ergebnisse, die eine weitere Unterstützung nicht rechtfertigten. Als man AIR das Material übergab, lagen auch 19 Pakete bei mit Berichten, Empfehlungen und einer Sammlung von Vorgehensweisen, die am SRI und SAIC angefertigt und den Managern des »Operationalen Programms« zwischen 1988 und 1994 ausgehändigt wurden. Die Pakete wurden niemals geöffnet! Wieviel man aus der riesigen Datenmenge aus Fort Meade lernen könnte, bleibt – vorläufig – noch ein Geheimnis. In den Akten verbergen sich Tausende genau dokumentierter RV-Sitzungen zu Trainingszwecken und solche zu aktiver Anwendung.
Als zweiter Gutachter wurde von AIR die angesehene Statistikerin Jessica Utts von der University of California in Davis bestellt. Utts galt ursprünglich als Skeptikerin, wurde aber von der Qualität und den Ergebnissen der Forschungen derart überzeugt, daß sie heute als eine der wichtigsten methodologischen Stützen der Parapsychologie gilt. Utts konzentrierte sich in ihrer Analyse auf die wissen-

schaftliche Arbeit, die am SRI und am SAIC geleistet wurde und kam zu äußerst positiven Ergebnissen.[54]

Utts erstellte den folgende Katalog von Schlußfolgerungen über die Remote Viewing Experimente: 1. Remote Viewing, das freie Beschreiben von unbekannten Zielen, ist erfolgreicher als das »Erraten« aus einer begrenzten Anzahl bekannter Zielsymbole. 2. Eine Gruppe von sechs Individuen übertraf die Leistungen der nicht ausgewählten Freiwilligen um ein Vielfaches. 3. Aus Massenuntersuchungen ergab sich, daß etwa 1 % der Freiwilligen gleichbleibende außergewöhnliche Leistungen in den Tests aufwiesen. Remote Viewing ist eine Fähigkeit, die bei Menschen unterschiedlich ausgeprägt ist, ähnlich athletischen oder musikalischen Talenten. 4. Weder Übung noch eine Vielzahl von Trainingsmethoden führte zu durchgängig besseren RV-Leistungen. Es scheint leichter, gute Remote Viewer zu finden, als sie zu trainieren. 5. Es ist unklar, ob Feedback – die Rückmeldung über Erfolg oder Mißerfolg – notwendig ist, aber es scheint eine psychologische Unterstützung zu bieten. 6. Die Entfernung zwischen dem Ziel und der Versuchsperson beeinträchtigt nicht die Leistung. 7. Elektromagnetische Abschirmung behindert die Leistung nicht. 8. Es liegt eine erdrückende Beweislast vor, daß präkognitives Remote Viewing, wobei das Ziel erst nach Abgabe der Beschreibung durch die Versuchsperson ausgewählt wird, ebenfalls erfolgreich durchgeführt werden kann. 9. Es gibt keinen Hinweis, der das Vorhandensein von anomaler Perturbation (Psychokinese) unterstützt, d. h. die physische Interaktion mit der Umwelt auf mentalem Weg.[55]

Schließlich mußte selbst der große Kritiker der Parapsychologie, Ray Hyman, angesichts der Forschungsergebnisse ein Zugeständnis machen, das aus seinem Munde als kleine Sensation zu werten ist: »Die statistischen Abweichungen vom Zufallswert scheinen zu groß und übereinstimmend zu sein, um sie irgendwelchen statistischen Zufälligkeiten zuschreiben zu können ... Ich tendiere dazu, mit Professor Utts übereinzustimmen, daß in diesen Experimenten reale Effekte auftreten. Etwas anderes als zufällige Abweichungen von der Nullhypothese ist in diesen Versuchen aufgetreten.«[56]

Die Rückkehr der Remote Viewer

Die Hartgesottenen unter den Remote Viewern schritten aus dem Scherbenhaufen neuen Abenteuern entgegen. Nach Beendigung ihrer Militärlaufbahnen gingen einige von ihnen daran, am Mythos RV zu basteln – und an ihrem eigenen.

Der beste Remote Viewer, Joe McMoneagle, ist glücklicherweise der Forschung erhalten geblieben. Er arbeitet weiterhin mit Ed May an dessen *Cognitive Sciences Laboratory* und an einem Buch mit dem Arbeitstitel *Erwartungen an das Jahr 3000*. Außerdem bietet er Dean Radin für dessen Studien an der University von Nevada in Las Vegas seine paranormalen Begabungen an. Hier spielt er eine wichtige Rolle in der Entwicklung einer Zukunftstechnologie.

Bei seinem Abschied vom Militär wurden McMoneagles außerordentliche Leistungen als Remote Viewer gewürdigt. Natürlich in verklausulierter Sprechweise. Trotz der allzu bekannten Lobeshymnen, die lang gedienten Offizieren bei ihrer Verabschiedung mit auf den Weg gegeben werden, sind die Worte, die ihm bei der Verleihung des Verdienstordens *Legion of Merit* für hervorragende Dienste bei nachrichtendienstlicher Tätigkeit mit auf den Weg gegeben wurden, bemerkenswert. In der Verleihungsurkunde wurde McMoneagle gewürdigt als einer »der originären Planer und Vorantreiber eines einzigartigen nachrichtendienstlichen Projekts, das die Spionagearbeit revolutioniert.« Weiter heißt es, seine Talente und Fähigkeiten habe er in über 200 Missionen im Auftrag der höchsten Stellen im Nachrichtendienst demonstriert. Er war zuletzt Nachrichtendienstoffizier für Spezialprojekte (*Special Projects Intelligence Officer*). In dieser Eigenschaft benutzte er seine Fähigkeiten und sein Fachwissen, um »essentielle nachrichtendienstliche Elemente mit entscheidenden Informationen zu erlangen, die durch andere Mittel nicht zu beschaffen waren.«[57]

McMoneagle bietet heute seine Dienste als Remote Viewer durch seine Firma *Intuitive Intelligence Applications* an. Die anderen aus den ehemaligen Teams stehen nicht nach. Lyn Buchanan quittierte 1992 den Dienst und gründete eine Dienstleistungsfirma für Training und Datenauswertung von CRV (*Controlled Remote Viewing*) unter dem Namen *P>S>I: Problems>Solutions>Innovations* in Mechanicsville, Maryland. Paul Smith bietet seine Dienste als freier Remote Viewer und RV-Berater ebenfalls durch eine eigene Firma an, *Remote Viewing Instructional Services, Inc.*

Ed Dames gründete *PsiTech* in Albuquerque und zog dann nach Beverly Hills um. Sein Schüler Courtney Brown, ein Professor für politische Wissenschaften an der Emory University in Atlanta, machte sich 1995 mit dem *Farsight Institute* selbständig, wo er, man höre und staune, mittlerweile ein SRV (*Scientific Remote Viewing*, »Wissenschaftliches Remote Viewing«) anbietet.[58]

Sie alle übertreiben die Möglichkeiten der Trainierbarkeit und praktischen Anwendung von Psi. Wenn man allerdings Ed Dames hört, könnte man der Meinung sein, daß die Psi-Forscher ihre Labors schließen können. Der gezielte Einsatz von außersinnlichen Wahrnehmungen ist Realität geworden. Dames behauptet, *PsiTech* erreiche Remote Viewing mit einer Trefferrate von 100 %. In der Broschüre seiner Firma liest sich das so: »Seit 1983, als Herr Dames begann diese unglaublichen Fähigkeiten zu trainieren und anzuwenden, hat er die Remote Viewing-Methoden durch das Trainings- und Anwendungsprotokoll seines *Technical Remote Viewing* (TRV) derart perfektioniert, daß er seinen kommerziellen Klienten eine nie dagewesene Erfolgsrate von 100 % garantiert.«

Wenn man diesen Text liest, ist das einzige, was man zu 100 % garantieren kann, der Unsinn einer solchen Aussage. Aber schließlich will Dames etwas verkaufen, und das nicht zu billig. Ein Ausbildungslehrgang von einer Woche kostet $ 4500. Mittlerweile werden auch in Deutschland solche unseriösen Schulungen angeboten. Derartige Offerten und Versprechungen bringen Remote Viewing und die Psi-Forschung leider in Mißkredit.

Man fragt sich freilich, warum *PsiTech* die hochtrabenden Ziele, die zu lösen Dames versprochen hat – wie die Aufdeckung der Ursprünge des AIDS-Virus –, noch nicht erreicht hat. Die Erfolgsrate von 100 % seines Teams, das RV mit »militärischer Präzision« anwende, beschränkt sich auf selbstverkündete Triumphe, die freilich streng geheim waren und für die wir also weder eine Bestätigung noch ein Dementi erwarten dürfen.

Mittlerweile hat sich Dames das Geschäft mit der Angst zu eigen gemacht und für 1998 schreckliche Katastrophen vorhergesagt.

Gleichwohl braucht dies niemanden zu beunruhigen. Wenige Jahre davor hatte er einen öffentlichen Kontakt mit Aliens im Chaco Canyon für den August 1993 angekündigt. Zweifellos hat *PsiTech* weder eine Reputation noch die angeblich hochrangigen Klienten zu verlieren. Ron Pandolphi, ein Wissenschaftler der CIA, der während der SUN STREAK- und STAR GATE-Ära neue und exotische Technologien auswerten sollte, kann über Dames' Firma nur lachen: Der einzige zahlende Kunde, den *PsiTech* je hatte, war ein reicher Mann aus Baltimore, Dan Smith. Er bezahlte $ 3000, um einen entstehenden Kornkreis fernwahrnehmen zu lassen!

Wer für einen Kurs bei *PsiTech* viel Geld hinblättert, ist selbst schuld. Die – laut Dames – sehr komplexe Schulung in TRV kann man unter dem Kürzel SRV bei seinem Schüler Courtney Brown gleichsam per Fernkurs lernen. Der hat sein Handbuch für Wissenschaftliches Remote Viewing auf die Homepage des Farsight-Instituts ins Internet gestellt.[59] Die Versprechungen, die der Zauberlehrling seinen Lesern macht, klingen nicht weniger erstaunlich als die seines Meisters. SRV erlaube jedem, mit »unglaublicher Präzision Informationen aus entfernten Örtlichkeiten, aus der Vergangenheit und der Zukunft zu extrahieren«.

Browns Textbuch fußt in der Hauptsache auf dem System von Ingo Swann. Es unterscheidet fünf Phasen: 1. Ideogramme und Erkennen primitiver Charakteristika des Ziels. 2. Einbeziehen aller Sinne, Wahrnehmung erster Anzeichen von Dimensionen. 3. Erstellen einer ersten Zeichnung des Ziels. 4. »Intimer Zielkontakt«, dem »unterräumlichen Geist (*subspace mind*) wird vollständige Kontrolle gestattet, um das RV-Problem zu lösen, indem ihm erlaubt wird, die Information auf den bewußten Geist auszurichten« (was auch immer das bedeuten mag). 5. Geführte Erforschungen des Ziels, einschließlich sechs spezialisierter Techniken, um eine dramatische Erhöhung der Informationsmenge zu erreichen.

In Phase 4 wird eine komplexe Matrix erstellt mit neun Spalten für jeden »Datentyp«, von Sinnesdaten (S) bis Emotionsdaten (E). Jetzt wird es spannend. Brown läßt uns wissen, daß wir selten etwas bekommen, wenn wir nicht danach fragen. Das sei beim Remote Viewing nicht anders. Fragen besteht darin, daß man den Stift auf die Spalte führt, deren Datentyp man paranormal erhalten möchte.

Da es sich um einen delikaten Prozeß handelt, soll man die Spitze des Stiftes nur vorsichtig auf das Papier legen und etwa eine Sekunde Kontakt mit dem Papier halten. Die Eindrücke kommen, wenn der Kontakt mit dem Papier hergestellt ist. Ist der Kontakt zu kurz, dann kann keine ausreichend tiefe Wahrnehmung erfolgen, ist er zu lang, dann interferiert der bewußte Geist.
Die Stiftspitze auf der jungfräulichen Tabelle als Geist-Schalter für Psi-Informationen! Man sieht, was aus Remote Viewing, einem in höchstem Maße interessanten Prozeß, geworden ist. Die Vorschriften sind weitaus rigider und »verrückter«, als es jemals mit deutscher Gründlichkeit bei der Wehrmacht zuging.

Teil II

Aktuelle Psi-Forschung: Auf dem Weg zu einem neuen Weltverständnis

»Setze dich hin vor Fakten wie ein kleines Kind. Sei darauf vorbereitet, jede vorgefaßte Meinung aufzugeben. Folge demütig wohin und zu welchen Abgründen dich die Natur geleitet, oder du wirst nichts lernen.«

Thomas Huxley

»Ich glaube an die Wissenschaft, und ich vertraue darauf, daß eine Wissenschaft, die kühn über die Ursprünge des Universums, über die Eigenschaften der Materie 10^{-33} Sekunden nach dem Big Bang, über anthropische Prinzipien, Quanten-Nichtokalität und parallele Universen nachdenkt, mit den Implikationen parapsychologischer Erkenntnisse umgehen kann, worauf auch immer sie hinauslaufen werden. Es besteht keine Gefahr für die Wissenschaft, sich mit diesen Inhalten auseinanderzusetzen. Sie kann dadurch nur bereichert werden.«

Charles Honorton

1 Parapsychologie in Rußland: Legende und Realität

Der seltsame Fall Robert Toth

Seit Gorbatschows »Glasnost-Politik« und erst recht nach dem Zusammenbruch der Sowjetunion und des Warschauer Pakts haben die von der CIA bezahlten westlichen Forscher verstärkt den Kontakt mit ihren Kollegen »auf der anderen Seite« gesucht. Ed May begab sich zusammen mit der vor Jahren in die USA ausgewanderten Parapsychologin Larissa Vilenskaya nach Rußland und in die Ukraine, um sich ein detailliertes Bild vom Stand der offiziellen und inoffiziellen Psi-Forschung zu machen. Dabei begegnete Ed May, wie er mir unlängst erzählte, russischen Kollegen, die für den sowjetischen Geheimdienst vergleichbare Forschungen wie er selbst durchführten. May und die noch ungenannten russischen Forscher sind zur Zeit dabei, ihre Erfahrungen auszutauschen.
Waren die Anstrengungen der Amerikaner auf dem Feld der Parapsychologie, das Gleichgewicht der Supermächte wiederherzustellen, nur der fortgesetzte Versuch, einer Chimäre hinterherzulaufen? Wie wir gesehen haben, scheint die bedrohliche Situation, auf die mit dem Remote Viewing-Programm reagiert wurde, nie bestanden zu haben. Nichts als heiße Luft auf beiden Seiten? Vielleicht haben die Parapsychologen hüben wie drüben den Journalisten, die für die Verbreitung der *Nautilus*-Legende zuständig waren, mehr zu danken, als ihnen bewußt ist. Bis dahin hatten die wenigen Forschungsinstitute ein finanziell recht mageres Dasein gefristet. In der Sowjetunion löste die Nachricht zweifellos einige Konfusion und einen Boom aus, der zu breit angelegten, von der Regierung großzügig geförderten Untersuchungen führte. Doch das waren weitgehend nicht mehr als erste Schritte auf einem Territorium, das sich hartnäckig einer regulären wissenschaftlichen Er-

kundung entzog. Nichts, was den politischen Lenkern in Feindesland schlaflose Nächte bereiten sollte. Von dem, worüber man am wenigsten weiß, wird man indes am stärksten beunruhigt. Es reichte, auch in den USA ein von Steuergeldern bezahltes Forschungs- und Anwendungsprojekt auf die Beine zu stellen, von dem die parapsychologischen Institute nur träumen konnten.

Begonnen hatten also die geheimen Forschungen in der Sowjetunion wie in den USA gleichsam als Luftblasen. Trotzdem zeigten sie bald Resultate, die unabweisbar und durchaus von der jeweiligen Gegenseite ernst zu nehmen waren. Die Wissenschaftler hatten jenen Zustand hergestellt, dem entgegenzuwirken sie angetreten waren.

Puthoff und Swann sondierten zu Beginn der siebziger Jahre die Fortschritte der Forschung im Ostblock beim ersten internationalen Kongreß für psychotronische Forschung in Prag,[1] und kurz darauf zirkulierte ein Bericht der DIA in Geheimdienstkreisen, der die Gefahren sowjetischer und tschechoslowakischer parapsychologischer Forschung darstellte.[2] Hatten die Russen mittlerweile tatsächlich ihr Ziel erreicht und die anomale Fernbeeinflussung von Menschen zur Einsatzreife gebracht?

Ein Ereignis am 11. Juni 1977 wirft ein wenig Licht auf die undurchsichtige Situation. An diesem Tag wurde der Korrespondent der *Los Angeles Times* Robert Toth in Moskau verhaftet. Man beschuldigte ihn, illegal Papiere entgegengenommen zu haben, die »Staatsgeheimnisse« enthüllten. Die Unterlagen hatte ihm der russische Biophysiker Waleri Petukhow übergeben. Darin vertrat Petukhow eine komplizierte Theorie, wonach gewisse Partikel einer lebenden Zelle emittiert werden, wenn diese sich teilt, und daß diese Partikel Informationen transportieren können. Ihre Funktionsweise könne Telepathie und verwandte Phänomene erklären. Petukhow war Leiter des Labors für Biophysik am *Institut für medizinische und biologische Forschung*, das unter staatlicher Kontrolle stand.

Toth wurde verhört und darüber in Kenntnis gesetzt, daß die Papiere geheimes Material über parapsychologische Forschungen aus einem wissenschaftlichen Institut des sowjetischen Staates enthielten. Kurz darauf durfte Toth das Land verlassen. Seine Geschichte machte die Runde in der amerikanischen Presse, geriet aber in Vergessenheit. Die US-Nachrichtendienste hingegen waren der Auffassung, daß Toth einen flüchtigen Blick auf die Spitze des Eisbergs der geheimen sowjetischen Psi-Forschung geworfen hatte.

Man muß sich freilich fragen, ob die gescheiterte Übergabe nicht vom KGB inszeniert war. Verdächtig erscheint die Bestätigung durch den KGB, daß es in der UdSSR eine »streng geheime Psi-Forschung« mit wichtigen biologischen Erkenntnissen gab. Wozu das ganze, wenn es den Russen darum ging, diese Art von Untersuchungen geheim zu halten? Man wird das Gefühl nicht los, als hätten die Sowjets versucht, gezielte Desinformationen im Muskelspiel mit den Amerikanern zu streuen, die seit einigen Jahren erfolgreich am SRI staatlich verordnete Psi-Forschung betrieben. Wollten sie nur den Eindruck erwecken, daß sie viel weiter seien auf diesem Gebiet, als die Amerikaner glaubten? Letztlich wußte niemand so recht, »ob beide Seiten nur miteinander spielen oder ob sich wirklich etwas entwickelte auf dem Gebiet der außersinnlichen Wahrnehmung«.[3]

Offenbar war es den Sowjets recht, wenn man im Westen wußte, daß Psi-Forschung nicht allein unter dem materialistischen Begriffskostüm und möglichst unter Ausschluß der Öffentlichkeit betrieben wurde. Zunehmend wurde die Publikation von Stellungnahmen in verbreiteten Zeitschriften zugelassen, in denen die ideologischen Beschränkungen der gestatteten Denkungsart elegant gegen sich selbst gewendet wurden, um Parapsychologie auch nach außen hin hoffähig zu machen. Einer, der diesen dialektischen Trick sehr gut zu Gunsten der Parapsychologie auszunutzen verstand, war der Wissenschaftsautor Leonid Fillipow. In der atheistischen Zeitschrift *Nauka i religa* (»Wissenschaft und Religion«) kritisierte er die unverrückbaren Einstellungen gegen Psi des Mathematikers Alexander Kitaygorodsky mit den Worten:

»Was aber, wenn telepathische Phänomene mit gewissen neuen, bislang noch nicht entdeckten Gesetzen in Zusammenhang stehen – Gesetzen, die nicht die bereits bekannten Regeln verletzen, nach denen sich Elektronen verhalten? Die Möglichkeit von Telepathie und anderer der Wissenschaft noch unbekannter Prozesse a priori abzulehnen, hieße Lenins Idee zurückzuweisen, daß auf jeder er-

1

2

3

1/2 RV-Zielobjekt Fußgängerbrücke.

3 »Die Aura«, Gemälde von Ingo Swann.

4

5

7

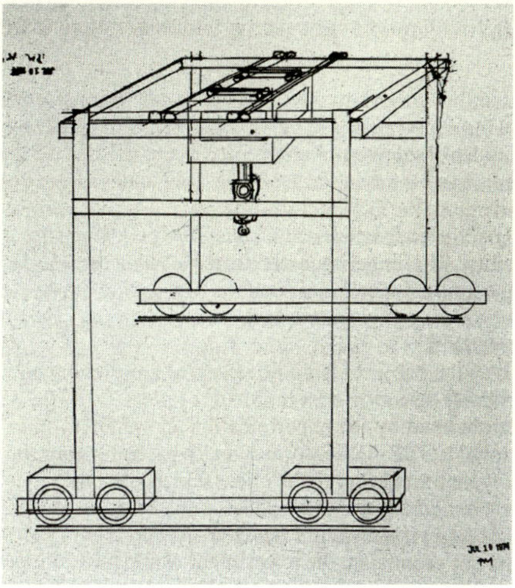

8

9

4 *V. re.: J. B. Rhine mit Otto Köhler, John G. Pratt und Hans Bender 1952 in Geheimauftrag in Freiburg.*

5 *Haupteingang des* Stanford Research Institute, *Menlo Park, Kalifornien.*

6 *Ingo Swann, der Begründer des Remote Viewing.*

7 *Hal Puthoff (re.) mit Pat Price (Mitte) und Christopher Green.*

8 *Zeichnung eines Spezialkrans nach RV-Eindrücken von Pat Price über eine geheime sowjetische Anlage in Semipalatinsk.*

9 *Spezialkran in der Anlage von Semipalatinsk (Zeichnung eines CIA-Graphikers).*

10

12

10 RV-Zielort Landepiste Flughafen Fiumicino, Rom.

11 Remote Viewer Paul Smith während des Golfkriegs.

12 Hauptquartier der Remote Viewing-Einheit in Fort Meade.

13 Edwin May.

14 Russell Targ.

15 Keith Harary während einer RV-Sitzung in einem TV-Studio. Als Interviewerin agiert seine Frau Darlene Moore.

16 Charles Tart.

17 Alexander Dubrow.

3

14

15

17

18

1

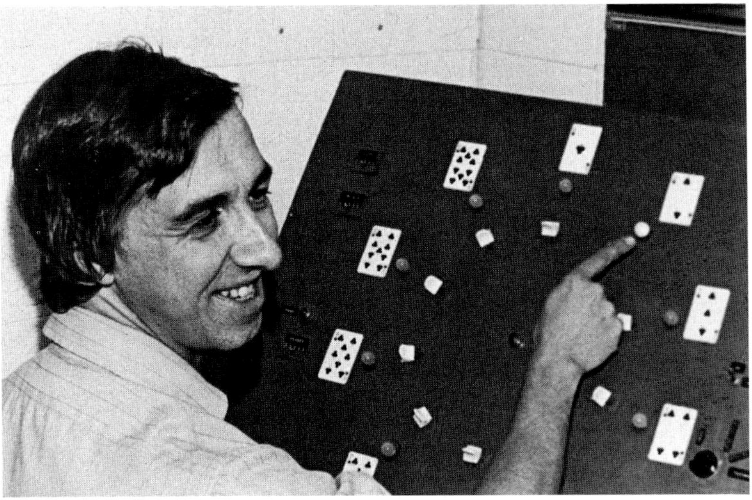

20

18 Hella Hammid.

19 Ed Dames.

20 Charles Tart an seiner Trainingsmaschine für außersinnliche Wahrnehmung.

21 Xiong Jie während eines AFMK-Versuchs. Sie hält einen Zettel mit dem Zielsymbol in die Achselhöhle geklemmt.

22 AFMK-Untersucher Wei Nengrun.

23 Ergebnisse von AFMK-Versuchen. Zielsymbole auf den Zetteln und Wiedergaben durch Xiong Jie und Li Hong-wu im Heft.

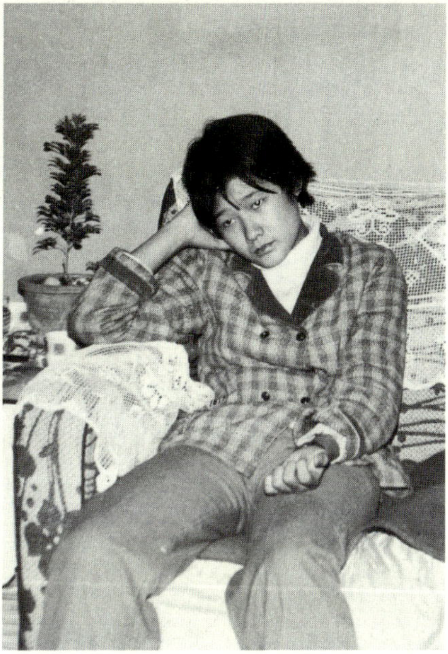

1

22

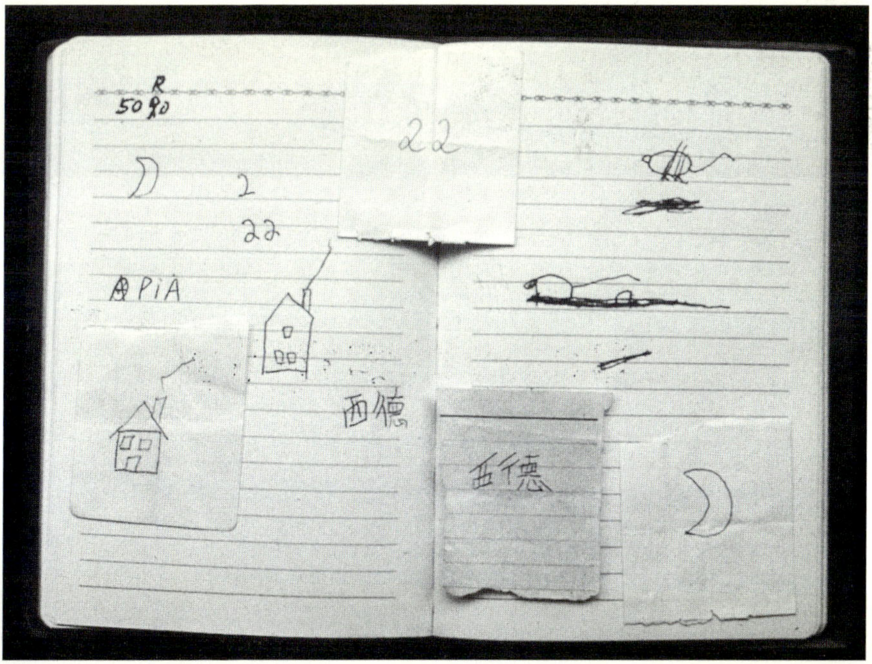

23

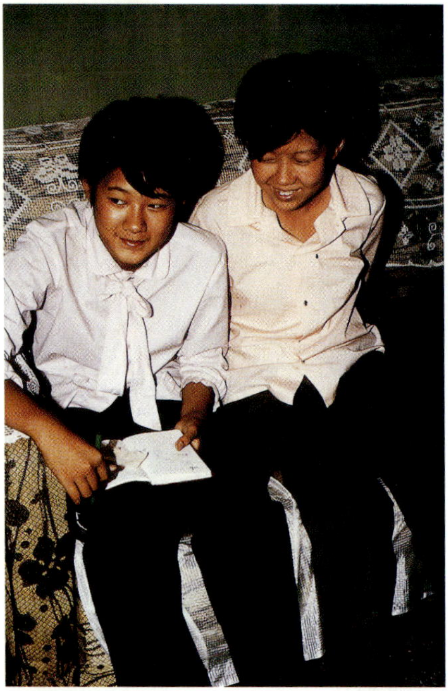

24

2

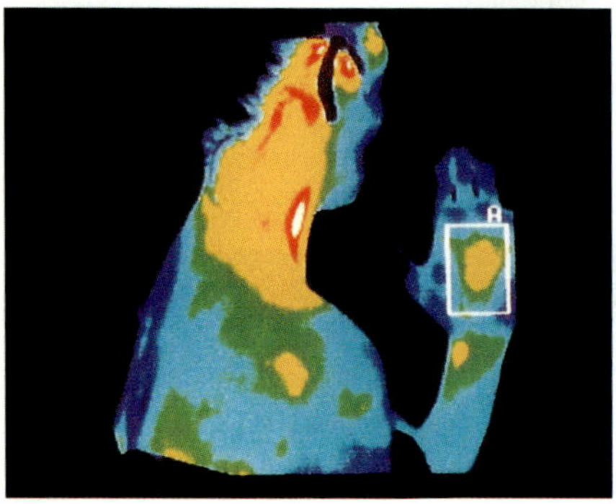

26

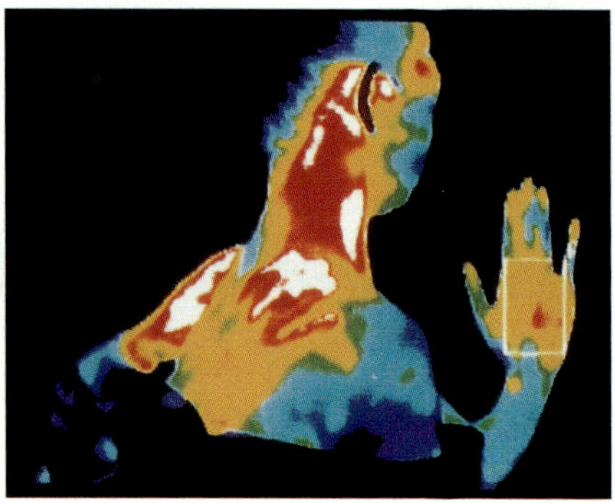

2

24 Xiong Jie und Li Hong-wu bei einem AFMK-Versuch.

25 Li Zhi Nan.

26 Externe Emission von Qi: Thermoaufnahme des Patienten vor der Qi-Emission (rote und weiße Zonen zeigen die stärkste Wärmeentwicklung).

27 Externe Emission von Qi: Thermoaufnahme am Ende der Behandlung. Das Qi aus den Händen des Qigong-Meisters ist bis in die Innenfläche der Hand des Patienten vorgedrungen.

reichten Ebene der wissenschaftlichen Entwicklung unsere Kenntnis der Arbeit unvollständig bleibt.«[4]

Fernbeeinflussung – Moskaus Antwort auf Remote Viewing

Und so kam es, daß neben der Forschung hinter verschlossenen Türen eine offizielle Parapsychologie existieren durfte, freilich ohne die Privilegien und die Finanzmittel, welche den Forschern in den staatlich kontrollierten Institutionen entgegengebracht wurden. In Moskau wurde die militärische Anwendbarkeit von Psi in einer gut bewachten Forschungseinrichtung untersucht, dem *Institut für die Probleme der Informationsübertragung*. Hier allerdings zog man nur einen kümmerlichen Ableger. Das Zentrum der Forschung lag weit entfernt im westlichen Sibirien am Fuße des Altai-Gebirges. Dort, mitten in der Pionierstadt Nowosibirsk, haben die Kommunisten ihre Vorstellung von zentralisierter Forschung verwirklicht und Akademgorodok errichtet – die »Stadt der Wissenschaft«. In einem der etwa vierzig Zentren, dem *Institut für Automatisierung und Elektrometrie*, befand sich die rätselhafte *Spezialabteilung Nr. 8*, Zugang nur mit Code. In *Spezialabteilung Nr. 8* untersuchten etwa 60 Forscher aus allen Teilen der UdSSR Telepathie und Fernbeeinflussung unter dem Begriff »Biokommunikation«. Einer von ihnen, August Stern, der 1977 nach Frankreich emigrierte, berichtete von grausamen Versuchen, die in der *Spezialabteilung Nr. 8* durchgeführt worden seien. Versuche, bei denen Kätzchen Elektroschocks verabreicht wurden, während man bei den Muttertieren mit Tiefenelektroden im Gehirn forschte, ob ein telepathischer Impuls festzustellen war. Hier hatte man auch den Versuch erdacht, bei dem Kaninchen mit einem U-Boot auf Tauchstation gingen. Tief unter dem Meeresspiegel wurden sie getötet, während man die Gehirnströme und Herzfrequenz des Muttertieres an Land registrierte.

Stern berichtete von einer Vielzahl von Experimenten mit Biophotonen. Photonen sind die physikalisch kleinsten Einheiten von Licht stark kohärenter Wellenlänge. Es handelt sich um besonders gebündeltes Licht, vergleichbar einem Laserstrahl, das in der Lage ist, auch auf einer niederen energetischen Ebene Informationen zu übermitteln. Biophotonen sind solche Lichteinheiten, die von lebenden Zellen ausgestrahlt werden.

Man wollte feststellen, wie wichtig Photonen bei der Informationsübermittlung auf der zellulären Ebene sind. So wurden beispielsweise Bakterien durch ein Glas getrennt, um herauszufinden, ob eine tödliche Krankheit allein durch Photonen auf eine andere Zelle übertragen werden konnte. Einer Forschergruppe soll der Nachweis einer anomalen Übertragung der Infektion in eine versiegelte Zellkultur gelungen sein.[5] Neue Machtverhältnisse im Kreml führten dazu, daß *Spezialabteilung Nr. 8* bereits 1969 wieder geschlossen wurde.

Um diese Zeit übernahmen der KGB und der GRU, der militärische Geheimdienst, die Kontrolle über die parapsychologische Forschung. Überall im Lande suchte man nach Psi-Begabten, und wenn man den Gerüchten Glauben schenken darf, so hatten die Russen ihren Ingo Swann und ihren Pat Price gefunden – irgendwo in den Dörfern Sibiriens oder in den Reihen der akademischen Elite. Angeblich wurden sogar mongolische Meister der Kampfkünste, tibetische Mönche und Schamanen aus den zentralasiatischen Regionen in die Labors geflogen, um ihre Fähigkeiten zur Fernbeeinflussung unter Beweis zu stellen. Die Möglichkeit ist nicht weit hergeholt, denn Nowosibirsk mit seinen Psi-Labors befand sich mitten in einer dicht mit traditionellen schamanischen Völkergruppen besiedelten Region.

Damals führte V. P. Leutin, ein Leningrader Forscher, Experimente durch, bei denen die EEG-Muster von Menschen registriert wurden, während eine andere Person in einem entfernten Raum für Perioden von jeweils 10 Sekunden an den Fingern »elektrisch stimuliert« wurde. Die Reizung erfolgte durch Stromstöße unterschiedlicher Intensität, die sich nach der Schmerzschwelle der Versuchsperson richtete. Leutin fand eine signifikante Korrelation zwischen den Elektroschocks der Sender und den EEG-Mustern der Empfänger, obwohl nicht berichtet wurde, welcher Art dieser auffällige Zusammenhang war.

Das einzig Auffällige für einen Außenstehenden ist die Wahl von

Elektroschocks in der Nähe der Schmerzschwelle als Medium, um die Möglichkeit eines anomalen Informationstransfers zu untersuchen. Wir haben gesehen, daß am SRI etwa Blitzlichter verwendet wurden, und es gibt eine Vielzahl von physiologisch belangvollen Reizungsmöglichkeiten, die weniger brutal sind. Man erkennt an diesen wenigen Beispielen, daß die sowjetische Forschung wenig zimperlich war. Zweifellos trachteten die Untersucher danach, möglichst heftige anomale Reaktionen zu erhalten, und wählten darum intensive physiologische Reize. Zum anderen hatten die von den Geheimdiensten kontrollierten Institute nicht zu fürchten, daß öffentliche Diskussionen zu Kontrollausschüssen führen würden, wie beim MKULTRA-Skandal in den USA. Die »Freiheit der Forschung« hat in der Ära der UdSSR das Gebiet der Psychotronik mit einer dämonischen Fratze ausgestattet. Fernbeeinflussung jeglicher Art – das war das erklärte Ziel der geheimen Psi-Forschung in Rußland.

Die russischen Forscher behaupteten, daß sich negative Emotionen besser telepathisch übermitteln lassen und dramatischere Resultate zutage fördern würden. So habe man einen Versuch abbrechen wollen, weil die Ärzte, die das EEG des Schauspielers Karl Nikolajew beobachteten, derart drastische Änderungen registrierten, daß sie um die Gesundheit des Empfängers fürchteten. Was war geschehen? Nikolajews Freund Yuri Kamenskij hatte sich entschlossen, nicht wie in früheren Versuchen Bilder telepathisch zu übertragen, sondern Emotionen. Er stellte sich lebhaft vor, Nikolajew zu würgen. Dieser soll daraufhin kaum mehr Luft bekommen haben.

Ein Lieblingsexperiment für Top-Sensitive in der ehemaligen Sowjetunion scheint die Demonstration gewesen zu sein, ein Froschherz zum Stoppen zu bringen. Ein isoliertes Froschherz schlägt normalerweise in einer physiologischen Lösung etwa dreißig bis vierzig Minuten weiter, manchmal auch länger. Normalerweise läßt sich das Herz durch elektrische Reizung wieder in Gang setzen. Das bekannte Psychokinese-Medium Nina Kulagina soll aus einer Entfernung von einem Meter unter den wachsamen Augen von Gennadij Sergejew nach 40 Sekunden das Herz gestoppt haben. Eine Elektrostimulation konnte es nicht wieder zum Schlagen brin-

gen. Die pathologische Untersuchung ergab, daß das Herz gleichsam zerrissen worden war.
Sergejew und seine Kollegen haben auch festgestellt, daß sich speziell Menschen mit Herzproblemen als Empfänger für ein Experiment eignen, wobei die Herzschlagrate der Herzfrequenz eines Senders telepathisch angeglichen wird. Sergejew ließ Nina Kulagina auch die Vitalfunktionen von Mäusen beeinflussen. Unter ihrer Hand wurden sie bewegungsunfähig, als ob sie tot wären. Sobald sie die Hand entfernte, bewegten sie sich wieder normal.

Paranormale Trojanische Pferde

In den siebziger Jahren wurden die *Popov-Institute* überall im Lande vom KGB angehalten, »bioelektronische«, also parapsychologische, Forschungslabors zu eröffnen, in Leningrad, Kiew, Alma Ata, Kishinew, Taganrog, Minsk und Tallin. Die KGB-Kontrolle über die Psi-Forschung muß nicht, wie Martin Ebon – der beste Kenner des Zusammenhangs Psi und KGB in der ehemaligen Sowjetunion – hervorhebt, als das Wirken einer dunklen Macht angesehen werden.[6] Der KGB war ein unabdingbarer Teil des sowjetischen Alltags. Sein Einsatz für Psi-Forschung deutet darauf hin, daß der KGB ein erhöhtes Interesse an der Möglichkeit der Nutzung des paranormalen Potentials fand. Martin Ebon zählte im Jahr 1983 nicht weniger als 29 Institute, an denen vom KGB kontrollierte Psi-Forschung stattfand.
Eine der Befürchtungen, die in den USA ernsthaft diskutiert wurden, erinnert an alte magische Vorstellungen. Man vermutete, die Sowjets würden Geschenke an westliche Diplomaten und Politiker mit »negativer Psi-Energie« (was immer das sein sollte) imprägnieren. Diese würden sie allmählich abstrahlen, was zu neurologischen Schäden führen solle. Aufgekommen waren solcherlei phantastische Befürchtungen durch die Kunde von den psychotronen Generatoren, die der tschechische Ingenieur Robert Pavlita in den sechziger Jahren erfunden haben will. Die kleinen, bisweilen wie konstruktivistische Plastiken anmutenden, phantasievollen Apparate scheinen keinem eigenen Zweck zu dienen. Sein Erfinder behauptet, daß sie

psychotrone Energien speichern, verstärken und abgeben können. Unter psychotroner (oder bioplasmatischer) Energie verstanden die Forscher im Ostblock eine dem Menschen zur Verfügung stehende Energieform, die Psi-Phänomene bewirken soll. In den USA gab es kein technisches Gerät, das in irgendeiner Weise »Psi-Energien« messen, geschweige denn akkumulieren und verstärken konnte. Für die technikgläubigen amerikanischen Geheimdienstleute waren die Gerüchte um Pavlitas niedliche Spielzeuge Grund genug zu befürchten, daß die Sowjets wieder einmal die Nase vorn haben könnten und womöglich schreckliche Dinge mit unsichtbaren und nicht meßbaren Strahlen vorhätten. Derweil machten sich die Psi-Forscher im Westen um die psychotronen Generatoren wenig Sorge. Wenn Psi für eine technische Nutzbarmachung dieser Art zugänglich wäre, dann hätte man solche Generatoren längst gebaut.

Wenn sie schon nicht mit krankmachenden psychotronen Energien verseucht waren, konnten die Geschenke – so vermutete die Remote Viewing-Truppe in Fort Meade – als »Trojanische Pferde« eingesetzt werden. Man ging von der Vorstellung aus, daß die sowjetischen Remote Viewer sich die Geschenke eingeprägt hatten, bevor sie den westlichen Gästen ausgehändigt wurden. Wie mit einem Peilsender würden sie dann den Platz des Geschenkes mental ausmachen und sich ungeniert via Psi umsehen.

Skip Atwater, durch die Leistungen seiner kleinen Truppe bereit an vieles zu glauben, schrieb allen Ernstes einen Bericht, in dem er Politikern empfahl, Geschenke aus kommunistischen Ländern nicht zu Hause auf das Fernsehgerät zu stellen, sondern am besten in den Keller, irgendwo hin, wo man nicht mit ihnen konfrontiert würde. Ein Samowar von Breschnew auf einer Anrichte im *Oval Room* des Weißen Hauses? Eine Katastrophe!

Atwater ging mit seinen Empfehlungen noch weiter, woran man erkennt, daß er seine *opsec*-Arbeit sehr ernst nahm. Offenbar war es unmöglich, sich vor Remote Viewing zu schützen. Kein noch so geheimes Projekt konnte effektiv dem inneren Auge der Psi-Spione verborgen bleiben. Also mußte man Techniken entwickeln, um die gegnerischen Remote Viewer zu verwirren. Atwaters schlug vor, in sensitiven Einrichtungen absurde Objekte aufzustellen, etwa riesige Mickey Mouse-Luftballons in Silos für Interkontinentalraketen.

Sollte ein russischer Remote Viewer das Ziel ausmachen und dann von einem Cartoon-Bild mit riesigen runden Ohren berichten, würden seine Auftraggeber sicher denken, sein »Psi-Radar« hätte eine völlig irrelevante Lokalität geortet. Einer solchen Logik wollten die US-Militärs nun doch nicht folgen.
Derartige Ängste und Projektionen einer technischen Nutzbarmachung und Verstärkung von Psi hatten mit der Zeit die Idee im Westen verbreitet, die Russen seien nunmehr im Besitz einer »Psi-Waffe«. Das klang zweifellos eminent gefährlich. Aber keiner wußte so recht, was diese Psi-Waffe anstellen sollte. Martin Ebon konnte nachweisen, daß sowjetische Psi-Forschung durchaus real und anwendungsorientiert war, aber weit hinter der westlichen zurückliege, und von einer real existierenden »Psi-Waffe« könne keine Rede sein.[7] Nichtsdestoweniger ließ sich die US-Regierung, wie wir gesehen haben, von der »Psi-Wars«-Lobby überzeugen. So entstand die paradoxe Situation, daß der amerikanische Staat Psi-Forschungsprogramme weiterhin förderte, aufgrund einer – wie wir heute wissen – falschen Einschätzung der sowjetischen Erfolge auf diesem Gebiet.
Worauf die »Psi-Waffe« hinauslief, läßt sich heute mit einiger Sicherheit feststellen. Es ging um Beeinflussung von Menschen durch elektromagnetische Wellen – Mikrowellen und extrem niederfrequente (ELF) Wellen. Diese können tatsächlich verheerende Effekte auf Menschen ausüben, stellen somit eine reelle Gefahr dar. Mit Psi hat diese Waffe außer einigen geheimnisvollen Andeutungen nichts zu tun.

Schatten der Vergangenheit – Rußlands neue Psi-Forschung

Der Doyen der russischen Parapsychologie ist Alexander Dubrow von der Bibliothek für Naturwissenschaften der *Russischen Akademie der Wissenschaften* in Moskau. Er gilt als Wortführer der Neuorientierung, eher ein Theoretiker denn ein Empiriker. Als solcher übernimmt er die im Westen seit zwei Jahrzehnten häufig wiederkehrende Formel, daß die modernen Naturwissenschaften einem

Paradigmenwechsel unterworfen seien, im Zuge dessen auch die Parapsychologie einen Platz in ihrem neuen Gefüge erhalten wird. Dubrow sieht Psi-Phänomene und die Physik des Bewußtseins als quantenmechanische Prozesse an und den Menschen als ein »Quantensubjekt«, wodurch er mitten in ein in der modernen Bewußtseinsforschung heftig diskutiertes Thema führt. Er empfiehlt der Forschung die Untersuchung der physikalischen Seite von Psi und die Psychophysik veränderter Bewußtseinszustände, um zu einem besseren Verständnis von Psi vorzudringen.[8]

Was vernünftig, »modern«, nahezu »westlich« klingt, ist aber noch lange nicht Programm. Ein Wunsch, eine Empfehlung vielleicht. Die russische Psi-Forschung muß noch eine Menge alter Krusten abstreifen, um ihr eigenes, neues Antlitz zu finden, frei von ideologischen Zwängen und politischen Direktiven. Das ist mit neuen Fachbegriffen und Vereinigungen noch nicht erledigt. Im Zentrum der Aufmerksamkeit vieler neuerer Arbeiten stehen nach wie vor Fernbeeinflussung und das Studium menschlicher Energiefelder. In Rußland spricht man heute in diesem Zusammenhang von »energo-informationalen Feldern«. Auch die gute alte außersinnliche Wahrnehmung, im Westen mittlerweile zu »anomaler Kognition« mutiert, verleugnet in Rußland nicht ihre biologisch-physikalische Herkunft. Anomaler Informationstransfer heißt dort Austausch über »energo-informationale Kanäle«. Eine der neuen Vereinigungen, die Forschung auf diesem Gebiet unterstützt, nennt sich entsprechend *Komitee zum Studium der natürlichen energo-informationalen Prozesse*. Anomale mentale Phänomene gelten als neuer wissenschaftlicher Trend einer als »Bioenergetik«[9] bezeichneten Erforschung des Phänomens »Heilen«. Offizielle medizinische Organisationen stellen talentierte Heiler ein, und es gibt mittlerweile eine Vereinigung der russischen Heiler. Auf zahlreichen Konferenzen wird deutlich, wie stark das Interesse an der Thematik ist, aber auch welche erschreckenden Unterschiede die Qualität der Arbeiten auf diesem Gebiet aufzuweisen haben. Rußland ist gewiß auch auf diesem Sektor in einer Phase des Umbruchs.

Es bleibt zu hoffen, daß der Wandel zu einer positiv ausgerichteten Forschung vollzogen werden kann. Durch die lange Tradition auf dem Gebiet der Fernbeeinflussung bringt die russische Wissenschaft einen großen Erfahrungsschatz im Gepäck mit, der sich bei der Lösung brennender Probleme in der Frage des Heilens als bedeutender Gewinn herausstellen kann. Eine kleine Übersicht über die besten und wichtigsten gegenwärtigen Forschungsunternehmungen bietet einen Einblick in die zwischen dem altem und einem neuen Paradigma ausgespannte russische Psi-Forschung.

Im Labor der *A. S. Popov-Gesellschaft für Radioelektronik und Kommunikation* in Moskau führte Anatoli Arlaschin kürzlich ein Experiment durch, bei dem trainierte Sensitive auf Entfernung die mentalen Prozesse einer anderen Person stören sollten.[10] Die freiwilligen Studenten, die an dem Experiment teilnahmen, wußten nicht, worum es dabei ging. Ihre Aufgabe war es lediglich, ohne Zuhilfenahme von Papier und Bleistift mit geschlossenen Augen mathematische Probleme zu lösen. Die mentale »Störung« sollte von einer Gruppe von Sensitiven ausgeführt werden, die in speziellen Vorstellungstechniken ausgebildet waren. Die Studenten wurden zuerst in den Raum geführt, in dem sich die Sensitiven befanden, vorgeblich, um einige Fragen zu beantworten. In Wahrheit ging es nur darum, daß die Sensitiven die Möglichkeit bekamen, ihre Zielgruppe persönlich kennenzulernen, um einen Kontakt mit ihnen aufzubauen. Während der Experimentalphasen versuchten die Sensitiven, die Versuchspersonen mit einem Strom von Zahlen geistig zu bombardieren. Zugleich versuchten sie, Gefühle von Panik, Unsicherheit und fehlendem Selbstbewußtsein zu senden. Während des Tests befanden sich Sensitive und Versuchspersonen in getrennten Räumen. Die Studenten wurden zufällig verschiedenen Gruppen zugeordnet. Bei einer Gruppe fand die mentale Störung bei der Lösung der ersten drei Probleme statt, bei der anderen bei der Lösung der letzten drei und bei der dritten bei den Aufgaben 2, 4 und 6. Die vierte Gruppe diente als Kontrollgruppe. Sie wurde nicht der mentalen Störung ausgesetzt.

Bei den Studenten, welche die ersten drei Aufgaben unter dem Einfluß der mentalen Störung zu lösen hatten, zeigte sich, daß sie wesentlich länger benötigten als jene, die nicht auf diese anomale Weise abgelenkt wurden. Das Lösen der Probleme per Kopfrechnen dauerte bei ihnen 42 % länger. Auffällig war, daß zwei Sensitive in der Lage waren, besonders starke Effekte hervorzurufen, Ludmilla Korabelnikowa und Karl Nikolajew, den wir bereits bei dem drastischen Experiment mit dem gedachten Würgegriff kennengelernt haben. Unter ihrem mentalen Einfluß stieg die Zeit, die für die Lösung der Rechenaufgaben benötigt wurde, um 71,6 %.

Wurde die mentale Störung bei den drei letzten Aufgaben ausgeübt, erhöhte sich die Lösungsdauer immer noch auffällig, aber nur noch um 21 %. Dieses Ergebnis ist interessanterweise den Effekten durch »normale« Störungen bei mentalen Aufgaben vergleichbar. Wenn man sich auf eine Arbeit vorbereitet, die Konzentration erfordert, beeinträchtigt jede Ablenkung die Leistung und damit die Geschwindigkeit, mit der die Aufgaben gelöst werden. Wenn man allerdings bei einer solchen Arbeit schon weiter fortgeschritten ist, ehe die Störung auftritt, dann reagiert man auf die Ablenkung durch erhöhte Konzentration.[11]

Solche Experimente erinnern an Berichte, wonach westliche Diplomaten und hochrangige Politiker bei Gipfeltreffen durch sowjetische Sensitive in ihren Denkprozessen gestört worden sein sollen.

Andrei Lee, Direktor der Moskauer *Leonid L. Wassiliew Stiftung für Parapsychologie,* ist einer der umtriebigsten Forscher der neuen Parapsychologie in Rußland. Er untersucht veränderte Bewußtseinszustände unter dem Einfluß magnetischer, elektromagnetischer und akustischer Felder, durch welche die Effektivität von anomalen Informationsübertragungen erhöht werden soll.

Mentale Beeinflussung untersucht gegenwärtig auch Juri Dolin, der zu den sorgfältigsten Forschern der neuen russischen Parapsychologie zählt. Bei einem seiner Versuche sollten Probanden eine Person in einem anderen Raum abwechselnd telepathisch in einen Zustand der Aktivierung und der Entspannung versetzen.[12] Die zu beeinflussende Person befand sich in einem dunklen, akustisch und elektrisch abgeschirmten Laborraum. Ihr EEG wurde kontinuierlich aufgezeichnet, und sie wußte nie, ob ein Abschnitt des Experiments eine Kontrollperiode darstellte oder einen Versuchsdurchgang.

Dolin wollte feststellen, ob sich der gedachte Befehl einer Aktivierung in einer Unterdrückung von Alphawellen niederschlagen und umgekehrt, ob die mentale Intention einer Entspannung zu einer Vermehrung der Alphawellen führen würde.

In der Phase der Aktivierung nahmen die Alphawellen sowohl in der linken wie in der rechten Hemisphäre signifikant ab. In der Phase der Entspannung konnte ein Ansteigen der Alphafrequenz ebenfalls in beiden Hemisphären registriert werden.
Auffällig an der gegenwärtigen Erforschung der außersinnlichen Wahrnehmung in den Nachfolgestaaten der ehemaligen Sowjetunion ist die starke Bevorzugung des Einflußmodelles. Die Untersucher zeigen eine deutliche Tendenz, fast alles Paranormale auf Psychokinese reduzieren zu wollen. Man kann es daran erkennen, daß die Russen bei Telepathieversuchen stärkeres Augenmerk auf den Sender als auf den Empfänger legen. Sie bezeichnen den Sender entsprechend als »Induktor«, also als jemanden, der aktiv einen Effekt hervorruft. In der westlichen Parapsychologie liegt das Hauptaugenmerk auf der Seite des Empfängers. Wir können das deutlich in der Evolution des Remote Viewing-Prozesses sehen, der zunächst als klassisches Telepathieexperiment begann, wobei ein »Versuchsleiter im Außeneinsatz« als Sender fungierte. Nach und nach verzichtete man vollkommen auf den Sender, und man ging dazu über, den Prozeß der anomalen Kognition hauptsächlich von der Seite der Informations*aufnahme* und nicht der Informations-*übermittlung* zu betrachten.

Lebende Systeme als Zielobjekte

Auf der »klassischen« russischen Tradition fußt die psychokinetische Fernbeeinflussung von lebenden Systemen. In diesem Zusammenhang spricht man auch von Bio-PK (für Psychokinese auf biologische Systeme). Dabei gilt diese Orientierung nicht als Erkundung der Möglichkeit paranormaler Heilung. Sie ist vielmehr als Grundlagenforschung gedacht. Die Frage steht im Mittelpunkt, wie unterschiedliche lebende Systeme auf mentale Beeinflussung reagieren. Man sucht auch stärker als im Westen in Organismen nach Detektoren für Psi, fußend auf der Annahme, daß Psi primär ein biologischer Mechanismus ist, der sich in lebenden Systemen besser »abbildet« als in anderen materiellen Systemen.
Georgi Gurtowoy, Leiter des *Laboratoriums für die Anwendung*

von Isotopen in der Ophtalmologie in Moskau, und der Physiker Alexander Parkhomow haben sich vor allem auf die Fernbeeinflussung von physikalischen Systemen verlegt, die Zufallsfluktuationen erzeugen. Dabei erzielten sie Mikro-PK Effekte in ihren Geräten sogar über die Distanz zwischen Moskau und Nowosibirsk (annähernd 3000 km). Die beiden Wissenschaftler arbeiten aber auch mit lebenden Systemen als Zielen für anomale Fernbeeinflussung, etwa mit einer bestimmten Spezies von Fischen (*Gnathonemus Petersii*). Diese Fische orientieren sich durch elektrische Signale, die sie als Pulse aussenden. Offenbar gelang es Sensitiven, die Pulsfolge der Fische zu verlangsamen.

Die russischen Biologen Tatjana Krendelewa und Sergei Pogosyan von der Abteilung Biophysik der Moskauer Universität haben zu Beginn der neunziger Jahre eine Reihe von aufschlußreichen Experimenten zur mentalen Beeinflussung von lebenden Systemen durchgeführt. Bei einem der komplexen Experimente gelang es dem Sensitiven und Heiler Igor Verbitsky, die Fähigkeit der Reaktion von bestimmten Zellen auf ein die Zellaktivität stimulierendes Mittel (Latex), zu erhöhen. Dieser Effekt wurde durch eine verstärkte Produktion aktiver Formen von Sauerstoff erreicht.

Sergei Speransky, ein Toxikologe aus Nowosibirsk, ist für eine Reihe von interessanten Psi-Versuchen mit Tieren verantwortlich. In einem Experiment wurden in gemeinsamen Käfigen gehaltene Mäuse später getrennt. Während eine Gruppe normal ernährt wurde, mußte die andere hungern. Die normal ernährten Mäuse begannen auf unerklärliche Weise mehr zu fressen als früher und nahmen bedeutsam an Gewicht zu.

Speransky ist der Ansicht, daß der Test eine natürliche Situation wiedergibt, in der ein Teil der Tierpopulation fühlt, daß ein anderer Teil Hunger leidet, was zu einem Psi-vermittelten Kompensationsverhalten führt, indem selber mehr gefressen wird. Aufgrund solcher Experimente kam Speransky zu dem Ergebnis, daß Telepathie in grundlegender biologischer Funktion steht, die primären, lebenserhaltenden Bedürfnisse zu bewahren: Die hungernden Mäuse senden automatisch ein Signal aus mit der Bedeutung »Nahrung ist knapp«, was zur Folge hat, daß jene Mäuse, die Nahrung finden, über ihren normalen Bedarf hinaus Nahrung zu sich nehmen, um einen Vorrat anzulegen.

Sir Alister Hardy, der berühmte britische Biologe von der Universität Oxford, hatte bereits die Ansicht vertreten, daß telepathische Kommunikation zwischen Tieren auf Evolution und Adaptation wirken kann. Tierische Gewohnheiten könnten sich seiner Meinung nach durch »Telepathie-ähnliche« Vorgänge ausbreiten, und ein »paranormaler Pool der Existenz« könne unter den Mitgliedern einer Spezies durch eine Methode funktionieren, die der Telepathie vergleichbar wäre. Auf solchen Überlegungen fußen die jüngsten kontroversen Thesen des englischen Biologen Rupert Sheldrake, der die Existenz »morphogenetischer Felder« postuliert, innerhalb derer zwischen den Mitgliedern einer Spezies nichtlokale Effekte – unbekannte Formen der Kommunikation über Raum und Zeit – durch eine geheimnisvolle »morphische Resonanz« zustande kommen.[13]

Gemeinsam mit dem Elektroingenieur Leonid Porvin stellte Sergei Speransky kürzlich eine weitere Studie an, bei der das Freßverhalten von Mäusen über eine Entfernung von fast 3000 km (zwischen Moskau und Nowosibirsk) beeinflußt werden sollte. Jeweils fünf experimentelle und fünf Kontrollgruppen von Mäusen befanden sich in Nowosibirsk, während sich Porvin in Moskau aufhielt. Porvin erhielt Fotografien von den Mäusegruppen. Nachdem man die Tiere 18 Stunden lang ohne Nahrung ließ, bekamen sie daraufhin reichlich Futter und Wasser. Porvin wählte eines der Bilder und konzentrierte sich, einem Zufallsprotokoll folgend, darauf, daß »seine« Mäuse entweder an Gewicht zunehmen oder abnehmen sollten. In 70 Einzelversuchen zeigten die Ergebnisse statistisch bedeutsame Übereinstimmungen mit den Intentionen Porvins.

In der Abteilung für tierische und menschliche Physiologie der Universität von Simferopol führte Natalia Yanowa Versuche mit Labortieren als »Zielobjekten« durch.[14] Yanowa ist an den komplexen sozialen Interaktionsmustern von Ratten interessiert und ob sich diese durch Intentionen eines Sensitiven als Beobachter beeinflussen lassen. In einer Gruppe von sechs Ratten übernimmt normalerweise ein Tier die dominante Rolle, und zwei bis drei Tiere verhalten sich subdominant, während die anderen passiv bleiben.

Werden einzelne Tiere nach der Ausbildung der sozialen Muster aus der Gruppe genommen und für eine Zeitlang in sozialer Isolation gehalten, kämpfen sie später wieder darum, ihre Territorien zurückzugewinnen. Dabei zeigt sich ein in der Biologie bekannter Effekt: Die dominanten Tiere bleiben dominant, die subdominanten bleiben subdominant. Ihr Rollenverhalten wird allerdings durch die soziale Isolation verstärkt.
Nach diesen Kontrollbedingungen untersuchte Yanowa drei Testmodalitäten: den Einfluß von Magnetfeldern, den Einfluß der Intention eines Beobachters und den Einfluß des Magnetfeldes zusammen mit dem Beobachter. Der Beobachter sollte versuchen, aus einer Entfernung von etwa vier Metern einen stimulierenden Effekt mit positiven Emotionen zu erzeugen. Unter dem Einfluß des Magnetfeldes wurden die subdominanten Tiere dominant, und die Aggressivität aller Tiere erhöhte sich merklich. Nur unter dem mentalen Einfluß eines Beobachters verschwand die hierarchische Struktur im sozialen Gefüge. Dominante und subdominante Tiere konnten nicht mehr voneinander unterschieden werden. Unter dem gemeinsamen Einfluß von Magnetfeld und Beobachter verhielten sich die Tiere so, wie unter dem Beobachter allein, d. h. die sozialen Unterschiede wurden aufgehoben.
Vielleicht darf man diesen Versuch dahingehend interpretieren, daß nach einem Weg gesucht wurde, möglichen schädlichen oder zerstörerischen Einflüssen durch elektromagnetische Felder mit Hilfe von gezielten mentalen Effekten entgegenzuwirken. In gewisser Weise ist dies auch gelungen. Das zeigte die biochemische Untersuchung der Versuchstiere.
Bei den Tieren, die Magnetfeldern ausgesetzt waren, traten entsprechend der Verhaltensweise erhöhte Werte von Noradrenalin und Dopamin im Gehirn auf; das sind Botenstoffe, sogenannte Neurotransmitter, die bei Tieren wie bei Menschen dem Verhalten zugrunde liegen und es regulieren. Erhöhte Werte dieser beiden Substanzen führen zu verstärkter Aggressivität. Interessanterweise zeigten die dominanten Tiere, die dem mentalen Einfluß des Sensitiven ausgesetzt waren, immer noch einen recht hohen Noradrenalinspiegel, doch sie verhielten sich nicht mehr wie dominante Tiere. Beim Einfluß von Magnetfeld und Beobachter lagen die Werte für

Noradrenalin und Dopamin in derselben Größenordnung wie für das Magnetfeld allein, aber die verstärkte Aggressivität fehlte.
Die Wissenschaftler gehen davon aus, daß der Sensitive einen Einfluß ausübt, welcher der regulierenden Arbeitsweise der Gehirnrinde beim Menschen ähnelt. Bei einem Menschen mit einem *generell* erhöhten Noradrenalinspiegel führt dies nicht zu offen aggressivem Verhalten. Es ist also eine anomale, rein mental regulierende und kontrollierende Einflußnahme auf das tierische Verhalten möglich.
Die Frage, inwieweit das Verhalten in der Gruppe nach der sozialen Isolation durch telepathischen Informationsaustausch zwischen den Tieren gesteuert wird, wurde bei dieser Studie nicht beachtet. Es lohnt deshalb, diesen bemerkenswerten Ansätzen der neuen Psi-Forschung in Rußland Versuche gegenüberzustellen, die diese Frage erkunden. Die Experimente werden seit einigen Jahren in Frankreich durchgeführt. Der einfallsreiche Experimentator ist der französische Biologe René Peoc'h aus Saint Jean de Boireau.
Für einen Versuch wählte Peoc'h Kaninchen, weil diese Tiere sehr angstanfällig sind. Streßsituationen lassen sich deutlich durch physiologische Messungen nachweisen. Sogar in Ruhephasen zeigen Kaninchen spontane Angstreaktionen. Peoc'h zog Paare von weiblichen Kaninchen aus einem Wurf acht Monate lang isoliert in einem Stall auf. Mit Hilfe der Photoplethysmographie registrierte er die periphere Durchblutung der Tiere. Während des Experiments wurden die Tiere, getrennt voneinander, für jeweils 16 Minuten in schalldichten Isolationskäfigen untergebracht. In diesen Käfigen verhielten sich die Tiere viel ruhiger als im Freien. Als Indikator für einen spontanen Angstanfall, nachdem das Tier von seinem angestammten Platz entfernt wurde, galt eine auffällige Durchblutungsänderung von mindestens sechs Sekunden Dauer. Es erwies sich, daß die Angstanfälle der ehemals zusammen aufgezogenen Tiere häufig zeitlich eng beieinander lagen (in einem Abstand von bis zu zehn Sekunden). Bei zwei Kaninchen, die nicht im selben Stall aufgezogen wurden, waren die Angstanfälle seltener im gleichen Zeitintervall zu beobachten. Sie traten zufällig verteilt auf. Der statistisch signifikante Effekt spricht für einen anomalen Informationsaustausch zwischen den zusammen aufgezogenen Tieren.[15]

Zur Psi-Forschung an lebenden Systemen zählen natürlich auch Pflanzen. Die Forschergruppe um Juri Dolin stellte 1993 Ergebnisse beim internationalen Kongreß der *Parapsychological Association* in Toronto zur Diskussion, welche vielleicht die Debatte um den Backster-Effekt (s. Teil I, Kap. 2) neu in Gang bringen könnten.[16] Dolin machte elektrophysiologische Aufzeichnungen von sieben bis 15 Tage alten Gurkenpflanzen. Pflanze und Aufzeichnungsgerät befanden sich in einer geerdeten Metallkammer. Die Aufgabe der Versuchsperson, die sich in einem anderen Raum befand, war es, die physiologische Reaktion der Pflanze auf einen äußeren Reiz zu erhöhen oder zu hemmen. Als Außenreiz wurde eine Veränderung der Beleuchtungsbedingungen gewählt. Über Perioden von drei Minuten wurde die Pflanze der Dunkelheit ausgesetzt. Vor jedem Versuch gab die Versuchsperson an, ob sie sich darauf konzentrieren werde, die Reaktion zu hemmen oder anzuregen. Die Resultate wurden mit Kontrollmessungen verglichen, bei denen keine Versuchsperson anwesend war. Die Unterschiede standen konstant in Übereinstimmung mit der Intention der Probanden, und es ergab sich ein statistisch signifikanter Effekt, der eindeutig für eine mentale Interaktion mit der elektrophysiologischen Reaktion der Pflanze spricht.

Überzeugend war ein weiterer Versuch dieser Serie, bei dem nur eine von zwei Pflanzen, die in einem Abstand von 40 cm standen, auf diese Weise beeinflußt werden sollte. Der Beweis gelang, daß die mentale Interaktion ausgerichtet werden kann und nur in der Zielpflanze zu dem gewünschten Effekt führt.

Ein Versuch mit Jewgeni Bondarenko, einem erfahrenen Radiästhesisten,[17] bestätigt die selektive Präzision von Bio-PK-Effekten. Zu Beginn der neunziger Jahre ortete Bondarenko bei der Kriegsmarine in St. Petersburg die Position von feindlichen Schiffen und U-Booten via Psi. Für Soldaten organisierte die russische Armee sogar spezielle Kurse zum Wünschelrutengehen und Pendeln. Bondarenko stand bei der Kriegsmarine in St. Petersburg auch dem Biologen Juri Tyagotin für Experimente zur Verfügung. Bei einem Arrangement von 24 bis zu 96 Reihen von Zellkulturen soll es Bondarenko gelungen sein, nur jeweils eine bestimmte Gewebskultur, die zufällig ausgewählt wurde, aus der Ferne zu beeinflussen.

Die Nachbarkulturen, die nur zwei Zentimeter neben der Zielkultur standen, waren davon nicht betroffen.

Aufbruch der Seele

Die Parapsychologie in den Nachfolgestaaten der ehemaligen Sowjetunion offenbart ein vielfältiges Gesicht. Wir haben gesehen, daß die historischen Wurzeln dem materialistischen Weltbild verschrieben waren. Den Forschern ging es um die Erkundung physikalisch und physiologisch faßbarer Effekte unter Ausschluß der Psyche und jeglicher spiritueller Bezüge. Die Forschung selbst definierte sich unter operationalen Gesichtspunkten: Wie können anomale menschliche Funktionsweisen nutzbar gemacht werden. Das Leitbild, auch das, woran sich die kühnsten Hoffnungen, abenteuerlichsten Spekulationen und dunkelsten Wünsche hefteten, waren Fernbeeinflussungen aller Couleurs.
Eine zweite, mächtige Tradition versucht sich auf dem angestammten Territorium der Parapsychologie Gehör zu verschaffen. Seit dem Zusammenbruch des staatlich verordneten Kommunismus tritt eine verschüttete historische Quelle wieder an die Oberfläche. Spiritualität und Religion, diese Leitmotive der russischen Seele, jahrzehntelang in den Untergrund verdrängt, machen ihre Ansprüche auf den Erklärungsrahmen für den Menschen und seine Stellung in der Welt wieder geltend. Auf dem Gebiet der anomalen mentalen Phänomene tritt dieser rote Faden der Tradition in der Verbindung von Psi und Transpersonaler Psychologie zutage. Mit einem Male ist die Angst vor einer Spiritualisierung der Wissenschaft gewichen. Die Forscher aus den Regionen, die einstmals der Eiserne Vorhang vor den neugierigen Blicken und der dekadenten Lebensweise des Westens schützen sollte, haben die Zusammengehörigkeit von Transpersonaler Psychologie und paranormalen Erlebnissen in viel stärkerem Maße erkannt und betont als ihre Kollegen im Westen.
Die sogenannte »transpersonale« Sichtweise umfaßt alle Bereiche, die sich ernsthaft mit einer erweiterten Wirklichkeit auseinandersetzen.[18] Einer Wirklichkeit, die eben das Personale, die an das

kleine persönliche Ich gebundene Wirklichkeitserfahrung, übersteigt. Aus diesem Grunde hat jegliche transpersonale Orientierung mit der Dimension des Religiösen zu tun; freilich mit einer Religiosität oder Spiritualität, die überkonfessionell ist und dem Drängen nach geistigem Wachstum im eigenen Seelengrund Ausdruck verleiht. Aus diesem Grunde bedient sich die Transpersonale Psychologie östlicher spiritueller Praktiken wie der Meditation, um den Rahmen zu schaffen, in dem das geistige Wesen des Menschen seine Hemmnisse abschütteln kann auf dem Weg zur Entfaltung.

Dieser Ansatz scheint in den Nachfolgestaaten der Sowjetunion gerade rechtzeitig zu kommen. Umspannte das riesige Land nicht ohnehin zahlreiche Kulturen, Weltbilder und Religionssysteme? Heute werden sie wiederentdeckt in einer Rückwendung zur Tradition, wird in ihnen nach Antworten gesucht für die unverstandenen Phänomene des Daseins.[19] Die neue Psi-Forschung in Rußland schielt vor allem auf asiatische religiöse Konzepte, um den Geheimnissen von außersinnlichen und psychokinetischen Effekten einen Rahmen zu bieten, um neue, unverbrauchte Ansätze der Forschung zu finden. Als Bindeglied hierfür wird die Transpersonale Psychologie mit großer Begeisterung aufgenommen, scheint sie doch ein umfassendes Bild zu bieten, in dem mystische Erfahrungen und »Erleuchtungserlebnisse« gleichwohl Platz finden, wie Erlebnisse von Wiedergeburt, Erfahrungen in Todesnähe oder außersinnliche Kommunikation mit anderen Menschen und Wesen.

Im April 1997 erhielt man dies bei der internationalen Konferenz *Spezielle Bewußtseinszustände des Menschen: Experimentelle und theoretische parapsychologische Forschungen* in Moskau vor Augen geführt. Von den 55 Beiträgen beschäftigten sich 12 mit Fragen der transpersonalen Psychologie. Zahlreiche Redner nahmen auf spirituelle Inhalte, auf Meditation und Psi-Heilung Bezug. Die Qualität der Beiträge variierte zwar erstaunlich, aber die Konferenz zeigt, in welch vitaler Art und Weise die Fragen der Parapsychologie in Rußland diskutiert werden und wie dringend die Forschung auf der Suche nach einem neuen Paradigma ist, das ihr Wissensgebiet leiten soll. Offenbar ist die neue Garde gewillt, die Fesseln der materialistisch und biologistisch ausgerichteten Tradition abzuwerfen, die zu den bedenklichen Programmen der Fernbeeinflussung geführt hat. Zugleich kann sie in der Übernahme der transpersonalen Sichtweise die lange Zeit verschüttete, doch in der russischen Überlieferung so zentrale religiöse Dimension wiedergewinnen.

Es ist interessant, in diesem Zusammenhang darauf hinzuweisen, daß die alte Schule der Parapsychologie im Westen ihre Arbeit als Kampf gegen den Materialismus verstanden hatte. Die bedeutenden Pioniere J. B. Rhine und Hans Bender haben diese Überzeugung immer wieder geäußert. Könne man die Realität des Paranormalen nachweisen, dann war die geistige, die spirituelle Dimension des Menschen gerettet.

Es klingt paradox, aber gleichzeitig verwahrten sich Rhine und Bender gegen eine Vermischung von Psi und Religion. Bender erzählte gerne eine aufschlußreiche Begebenheit. Anfang der siebziger Jahre, als durch Uri Geller eine regelrechte »Löffelbiege-Epidemie« ausgelöst wurde, untersuchte Benders Freiburger *Institut für Grenzgebiete der Psychologie und Psychohygiene* zahlreiche Personen, die von sich behaupteten, wie Geller paranormal Löffel verbiegen zu können. Die Untersuchung war insgesamt enttäuschend. Keiner konnte diese vorgebliche Fähigkeit demonstrieren.[20] Eine ältere Dame hatte berichtet, sie hätte während eines Fernsehauftritts von Geller eine große Schöpfkelle in der Hand gehalten und die hätte sich ohne ihr Zutun deformiert. Bei genauer Befragung gestand die Frau, den Schöpflöffel mit ihrer Muskelkraft verbogen zu haben, »damit Geller recht habe, denn da ist etwas Religiöses dran!«

Bender illustrierte damit den Kurzschluß, dem, wie er meinte, viele Menschen hinsichtlich der Psi-Phänomene unterliegen: eine unzulässige Verbindung zwischen Psi und der Sphäre des Religiösen. Vielleicht sind die Verbindungslinien doch enger, als die alte Elite der Parapsychologen meinte. Der neuen russischen Parapsychologie erscheinen die Zusammenhänge offenbar durchaus plausibel.

Argumente für diese Sicht der Dinge hat jetzt der isländische Parapsychologe Erlendur Haraldsson vorgelegt. Haraldsson fand heraus, daß stark religiöse Menschen und solche, die an ein Leben nach dem Tod glauben, in Psi-Tests entscheidend besser abschnitten, als jene, die sich als wenig religiös bezeichneten.[21]

Wir können in der russischen Psi-Forschung einen Wandel konstatieren, der mit der Rückkehr der spirituellen Tradition zu einer Neuorientierung führen kann. Die Sphäre des Spirituellen, in welche die Parapsychologie gestellt wird, gibt auch der westlichen Forschung zu denken. Es wird eine der großen Herausforderungen künftiger Studien sein, den Zusammenhang zwischen mystischen Erfahrungen, religiösen Gewißheiten und dem Erleben von Psi zu erkunden.

Es hat den Anschein, als ob die Wissenschaftler eines anderen Landes wesentliche Einsichten zu diesem Kontext beisteuern können. Ein Land, das in der Geschichte der Parapsychologie ein unbeschriebenes Blatt war und das, ob seiner Stellung im Spiel der Großmächte, bestenfalls als Kandidat für geheime militärische Psi-Forschung gelten konnte. Ein Land, das sich durch eine beispiellose Kulturrevolution seines eigenen Erbes weitgehend beraubt hatte. Die Rede ist natürlich von der Volksrepublik China. Auch dort ist eine Rückwendung zur Überlieferung dafür verantwortlich, daß heute Ostasien ein nie gekanntes Interesse an anomalen Phänomenen erlebt.

2 Psi-Aufstand im Reich der Mitte

Außergewöhnliche Funktionen des menschlichen Körpers

Man munkelt, daß die Russen ihre geheimen Psi-Protokolle als Gesamtpaket nach dem Zusammenbruch des Sowjetreiches 1989 an Japan verkauft hätten, als die Weitergabe solcher Informationen auf dem schwarzen Markt eine wirtschaftliche Chance war. Ein Insidergerücht besagt, daß die geschickten Russen ein Duplikat der Aufzeichnungen an China veräußerten.[22]

Ob solche Erzählungen reine Phantasie sind – eine Meinung, zu der ich tendiere – oder ob die amerikanischen Geheimdienste China als ernstzunehmende Gefahr im Psi-Wettlauf sahen, bleibt vorerst ein Geheimnis. In jedem Fall galt das magere Pflänzchen »Parapsychologie« in China seit der Machtübernahme der Kommunisten als ausgerottet. Konnte es überhaupt etwas zu befürchten geben?

Lange bevor angeblich die sowjetischen Psi-Protokolle in die Hände der Chinesen geraten sein sollen, brach in China ein okkulter Sturm aus, der seinesgleichen sucht. Am 11. März 1979 veröffentlichte die chinesische Tageszeitung *Sechuan Daily* einen Bericht über den zwölfjährigen Jungen Tang Yu[23], der in der Lage gewesen sein soll, Schriften, die man an sein Ohr hielt, zu lesen. Zwei Monate später tauchten überall in China Kinder auf, die dieses Kunststück ebenso vollbringen konnten. Die hellsehenden Kinder lösten einen Boom aus wie hierzulande Gellers »Löffelbiegen«. Trick oder paranormales Phänomen?

Im Oktober 1981 organisierte der Parapsychologe Stanley Krippner vom *Saybrook Institute* in San Francisco mit einigen Kollegen eine Erkundungstour der Volksrepublik China. Mit ihm reiste auch Hal Puthoff. Man führte den Parapsychologen die hellsehenden

Kinder und Ergebnisse von Experimenten vor, in denen unerklärliche physikalische Effekte aufgetreten waren. Chinesische Schriftzeichen auf einem Stück Reispapier wurden in einer lichtundurchlässigen Schachtel auf einen hochempfindlichen Film gelegt. Darin befanden sich elektro-optische Detektoren, die das Auftreten von Lichtimpulsen (Photonen) registrieren würden. Sobald ein Kind den Versuch unternahm, die Schriftzeichen – in Hal Puthoffs Jargon – per Remote Viewing zu erkennen, registrierten die optischen Detektoren Lichtimpulse im Infrarotbereich und im sichtbaren Bereich. Angeblich reichten die Lichtimpulse aus, um den Film zu belichten, auf dem sich das Schriftzeichen abgebildet hatte. Allerdings galt dies nur für jene Zeichen, die korrekt wiedergegeben wurden.[24] Es war diese Beobachtung, die Puthoff veranlaßte zu überprüfen, ob den RV-Prozeß auch psychokinetische Effekte begleiten.
Im Westen wurde man in weiteren wissenschaftlichen Kreisen aufmerksam, als beim Kongreß der *Parapsychological Association* 1982 in Cambridge die beiden Wissenschaftler Chen Hsin und Mei Lei aus Beijing über die unglaublichen Leistungen der chinesischen Kinder referierten.[25] Die Kinder konnten offenbar Zahlen, Zeichen und Skizzen, die vor ihren Augen verborgen auf gefaltete Zettel geschrieben waren, indem sie diese an ein Körperteil hielten, erstaunlich exakt wiedergeben. Die chinesischen Wissenschaftler sprachen nicht von Hellsehen, sie ordneten dieses Vermögen der Rubrik »Außergewöhnliche Funktionen des menschlichen Körpers« (AFMK) zu. Seitdem ist dies der offizielle Terminus, unter dem Psi-Forschungen in China betrieben werden.[26] Dieser Begriff ist gleichzeitig Programm: Es gibt seltene, außergewöhnliche Phänomene in Zusammenhang mit Fähigkeiten des menschlichen Körpers und den Verarbeitungsmechanismen des Zentralnervensystems. Ihre Untersuchung ist nichts weiter als eine Erweiterung der bekannten Wissenschaften Medizin, Physiologie und Biologie.
Kurze Zeit nach der Cambridger Konferenz besuchte uns am *Institut für Grenzgebiete der Psychologie und Psychohygiene* in Freiburg der Arzt und Vizepräsident der chinesischen Parapsychologischen Gesellschaft Wei Nengrun von der Universität Wuhan. Er berichtete von nahezu unglaublichen Leistungen. Unter strengen wissenschaftlichen Bedingungen sollen einige Kinder in der Lage

gewesen sein, Zeichnungen, Zahlen und Buchstaben, die ans Ohr gehalten wurden, in über 80 % der Fälle korrekt zu identifizieren. Diese überaus hohe Trefferquote widerspricht den Erfahrungen der Parapsychologie. Es ist anzunehmen, daß bei diesen Versuchen die Bedingungen vielleicht doch nicht immer »wasserdicht« und gewöhnliche sinnliche Wahrnehmungen möglich waren.
Der deutsche Arzt Stefan Buchmann hatte an einigen dieser Demonstrationen unter der Leitung von Wei Nengrun teilgenommen. Bei den Begabten handelte es sich um die beiden Mädchen Xiong Jie und Li Hong-wu. Sie verblüfften die Untersucher, indem sie Skizzen, Zahlen, chinesische Schriftzeichen, aber auch ihnen unbekannte lateinische Buchstaben, offenbar hellsichtig wahrnehmen konnten. Auf kleinen Zetteln wurden die Zielsymbole aufgezeichnet. Die Zettel wurden zusammengefaltet, so daß die Zeichnungen nicht erkannt werden konnten, und in die Achselhöhle oder Kniekehle geklemmt (Foto 21). Nach einiger Zeit zeichneten die jungen Chinesinnen, was sie wahrgenommen hatten. Die Übereinstimmungen waren frappierend und widersprechen vielfach der Beobachtung, die auch beim Remote Viewing wiederentdeckt wurde, daß anomale Informationen meist fragmentarisch wahrgenommen werden.
So konnten die Mädchen nicht nur Schriftzeichen wiedergeben, sondern auch die Skizze eines Hauses exakt nach der vorgegebenen Perspektive, oder das Zeichen »π« und die lateinischen Buchstaben »EKG« wurden als »EAG« erkannt (Abb. 5). Einmal schrieb Stefan Buchmann die Zahl 28 auf einen Zettel, faltete ihn sorgfältig und achtete darauf, daß Xiong Jie ihn nicht lesen konnte, als er ihn in ihre Kniekehle legte. Nach etwa fünf Minuten zeichnete sie zuerst eine »2«, dann ein »Q«. Stefan Buchmann gab danach zu Protokoll: »Obwohl dies nicht richtig meine geschriebene Zahl wiedergab, mußte ich doch anerkennen, daß ein Wahrnehmungsvorgang stattgefunden hat.«
Wenngleich die Vorsichtsmaßnahmen bei solchen exploratorischen Versuchen nicht ideal waren, wurde es bald deutlich, daß China über ein sagenhaftes Arsenal an Psi-Begabungen verfügen muß. Das verwundert kaum. Die Massenuntersuchungen am SRI hatten gezeigt, daß etwa 1 % der Bevölkerung über außergewöhnliche

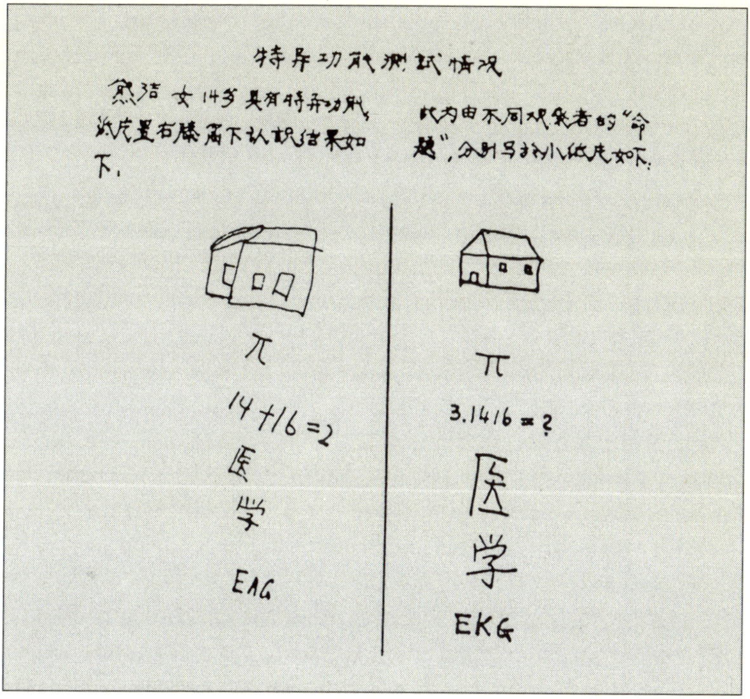

Abb. 5: Zielsymbole (rechts) und die Eindrücke der chinesischen Mädchen (links).

Psi-Talente verfügt. 1 % klingt nach äußerst wenig. Bei einer Population von einer Milliarde Menschen, wie in China, sprechen wir immerhin von potentiell zehn Millionen außergewöhnlich Psi-Begabten.

Die Welle der Begeisterung um AFMK führte dazu, daß überall in Universitäten, sogar in Schulen, Gruppen zur Untersuchung des Phänomens gegründet wurden. Mehr als 500 Wissenschaftler nahmen die Herausforderung an. Eine der wichtigsten chinesischen naturwissenschaftlichen Fachzeitschriften, *Ziran Zazhi* (Natur-Zeitschrift), vergleichbar der angesehenen westlichen Fachzeitschrift *Nature*, veröffentlichte von Anfang an zahlreiche Artikel, in denen AFMK-Untersuchungen dargestellt wurden. Man erweiterte AFMK, um auch Psychokinese mit einzubeziehen, nachdem festgestellt wurde, daß einige der Kinder in der Lage waren, kleine

physikalische Objekte zu beeinflussen. Sie vermochten es etwa, Streichhölzer zu verbiegen oder die Zeiger einer Uhr zu bewegen. Angesichts solcher Berichte ist zunächst Skepsis angebracht. Gehört es nicht zu den geläufigsten Zauberkunststücken, die Zeiger einer Armbanduhr so geschickt und rasch zu verstellen, daß der Träger der Uhr es nicht merkt? Die Skepsis verwandelt sich allerdings in Erstaunen, wenn man Berichte über ein solches Experiment liest, wie etwa den der Biologin Zhu YiYi aus Shanghai, die an zahlreichen AFMK-Versuchen teilnahm und später Herausgeberin einer Fachzeitschrift für diese Forschungen wurde: »Die Versuchspersonen standen mit dem Rücken zur Uhr, und die Beobachter schauten auf die Uhr. Die Beobachter konnten die Bewegungen der Zeiger deutlich sehen. Ich war glücklicherweise in der Lage, diesen Tests in der Universität von Yun Nan mehrfach beizuwohnen. Sie können meine Überraschung begreifen, als ich sah, wie die Zeiger der Uhr sich sehr rasch herumdrehten ohne irgendeine physische Manipulation.«[27]
Das war nicht die einzige Überraschung für die Biologin. Einmal untersuchte sie ein 13jähriges Mädchen, das behauptete, allein durch Gedankenkraft Türen aufschließen zu können. Zhu YiYi brachte ein Vorhängeschloß mit, das sie speziell für diesen Test in Shanghai gekauft hatte. Sie verschloß damit eine Türe, zog den Schlüssel ab und verstaute ihn in ihrer Jackentasche, wo sie ihn während des gesamten Versuchs fest in der Hand behielt. Nach 14 Minuten intensiver Konzentration erklärte das Mädchen, das Schloß sei offen. Und in der Tat, es war offen![28]
Durch die jahrzehntelange Isolation vom Rest der Welt waren die chinesischen Wissenschaftler gleichsam die »Kaspar Hausers der Parapsychologie«. Sie schickten sich an, die paranormalen Phänomene neu zu entdecken. Da man keine Ahnung von den Resultaten eines Jahrhunderts lebhafter Psi-Forschung im Westen hatte, konnte sich ein völlig eigenständiger Zugang entwickeln. Man verwendete unterschiedliche Instrumente als mögliche Detektoren, konnte Signale von modulierten Infrarot-Emissionen und Gamma-Photonen aufzeichnen, und physikalische, chemische und biologische Detektoren registrierten unerklärliche Emissionen. Bald bemerkten die Untersucher, wie schwach und instabil die AFMK-

Phänomene waren und als wie überaus schwierig und komplex sich die Erforschung von Psi entpuppte.

Qian Xuesen und der Psi-Boom

In dieser Phase der Begeisterung für das neue Forschungsfeld besiegelte das Auftreten eines Mannes das weitere Schicksal für die junge Wissenschaft. Der Mann war niemand geringerer als Qian Xuesen, Chinas »Vater der Raumfahrttechnologie«. Qian studierte in den dreißiger Jahren am angesehenen *Massachusetts Institute of Technology* (MIT) in Boston und später am *Jet Propulsion Laboratory des California Institute of Technology,* wo er zum Goddard Professor of Jet Propulsion avancierte und ein bedeutender Raketenpionier wurde. Im Jahre 1955 beantragte Qian, in seine Heimat zurückkehren zu dürfen. Schweren Herzens entschied sich die US-Diplomatie, den großen Wissenschaftler ziehen zu lassen, um ihn gegen elf amerikanische Piloten aus dem Koreakrieg auszutauschen. Angeblich habe die amerikanische Regierung später diesen Schritt bereut. Man war der Meinung, daß China ohne Qian Xuesen nicht in der Lage gewesen wäre, derart schnell in den Kreis der Atom- und Raumfahrtmächte einzutreten.[29]

Qian Xuesen machte darauf aufmerksam, daß die außersinnlichen und psychokinetischen Phänomene nur sekundäre Effekte eines darunterliegenden Informationsträgers seien, nämlich der Lebensenergie Qi und erklärte den Herausgebern von *Ziran Zazhi* 1980 in einem privaten Gespräch: »Niemand hat es jemals unternommen, die äußersten Fähigkeiten des menschlichen Körpers zu untersuchen. Von nun an sollen wir Wissenschaft und Technologie benutzen, um das menschliche Potential zu erforschen. Daher sollen wir traditionelle chinesische medizinische Theorien, Qigong, außergewöhnliche Funktionen des menschlichen Körpers, und so weiter, studieren. Am Ende wird das zur Ausbildung jener außergewöhnlichen Funktionen führen, die man erforscht hat.«[30]

Nach dieser überaus optimistischen ersten öffentlichen Stellungnahme kam es zu einer erbitterten Auseinandersetzung zwischen Qian und dem linientreuen Sozialwissenschaftler Yu Guangyuan, der zu seinen diversen mächtigen Ämtern auch den Posten als *Direktor des Instituts für Marxismus, Leninismus und den Gedanken von Mao Zedong* innehatte. Yu behauptete, paranormale Phänomene widersprächen dem Marxismus, dem Leninismus, dem dialektischen Materialismus und gegenwärtig bekannten wissenschaftlichen Gesetzmäßigkeiten und können deshalb nicht wahr sein. Außerdem weigerte er sich, an AFMK-Versuchen teilzunehmen. Die Wortgefechte spitzten sich zu. Qian, der das neue Wissensgebiet mittlerweile unter dem Begriff »Somatische Wissenschaften« zusammenfaßte, sagte einen Durchbruch voraus, der zu einer neuen Revolution in Wissenschaft und Technologie führen und dadurch die Zukunft der Menschheit vollkommen verändern würde. Diese Veränderung werde weitaus tiefgreifender sein als die wissenschaftliche Revolution des frühen 20. Jahrhunderts, die durch die Relativitäts- und die Quantentheorie ausgelöst worden war.[31]

In einem zentralistisch kontrollierten Staat werden derartige Auseinandersetzungen nicht auf der intellektuellen Ebene gewonnen, sondern durch politische Entscheidungen. Da keiner auf der Verliererseite stehen wollte, wandten sich beide Seiten an die Partei, die einen Richtspruch fällen sollte. Am 13. Mai 1982 entschied der Generalsekretär der Kommunistischen Partei der Volksrepublik China, Hu Yaobang, zu Gunsten von Yu, aber das hohe Ansehen Qians führte zu einer diplomatischen Entscheidung. AFMK-Forschung wurde als nicht offiziell akzeptierter Forschungsbereich eingestuft. Immerhin wurde es einem kleinen Kreis von Wissenschaftlern gestattet, die Phänomene weiter zu untersuchen. Untersagt wurde die Erwähnung der Phänomene in den Medien. Die Gelehrten durften ihre Ergebnisse nur in intern zirkulierenden Artikeln niederlegen. Fortan waren in *Ziran Zazhi* keine Arbeiten über Psi mehr zu lesen, das Thema verschwand aus den Zeitungen, dem Radio und dem Fernsehen. In der Bevölkerung vergaß man bald die Angelegenheit oder meinte fälschlicherweise, die Psi-Phänomene wären als Betrügereien entlarvt worden, und die Partei hätte daraufhin ihre Untersuchung verboten.

Vier Jahre lang wurden aus den ungezählten leidenschaftlichen und chaotischen Untersuchungen, die das Land in Aufruhr versetzt hatten, ruhige Forschungsprojekte hinter den geschlossenen Türen weniger ausgewählter Institute. Die wichtigsten Studien fanden in einem vom Militär kontrollierten Institut in Beijing statt. Das plötzliche Verschwinden von Psi von der öffentlichen Bildfläche zusammen mit der Tatsache, daß die Militärs die Untersuchung im Geheimen weiterführten, veranlaßte die Amerikaner zu vermuten, daß nunmehr auch die Chinesen auf den Zug des Psi-Wettrüstens aufgesprungen waren.

Durch die Barriere der Materie

Das *Institut für Raumfahrtmedizin* (ISME von. Engl. *Institute of Space Medico-Engineering*) in einem Vorort von Beijing ist ein riesiger Wissenschaftskomplex, in dessen drei Abteilungen Raumfahrtmedizin, das System Mensch-Maschine-Umwelt und die Wissenschaft vom menschlichen Körper erforscht werden. ISME ist eine militärische Einrichtung, und die Wissenschaftler tragen Uniformen. Ursprünglich war das Institut in den sechziger Jahren gegründet worden, um den chinesischen Astronauten medizinische Unterstützung zu bieten. Als bemannte Raumflüge auf unbestimmte Zeiten verschoben wurden, gab es exzellent ausgerüstete Labors mit erfahrenen Wissenschaftlern ohne einen Untersuchungsgegenstand. Qian Xuesen gelang es in Zusammenarbeit mit Zhang Zhenhuan, einem hochrangigen politischen und militärischen Beamten, bei Chen Hsin, dem Leiter des ISME, die Psi-Forschung unterzubringen. In der dritten Abteilung des ISME hatte die Erforschung der außergewöhnlichen Funktionen des menschlichen Körpers ein Heim gefunden.

Auf dem Campus von ISME konnte man häufig einem freundlichen jungen Mann begegnen, zugänglich und immer für einen Spaß zu haben. Der Mann war weder Student noch Wissenschaftler. Sein Name war Zhang Baosheng, ein gewöhnlicher Arbeiter aus der Provinz Jiangsu. Das schien aber auch alles zu sein, was an ihm »gewöhnlich« war. Fast jeder kannte ihn, doch viele auf dem Gelände beäugten ihn mit Argwohn. Zhang bewohnte ein geräumiges Haus auf dem Institutsgelände mit einem Farbfernsehgerät, Videorecorder, Videokamera, u. v. m. Ein eigener Koch kümmerte

sich um sein leibliches Wohl, und wenn er Spaß haben wollte, machte er in seinem amerikanischen Straßenkreuzer mit Polizeisirene die Straßen von Beijing unsicher.
Der junge Mann, der alle diese außergewöhnlichen Privilegien genoß, war die Star-Versuchsperson der AFMK-Forscher. In ihren wissenschaftlichen Publikationen war er nur als »Z« bekannt. Bevor er ausschließlich den Forschern am ISME zur Verfügung stand, hatten 19 Wissenschaftler unter Leitung von Lin Shuhuang von der Physik-Abteilung des *Beijing Teacher's College*, Psychokinese-Experimente mit Zhang angestellt, dessen Spezialität wahrhaft aufsehenerregend war: Er bewegte Papierstücke mit Identifikationszeichen, kleine chemisch aktive Objekte und sogar markierte lebende Insekten durch die Wände versiegelter Behälter![32]
Bei einem der Versuche mit »Z« wurde ein chemisch behandeltes Stück Papier in einen Glaskolben gebracht, der an der Mitte durch Schmelzen verjüngt wurde. In der anderen Hälfte des Kolbens wurde chemisch behandelte Baumwolle eingeführt. Bei Berührung der Baumwolle mit dem Papier würde eine feststellbare chemische Reaktion erfolgen. Das Ende des Glasbehälters wurde mit einem Spezialpapier unumkehrbar versiegelt. Fünf Minuten befand sich das Röhrchen mit Inhalt vor Zhang Baosheng, während vier Versuchsleiter aus verschiedenen Positionen genau beobachteten. Dann lag das Papier außerhalb des Glaskolbens, der vollkommen intakt und dessen Siegel ebenfalls unbeschädigt war. Gesehen hatten die Forscher den Vorgang nicht. In einem Augenblick besaß der Glaskolben noch seinen Inhalt, im nächsten war das Papier außerhalb des Behälters. Bei der Analyse stellten sich Spuren einer chemischen Reaktion in der Baumwolle heraus. Die Untersucher vermuteten, daß das Papier »durch« die Baumwolle hindurch nach draußen gelangt sein muß.
In einem anderen Experiment wurde ein markiertes lebendes Insekt in einen versiegelten Glaskolben gesperrt. Beim Versuch den Kolben zu öffnen, würde ein feines Haar, das an die Innenseite des Behälters geklebt wurde, brechen. Wieder beobachteten zwei Versuchsleiter Zhang, der neben dem Behälter stand. Zwei Minuten später war das Insekt außerhalb der hermetisch verschlossenen Box und krabbelte munter herum.

Einmal gelang eine Filmaufzeichnung von solchen Versuchen mit einer Hochgeschwindigkeitskamera, die 400 Bilder pro Sekunde macht. Die Aufnahme zeigt eine Tablette, die sich durch die Wand eines hermetisch versiegelten Glasbehälters bewegt.[33] Auf einem Einzelbild ist die Tablette zu sehen, wie sie in die Glaswand eindringt, auf dem nächsten ist sie halb draußen und halb drinnen, auf dem dritten befindet sie sich außerhalb des Behälters. Wenn der Effekt wirklich nur auf drei Bildern eines Hochgeschwindigkeitsfilms zu sehen ist, erklärt das, warum die Versuchsleiter die Gegenstände immer nur drinnen und dann außerhalb der Behälter erkennen können. Das menschliche Auge vermag einen derart raschen Vorgang nicht zu verfolgen. Leider scheint kein Wissenschaftler außerhalb Chinas jemals diesen Film zu Gesicht bekommen zu haben.
Es ist sowohl ein wichtiger Hinweis auf die Quellen der Förderung der Untersuchungen als auch der Bedeutung, die ihnen zukam, daß dieser Film von der militärischen Raumfahrtabteilung 1987 mit dem »Preis für besondere wissenschaftliche Forschungsleistungen« zweiter Klasse ausgezeichnet wurde.
»Z« war nicht die einzige, mit außerordentlichen Fähigkeiten ausgestattete Versuchsperson am ISME, aber sicherlich jene, von der die bizarrsten Phänomene berichtet wurden. Die Forscher hatten auch die Möglichkeit, mit einem Mann zu arbeiten, von dem auf anderem Gebiet wahre Wundertaten kolportiert wurden – Yan Xin. Gemessen an westlichen Standards war Yan eine Art Wunderheiler. Er soll Menschen selbst von mehrfachen Knochenbrüchen sofort geheilt haben, so daß sie gleich wieder zur Arbeit gehen konnten. So zahlreich waren seine Erfolge, daß seine Patienten begannen, Artikel über ihn zu verfassen. Yan wurde im ganzen Land berühmt und begann Vorträge vor riesigen Ansammlungen zu halten. Seine Vorträge füllten Arenen mit bis zu 30 000 Menschen, und es waren keine Vorträge, wie wir sie im Westen kennen. Sie dauerten für gewöhnlich ohne Unterbrechung zwischen sechs und 14 Stunden. Die meisten Menschen rührten sich in dieser Zeit nicht von ihren Plätzen, weder um körperlichen Bedürfnissen nachzugehen, noch um Nahrung zu sich zu nehmen. Aber man erzählte, daß Gelähmte aus ihren Rollstühlen aufstanden und mit Tränen des Glücks in den Augen herumliefen, Diabetiker Linderung erfuhren, Gallensteine

verschwanden, Tumore in Remission gingen und Schmerzen verschwanden.[34] All dies sei das Resultat von externer Emission von Qi. Yan Xin ist ein Meister des Qigong.

»Top-Technologie« Qigong

In den letzten Jahren hat die traditionelle chinesische Medizin im Westen überall Fuß gefaßt. Der tausendjährige Schatz des fernöstlichen Heilwissens ist aber keineswegs erschöpfend bekannt und noch weniger in großem Umfang zum Einsatz gekommen.

Seit der Han-Dynastie (206 v. Chr. – 220 n. Chr.) gilt das Qigong (sprich »tschi-gung«) in China als eines der vier großen Teilgebiete der Medizin. Die Wurzeln des Qigong sind geistig-körperliche Übungen, die auf die taoistische und die buddhistische Praxis zurückgehen. Qigong bedeutet »Arbeit oder Übung mit Qi«. Qi ist ein grundlegender Begriff der traditionellen chinesischen Medizin. Er bezeichnet eine das Universum wie den Menschen durchströmende Naturkraft. Seine eigentliche Bedeutung ähnelt sehr dem hinduistischen Prana und dem griechischen Pneuma, die eine sowohl körperliche wie geistige Energie meinen; eine lebenstragende und gestaltbildende Kraft, deren unmittelbarster Ausdruck der Atem ist, gewissermaßen als Bindeglied zwischen dem Faßbaren und dem Immateriellen.

Durch körperliche Übungen und geistige Konzentration, die im Qigong gelehrt werden, soll Qi im Körper mittels der Vorstellungskraft Yi wahrnehmbar werden. Dies ist die Voraussetzung dafür, Qi durch den Körper zu lenken. Das Qi kann etwa in bestimmten Leitbahnen in verschiedenen Graden der Tiefe im Körper zum Kreisen gebracht werden. Oder Qi wird über die sogenannten Meridiane an kranke Körperstellen geleitet und an ausgewählten Punkten gesammelt. Übungen in Bewegung[35] werden von vielen Chinesen prophylaktisch als Gesunderhaltungsmethode eingesetzt. Die Genauigkeit ihrer Durchführung, begleitet von der Vorstellung des Qi-Stromes durch den Körper, soll unterstützend auf den Fluß des Qi wirken.

Nach chinesischer Vorstellung hat ein Meister des Qigong solche

Kontrolle über Qi, daß er es lenken, akkumulieren und aussenden kann. Mittels des eigenen, über die Hände nach außen auf den Patienten gerichteten Qi – die sogenannte externe Emission von Qi (*waiqi*) – kann er auf Krankheiten von Patienten einwirken.

Yan Xin hatte bei seinen Qigong-Vorlesungen durch die externe Emission von Qi das ganze Land in Verblüffung versetzt. Kein Wunder also, daß die Forscher bald Yan Xin in ihre Labors holten. Lu Zuying von der Abteilung für Chemie und Biologie an der Qinghua-Universität in Beijing führte eine Reihe von äußerst aufschlußreichen Experimenten mit Yan Xin durch. In einer Serie von Versuchen bereitete der Wissenschaftler verschiedene biologische und chemische Präparate vor.[36] Für etwa zehn bis 15 Minuten richtete der Qigong-Meister Yan Xin sein Qi als externe Emission darauf. Bei gewöhnlichem Leitungswasser zeigte sich durch den Einfluß eine dramatische Veränderung in der Spektralcharakteristik. Unmittelbar nach der »Behandlung« erschien auf dem Spektrographen ein massiver Ausschlag bei einer Wellenlänge von 1970 cm^{-1}, der langsam abnahm, um nach einigen Stunden wieder den Normalwert zu erreichen. Eine physiologische Salzlösung (0,9 %) zeigt gewöhnlich einen charakteristischen Ausschlag im Spektrographen bei einer Wellenlänge von 246 cm^{-1}. Sofort nach dem Übermitteln von Qi verschwand dieser Ausschlag oder wurde auf 237 cm^{-1} verschoben.

Die Beeinflussung einer fünfzigprozentigen Glukoselösung führte zum Verschwinden eines charakteristischen Ausschlags und zur Intensivierung anderer. Alle Effekte ließen mit der Zeit nach, und der Normalzustand trat wieder ein. Es kann kein Zweifel bestehen: die Molekularstruktur der Lösungen wurde kurzfristig durch Anwendung von externem Qi verändert.

Das wahrhaft phantastisch Anmutende dieser Versuche ist die Tatsache, daß Qigong-Meister Yan diesen Einfluß auf Entfernung durchführt – nicht einige Meter, nicht von einem anderen Laborraum aus, sondern über Entfernungen von sieben bis zehn Kilometern! Erfolgreiche Ergebnisse wurden sogar über eine Entfernung von 2000 Kilometern erzielt.

Am ISME wurden die Versuche mit Yan Xin fortgeführt. Dabei wurden systematisch weitere Systeme erforscht, die sich durch ex-

terne Emission von Qi beeinflussen ließen. Unter anderem gelang es Yan Xin, die molekulare Struktur verschiedenster Substanzen, einschließlich der für die Erbinformation zuständigen Aminosäureketten der DNA, sowie die Halbwertszeit von radioaktiven Isotopen und die Polarisationsebene eines von einem Helium-Neon-Laser emittierten Lichtstrahls zu verändern.
Während die Psi-Forschung (AFMK) im Stillen weitergeführt wurde, entwickelte sich Qigong durch die Auftritte von Yan Xin und anderer Meister in kürzester Zeit zu einer Massenbewegung. Zu dieser Zeit vermieden es die Wissenschaftler, Psi und Qigong in einem Atemzug zu nennen. Deshalb fiel die Qigong-Bewegung nicht unter den Bannspruch der Partei gegen die öffentliche Diskussion von Psi. Im Gegenteil. Obwohl im Zuge der Kulturrevolution verboten, akzeptierten nunmehr viele führende Politiker Qigong als geistiges Erbe ihres Landes und warben selber dafür, indem sie Qigong-Bewegungsübungen öffentlich ausführten.
Hu Qiaomu, ein Mitglied des politischen Zentralbüros der Partei, das für Propaganda zuständig ist, ließ 1987 verlauten: »Wir sollten jede Einheit in unserer Gesellschaft anspornen, die Wissenschaft vom Qigong zu studieren. Ich glaube, es handelt sich um einen sehr grundlegenden wissenschaftlichen Effekt und absolut nicht um abergläubische Einbildung.«[37]
Hu Qiaomu forderte sogar dazu auf, alle Anstrengungen zu unternehmen, um Qigong zu verbreiten. Diese Aussagen stehen in markantem Gegensatz zum Urteil der Partei über die Psi-Forschung von 1982, kamen aber der Untersuchung von AFMK zugute. Die »Somatischen Wissenschaften«, welche eine Revolution ohnegleichen herbeiführen werden, wie Qian Xuesen prophezeite, beinhalteten nämlich sowohl Qigong als auch die Phänomene des AFMK. Qian hatte bereits bei seiner ersten Parteinahme für die anomalen Phänomene darauf hingewiesen, daß ihre Grundlage bei Qi zu suchen sei. Nunmehr hatte sich die offizielle Haltung so gewandelt, daß Psi durch die Hintertür wieder Eingang in einen großen Kreis von Forschungseinrichtungen finden konnte.
1987 wurde die *Chinesische Gesellschaft für Somatische Wissenschaften* gegründet, und *Ziran Zazhi* begann wieder Artikel über AFMK zu publizieren, die jetzt allerdings fast ausschließlich in

bezug zu Qigong standen. Parapsychologie mutierte zu einem akzeptierten Forschungsgegenstand. Im selben Jahr wurde Qian Xuesen zum Vorsitzenden der *Chinesischen Gesellschaft für Wissenschaft und Technologie* gewählt, eine halbamtliche Kommission, welche die wissenschaftliche Forschung der Nation koordiniert. Qian hatte den Gipfel der Macht erreicht und konnte direkten Einfluß auf die Wissenschaftspolitik nehmen. Diese Chance ließ er sich nicht nehmen. Vor allem unter dem Eindruck der Experimente mit Yan Xin veranlaßte er die Förderung der »Somatischen Wissenschaften« mit der Überzeugung: »Chinesisches Qigong ist moderne Wissenschaft und Technologie – Hochtechnologie – absolute Top-Technologie.«[38]

Wie darf man die gegenwärtige Psi-Forschung in China einschätzen? Ist ein Vorsprung beim Einsatz von Psi im militärischen Bereich von China zu befürchten? Der enorme Aufwand, mit dem heute an vielen Orten in China zum Teil geheime Forschungen durchgeführt werden, ist Anlaß, solche Befürchtungen zu schüren. Gibt es auf diesem Gebiet eine »chinesische Herausforderung«?

Im Jahre 1995 hatte ich die Gelegenheit, mit Li Zhi Nan, einem führenden Vertreter der von offizieller Seite abgesegneten chinesischen Psi-Forschung, zu sprechen. Li Zhi Nan ist Generalsekretär der *Wissenschaftlichen Qigong-Forschungsgesellschaft Chinas* und Vorstandsmitglied der *Gesellschaft zur Erforschung des Qigong*. Er hat eine Gastprofessur an der Qinghua-Universität in Beijing inne und ist darüber hinaus ein alter Kadermann mit direktem Draht zur Politspitze. Wenn einer Bescheid weiß, wie weit die chinesischen Forschungen gediehen sind, dann Li Zhi Nan.

Bei unserem Gespräch wurde deutlich, daß praktisch die gesamte, sehr massive Psi-Forschung mit staatlicher Unterstützung Geheimforschung ist. Li erklärte mir, daß man in China zwischen paranormalen Fähigkeiten der Yang- und Yin-Sorte unterscheidet.[39] Yang-Fähigkeiten sind durch Übung (wie Qigong) erworbene, während Yin-Fähigkeiten der dunklen, unkontrollierbaren Sphäre angehören – angeborene, mediale und schamanische Fähigkeiten. Die politische Führung ist sich über die – zumindest offizielle – Marschrichtung nicht einig. Die von einigen geforderte »Hexenjagd« gegen die zahlreich in Erscheinung tretenden Yin-Para-

normalen, wie etwa die hellsichtigen Kinder, konnte verhindert werden. Indes wird sogar eine eifrige Suche nach besonders begabten Yin-Paranormalen unternommen. Diese werden ausgesondert und – wie Li sich ausdrückte – »internen« Untersuchungen unterworfen. Gemeint sind damit geheime Forschungsprogramme.
Von offizieller Seite wird ein skeptischer Standpunkt vertreten. Intern werden die Wissenschaftler allerdings verstärkt dazu angehalten, AFMK und Qigong zu erforschen. Das nach außen demonstrierte Bild einer skeptischen Propaganda habe sich, wie Li verdeutlicht, China in »Entsprechung zur offiziellen negativen Darstellung über Psi in den USA und Rußland« zugelegt. Und dann lächelte er vielsagend. Das Herunterspielen von wirklich wesentlichen Inhalten zu unbrauchbaren scheint hüben wie drüben Teil des internationalen Spiels zu sein, das die Mächtigen bestens verstehen, das Volk aber für bare Münze nimmt.
Wie ernst diese Dinge in China tatsächlich genommen werden, zeigt sich daran, daß bis vor kurzem »nur« ein Komitee von drei Politikern für die »Somatischen Wissenschaften« zuständig waren. Seit 1994 sind nicht weniger als neun Politiker dafür abgestellt. Ein Zeichen für die Bedeutung, die dieser Forschung beigemessen wird. Kürzlich wurde die *Chinesische Akademie für Somatische Wissenschaften* in Beijing gegründet, ein Zentrum für AFMK- und Qigong-Forschung (Foto 37).
Was den Zugang ausländischer Wissenschaftler zu den Projekten und Unterlagen anbelangt, bleibt China weiterhin sehr restriktiv. 1996 fanden zwei große Tagungen statt. Der *3. Weltkongreß über akademischen Austausch von medizinischem Qigong* in Beijing und das *6. Internationale Qigong-Symposium* in Shanghai. Bei beiden Kongressen waren die chinesischen Wissenschaftler praktisch unter sich. Vereinzelt trugen japanische Forscher, die sich verstärkt in den letzten Jahren für die Qigong-Forschung stark machen, ihre Untersuchungsergebnisse vor.
Die westliche Kultur trennt nach dem Cartesianischen Weltbild streng zwischen dem Materiellen und dem Geistigen. Lange Zeit hindurch wurde das Bewußtsein lediglich als Epiphänomen der Gehirnaktivität, ohne eigene kausale Kraft, aufgefaßt. Erst in den letzten Jahren wandelt sich diese Ansicht auch unter Neurowissen-

schaftlern. Man beginnt zu akzeptieren, daß das Bewußtsein auf den eigenen Körper eine kausale Wirkung ausübt. Langsam scheint sich sogar die Überzeugung durchzusetzen, daß das Bewußtsein auch über den Körper hinaus Wirkungen erzielen kann.

Das chinesische Denken ist durch eine solche Ausrichtung nicht vorbelastet. Traditionell besteht die strikte Dichotomie zwischen Außenwelt und Innenwelt, zwischen Körper und Geist in China nicht. Die Chinesen haben es verstanden, ihre ureigene holistische Weltsicht zu erhalten, während sie das Rüstzeug für empirische wissenschaftliche Methoden vom Westen übernommen haben. Vielleicht ist hierin der Grund zu suchen, warum in China die Häufigkeit und Intensität von Psi-Effekten größer ist als im Westen. Durch die Erkundung dieser reichhaltigen historischen Tradition mit den Methoden der Wissenschaft könnte aus dem Reich der Mitte frisches Gedankengut in das Studium der Grenzwissenschaften fließen.

Im Augenblick ist noch Vorsicht bei der Interpretation angebracht. Das Problem mit der Forschung in China, aber auch in den Nachfolgestaaten der Sowjetunion, sind die methodischen Schwächen der Experimente. Vielfach werden Versuche ungenügend vorbereitet, der Aufbau ist nicht gut durchdacht, die Vorsichtsmaßnahmen ungenügend. In Publikationen sind die Versuche meist nur sehr unzureichend beschrieben. Die vielfältigen Aktivitäten sind schwer überschaubar, vieles geschieht ohne große Kontrolle. Für einen Beobachter der Szene wird es schwer, Täuschungen von Tatsachen zu trennen. Der Grund liegt darin, daß immer noch weitgehend das Bewußtsein für das besondere Problem, das die Erforschung von außersinnlicher Wahrnehmung und Psychokinese mit sich bringt, fehlt. Erst wenn die Standards jene der US- und europäischen Forschung erreichen, können die Psi-Protokolle aus diesen Ländern uneingeschränkt in die Überlegungen über die Natur von Psi mit einbezogen werden. Es bleibt zu wünschen, daß dieses Ziel bald erreicht wird, denn in Rußland und China ist nicht nur eine höchst aktive Forschung am Werk, die Untersucher können auf einen eindrucksvollen Fundus an Psi-Begabten zurückgreifen.

Im Westen, wo die außerordentlichen Psi-Begabungen dünner gesät zu sein scheinen, hat man in den letzten zwei Jahrzehnten keinesfalls geschlafen. Die Parapsychologie, die von starken, reproduzierbaren Phänomenen abhängig ist, machte aus der Not eine Tugend. Sie wandte sich verstärkt der Erforschung von Zuständen zu, die das Auftreten von Psi begünstigen sollen. Und sie machte auf diesem Weg bedeutende Entdeckungen und einen Quantensprung in der Akzeptanz durch die orthodoxe Wissenschaft.

3 Anomale Kognition: Dem Rätsel auf der Spur

Im Ganzfeld

Marisa lag völlig entspannt auf einer italienischen Designer-Couch und bekam nichts mit von dem, was sich um sie herum ereignete. Sie war wie eingekapselt in ihrer eigenen Welt. Sie vernahm nur ein gleichmäßiges Geräusch, das ihr wie fernes Meeresrauschen erschien. Aber Marisa schlief nicht, ihre Augen waren geöffnet. Was sie sah, war ein dichter, rosafarbener Nebel, der sie vollkommen einhüllte, und aus diesem Nebel stiegen Bilder empor wie im Traum. Bewegte Bilder von großer Klarheit und farblicher Intensität. Marisa befand sich im »Ganzfeld«.

Das Rauschen in ihren Ohren kam über Kopfhörer. Ihre Augen waren durch halbierte Tischtennisbälle so abgedeckt, daß sie problemlos offen bleiben konnten, aber ihr Gesichtsfeld vollkommen ausfüllten. Über ihr brannte eine rote Lampe. Hinter dem milchigen Weiß der Tischtennisbälle erschien es ihr wie ein rosafarbenes Nebelmeer.

Behutsam, ohne ihren entspannten Zustand zu stören, bat ich sie, ihre Eindrücke zu schildern. »Da ist ein Strand«, begann sie, »ein langer, heller Strand ... und Meer und ein strahlend blauer Himmel ...« Marisa bemerkte nichts von der Unruhe, die um sie entstand, so sehr war sie in ihrer traumartigen Welt versunken.

Wir befanden uns in einem hektischen Fernsehstudio der RAI in Mailand, mitten in einer Live-Sendung, und ein Notar hatte soeben einen von vier großen versiegelten Umschlägen aus dem Stapel gezogen, ihn geöffnet und ein Bild herausgezogen, das Millionen von Zuschauern im Studio und zu Hause gezeigt wurde. Es war das Bild eines Badestrandes an der Adria.

Das Demonstrationsexperiment fand Mitte der achtziger Jahre statt.

Ich war von meiner italienischen Kollegin Paola Giovetti zu einer TV-Serie über Parapsychologe eingeladen worden und wollte eine der neuesten Methoden der Psi-Forschung – und eine der erfolgreichsten – demonstrieren, das sogenannte Ganzfeld-Verfahren. Es war ein heikles Unterfangen, wie alle Demonstrationen von Psi im Fernsehen. Die Phänomene sind leicht störbar und nicht beliebig reproduzierbar. Die gespannte Erwartungshaltung und die zeitlichen Beschränkungen bei einer Live-Sendung kommen erschwerend hinzu. Es muß gleichsam eine Vorführung auf Befehl erfolgen. Denkbar schlechte Voraussetzungen für ein Gelingen. Ich hatte mich dennoch entschlossen, einen Versuch zu wagen, weil die Abschirmung von Sinnesreizen eine gewisse Chance für ein Gelingen zuließ.

Einige Tage vor dem Auftritt führte ich mit einer Gruppe von jungen Leuten, die sich seit langem regelmäßig in Meditation übten, Erkundungsversuche mit der Ganzfeld-Methode durch. Jeweils zehn bis 15 Minuten lang befanden sie sich in der Ganzfeld-Situation, hörten nichts als das Rauschen und sahen nichts als ein angenehm pinkfarbenes Licht. Experimentell wird damit der Zustand vor dem Einschlafen hervorgerufen, in dem sich traumartige Bilder zeigen, während man sich in einem Zustand des »Schlafwachens« befindet. In dieser Phase tauchen nach einiger Zeit jene traumartigen Bilder, die hypnagogen Halluzinationen auf, die wir bereits bei den Untersuchungen Tarts zur außerkörperlichen Erfahrung kennengelernt haben. In diesem Zustand scheint man für Psi-Eindrücke besonders empfänglich zu sein. Marisa erwies sich in hohem Maße begabt, Elemente von Bildern, die ich betrachtete, als hypnagoge Vorstellungen wahrzunehmen. Daß die Demonstration im Fernsehen so gut gelingen würde, überraschte mich dennoch.

Die Ganzfeld-Experimente überraschten viele. Zuerst die Parapsychologen, weil sie auf eine derart erfolgreiche Technik nicht mehr zu hoffen wagten, schließlich Wissenschaftler anderer Disziplinen, die in der rigorosen und gegen alle Schlupflöcher für Sinneseindrücke abgesicherten Vorgangsweise einen großen Fortschritt erkannten, endlich sogar eine Anzahl von hartnäckigen Kritikern, die sich gezwungen sahen, angesichts der Erfolge ihre Standpunkte zu ändern.

Die als skeptisch bekannte Wissenschaftszeitschrift *New Scientist* brachte am 15. Mai 1993 den Aufmacher über Ganzfeld-Experimente, die an der Universität Edinburgh durchgeführt wurden: »Die Parapsychologie wurde seit langem als Thema für Verrückte und Betrüger abgeschrieben. Aber nun gibt es ein Telepathie-Experiment, das sogar die Skeptiker veranlaßt, sich am Kopf zu kratzen.« Wie kam es zu diesem beispiellosen Erfolg?

Traumtelepathie

In den sechziger Jahre gelang es dem amerikanischen Psychologen Montague Ullman gemeinsam mit seinen Kollegen Stanley Krippner und Sol Feldstein im Traumlabor des *Maimonides Medical Center* in Brooklyn unter kontrollierten Bedingungen, Träume auf telepathischem Wege zu beeinflussen. Das Team erzielte eindrucksvolle Ergebnisse bei der Übertragung von Gemälden berühmter Maler und mit anderem Material.

Bei einem typischen Versuch schlief eines Nachts William Erwin, ein Psychologe und erfolgreicher Perzipient, im Traumlabor. Er wurde geweckt, sobald eine Traumphase zu Ende ging[40] und damit der Zeitabschnitt der telepathischen Übertragung eines Bildes abgeschlossen war. Zielbild war Max Beckmanns expressives Gemälde *Die Kreuzabnahme*. Bei diesem Versuch sollte durch intensive emotionale Beteiligung die telepathischen Leistungen verstärkt werden. Der Sender sollte sich nicht allein auf das Bild konzentrieren, er hatte zudem die Aufgabe, aus einer Schachtel ein kleines Holzkreuz, ein Bild Jesu, einige Reißnägel und einen roten Filzstift zu nehmen (Foto 32). Als Anleitung stand auf einem Blatt: »Nageln Sie mit den Reißnägeln Jesus ans Kreuz. Bemalen Sie mit dem Filzstift seinen Körper mit Blut.«

Aus seinem Traum geweckt schilderte Erwin zunächst eine Rede von Winston Churchill und eine zeremonielle Opferung eines Eingeborenenstammes, an der er teilgenommen hatte:

»In dieser Churchill-Sache gab es irgendeine zeremonielle Angelegenheit, und auch in dem Traum mit den Eingeborenen gab es eine Zeremonie ... Wir sollten geopfert werden, oder so ähnlich, und irgendwie hatte es mit politischen Dingen zu tun ... Was wir getan hätten war, vorzugeben, wir seien Götter ... Wenn man den sogenannten König, Anführer oder was immer der Eingeborenen ansah, war es wie wenn man einen jener Totempfahl-Götter betrachtet ... Es war wie das Primitive, das versucht, das Zivilisierte zu zerstören ... Es glaubte an die Autorität Gottes ... kein Gott sprach. Es war der Einsatz der Angst darüber, oder die Idee der Gottesfurcht, was die Kontrolle hervorbrachte.«[41]

Neben dem offensichtlichen Zusammenhang mit dem Zielbild zeigt sich hier eine Eigenart der telepathischen Übermittlung. Im Traum wird Sinnvolles häufig auf überraschende, auf unerwartete Weise ausgedrückt. Was hat etwa der Politiker Winston Churchill mit dem Thema der Kreuzigung zu tun? Wenn wir den Namen zerlegen, ergibt sich »church-hill« – der Kirchenhügel – und plötzlich offenbart sich die symbolische Relevanz. Darüber hinaus war Churchill von 1940–1945 englischer Premier- und Verteidigungsminister einer großen Kriegskoalition, was ihn auch in Zusammenhang mit dem Thema der Tötung und Opferung stellt.

Als Charles Honorton, ein kleiner, rundlicher Zeitgenosse mit einem wachen Verstand und stets auf Ausschau nach neuen Herausforderungen – von seinen Freunden liebevoll »Chuck« genannt – zum *Maimonides*-Team stieß, begann er die Forschungen in neue Wege zu lenken. Honorton war es leid, sich in dem kleinen, stickigen Labor im Keller die Nächte um die Ohren zu schlagen, um in langen Stunden mühevoll einen Traumversuch über die Bühne gehen zu lassen. Letztendlich war diese Vorgangsweise sehr unökonomisch. Daß Telepathie im Traum möglich ist, war hinreichend und eindrucksvoll unter Beweis gestellt worden. Honorton war auf der Suche nach einem Zustand, der jenem des Traumes ähnlich war und den man womöglich künstlich herstellen konnte. Er interessierte sich schon seit langem für Psi-fördernde Zustände. Der Traum war offenbar ein solcher Zustand. Nicht umsonst wird der weitaus überwiegende Teil von spontanen außersinnlichen Erfahrungen in Träumen gemacht.

Honorton hatte zwei Kollegen, deren Forschungen in dieselbe Richtung ging, die Psychologen William Braud von der Universität Houston und Adrian Parker von der Universität Edinburgh. Gemeinsam stießen sie auf ein Verfahren, das in den frühen sechziger Jahren in einer Studie über experimentell hervorgerufene Erfahrungen, analog den Erlebnissen kurz vor dem Einschlafen, entwickelt worden war.[42] In der Studie ging es darum herauszufinden, wie Gedanken, Gefühle und Bilder, die im Wachzustand auftreten, ihren Weg über den hypnagogen Zustand des Wachtraumes in die Träume des Schlafes finden. Die Untersucher verwendeten dazu die beschriebenen monotonen Geräusche, sogenanntes »weißes Rauschen«, und die halbierten Tischtennisbälle für die Augen und benannten diese gleichförmige Sinnesreizung mit dem deutschen Wort »Ganzfeld«, weil sie ein einheitliches, homogenes, visuelles und auditives Feld erzeugt.

Vielleicht, überlegten Honorton, Braud und Parker, ließen sich auf telepathischem Weg im Ganzfeld ebensogut wie in den Träumen Bilder übertragen. Schon bei den ersten Versuchen bemerkten sie, wie die Versuchspersonen durch diese uniforme Stimulation von Gesichts- und Gehörsinn rasch in eine deutliche Zustandsänderung verfielen: die Aufmerksamkeit verlagert sich nach innen, die Außenwelt versinkt, traumartige Bilder steigen auf. Durch seinen Reichtum an Bildern, Gefühlen und freien Assoziationen handelt es sich um einen Zustand erhöhter Kreativität.

Honorton arbeitete anfänglich gerne mit Diaserien zu einem Thema, im Gegensatz zu einzelnen Bildern. Ein Sender in einem entfernten Raum betrachtete eine Serie von stereoskopischen Dias durch einen binokularen 3-D-Betrachter. In einem Fall lautete das Thema der Diaserie: »Seltene Münzen«. Nach etwa zehn bis 15 Minuten Ganzfeld-Stimulation gab der Perzipient zu Protokoll: »Kreise ... die Größen sind nicht gleich ... einige sind größer, andere ganz klein – nicht größer als ein Penny ... all diese verschieden großen Kreise ... Jetzt sehe ich Farben, besonders zwei: Gold und Silber treten deutlicher hervor als andere.«

Bei einem anderen Versuch, der am *Institute for Parapsychology* in

Durham, North Carolina, durchgeführt wurde, war das Zielbild ein Foto aus dem *National Geographic.* Es zeigte eine Landschaftsszene in Kentucky oder Tennessee von einer erhöhten Position aus gesehen mit einer einsamen Landstraße und einem kleinen Lastwagen.

Ihre hypnagogen Vorstellungsbilder dazu beschrieb die weibliche Versuchsperson mit den Worten: »Da war eine Straße ... keine Schotterstraße, sondern eine Pflasterstraße ... da war ein sehr flüchtiges Bild, im Inneren eines Autos zu sein und ich konnte nur den Rückspiegel sehen.« Danach sagte sie noch, sie hatte das Gefühl, draußen auf dem Land in einem Wagen durch eine weite, offene Landschaft zu fahren.[43]

Wie gut solche Ergebnisse sind, läßt sich zumeist anschaulich an den Bildern ablesen, die durch den Zufallsprozeß *nicht* ausgewählt worden waren. Im vorliegenden Fall waren das ein Blumenstilleben, ein chinesischer Adeliger im Ornat und tief verschneite Wagen auf einem Parkplatz. Nach dem Experiment muß die Versuchsperson alle vier möglichen Bilder in eine Rangfolge bringen, wobei jenes als erstes eingestuft wird, das ihren Eindrücken am ähnlichsten erscheint, und als letztes das, was am wenigsten mit ihren Wahrnehmungen zu tun hat. Ohne zu zögern zog sie das Bild mit dem Lastwagen auf der Landstraße und sagte: »Das habe ich gesehen.« Ein direkter Treffer.

Charles Honorton hatte das Glück, 1979 das winzige und unzureichende Labor in Brooklyn verlassen und an einer Universität mit bestem Ruf seine bahnbrechenden Untersuchungen fortführen zu können. Mit Geldern des Flugzeugpioniers James McDonnell gründete er an der renommierten Universität Princeton die *Psychophysical Research Laboratories* (PRL). Dort entwickelte Honorton mit seinen Mitarbeitern ein computerisiertes, vollautomatisches Verfahren für Ganzfeld-Studien.[44]

Auf einem Videoband waren alle möglichen Zielbilder aufgezeichnet. Bei einigen handelte es sich um aufgenommene Fotos, andere waren Videoclips aus Filmen, Zeichentrickfilmen und aus der Fernsehwerbung. In der Regel dauerten die Clips weniger als 60 Sekunden. Die freiwilligen Versuchspersonen wurden in einem schalldichten Raum für das Ganzfeld vorbereitet und dann einge-

schlossen. Während der 30 Minuten, in denen die Versuchspersonen einfach die Bilder zu beschreiben hatten, die vor ihrem inneren Auge auftauchten, wählte ein Computerprogramm ein Zielbild aus, spulte automatisch das Videoband an die richtige Stelle und spielte das Bild oder den Videoclip sechsmal ab. Der Sender, meist einer der Versuchsleiter, betrachtete das Bild und versuchte es dem Empfänger telepathisch zu übertragen. Nach dem Ende der Sitzung wurden der Versuchsperson automatisch das Zielbild und drei weitere, nicht gewählte Bilder vorgeführt. Sie konnte über eine Fernsteuerung direkt auf dem Bildschirm eingeben, welches Bild ihrer Meinung nach ausgewählt worden war. Diese Anordnung reduzierte den Kontakt zwischen dem Sender und dem Perzipienten auf ein Minimum und schloß in idealer Weise alle Möglichkeiten einer Informationsübertragung auf normalem Wege aus.
Beim Kongreß der *Parapsychological Association* 1982 in Cambridge präsentierte Ray Hyman seine Kritik der Ganzfeld-Studien. Er brachte einige Schwächen in der statistischen Analyse und im methodischen Aufbau ins Blickfeld. Viele seiner Kritikpunkte fand Honorton allerdings unberechtigt. In seiner detaillierten Replik faßte Honorton alle bis dahin durchgeführten Studien zum ersten Mal zusammen und kam zu dem Schluß, daß die Untersuchungen ausreichende Beweise für die Tatsache von Psi lieferten.[45] Das war der Beginn einer mehrere Jahre dauernden Auseinandersetzung zwischen den beiden Forschern, die bereits heute in die Geschichte der Parapsychologie als die »Honorton-Hyman-Debatte« eingegangen ist. Es war der Hartnäckigkeit der Kontrahenten zu verdanken, daß die Analyse von Psi-Experimenten auf eine neue Ebene gehoben wurde, auf der mittlerweile eine wissenschaftlich unabweisbare Beweisfülle für die Realität von Psi angesammelt worden ist.
Der Kritiker Ray Hyman war der Auslöser dafür. Um die Überlegungen Honortons zurückzuweisen, unternahm er eine neuartige Form der statistischen Prüfung, eine sogenannte »Meta-Analyse«.

Zauberformel Meta-Analyse

Die experimentelle Parapsychologie hat wie viele andere Wissensgebiete konstant Studie um Studie, Experiment um Experiment angehäuft. Zu zahlreichen verschiedenen Fragestellungen wurden Einzelversuche durchgeführt und bisweilen kleine Antworten auf große Probleme gefunden.

Was macht man mit einem Berg von Einzelstudien, die alle für sich genommen etwas aussagen, aber nur schwer miteinander verglichen werden können? Die herkömmliche Methode bestand darin, in einer Übersicht alle Versuche zusammenzustellen und Aussagen zu finden, die eine Zusammenfassung der unterschiedlichen Ergebnisse gestatten. Das Verfahren ist natürlich vom synthetischen Geschick eines Interpreten abhängig und läuft häufig Gefahr, durch die »Kunst der Deutung« bewußten oder unbewußten vorgefaßten Hypothesen angepaßt zu werden. Es ist eine bekannte Tatsache, daß Querschnitte durch ein Forschungsgebiet von verschiedenen Interpreten sehr unterschiedliche Auslegungen erfahren.

Alles änderte sich für die Wissenschaften, die sich für ihre Studien auf statistische Experimente stützen müssen, als im Jahre 1976 Gene Glass Methoden erdachte, mit denen die Ergebnisse zahlreicher unterschiedlicher Studien zur selben Fragestellung zusammengestellt und verglichen werden konnten. Die Methode erhielt den Namen »Meta-Analyse«, denn es handelt sich gleichsam um eine Analyse von Analysen.[46] Sie zählt zu den wichtigsten Neuerungen in der Wissenschaft der letzen Jahre. Meta-Analysen haben den Umgang der Wissenschaften mit Daten revolutioniert. Wissenschaftliche Kontroversen werden heute anhand von Meta-Analysen beendet, denn sie lassen sich nicht nach vorgefaßten Meinungen zurechtbiegen. Sie haben das Gebiet der Psi-Forschung mit einem Schlag akzeptabel gemacht. Sie waren der fehlende Baustein im Beweispuzzle.

Eine Meta-Analyse ist überall dort angebracht, wo zahlreiche Studien zu einem Problem vorliegen, die unterschiedliche Ergebnisse erbracht haben. Mit Hilfe dieser Methode läßt sich entscheiden, ob ein gesuchter Effekt tatsächlich vorhanden ist und wie stark sich dieser abbildet. Durch eine Meta-Analyse werden Gruppen von

Forschungsprojekten zusammengefaßt und einheitlich beschrieben. In systematischer Weise werden Ergebnisse individueller Untersuchungen zu vergleichbarer Thematik kombiniert. Die Aussagekraft von Meta-Analysen liegt darin, daß sie ein Maß angeben können für die Beständigkeit von Resultaten. Es lassen sich durch sie Aussagen über die Wiederholbarkeit von Phänomenen machen, die sich in Einzelstudien nur schwach und nicht statistisch signifikant abbilden. Genau dies ist bei Psi-Experimenten der Fall.

Eine Meta-Analyse ist ein recht aufwendiges Verfahren, nicht nur, weil man eine sehr große Datenfülle zu bewältigen hat. Zunächst einmal müssen alle relevanten Studien zu einer definierten Fragestellung zusammengetragen werden. Nicht alle Experimente sind gleich gut geplant. Aus diesem Grund müssen die einzelnen Arbeiten bewertet werden, etwa nach den verwendeten Versuchsprotokollen, speziell in der Psi-Forschung auch nach den Vorsichtsmaßnahmen, um »normale« Wirkungen auszuschließen, nach der Qualität der Einzelstudie usw. Im Idealfall unternimmt diese Codierung ein Untersucher, der nicht zu eng in den Forschungsbereich eingebunden ist. Erst dann können die Studien verglichen werden.

Eine der zentralen Fragen, die eine Meta-Analyse beantwortet, lautet: Wenn wir wissen, daß eine statistische Signifikanz vorhanden ist, wie groß ist die Stärke des gemessenen Effektes? Die Teststatistiken der Einzeluntersuchungen werden durch mathematische Techniken in sogenannte Effektstärken umgewandelt. Die Effektstärke ist ein Maß für das Ausmaß, in dem ein Phänomen in einer Gruppe von Experimenten in Erscheinung tritt. Das Errechnen einer mittleren Effektstärke für eine bestimmte Klasse von vergleichbaren Experimenten kann dem Forscher mitteilen, was er von künftigen Versuchen zu erwarten hat.

Effektstärken zeichnen ein genaueres Bild von der Zuverlässigkeit eines Phänomens bei wiederholter experimenteller Überprüfung. Allerdings bedeutet eine sehr geringe Effektstärke keineswegs immer, daß das gemessene Phänomen inexistent ist. Man muß die Effektstärke immer in Zusammenhang mit der dafür errechneten statistischen Signifikanz betrachten, die ein Maß dafür angibt, wie unwahrscheinlich es ist, daß ein Ergebnis – in dem Fall die Effektstärke für eine Gruppe von Versuchen – auf Zufall beruht.

Ein Beispiel mag dies veranschaulichen. Mitte der achtziger Jahre machte eine medizinische Untersuchung Furore, bei der festgestellt werden sollte, ob das Medikament *Aspirin* Herzinfarkten vorbeugen könne. Die Meta-Analyse von 25 Einzelexperimenten ergab einen deutlichen Effekt zugunsten dieser vermuteten Wirkung von *Aspirin*.[47] Eine Studie wurde vorzeitig abgebrochen, da der Effekt deutlich demonstriert worden war und es die Untersucher als ethisch nicht vertretbar betrachteten, die Kontrollgruppe weiterhin davon abzuhalten, in den Genuß der Behandlung zu kommen. Ein Blick auf die Einzelversuche zeigt ein überraschendes Bild. Nur fünf von ihnen erreichten einen Wert, bei dem mit 99 % statistischer Sicherheit davon ausgegangen werden kann, daß das Ergebnis nicht zufällig zustande gekommen war. Der größte Teil der Studien erreichte nicht dieses Sicherheitsintervall. Hätte ein Interpret nur die Einzeluntersuchungen betrachtet, wäre er sicher zu dem Schluß gekommen, daß *Aspirin* nicht diesen therapeutischen Effekt besitzt. Die Meta-Analyse erbrachte jedenfalls ein ganz anderes Bild und in der Tat einen weithin gepriesenen medizinischen Durchbruch: Sie war hoch signifikant, obwohl die Effektstärke von 0,03 sehr gering war. Sie ist im übrigen um ein Vielfaches geringer als Effektstärken, die bei Psi-Experimenten gemessen werden.

Die *Aspirin*-Studie zeigt, daß man die Bedeutung des Wertes allein, durch den eine Effektstärke ausgedrückt wird, nicht überschätzen darf. Er sagt nichts über die Tragweite und die mögliche Anwendbarkeit aus. Robert Rosenthal von der Harvard-Universität, einer der führenden Experten für Meta-Analysen, bemerkt deshalb treffend: »Obwohl kontroverse Forschungsgebiete durch geringe Effekte charakterisiert sind, heißt das nicht, daß die Effekte keine praktische Bedeutung hätten.«[48] Das gilt auch für die Psi-Forschung.

Für die Psi-Forschung kam der Aufbruch ins Territorium der Meta-Analysen der Entdeckung eines neuen Kontinents gleich. Mit einem Male erstrahlten Untersuchungen, die in verstaubten Schubladen dahinschlummerten, in neuem Licht, konnten Zusammenhänge enträtselt werden, die unser Verständnis von Psi entscheidend erweitern und Ansätze für effizientere künftige Forschungen gefunden werden. Die Entwicklung dieser neuen Techniken war ein lang ersehnter Glücksfall, denn die Parapsychologie drohte am Problem der Wiederholbarkeit zu scheitern. Die meisten Kritiker erhoben den Einwand, die von ihr behaupteten Phänomene seien nicht beliebig wiederholbar. Meta-Analysen haben nun bestätigt, daß Psi-Phänomene in der Tat experimentell darstellbar und wiederholbar sind. Aufgrund der allgemeinen Schwäche des »Psi-Signals« sind sie im herkömmlichen Sinn nicht beliebig wiederholbar. Unter dem Werkzeug der Meta-Analyse erweisen sie sich aber als konsistente und robuste Erscheinungen, die sich aus unserem Weltbild nicht mehr wegdiskutieren lassen.

In einer Einzelstudie gilt ein Phänomen dann als nachgewiesen, wenn es statistische Signifikanz erreicht. Die Meta-Analyse stützt sich hingegen auf die homogene Verteilung des zu prüfenden Effekts über zahlreiche Einzelversuche hinweg. Ist Übereinstimmung gegeben, kann von einer Wiederholbarkeit des Effekts gesprochen werden. Um Homogenität der Daten zu erreichen, müssen einige Studien aus der Meta-Analyse ausgeschlossen werden. Das sind sogenannte »Ausreißer«, die entweder besonders gute oder besonders schlechte Ergebnisse aufweisen. In Meta-Analysen auf anderen Forschungsgebieten ist es häufig nötig, bis zu 45 % aller Studien auszuschließen, um eine homogene Verteilung der Effektstärke zu erreichen. Verglichen damit erreichen die parapsychologischen Daten ohne derart starke Eingriffe die nötige Homogenität.

Ein weiterer großer Vorteil von Meta-Analysen liegt darin, daß sich durch sie die Auswirkungen von Fehlern im Versuchsaufbau sehr gut nachweisen lassen. Zudem läßt sich die Wirkung von Einflußgrößen (Moderatorvariablen) auf das Phänomen zahlenmäßig erfassen. Auf diese Weise kann der Entwurf neuer Untersuchungen entscheidend verbessert werden.

Die Meta-Analyse kümmert sich auch um ein Problem, das jede wissenschaftliche Unternehmung kennt, das indes gerne totgeschwiegen wird: die Tendenz, nur Ergebnisse zu veröffentlichen, in denen die Forscher ihre Hypothesen bestätigt finden. Speziell gegenüber der Parapsychologie argwöhnen die Kritiker gerne, daß negative Untersuchungsergebnisse einfach unter den Tisch fallen und niemals an die Öffentlichkeit gelangen.

Man kann demnach bei *einer* veröffentlichten Experimentalarbeit

mit positiven Ergebnissen niemals sicher sein, wie viele negative, niemals veröffentlichte Studien dagegen stehen, die in den Schubladen der Institute verblieben sind. Würde man sie kennen, müßte das erfolgreiche Experiment im Verhältnis zu den erfolglosen gesehen werden, und die Hypothesen der Wissenschaftler würden auf weitaus wackeligeren Beinen stehen.
Robert Rosenthal spricht bezeichnenderweise vom »Schubladen-Problem«, und ein wichtiger Teil der Meta-Analyse gibt an, wie viele negative Studien zu einem vorliegenden Problemkreis theoretisch unveröffentlicht geblieben sein müßten, um einen beobachteten Effekt wieder auszulöschen. Bei einem schwachen und wenig homogenen Phänomen kann es sein, daß wenige »Schubladen-Fälle« ausreichen würden, um ihn zum Verschwinden zu bringen. Im Gegensatz dazu wird ein robuster Effekt nur durch eine extrem hohe Anzahl »Schubladen-Fälle« in Frage gestellt; bisweilen so viele, daß sie rein zeitlich überhaupt nicht durchgeführt worden sein können.

Die Honorton-Hyman-Debatte

Mit dem Rüstzeug dieser neuen Analysemethoden bewaffnet ging Ray Hyman daran, die erste Meta-Analyse über parapsychologische Experimente durchzuführen. Er nahm sich dafür das Datenmaterial der Ganzfeld-Untersuchungen vor. Er wollte den Nachweis erbringen, daß die als so erfolgreich gefeierten Ganzfeld-Experimente in Wahrheit eine verschwindend geringe und nicht signifikante Effektstärke aufweisen würden. Es zeugt von der Offenheit der wissenschaftlichen Parapsychologie, daß Hymans Artikel in der Fachzeitschrift *Journal of Parapsychology* publiziert wurde.[49]
Tatsächlich lautete die Schlußfolgerung Hymans wie erwartet: Ganzfeld zeige eine geringe Wiederholbarkeit und sei nicht dazu angetan, die Existenz von Psi unter Beweis zu stellen. In seiner Analyse fand Hyman zwar einen hohen Signifikanzwert, aber er folgerte, daß dieser Effekt durch Verfahrensfehler und falsche Statistiken in den Studien ausgelöscht würde.
Honorton konterte und kritisierte die Auslegung Hymans aufs

schärfste.[50] Die Honorton-Hyman-Debatte begann – ein Meilenstein in der Geschichte der Parapsychologie.
Honorton nahm den Fehdehandschuh auf und kam in seiner eigenen Meta-Analyse zu dem Schluß, daß es keine Beziehungen zwischen guten Ergebnissen und der Qualität der Arbeiten gibt. Vielmehr erwies sich die hoch signifikante Effektstärke als homogen. Er fand durchaus Beweise für die Wiederholbarkeit von anomalem Informationsgewinn unter der Ganzfeld-Bedingung, auch wenn dieser Effekt gering ist.
Die Debatte eskalierte. Die Herausgeber des *Journal of Parapsychology* witterten endlich einmal eine fruchtbare Auseinandersetzung zwischen Kritikern und Befürwortern, ganz anders als die üblichen Schläge unter die Gürtellinie, die seit Jahr und Tag zwischen diesen beiden Lagern ausgetauscht wurden. Sie luden Fachleute ein, sich zu den beiden Meta-Analysen zu äußern. Fast die gesamte Dezember-Ausgabe 1986 des *Journal* enthielt wegweisende Kommentare.
Zu den interessantesten Stellungnahmen zur Debatte zählt zweifellos die des gefeierten Experten Robert Rosenthal.[51] Er sollte als unabhängiger Wissenschaftler in diesem Streit ein Urteil fällen. Seine eigene Analyse führte zu dem identischen Ergebnis, das Honorton gefunden hatte. Die mittlere Trefferrate über alle Experimente betrug 33 %, während man zufällig nur 25 % Treffer erwarten würde. Für die 28 Ganzfeld-Untersuchungen, die in die Meta-Analyse eingingen, müßte es nicht weniger als 423 negative »Schubladen-Fälle« geben, damit der überaus deutliche Effekt auf Null reduziert würde. Eine absurde Annahme.
Auch von Hyman und Honorton erwartete man kritische Stellungnahmen. Doch da geschah etwas Unerwartetes und bislang nie Dagewesenes. Die Streithähne setzten sich an einen Tisch. Hyman und Honorton verfaßten gemeinsam einen Artikel, das mittlerweile zurecht berühmt gewordene *A Joint Communiqué* (»Eine gemeinsame Erklärung«). Darin steht der entscheidende Satz: »Wir stimmen darin überein, daß ein signifikanter Effekt in diesem gesamten Datensatz vorhanden ist, der nicht vernünftig durch selektive Berichterstattung oder multiple Analyse erklärt werden kann. Wir differieren weiterhin über den Grad, in welchem dieser Effekt

einen Beweis für Psi darstellt, aber wir sind uns darin einig, daß ein endgültiges Urteil die Ergebnisse künftiger Experimente mit höheren Standards abwarten muß.«[52]

Hyman und Honorton legten daraufhin die Standards künftiger Ganzfeld-Versuche fest, von den Vorschriften zur Dokumentation, über die Methoden der Randomisierung (Zufallsauswahl der Zielobjekte), bis hin zu den Protokollen für die Beurteilung der Aussagen. Diese gemeinsam erarbeitete Vorgehensweise führte zu einer Reform der Testweisen, die unter dem Namen *Autoganzfeld* (für »automatisiertes Ganzfeld-Verfahren«) bekannt geworden sind.

Bevor Honortons *Psychophysical Research Laboratories* (PRL) in Princeton 1989 wegen Geldmangels ihre Tore schließen mußten, konnte sein Team 11 weitere Experimental-Serien von insgesamt 355 Sitzungen nach der verbesserten Technik des Autoganzfeld ausführen. Diese Studien erreichten sehr hohe Signifikanzwerte. Sie wiesen eine Trefferrate von 34,4 % auf, die damit noch jene von Rosenthal für die gesamten Versuche errechneten 33 % übertraf.

Jessica Utts präsentierte die Ergebnisse der neuen Studien und einen Vergleich mit der Meta-Analyse in der angesehenen Fachzeitschrift *Statistical Science*.[53] Nun zeigte sich auch Hyman beeindruckt. Er kommentiert Utts' Artikel mit den Worten: »Honortons Experimente haben erstaunliche Resultate produziert. Wenn, wie Utts vorschlägt, unabhängige Laboratorien ähnliche Ergebnisse mit denselben Beziehungen und mit derselben Beachtung einer strengen methodischen Vorgangsweise erzielen können, dann mag die Parapsychologie tatsächlich endlich das Problem ihrer Flüchtigkeit überwunden haben.«[54]

Wenige Jahre später schrieb Hyman in seinem Gutachten über die Remote-Viewing-Versuche: »Ich möchte feststellen, daß ich glaube, daß sowohl die SAIC-Experimente als auch die gegenwärtigen Ganzfeld-Experimente eine methodologische und statistische Exzellenz aufweisen, die weit über denen der vorangegangenen parapsychologischen Forschung liegt.«[55]

Solche Worte aus dem Munde dieses hartnäckigen Kritikers hatten Signalwirkung. Seitdem werden Ganzfeld-Studien in verschiedenen Labors nach der Methode des Autoganzfeld durchgeführt, am *Institute for Parapsychology* des Rhine Research Center in Durham und am *Koestler-Lehrstuhl* für Parapsychologie an der Universität Edinburgh.[56] Beide Labors erhielten positive Resultate. In beiden Fällen lag die Trefferrate bei 33 %. Das Eis war gebrochen.

Die methodisch makellose Vorgehensweise des quirligen Charles Honorton hatte im Lager der skeptisch eingestellten Wissenschaftler ein kleines Erdbeben verursacht. Zwei auf ihren Gebieten äußerst respektierte Forscher, Jessica Utts und der Psychologe und Profi-Zauberkünstler Daryl Bem von der Cornell University sahen sich veranlaßt, die Lager zu wechseln. Ganz offensichtlich waren die Parapsychologen keine eingeschworene Gemeinschaft von voreingenommenen Pseudo-Wissenschaftlern, sondern vielmehr eine kleine Gruppe von äußerst sorgfältig arbeitenden Individuen, die ein ehrliches Interesse daran hatte, mit den besten verfügbaren wissenschaftlichen Methoden und den größtmöglichen Vorsichtsmaßnahmen gegen Betrug, Täuschung und falsche Interpretation eine Antwort auf die Frage zu gewinnen, ob Psi wirklich existiert. Diese Antwort hatten Bem und Honorton in einem Artikel unter dem Titel *Existiert Psi?* in überzeugender Weise gegeben.[57] Sie präsentierten eine umfangreiche Synthese aller Ganzfeld-Studien und ihrer Meta-Analyse und reichten sie zur Veröffentlichung der angesehenen psychologischen Fachzeitschrift *Psychological Bulletin* ein. Obwohl sie in diesem Artikel den wiederholbaren Beweis für die Existenz eines anomalen Prozesses der Informationsübertragung antraten, empfahlen alle vier unabhängigen Gutachter, unter ihnen auch Ray Hyman, die Veröffentlichung. Der Herausgeber des *Psychological Bulletin*, Robert Sternberg, schrieb Bem, nachdem ihre Arbeit akzeptiert worden war: »Dieser Artikel ist ein ›Hammer‹ und einer, der großes Interesse hervorrufen wird … Sie sollten diese rasche Annahme als einen Hinweis sehen, für wie wichtig ich den Artikel erachte!«[58]

Neun Tage, bevor der Beitrag zur Veröffentlichung angenommen wurde, verstarb Charles Honorton völlig unerwartet im Alter von 46 Jahren. Die Parapsychologie verlor einen ihrer kreativsten Köpfe. Honorton hatte aber Berge von Forschungsmaterial zurückgelassen, das der Parapsychologie vielleicht den Weg weist, einen Traum zu erfüllen: die »Früherkennung« von Psi-Begabten aufgrund psychologischer Merkmale.

4 Auf der Suche nach dem idealen Zustand für Psi

Psychologie der anomalen mentalen Phänomene

Honorton hatte den Ehrgeiz, die so eminent erfolgreiche Versuchsanordnung Ganzfeld dafür zu verwenden, möglichst viele Daten über vielversprechende Versuchspersonen zu sammeln. Das Hauptproblem der parapsychologischen Forschung war nach wie vor die Seltenheit der Phänomene, ihre schwere Reproduzierbarkeit. War es möglich, durch geeignete Tests und Befragungen in Zusammenhang mit Ganzfeld-Experimenten Psi-Begabungen herauszufiltern?
Die Daten über Persönlichkeitsmerkmale vieler Hunderter Versuchspersonen wurde von Honorton und seinen Mitarbeitern durch einen anerkannten Persönlichkeitstest, den *Myers-Briggs Type Indicator* (MBTI), zusammengetragen. Der MBTI fußt auf dem persönlichkeitspsychologischen Modell C. G. Jungs. Die Elemente der Persönlichkeit werden dabei ohne negative Aspekte dargestellt. Das Klassifikationsschema des MBTI beinhaltet vier Dimensionen der Persönlichkeit, die in jeweils entgegengesetzten Paaren von Typen ausgedrückt werden: extravertiert/introvertiert, sinnlich/intuitiv, denkend/gefühlsorientiert, beurteilend/wahrnehmend.[59]
Honorton und sein Mitarbeiter Ephraim Schechter konnten nach Jahren systematischer Datenerhebung vier Faktoren ausmachen, aufgrund deren sich erfolgreiche Psi-Leistungen im Ganzfeld vorhersagen ließen. Bei Personen, auf die alle vier Faktoren zutreffen, konnte ein sehr gutes Ergebnis im Psi-Test unter Ganzfeld-Bedingungen erwartet werden. Die vier Faktoren lauten: 1. Schon öfter selber Psi-Erfahrungen gehabt. 2. Ausüben von bewußtseinstrainierenden Disziplinen (Meditation, Entspannungstraining, Biofeedback usw.). 3. Gefühlsorientierte und wahrnehmende im Ge-

gensatz zu denkorientierte und beurteilende Personen nach dem MBTI. 4. Frühere Teilnahme an Psi-Experimenten.

Die besten Ergebnisse müßten demnach Personen erlangen, auf die alle vier Faktoren zutreffen. Als die Untersucher ihre Datenbögen durchsahen, entdeckten sie, daß nur vier der vielen hundert Probanden, die Honorton jemals getestet hat, diese Voraussetzungen erfüllten. Diese vier allerdings brachten es auf die unglaubliche Erfolgsrate von 100 %![60]

Betrachteten die Forscher aus praktischen Erwägungen nur die ersten drei Faktoren, wurden diese von 28 ihrer Versuchspersonen erfüllt. Diese erreichten zusammen immer noch die außergewöhnliche Erfolgsrate von 64 %. Wir erinnern uns daran, daß die erwartete Trefferquote bei 25 % liegt und die Meta-Analyse der Ganzfeld-Studien eine Quote von 33 % erbracht hatte.

Richard Broughton ließ daraufhin die in seinem Institut in Durham über die Jahre durchgeführten Ganzfeld-Experimente nach dem Drei-Faktoren-Modell nachprüfen. Es stellte sich heraus, daß diese Faktoren ebenfalls auf 28 Personen zutrafen, die gemeinsam eine positive Erfolgsrate von 43 % auf sich vereinigten. Das Modell war damit bestätigt.[61]

Seit Jahrzehnten zählt die Suche nach Zusammenhängen zwischen Persönlichkeitsmerkmalen und Psi zu einem wichtigen Aufgabenbereich der Forschung. Die Phänomenologie von Psi-Erfahrungen zeigt, daß Personen mit bestimmten Persönlichkeitsmerkmalen häufiger über Psi-Erfahrungen berichten als andere. Der große Erfolg, den der MBTI-Fragebogen in der Auswahl von Versuchspersonen für die Ganzfeld-Experimente zu verzeichnen hatte, ist ein Indikator dafür, daß auf diesem Gebiet noch viele Entdeckungen möglich sind.

Der berühmteste Faktor, der eine entscheidende Rolle über Erfolg oder Mißerfolg spielt, betrifft eigentlich kein Persönlichkeitsmerkmal, sondern eine Einstellung: die Frage, ob Personen an Psi glauben (»Schafe«) oder nicht (»Böcke«). Zahlreiche Studien hatten gezeigt, daß »Schafe« positiv in Psi-Tests abschnitten, während »Böcke« zum Teil weniger Treffer erreichten, als es der Zufall erwarten ließ. Dieses Phänomen ist als *Psi-missing* (»Psi-verfehlen«) bekannt. Es deutet darauf hin, daß Psi unbewußt dazu eingesetzt wird, um Treffer zu vermeiden und damit einer Überzeugung (»Psi gibt es nicht«) genüge zu tun. Eine Meta-Analyse der 73 veröffentlichten Studien zum Schafe/Böcke-Effekt erbrachte eine relativ schwache Effektstärke, die aber hoch signifikant war.[62] Die geschätzte Anzahl negativer Schubladen-Fälle, um den Effekt zum Verschwinden zu bringen, lag bei 1726. Der Effekt kann damit als eindeutig nachgewiesen gelten.

Ein anderer Persönlichkeitszug, der in vielen Einzelstudien als eine Einflußgröße in Psi-Versuchen festgemacht werden konnte, betrifft die Tendenz von Versuchspersonen zur Extraversion bzw. zur Introversion. Extravertierte Menschen sind gesellig, gehen aus sich heraus und sind generell freier von Angst, während Introvertierte meist Einzelgänger sind, in sich gekehrt bleiben und häufig von Ängsten geplagt werden. Die meisten Studien hatten festgestellt, daß Extravertierte bei Psi-Tests bessere Resultate erzielen.

Eine Meta-Analyse bestätigte zunächst einen hochsignifikanten Effekt in der erwarteten Richtung.[63] Allerdings erwiesen sich die Effektstärken als nicht homogen. Das ist zumeist ein Hinweis darauf, daß andere Moderatorvariablen bei einzelnen Versuchen einen entscheidenden Einfluß hatten. Auf der Suche nach der Quelle dieser Inhomogenität wurde folgendes Ergebnis ermittelt: Studien nach der Technik der erzwungenen Auswahl (Rateexperimente) waren nur signifikant, wenn die Probanden den Fragebogen *nach* dem Psi-Test ausfüllten und wußten, wie sie bei dem Versuch abgeschnitten hatten. Die Studien nach der Technik der freien Antworten hingegen waren signifikant, wenn die Personen einzeln getestet wurden, obwohl der Fragebogen vor dem Psi-Test ausgefüllt wurde.

Die Analyse hat hier offenbart, daß bei der Messung von Psi in Abhängigkeit von des Faktors Extraversion/Introversion, mit dem Einfluß anderer Moderatorvariablen gerechnet werden muß, die das Ergebnis verändern. Erst die Meta-Analyse konnte den Ausprägungsgrad des Zusammenhangs zwischen Extraversion und guten Psi-Leistungen, wie er seit langem als gesichertes Ergebnis der Forschung gehandelt wurde, offenlegen und dadurch zeigen, daß es sich bei Versuchen nach der Methode der erzwungenen Auswahl um ein Artefakt handelt. Das heißt, der angebliche Zusammenhang hat in Wahrheit nichts mit der Psi-Leistung zu tun, sondern ist allein auf psychologische Faktoren zurückzuführen. Offenbar schlägt sich die Freude über die ausgezeichnete Leistung im Test in einer generell positiveren und damit eher extravertierten Beschreibung seiner selbst im Fragebogen nieder. Denn jene Studien, in denen die Extravertierten vor dem Test den Fragebogen ausgefüllt hatten, trugen nicht zum signifikanten Effekt bei.

Nach der Methode der freien Antworten galt der Zusammenhang »hohe Treffer im Psi Test = Tendenz zur Extraversion« bei einzeln getesteten Personen als gesichert. Die Ganzfeld-Studien fallen in diese Kategorie, und Honorton hatte seine Fragebögen vor den Psi-Tests ausfüllen lassen. Also nahm er sich nach diesem Ergebnis sofort wieder seine Autoganzfeld-Daten vor. Bei 221 Versuchen dieser Art lagen Daten über das Persönlichkeitsmerkmal der Extraversion vor, und in der Tat war der Zusammenhang zwischen Extraversion und Psi-Leistung im Autoganzfeld sehr signifikant. Dieses Ergebnis zeigt, wie lehrreich Meta-Analysen sein können und zu welchem unverzichtbaren Werkzeug für Interpretation und künftige Forschungsansätze sie mittlerweile geworden sind.

Eine Verbindung zwischen Persönlichkeit und Psi läßt sich nicht leugnen. Wie aber wird Psi im Gehirn verarbeitet? Welche physiologischen und neurologischen Pfade nimmt die anomale Information, und kann man sie durch geeignete Maßnahmen wie veränderte Bewußtseinszustände oder Techniken der Selbstregulation hervorlocken?

Durch das Alpha-Tor

Zu Beginn des Jahrhunderts hatte der französische Philosoph und Nobelpreisträger Henri Bergson den Standpunkt vertreten, daß Gehirn und Nervensystem eine zweifache Funktion besitzen.[64] Einerseits dienen sie zur Aufnahme und Verarbeitung von Sinneseindrücken, andererseits als Filter, um nur gewisse dieser Eindrücke ins Bewußtsein gelangen zu lassen. Wir werden ständig mit Sinnesinformationen bombardiert. Sie alle bewußt zu registrieren, würde lediglich Verwirrung stiften und bald unsere Kapazitäten überschreiten. Bergsons Filtertheorie geht von der Annahme aus, daß die Auswahl der Sinnesinformation einmal aufgrund von Kriterien erfolgt, die für das Überleben sinnvoll sind, andererseits von psychologischen Faktoren wie unseren Motiven abhängig sind. Der Filtermechanismus läßt sich an alltäglichen Beispielen erkennen. Man muß dringend einen Brief einwerfen, fährt eine Straße entlang, die man gut kennt und oft durchfahren hat. Plötzlich springt einem ein Briefkasten ins Auge, den man zuvor nie registriert hat.

Unser Nervensystem reagiert in der Hauptsache auf Veränderungen. Bei der Ganzfeld-Technik machte man sich diesen Umstand zunutze. Die dahinterliegende Idee besagt, daß unser Nervensystem gleichsam nach Reizen hungert, wenn man ihm die Möglichkeit nimmt, auf Sinnesreize zu reagieren. Auf diese Weise könnte eine höhere Sensitivität auf schwache anomale Reize entstehen, die gewöhnlich unter den starken Sinnesreizen unerkannt bleiben.

Ganzfeld ist der vorläufige Endpunkt einer langen Suche innerhalb der Parapsychologie, der Suche nach dem idealen Zustand für die anomale Aufnahme von Informationen. Aber die Suche ist nicht zu Ende. Mit den Techniken der modernen Psychophysiologie wird die flüchtige Welt des Paranormalen nur noch schärfer ins Visier genommen.

Ingo Swann und die Remote Viewer hatten festgestellt, daß das Erkennen eines Objekts oder Bewußtseinsinhalts auf anomalem Weg ein Problem des Verhältnisses von Signal zu Rauschen war. Im Psi-Prozeß ist gewöhnlich der Rauschpegel so hoch, daß das Psi-Signal darin verlorengeht. Während die Forschung in Rußland den Weg ging, das Signal zu verstärken, indem möglichst radikale und intensive Reize übertragen wurden, schlug man im Westen die andere Richtung ein. Die Remote Viewer versuchten durch Techniken der Introspektion analytisch das Rauschen zu durchdringen. Da die analytische Geistestätigkeit immer selber eine Quelle von mentalem Rauschen darstellt, trachteten Honorton und eine Reihe seiner Kollegen indes nach perfekten *Bedingungen*, um Psi ungehindert ins Bewußtsein treten zu lassen.

Die Suche nach solchen »Psi-fördernden Zuständen« ist so alt wie die Parapsychologie selbst. Oder besser gesagt, die Parapsychologie als Wissenschaft gibt es nur, weil die Menschen seit der Morgenröte ihrer Bewußtseinsentwicklung auf der Suche nach solchen Bedingungen sind. Am Beginn der Entwicklung spiritueller Disziplinen, an den Anfängen aller Religionen steht der Wunsch, den alltäglichen Bewußtseinszustand zu verlassen. Die treibende Kraft ist die Sehnsucht nach einem *eigentlichen*, verlorenen Bewußtseinszustand, in welchem die Götter mit den Menschen Zwiesprache hielten. Der Zustand des Paradieses, der mythischen Anfänge, des goldenen Zeitalters – eine Zeit, in welcher der Mensch noch nicht vom Reich des Transzendenten getrennt war. Aus diesem Drängen im eigenen Seelengrunde entstanden Wege und Methoden, das Bewußtsein so zu ändern, daß sich Dinge kundtun würden, die im alltäglichen Wachbewußtsein keinen Platz hatten. Die Schamanen erforschten die Träume, traten außerkörperliche Reisen an und bewegten sich an der Schnittstelle zwischen Wahn und Wirklichkeit.[65] Ihre Nachfahren erkundeten Trance und Besessenheit, erhielten als Propheten göttliche Eingebungen oder entwarfen komplizierte Systeme der Selbstdisziplin, die den gewünschten Erfolg bringen sollten. Zu letzteren zählen die Lehren des Yoga, wie sie der indische Philosoph Patañjali, der Begründer der Philosophie des Yoga, in seinen *Yogasutras* entwarf.

Patañjali faßte die verschiedenen Yoga-Techniken zusammen, die zu seiner Zeit[66] bekannt waren und präsentierte sie auf dem Hintergrund der Metaphysik des *Samkhya*. Er verstand paranormale Fähigkeiten als notwendige Erscheinungen während des Fortschritts in Meditationsübungen. Das dritte der vier Kapitel seiner Yogasutras widmete Patañjali in der Hauptsache der Klassifikation der *siddhis*, der paranormalen Kräfte. Durch konsequente Übung auf dem meditativen Weg treten laut Patañjali die paranormalen Erscheinungen auf. Der Übende kann Kenntnis von früheren Leben erlangen, die Gedanken und Vorstellungen eines anderen kennen, unsichtbar werden, Hunger und Durst zum Verschwinden bringen, Zukünftiges, Verborgenes, Subtiles erfahren, das Bewußtsein von seinem Körper lösen und in einen anderen Körper senken, die Kräfte eines Elefanten erlangen, sogar das Wissen von der Welt und von der Ordnung der Gestirne, ja die Schau des Vollkommenen gewinnen.

Natürlich haben sich die Parapsychologen auch den alten Konzepten der Meditation auf ihrer Suche nach Psi-fördernden Zuständen

zugewandt. Berichte von Sensitiven über ihr eigenes Erleben des Zustands, der Psi-Informationen begünstigt, legten diese Orientierung nahe.[67] Die meisten Sensitiven beschrieben einen Zustand, der jenem der Meditation am nächsten zu kommen scheint. Als zentral erachteten sie eine tiefe geistige und körperliche Entspannung und den Abbau von Streß. Wesentlich sei darüber hinaus eine empfängliche Geisteshaltung im Gegensatz zu einer aktiven, die in einer Abkehr von der Außenwelt gesucht wird. In diesem Zustand muß der Sensitive in der Lage sein, den Geist zum Schweigen zu bringen.
In neuen Untersuchungen zu Persönlichkeitsmerkmalen und der Empfänglichkeit für Psi fand sich ein Persönlichkeitsfaktor höherer Ordnung, der stark mit mystischen und paranormalen Erfahrungen in Zusammenhang steht.[68] Der Faktor wurde als »Absorption« bezeichnet. Menschen, die dazu neigen, Episoden »totaler« Aufmerksamkeit zu erleben, die von etwas komplett aufgesogen werden, berichten sehr viel häufiger als andere von paranormalen Erfahrungen, aber auch von transpersonalen und mystischen Erlebnissen. Solche Menschen sind in der Lage, tiefe Zustände der Konzentration und Meditation herzustellen.
Untersuchungen über Psi bei Yogis im Osten und von Meditationsschülern im Westen haben allerdings keine außergewöhnlichen Resultate erbracht. Man darf diese Studien nicht überbewerten. Menschen, die Meditation als spirituellen Wachstumsprozeß betreiben, haben häufig wenig für experimentelle Untersuchungen von Begleiterscheinungen des Prozesses übrig. Empirische Forschung ist für sie wertlose Zeitverschwendung. Einem indischen Yogi wird man schwer die Bedeutung von Experimenten vermitteln können, in welchen er etwa zufällig ausgewählte, vor seinen Augen verborgene, Symbole zu »erraten« hat. Unter diesen Voraussetzungen kann man gute Psi-Leistungen nicht erwarten. Experimente hingegen, die mit Personen betrieben werden, die Meditation als »Entspannungsübung« auffassen, können uns nichts über den Zusammenhang von Psi und Meditation lehren. Sie sagen bestenfalls etwas aus, ob Entspannungszustände Psi-fördernd sein können.
Interessanterweise ähneln die Beschreibungen der Sensitiven über den idealen »Psi-Zustand« nicht nur den Yoga-Aphorismen des Patañjali, sie ähneln auch den introspektiven Aussagen von Versuchs-

personen, die in der Lage sind, einen hochgradigen Alpharhythmus im Gehirn zu erzeugen. Es ist heute nahezu ein Gemeinplatz, daß ein Alpharhythmus sich Psi-fördernd auswirkt. Doch die Wirklichkeit stellt sich differenzierter dar.

Alphawellen wurden mit Zuständen herabgesetzter Aufmerksamkeit, Verminderung gedanklicher Vorgänge und mit Entspannung in Beziehung gebracht. In Meditation Fortgeschrittene weisen in ihrem EEG einen Anstieg der Amplitude des Alpharhythmus auf. Die Laboruntersuchungen über den tatsächlichen Zusammenhang zwischen Alphawellen und der Leistung in Tests zur anomalen Kognition ergeben kein eindeutiges Bild. Sie widersprechen sich sogar. Während eine Reihe von Untersuchungen auf einen positiven Zusammenhang verweisen, zeigen andere den umgekehrten Effekt: schlechtere Leistungen bei erhöhter Alpha-Aktivität. Offenbar ist das Vorhandensein von Alphawellen allein nicht unbedingt für Psi förderlich.

In einem aufschlußreichen Experiment konnte nachgewiesen werden, daß nur dann das verstärkte Auftreten von Alphawellen zu besseren Psi-Leistungen führte, wenn die Versuchspersonen gleichzeitig in der Lage waren, den eigenen Zustand in Übereinstimmung mit den physiologischen Meßergebnissen introspektiv richtig zu erfassen.[69] Offensichtlich ist der Psi-fördernde Zustand nicht allein vom Vorhandensein von Alphawellen abhängig, sondern auch von der Fähigkeit, ein bewußtes Empfinden für den Entspannungszustand hervorrufen zu können. Alphawellen mögen zwar als eine Art »Trägerfrequenz« für Psi dienen, aber erst die Einsicht in den inneren Zustand durch innengerichtete Aufmerksamkeit kann zur Identifikation von Psi-Signalen führen.

Die Untersuchungen des amerikanischen Psychophysiologen Edgar Wilson haben zu neuen, sehr aufschlußreichen Erkenntnissen über die Rolle der Alphawellen im Gehirn geführt.[70] Sie eröffnen auch einen physiologischen Zugang zum Problem der Differenzierung zwischen paranormalen und transpersonalen Erfahrungen.

Wilson führte seine Untersuchungen bei fortgeschrittenen Teilnehmern von *Gateway*-Kursen am *Monroe-Institut* durch. In diesen Seminaren werden veränderte Bewußtseinszustände durch die

Hemi-Sync-Bänder hervorgerufen, mit denen auch die Psi-Spione ausgebildet wurden. Zunächst haben seine Untersuchungen gezeigt, daß zumeist alle Wellenformen gleichzeitig auftreten. Entscheidend ist der Unterschied in der Dichte und in der Lokalisation auf den Arealen der Hirnrinde. Wilson konnte feststellen, daß das massivere Erscheinen von Alphawellen zugleich zu einer Unterdrückung von sowohl sehr niederfrequenten Wellen (Deltawellen, 0–4 Hz) als auch von sehr hochfrequenten Wellen (Gammawellen, 30–50+ Hz) führte. Sobald Alpha zurückging, traten wieder vermehrt Delta- und Gammawellen auf. Es hat sich gezeigt, daß Gamma- und Deltawellen mit Zuständen transpersonaler, mystischer und meditativer Erfahrungen korrelieren. Wilson vermutete, daß die Alphawellen als eine Art »Schwellenhüter« dienen für das Eintreten und Austreten aus diesen Zuständen. Man kann das Auftreten von verstärkter Alpha-Aktivität mit einem leerlaufenden Motor vergleichen. Das Gehirn befindet sich in einem Bereitschaftszustand, in dem es eine Verringerung der kortikalen Aktivität zeigt. In verstärkten Alpha-Zuständen wird unsere raumzeitliche Wirklichkeit geformt. Sobald wir in meditativen Übungen Alpha hinter uns lassen, treten wir in einen Bereich unmittelbarer Wirklichkeitserfassung ein. Wir erleben das, wie Wilson sagt, was im Augenblick da *ist*, und nicht das, was wir *erwarten*, daß es da sein soll. Durch das »Alpha-Tor« bewegen wir uns vom zeitlichen Bewußtsein weg, hin zu einem »raumöffnenden« Bewußtsein.

Es mag deshalb sein, daß Psi-Eindrücke mit Alphafrequenzen einhergehen, weil diese vermehrt an der Schwelle zwischen der analytischen Aufmerksamkeit (Betawellen) und der mystischen Einsicht (Delta- und Gammawellen) ins Bewußtsein gelangen. Psi ist eine Erscheinungsform an der Schwelle, ihre gehirnelektrischen Korrelate reflektieren Übergangsphasen, Momente, in denen das Alpha-Tor geöffnet wird.

Auf die Untersuchung der physiologischen Begleiterscheinungen der anomalen Kognition haben sich die Forscher des *Bio-Emissionslabors* des *National Institute of Radiological Sciences* (NIRS, »Nationales Institut für Radiologische Wissenschaften«) in Chiba, Japan, spezialisiert. Aus ihrem Labor kommen in den letzten Jah-

ren zahlreiche sehr interessante Studien, die neue Erkenntnisse von EEG-Mustern und anderen elektrokortikalen Aktivitäten im Psi-Prozeß vermitteln.
Bei einem Telepathieversuch befanden sich Sender und Empfänger in getrennten Räumen.[71] Der Perzipient sollte nicht nur versuchen, die Inhalte wahrzunehmen, die der Sender zu übertragen versuchte, sondern auch jene Zeitintervalle zu identifizieren, in denen die Übertragung stattfand. Die Bildinhalte konnten nicht richtig wiedergegeben werden. Ebensowenig vermochte der Perzipient die korrekten Zeitintervalle anzugeben. Hingegen zeigte die Analyse der EEG-Daten, daß anomale Kognition mit visueller Wahrnehmung in Beziehung steht und zwar durch die Erhöhung der Amplitude der Alphawellen im EEG des Perzipienten im Bereich der Hirnareale, wo visuelle Sinneseindrücke verarbeitet werden.
Darüber hinaus konnten charakteristische Wellenmuster als zwei isolierte Reaktionen beim Perzipienten festgestellt werden. Die erste Reaktion zeigt sich im Bereich der sogenannten okzipitalen und parietalen Regionen[72] des Gehirns und wird von einer Reaktion in der frontalen Region abgeschlossen.[73] Die Versuche deuten darauf hin, daß die Aufnahme außersinnlicher Informationen durch signifikante Veränderungen von Alphawellen festgestellt werden kann, auch ohne daß die übermittelten Inhalte bewußt wahrgenommen werden.
Bei einem Versuch von Mikio Yamamoto sollte ein Qigong-Meister einem Empfänger Qi senden. Der Qigong-Meister saß hinter einem Schirm, der ihn vom Empfänger trennte, während seine Hand durch eine Metallschachtel zusätzlich abgeschirmt wurde. Der Empfänger, visuell und akustisch isoliert, saß ihm gegenüber und hielt seine Hand über der Metallschachtel. Beide Versuchsteilnehmer waren an EEG-Geräte angeschlossen (Foto 38). Aufgabe des Perzipienten war es anzugeben, wann seiner Meinung nach eine Qi-Übertragung versucht wurde. In den 20 Durchgängen gelang es dem Perzipienten nicht, die Zeitintervalle zu erkennen, in denen Qi emittiert wurde. Im EEG allerdings zeigte sich der bereits bei den Versuchen zur anomalen Kognition festgestellte, statistisch bedeutsame Unterschied in der Amplitude der Alphawellen zwischen den

Übertragungszeiten und den Kontrollepochen in den Hirnarealen, die mit der Verarbeitung von Sinneseindrücken in Verbindung stehen.[74]

Die Versuche des *Bio-Emissionslabors* deuten darauf hin, daß zwischen Psi und Qi tatsächlich nicht unterschieden werden kann. Das große Manko bei diesen Versuchen liegt in der geringen Anzahl von Einzeltests. Bei 20 Durchgängen sind keine statistisch aussagekräftigen Resultate zu erwarten. Speziell für einen so schwachen Effekt, wie Psi gilt als erste Pflicht, möglichst viele Daten zu sammeln. Die Meta-Analysen haben gezeigt, daß erst bei einer sehr großen Datenfülle die Phänomene trotz geringer Effektstärken zu robusten Resultaten werden.

Ein Hinweis darauf, daß anomale Kognition wie andere Sinnesinformationen im Gehirn verarbeitet wird, konnte unlängst in mehreren, sehr aufschlußreichen Versuchen nachgewiesen werden. Sie gehen auf ein Experiment zurück, das vor mehr als 25 Jahren unter Parapsychologen für Aufsehen gesorgt hatte. Als eine unabhängige Wiederholung in einem anderen Labor fehlschlug, war es lange Zeit in Vergessenheit geraten.

Der komplexe Versuch über die zentralnervösen Begleiterscheinungen telepathischer Übertragungen wurde zu Beginn der siebziger Jahre in Kanada von einem Forscher angestellt, der unter dem Pseudonym »D. H. Lloyd« firmierte. Er bediente sich der Methode der sogenannten »evozierten Potentiale«: In einer EEG-Aufzeichnung aus der Okzipitalregion zeigt die wiederholte Darbietung ein und desselben visuellen Reizes eine charakteristische Verlaufskurve. Allerdings ist wegen des Rauschens der gehirnelektrischen Aktivität dieses Potential nicht unmittelbar sichtbar. Man muß jene kurzen EEG-Abschnitte, in denen immer dasselbe Signal gesetzt wurde, übereinander legen, so daß das Rauschen durch eine Mittlung aller Kurven eliminiert werden kann und das Signal als ideale Kurve übrig bleibt. Das evozierte Potential zeigt dann immer wieder den gleichen charakteristischen Verlauf.

Lloyd ist bei seinem Experiment folgendermaßen vorgegangen: Ein Sender sollte immer nach dem Erscheinen eines Lichtsignals ein Vorstellungsbild telepathisch einem Empfänger in einem anderen Raum übermitteln.[75] Der Empfänger war an ein EEG-Gerät angeschlossen, dessen Aufzeichnungen für die Sendeperioden später analysiert wurden. Bei dieser Analyse zeigte sich, daß ein evoziertes Potential auf die telepathische Sendung des Vorstellungsbildes nachgewiesen werden konnte. Das bedeutet, daß ein telepathisch übermittelter Inhalt tatsächlich wie ein sinnlich wahrgenommener Reiz von einer eindeutig zuzuordnenden gehirnelektrischen Aktivität begleitet wird.

Vor wenigen Jahren gelang es zwei Forschergruppen, eine in den USA, die andere in Mexiko[76], diesen Versuch erfolgreich zu wiederholen. In der amerikanischen Studie[77] zeigten sich bei der Übermittlung von Zielbildern andere evozierte Potentiale in den Gehirnwellen eines Sensitiven als dann, wenn keine Zielbilder vorlagen.

Auch die japanischen Forscher am *Bio-Emissionslabor* suchten in evozierten Potentialen nach Merkmalen, durch die sich Perioden anomaler Informationsübermittlung von Intervallen ohne Übermittlung unterscheiden lassen. Ein Experiment von Hideyuki Kokubo und Mitarbeitern ist insofern von besonderem Interesse, weil hier japanische Wissenschaftler zum ersten Mal konsequent die Vorsichtsmaßnahmen in die Tat umgesetzt haben, die Honorton und Hyman in ihrem *Joint Communiqué* für die Ganzfeld-Studien entwickelt hatten. Was für die westliche Forschung selbstverständlich erscheint, ist in Japan ein Novum. Dort hat man über viele Jahre hinweg, wie in Rußland und in China die nötige Sorgfalt bei der Untersuchung paranormaler Phänomene oft auf die leichte Schulter genommen. Deshalb müssen viele Experimente mit Vorsicht interpretiert werden. Die führenden Forscher auf dem Gebiet haben aus diesem Grund die Untersuchungen, die in Rußland und in Ostasien durchgeführt wurden, zwar wohlwollend verfolgt, aber deren Resultate nicht in ihre Überlegungen mit aufgenommen. Das wird sich, so bleibt zu hoffen, in absehbarer Zukunft ändern.

Bei dem Experiment von Kokubo hatten Versuchspersonen eine Remote Viewing-Aufgabe zu bewältigen. Sie sollten feststellen, wo sich eine Zielperson aufhielt und was diese Person gerade machte.[78] Die Mitarbeiter erhielten nur ein Foto der Person zu sehen. Der Versuch dauerte etwa eineinhalb Stunden. In dieser Zeit wurden sowohl das EEG als auch sogenannte auditorische evozierte Potentiale der Zielperson aufgezeichnet. Aus den EEG-Daten konnten keine eindeutigen Schlüsse gezogen werden, aber die evozierten Potentiale wiesen während der Experimentalsitzung eine Tendenz zu einer geringeren Amplitude auf im Vergleich zu den Zeitpunkten davor und danach.

Verschiedentlich wurde Psi mit der Funktion der rechten Gehirnhemisphäre in Beziehung gebracht. Allgemein gesprochen ist die rechte Hemisphäre eher für künstlerische Aufgaben zuständig, für das Hören von Musik, das Erkennen von Gesichtern und räumlichen Arrangements, während die linke sequentielle Aufgaben bewältigt und für Rechnen, Sprache und logisches Denken verantwortlich ist.

Experimente der amerikanischen Forscherinnen Gertrude Schmeidler und Michaeleen Maher widersprachen der Ansicht, Psi würde in der Hauptsache über rechtshemisphärische Funktionen ablaufen. Bei ihren Versuchen wurde einmal die linke Hemisphäre in eine zerstreuende Arbeit verwickelt, während durch experimentelle Kunstgriffe die rechte Hemisphäre eine Psi-Aufgabe zu lösen hatte, dann wurde der umgekehrte Vorgang gewählt. Rechtshemisphärisches Psi wurde über räumliche, taktile Wahrnehmung getestet, linkshemisphärisches Psi über verbale Leistungen. Die Resultate legen folgende Interpretation nahe: Psi-Leistungen sind nicht unbedingt ein bevorzugtes Verarbeitungsgebiet der rechten Hemisphäre, weil diese mit Kreativität und ganzheitlichem Erfassen verbunden ist, sondern werden eher je nach Aufgabe von der jeweils »zuständigen« Hemisphäre verarbeitet.

Bei diesen Versuchen stellten die beiden Parapsychologinnen ein interessantes Ergebnis am Rande fest: Männliche Versuchspersonen erzielten bei diesen zerebralen Spezialiserungsexperimenten bessere Resultate als weibliche. Diese Tatsache wird von der Erkenntnis der Neurophysiologie unterstützt, daß bei Männern die Spezialisierungen der beiden Gehirnhemisphären stärker ausgeprägt sind als bei Frauen.

Kann man Psi trainieren?

Das noch relativ junge Gebiet der EEG-Studien läßt uns folgenden vorläufigen Schluß ziehen: Der Prozeß der anomalen Informationsaufnahme im Gehirn geschieht in analoger Weise zur Verarbeitung von Sinnesinformationen. Diese Verarbeitung findet unbewußt statt. Psi-Signale werden vom Körper auch ohne bewußte Wahrnehmung aufgenommen und zentralnervös verarbeitet. Die Verwandlung der Informationen in bewußte Eindrücke wird durch solche Zustände innengerichteter Aufmerksamkeit gefördert, die sich – auf der Basis eines ruhigen Geistes – an der Schwelle zu Zuständen tiefer Meditation oder mystischer und transzendenter (ekstatischer) Erfahrungen bewegen.

Aufschluß darüber, ob Versuche mit veränderten Bewußtseinszuständen tatsächlich bessere Psi-Leistungen erbringen, geben zwei neue Meta-Analysen. Die englische Psychologin Julie Milton analysierte die Experimente zur anomalen Kognition nach der Methode der freien Aussagen in Zuständen gewöhnlichen Wachbewußtseins.[79] Diese Versuche schlossen Ganzfeld, Traum und Hypnose aus. Sie zog 78 Studien heran, die zwischen 1964 und 1993 publiziert wurden. Auch einige der Remote-Viewing-Versuche am SRI gingen in die Analyse ein.

Die Wahrscheinlichkeit eines echten anomalen Effekts lag bei 10 Millionen zu eins. Für die 55 Studien, die letztendlich in die Analyse aufgenommen werden konnten, errechnete Milton 866 Schubladenfälle. Die Meta-Analyse spricht für die Tatsache, daß im normalen Wachbewußtsein erfolgreiche Psi-Versuche abgehalten werden können.

Die durchschnittliche Trefferrate der von Milton analysierten AC-Experimente im Normalzustand erreichte allerdings nur 54 % bei erwarteten 50 %. Sie ist damit um einiges geringer als Trefferraten, die bei Experimenten mit leicht bis stärker veränderten Bewußtseinszuständen erzielt werden konnten. Das spricht für die Wirksamkeit verschiedener veränderter Bewußtseinszustände und die Effizienz bestimmter Methoden. Die Maimonides-Untersuchungen von Telepathie im Traum brachten es auf eine Trefferrate von 63 % bei erwarteten 50 %. Beim Ganzfeld liegt die mittlere Trefferrate für alle bislang durchgeführten Versuche bei 33,2 % bei erwarteten 25 %.

Durch Hypnose erhoffte man in den fünfziger und sechziger Jahren besonders gute und stabile Trefferraten zu erzielen. Einige Forscher waren sogar der Ansicht, daß sich Hypnose zum Training von besseren Leistungen in Psi-Tests einsetzen ließ. In Zusammenhang mit der Hypnose gibt es eine Reihe von Problemen, die dazu geführt haben, daß man sich im Westen von dieser Forschungsrichtung weitgehend verabschiedet hat. Hypnose trägt immer das Stigma der Manipulation. Zudem variiert die Begabung zu einem guten Hypnotiseur stark, und Menschen zeigen sehr unterschiedliche Grade von Hypnotisierbarkeit. Eine Meta-Analyse erbrachte zwar deutliche Vorteile für gute Psi-Ergebnisse unter der Bedingung der Hypnose im Vergleich zum normalen Wachbewußtsein, sie zeigte aber auch, daß die Ergebnisse zwischen den Versuchsleitern bzw. Hypnotiseuren starke Unterschiede aufwiesen.[80]

Auf dem Hintergrund dieser Erkenntnisse kann man vorsichtig die Frage stellen, ob es den idealen inneren Zustand für Psi gibt – nach wie vor ein brennendes Thema der Forschung. Viele sind der Ansicht, ihn in der Ganzfeld-Technik gefunden zu haben. Würde man aber Psi anhand solcher Idealzustände regelrecht »trainieren« können, oder sind wir dazu verdammt, mit Psi als einem unbeständigen Begleiter unseres Alltags zu leben?

Die Erfolge der Ganzfeld-Forschungen und von Remote Viewing haben die Möglichkeit des ordentlichen Einsatzes und der Trainierbarkeit von Psi ins Zentrum der Aufmerksamkeit gerückt. Letztlich ist jede Wissenschaft anwendungsorientiert. Auch Grundlagenforschungen werden betrieben, um neue Ergebnisse im alltäglichen Leben einsetzen zu können. Niemand wird bezweifeln, daß eine kontrollierbare »Psi-Fähigkeit« weitreichende praktische Konsequenzen haben würde. Indes brauchen sich Betreiber von Spielcasinos oder Lotterien noch keine grauen Haare wachsen zu lassen. Glücksspiele sind immer so angelegt, daß die Chancen für Gewinn stark zugunsten der Bank neigen. Die Identifikationsquote, speziell bei Zahlen, liegt im besten Fall bei wenigen Prozentpunkten über der Zufallserwartung.

Auch ein Psi-Begabter würde letztlich als Verlierer vom Spieltisch gehen.

Zum anderen hat sich gezeigt, daß es mit der Trainierbarkeit von Psi nicht gut bestellt ist. Wer etwas anderes behauptet, kennt die Fakten nicht. Selbst das ausgeklügelte System Swanns hat die RV-Leistung nicht entscheidend verbessert. Zweifellos haben einige dadurch ihre Fähigkeiten zur anomalen Informationsaufnahme erst entdeckt und ausgebildet, aber sobald diese ein bestimmtes Niveau erreicht hatte, blieb sie auf diesem stehen. Die begabten Remote Viewer konnten ihre Leistungen durch das System nicht steigern.

Auch der Ansatz von Charles Tart, Psi durch Rateexperimente mit Zufallsabfolgen zu trainieren, muß als fehlgeschlagen gelten. Tart ging von der klassischen Lerntheorie der Psychologie aus. Ihr zufolge behält man einen Wissensstoff besser, wenn man ein »positives Feedback« erhält, also eine Art psychisches Schulterklopfen empfängt, eine Aufmunterung, die einem sagt: Gut gemacht, weiter so!

Tart vermutete, daß kontinuierliches Feedback – Informationen über die Trefferleistung – ein geeigneter Ansporn sein könnte, um Psi trainieren zu können. Er vermutete, daß bei anfänglichen guten Trefferquoten die unmittelbare Information über die eigene Leistung den nötigen Ansporn bieten könnte, weiter überzufällig oft richtig zu »raten«. Möglicherweise konnte die Versuchsperson auch durch Selbstbeobachtung lernen, einen geeigneten inneren Zustand herzustellen oder besondere Wahrnehmungen zu unterscheiden, die mit Treffern einhergehen. Auf diese Weise könnte sie sich vielleicht später in die ideale Bewußtseinslage versetzen oder mit größerer Überzeugung Nennungen abgeben.

Tart entwickelte ein Gerät, auf dem im Kreis zehn Lampen angebracht waren, deren Aufleuchten von einem Zufallsprozeß gesteuert wurde (Foto 20).[81] Aufgabe der Versuchspersonen war es, den Knopf jener Lampe zu drücken, von der sie glaubte, daß sie als nächste aufleuchten werde. Sobald das nächste Licht anging, wußte die Versuchsperson, ob sie mit ihrer Wahl richtig oder falsch lag. Zwar gab es einige sehr gute Ergebnisse, ein echter Lerneffekt, der sich in einer jederzeit wiederholbaren verbesserten Leistung niedergeschlagen hätte, bestand aber nicht.[82]

Das Problem beim Feedback-Training liegt darin, daß man im Rateexperiment nie weiß, ob ein Treffer zufällig zustande gekommen ist, oder ob er einem geheimnisvollen Vermögen »Psi« zuzurechnen ist. Die Versuchsperson erhält also auch positive Rückmeldungen über rein zufällige Treffer, die vom Standpunkt von Psi aus betrachtet, Nieten sind. Auf diese Weise läßt sich der ideale innere Zustand kaum ermitteln.

Perfekte Kontrolle von Psi darf man sich nicht erhoffen. Es wird sie niemals geben. Ich habe deshalb bislang immer »Psi-Fähigkeiten« unter Anführungszeichen gestellt. Nach allem, was wir von Psi wissen, handelt es sich nicht um eine Fähigkeit im herkömmlichen Sinn. Psi kann man nicht erlernen wie eine Fremdsprache oder trainieren wie das Spielen eines Instruments. Man kann aber sehr wohl bis zu einem gewissen Grad lernen, Psi-Signale von anderen Eindrücken zu unterscheiden. Und das bedeutet keineswegs, daß man zum »Hellseher« werden kann. Psi-Signale treten auch durch exzellente Leistungen der Introspektion nicht häufiger auf. Die Flüchtigkeit und Seltenheit liegt in der physikalischen Natur von Psi.

Wenn wir uns außerhalb des Frequenzbereiches eines Radiosenders befinden, können wir tun, was wir wollen, das Signal wird immer nur bruchstückhaft und schwach vernehmlich unter mächtigem Rauschen zu empfangen sein. Wir können den Apparat lauter stellen, verstärken dadurch aber das Rauschen, wir können die hohen Töne dämpfen, um das Rauschen ein wenig zu reduzieren, und wir können uns darin üben, besonders aufmerksam den im Rauschen fragmentarisch auftretenden sinnvollen Imformationen zu lauschen. Trotzdem werden es immer nur Bruchstücke sein, die zu uns durchdringen. Selbst wenn man einen perfekten inneren Zugang zu Psi besitzt, wird Psi seine Seltenheit und seinen ephemeren Charakter behalten. Diese Probleme mit der Natur der anomalen Kognition haben im Zuge der Faszination mit den Erfolgen von Remote Viewing und Ganzfeld, einige nicht davon abgehalten, die Grenzen von Psi in der Praxis auszuloten.

Die praktische Anwendung der anomalen Kognition

Das gesamte Remote Viewing-Projekt war aus einer einzigen Frage heraus entstanden: kann man die anomale Kognition praktisch anwenden? Die Antwort muß eindeutig bejaht werden. Doch hat diese Anwendung auch tatsächlich einen praktischen Nutzen? Einen Nutzwert, der andere Möglichkeiten, dasselbe Ziel zu erreichen, übertrifft? Antworten auf diese Fragen werden weitaus weniger eindeutig ausfallen. Es gibt jedoch einige Ansätze, die hoffen lassen, daß auf diesem Gebiet Fortschritte erzielt werden können. Einen davon hat der amerikanische klinische Psychologe James Carpenter vorgestellt.

Carpenter fragte sich, ob codierte Nachrichten durch Psi kommuniziert werden können. Die Personen, die an dem Versuch teilnahmen, wußten nicht einmal, daß sie codierte Nachrichten entziffern sollten. Vor dem Versuch wählte jemand ein Wort aus und codierte es, indem er es nach dem Morse-Alphabet in Punkte und Striche übertrug. Anschließend sollten einige Dutzend Studenten an einem einfachen Psi-Test teilnehmen. Sie mußten mehrere Durchgänge von 24 Binärsymbolen erraten. Die Symbole waren 0 und +. Was sie nicht wußten: Zwölf von diesen Symbolen codierten das Zielwort. Die Versuchspersonen mußten auch angeben, in welcher Stimmungslage sie sich während des Versuches befanden.

Die komplexe Vorgangsweise von Carpenter bedient sich der Technik des Mehrheitsentscheids (*majority-vote*), bei der die Nennungen der Versuchspersonen zu einer einzelnen Nennung summiert werden. Die zwölf Zielsymbole für die codierte Nachricht waren für alle Versuchspersonen gleich. Für jedes Symbol wurde die Nennung der Symbole 0 und + summiert. Das am häufigsten genannte Symbol wurde ausgewählt. Auf diese Weise hoffte Carpenter das schwache Psi-Signal aus zahlreichen Nennungen »destillieren« zu können.

Nun folgte ein spannender Zusatz. Carpenter hatte in früheren Versuchen herausgefunden, daß man Menschen, die konstant gut in solchen Rateexperimenten abschnitten von solchen, die konstant unter der Zufallserwartung blieben, anhand der Angaben in dem Fragebogen, der als Stimmungsbarometer galt, unterscheiden konnte. Deuteten die Stimmungsangaben auf jemanden hin, der eher gut abschneiden würde, dann verwendete Carpenter die Nennungen, wie sie niedergeschrieben wurden. Bei denen, die vermutlich unter der Zufallserwartung liegen würden, konvertierte er das jeweils genannte Symbole in das andere.

Am Ende hatte er eine Reihe von + und 0 Symbolen, die in das Morse-Alphabet umgewandelt wurden und die Buchstaben P, E, A, C und E ergaben. Das codierte Zielwort war »Peace«. Es wurde zu 100 % richtig wiedergegeben.[83]

Carpenters Arbeit steht erst am Anfang. Wir wissen nicht, ob man solche eindrucksvollen Ergebnisse stabilisieren kann. In jedem Fall wird es sehr lange dauern, bis die komplexe Vorgangsweise so vereinfacht und verkürzt werden kann, daß man daraus einen praktischen Nutzen ziehen kann.

Die Idee hinter Carpenters Versuch ist simpel. Man hat eine große Anzahl von rauschenden Aufzeichnungen vorliegen, in denen immer wieder das gleiche schwache Signal verborgen ist. Legt man die Aufnahmen übereinander, wird das Rauschen immer Rauschen bleiben, das Signal allerdings wird sich durch die Überlagerungen deutlicher herausheben. Bei Psi sollte das nicht anders sein. Der Schlüssel zum Erfolg liegt in der Sammlung von sehr vielen Daten zu ein und demselben Problem. Es müssen also viele Versuchspersonen ein Ziel durch anomale Kognition zu erraten versuchen. Wenn man gleichzeitig ein unabhängiges Maß dafür hat, wer eher ein Psi-Begabter und wer eher ein Psi-Vermeider ist, kann man die Güte der Aussagen noch verbessern.

Carpenter verwendete die Technik der erzwungenen Auswahl. Aber auch Remote Viewing-Daten konnten und wurden nach dem Verfahren des Mehrheitsentscheids kontinuierlich verbessert. Optimisten meinten, daß sich die Konsens-Technik beim RV bereits erfolgreich anwenden läßt. Stephen Schwartz von der *Mobius Society* in Los Angeles verwendete die Vorgangsweise zur Lokalisation von unbekannten archäologischen Fundstätten. Unter anderem will er auf diese Weise den Palast der Cleopatra vor der Küste Alexandrias aufgespürt haben.[84] Seine Angaben sind allerdings ins Kreuzfeuer der Kritik geraten. Bisweilen scheint Schwartz an Orten gesucht zu haben, an denen man mit irgendeinem Fund rechnen konnte, der hinterher dem Einsatz von Sensitiven zugeschrieben wurde.[85] Die Konsens-Technik ist keineswegs unproblematisch und alles andere als fehlerfrei.

Möglicherweise kann man aus einer Mischung des Carpenter-Ansatzes mit RV nach der Konsens-Technik eine Vorgangsweise entwickeln, die in abgegrenzten Bereichen die Anwendung von anomaler Kognition praktikabel macht.

Die praktische Anwendung von Psi spielt für die US-Forscher für die allgemeine Anerkennung ihres Faches eine wichtige Rolle. Was sich praktisch verwerten läßt, wird in den USA viel bereitwilliger als »real« akzeptiert. Und was sich zu Dollars machen läßt, hat die besten Chancen unwidersprochen als real gelten zu dürfen.

Zu Beginn der achtziger Jahre gründeten Russell Targ und Keith Harary gemeinsam mit dem Geschäftsmann Anthony White die *Delphi Associates*. Diese Gruppe wollte Dienstleistungen der besonderen Art anbieten. Durch präkognitives Remote Viewing sollten die Bewegungen des Silberpreises an der Warenterminbörse von Chicago vorhergesagt werden. Sogar die berühmteste Finanzzeitung der Welt, das *Wall Street Journal*, widmete der kleinen Studie einen positiven Artikel.

Die *Delphi Associates* verwendeten die Methode des »assoziierten Remote Viewing«. Der Kunstgriff bei diesem Versuch ist es, die Vorhersage des eigentlichen, abstrakten Ereignisses über das Unterschieben von anschaulichem Material geschickt einzufädeln. Im Gegensatz zum herkömmlichen RV-Experiment wird jedem Zielobjekt ein bestimmtes Ereignis zugeordnet.[86] Bei einem Einzelversuch waren jeweils vier mögliche Zielobjekte vorhanden, beispielsweise ein Frosch, ein Miniaturfernsehgerät, ein Medizinball und ein Becher mit Eiswürfeln. Vor dem Experiment wurde den Objekten ein späteres Ereignis zugeordnet: Der lebendige Frosch stand für einen Anstieg des Silberpreises am Montag der folgenden Woche um mehr als 25 Cents; das Miniaturfernsehgerät für einen Preisanstieg von weniger als 25 Cents; bei gleichbleibendem Preis war das Zielobjekt ein Medizinball und bei fallendem Preis ein Becher mit Eiswürfeln. Keith Harary, der als Remote Viewer agierte, wußte nicht, welche Zielobjekte ausgewählt worden waren und zu welchen Ereignissen sie von Russell Targ in Beziehung gesetzt wurden.

Je nachdem, in welche Richtung sich der Silberpreis am kommenden Montag bewegen wird, würde Harary das entsprechende Objekt ausgehändigt bekommen. Würde beispielsweise der Silberpreis fallen, erhielte er den Becher mit Eiswürfeln. Der Becher wäre damit das eigentliche Zielobjekt. Die Bewegung des Silberpreises ersetzt den Zufallsprozeß beim Auswählen des Objekts. Im Grunde handelt es sich also um klassisches präkognitives Remote Viewing, wobei das Ziel nach der Aussage festgelegt wird.
Würde nun Harary bei seinem Remote Viewing ein schleimiges, grünes, bewegliches Etwas beschreiben und etwa Füße mit Schwimmhäuten zeichnen, dann würden es die Beurteiler nicht schwer haben, den Frosch als wahrgenommenes Objekt auszumachen. Nun kam aber der erfinderische Part ins Spiel. Immer, wenn die Untersucher das Gefühl hatten, eines der Zielobjekte sei getroffen worden, plazierten sie entsprechende Order an der Börse: Gehörte das Zielobjekt zu einem steigenden Preis, wurden Silberkontrakte gekauft, deutete es auf einen fallenden Preis, wurden Kontrakte verkauft. In beiden Fällen läßt sich, sofern man richtig liegt, Geld verdienen. Und die *Delphi Associates* verdienten, denn sie lagen bei neun Versuchen alle neun Mal richtig![87]
Russell Targ versucht mittlerweile mit Mitarbeitern an seinem *Bay Research Institute* in Palo Alto die Vorgangsweise für assoziiertes Remote Viewing zu verbessern. Ein Protokoll, das Fehler korrigieren soll, überstand einen ersten Test.[88] Zwei Untersucher agierten als Remote Viewer und hatten zwei Zielbilder zur Auswahl, über die sie nichts wußten. Die beiden anderen Untersucher traten als Beurteiler auf. Sie assoziierten mit einem Zielbild den Status »höher«, mit dem anderen den Status »niedriger«. Diese beiden Eigenschaften bezogen sich wie bei der ersten Silberpreis-Studie auf ein Ansteigen bzw. ein Fallen des Silberpreises am jeweils folgenden Montag. Diesmal war die Gruppe vorsichtig. Das Experiment blieb Theorie. Keiner setzte aufgrund der Ergebnisse sein Geld an der Börse ein.
Neun Wochen lang wurde pro Woche ein Einzelversuch mit den beiden Remote Viewern durchgeführt. Beschrieben die beiden Remote Viewer ein Zielsymbol korrekt, jedoch einer das mit dem Status »höher«, der andere jenes mit dem Status »niedriger«, wurde

diese Sitzung als unentschieden eingestuft und nicht gewertet. Von den zwölf Protokollen, die gewertet wurden, beschrieben elf das Objekt, das der Remote Viewer später zu sehen bekam.

Von den neun Sitzungen wurden zwei nicht gewertet. Von den sieben verbliebenen Voraussagen betreffs der Bewegung des Silberpreises erwiesen sich sechs als richtig. Vielleicht ist Russell Targ auf einen Weg gestoßen, die Trefferquote entscheidend zu erhöhen. Ein Wort der Vorsicht muß zweifellos angefügt werden: Auch hier handelt es sich wieder um ein neues Experiment, dessen Initialerfolg erst durch Wiederholungen abgesichert werden muß.

5 Mentale Beeinflussung lebender Systeme

Intention als Aktion

Es schien ein geruhsamer Nachmittag zu werden. Rudolf durfte in einem bequemen Stuhl Platz nehmen und in einem halbdunklen Raum unregelmäßigen Sequenzen von Klicks über Kopfhörer lauschen. Für Rudolf war es nur ein Experiment. Eines unter vielen, für die sich der Student als freiwillige Versuchsperson zur Verfügung stellte. Bevor die Klicks erschienen, ertönte ein Summton. Das war das Signal. Rudolf sollte sich darauf konzentrieren, daß möglichst viele Klicks auftreten würden. Je mehr, desto besser. Er konnte sich auch vorstellen, wie ein Hamster rasch und ohne Pause sein Laufrad in Bewegung hält. Denn darum ging es in dem Experiment.[89] Der Hamster durfte sich einen Tag lang in einem engen Käfig nicht frei bewegen. Kurz vor dem Versuch wurde er in einen anderen Käfig gesetzt mit einem Laufrad, wo er sich nach Herzenslust austoben konnte. Rudolf konnte den Hamster nicht sehen, sein Käfig befand sich in einem anderen Raum. Mit jeder Umdrehung des Laufrads wurde ein Klick ausgelöst, den Rudolf zu hören bekam.

Als Versuchsleiter saß ich in einem dritten Raum und bekam von alledem nichts mit. Nach einem Zufallsschlüssel übermittelte ich den Summton und schaltete die Lautstärke in den Kopfhörern meines Probanden ein, wenn eine Experimentalphase an der Reihe war. In den Kontrollperioden blieb die Lautstärke ausgeschaltet. Dann sollte sich Rudolf lediglich entspannen und an nichts denken. Die Analyse der Daten ergab, daß sich die Aktivität des Hamsters in Entsprechung zu den Intentionen meiner Versuchsperson verhielt.

Der Versuch war einer aus einer Serie von Untersuchungen, die ich zu einem Konzept durchführte, das Ende der siebziger Jahre ein neues Feld in der Psi-Forschung eröffnete. Das Konzept nannte sich »konformes Verhalten« und wurde von dem amerikanischen Parapsychologen Rex Stanford entworfen und von seinem Kollegen William Braud weiterentwickelt. Die grundsätzliche Idee ist folgende: Unter bestimmten Umständen verändert ein System, das einen gewissen Grad an Unordnung, Zufälligkeit, Labilität, Rauschen aufweist, seine Organisation, um sich der Organisation eines anderen Systems anzugleichen, das sich durch geringere Unordnung und stärkere Strukturierung auszeichnet. Das labile System verhält sich konform zum strukturierten System. Je vielfältiger die möglichen Zustände des ungeordneten Systems sind und je stärker die Organisation des strukturierten Systems ist, desto größer die Wahrscheinlichkeit des Auftretens von konformem Verhalten.

Dieses Konzept hat den Vorteil, die Trennung zwischen außersinnlicher Übermittlung und psychokinetischer Beeinflussung zu überwinden. Es nähert sich dem Problem phänomenologisch. Was sich bei Effekten der Fernbeeinflussung beobachten läßt, ist eine Änderung im statistischen Verhalten eines Systems in Entsprechung zur Ansicht oder zum Wunsch einer Person. Das durch die Intention ausgerichtete Bewußtsein stellt mithin das strukturierte System dar.

William Braud und eine Reihe anderer Forscher wählten für die Überprüfung des Konzepts als zufällige Prozesse häufig lebende Systeme aus: Menschen, Tiere, Pflanzen, Zellkulturen. Lebende Systeme sind viel sensitiver, und zwar als »Bioverstärker« und als informationsverarbeitende Systeme, als unbelebte Zufallssysteme.

Die Konzentration auf lebende Systeme eröffnete ein in hohem Maße erfolgreiches und in seinen Konsequenzen weitreichendes Forschungsprogramm. Neben dem Terminus Bio-PK hat die Gruppe von Braud dafür die Abkürzung DMILS (*direct mental influence of living systems,* »direkte mentale Beeinflussung lebender Systeme«) geprägt. Die Fernbeeinflussung biologischer Systeme kann unterschiedlichste Formen annehmen. Anfänglich wurde versucht, die motorische Aktivität von Säugetieren oder die Orientierung von Fischen zu beeinflussen. Als der Erfolg dieser Experimente deutlich wurde und man die Bedeutung des Effekts für die Frage des anomalen Heilens erkannte, verlegte man sich zusehends auf die Beeinflussung physiologischer Reaktionen von Menschen.

Die weitaus meisten Untersuchungen dieser Art hat William Braud an der *Mind Science Foundation* in San Antonio, Texas, durchgeführt.[90] Systematisch hielten er und mehrere andere Experimentatoren Versuchspersonen dazu an, durch einfache mentale Absicht in entfernten Räumen abgeschirmte biologische Systeme zu beeinflussen. Die Zielsysteme umfaßten dabei: die physiologischen Parameter von Personen wie Hautleitwiderstand, Herzschlagrate, Blutdruck, Muskeltremor, ideomotorische Bewegungen, aber auch Experimente in vitro, etwa zur Beeinflussung der Hämolyserate roter Blutkörperchen.

Über eine spezielle Apparatur kann fast jeder – ganz ohne Psi – lernen, bestimmte automatisch ablaufende physiologische Prozesse seines eigenen Körpers zu steuern. Es ist relativ einfach möglich, den Pulsschlag oder die Herzfrequenz zu reduzieren, indem man über Kopfhörer dem Puls bzw. dem Herzschlag lauscht. Ohne großen Aufwand läßt sich auch ein Zustand der Entspannung hervorrufen, indem man das Auftreten von Alphawellen im Gehirn über ein spezielles Gerät beobachtet. Man nennt diese Art der Selbstregulation »Biofeedback«.

William Braud hat in aufsehenerregenden und eleganten Versuchen gezeigt, daß Biofeedback-Training nicht auf die Abläufe im eigenen Organismus beschränkt sein muß.[91]

Eine zu beeinflussende Versuchsperson wurde an ein Biofeedback-Gerät angeschlossen, das den elektrischen Hautwiderstand registriert – ein Maß, das auch bei einem Lügendetektor zum Einsatz kommt und Hinweise über den Grad der körperlichen Entspannung bzw. Erregung vermittelt. Während der zufällig ausgewählten Experimentalphasen konzentriert sich der »Beeinflusser« auf die Schreiberausschläge des Verstärkers für die Hautaktivität mit der Absicht, möglichst wenige und geringe Ausschläge zu produzieren, was einem Zustand der Entspannung entspricht. So weit gleicht der Versuchsaufbau einer gewöhnlichen Trainingssitzung für Biofeedback. Mit dem kleinen Unterschied, daß der Hautwiderstand einer anderen Person gemessen wurde. Das Experiment gelang: Biofeedback, das sich auf die Physiologie einer anderen Person bezieht.

An der *Mind Science Foundation* wurden 13 Experimentalserien dieser Art durchgeführt, von denen zwölf in der vorhergesagten Richtung signifikant waren: das Niveau der autonomen physiologischen Aktivität einer Versuchsperson verhielt sich konform zu der Intention eines Beobachters, sie zu erhöhen oder zu senken. Der Effekt ist robust und wiederholbar.

Die Untersucher gingen an dieses Problem in der Überzeugung, der möglicherweise anwendbaren mentalen Beeinflussung von Lebensprozessen zum Zweck des Heilens auf die Spur zu kommen. Unter dieser Perspektive waren die ersten Versuche sehr vielversprechend. Freilich, die bewirkte Veränderung war nicht übermäßig stark, sie lag in der Größenordnung von durchschnittlich 5 %, und selbstverständlich gelingt sie nicht immer. Im Vergleich zu einer Reihe anderer Techniken ist diese Größenordnung indes keineswegs vernachlässigbar. Sie ist den Änderungen vergleichbar, die durch gewöhnliches Biofeedback-Training erzielt werden, dessen therapeutische Wirksamkeit nachgewiesen ist.[92] Die Daten legen auch den Schluß nahe, daß die Fähigkeit, die sich in diesem Effekt niederschlägt, weit verbreitet sein muß.

Was taten die »Beeinflusser«, um diese Resultate zu erzielen? Es war ihnen freigestellt, wie sie ihre Absicht mental zum Ausdruck bringen würden, doch die Anstrengungen liefen auf drei Strategien hinaus. Entweder versuchten sie sich selbst, je nach experimenteller Fragestellung, zu beruhigen bzw. zu aktivieren, oder sie stellten sich die Versuchsperson in einer entspannten oder aktivierten Situation vor, oder sie konzentrierten sich ausschließlich auf die Zeigerausschläge der Aufzeichnungsgeräte, die sie in die gewünschte Richtung zu lenken trachteten. Keine dieser Strategien erwies sich als besser als die andere. Ein Hinweis auf die häufig gemachte Beobachtung, daß Psi zielgerichtet und nicht von mentalen Strategien abhängig ist.

Der Psi-Effekt läßt sich sehr exakt ausrichten. In einigen Fällen konnte ein einzelner Parameter der autonomen Aktivität beeinflußt werden, ohne andere zu tangieren. Natürlich ist es schwer, eine solche Fragestellung an einem Organismus zu prüfen. Die physiologischen Abläufe im Körper zeichnen sich durch einen hohen Grad von gegenseitiger Verknüpfung aus. Die Veränderung eines Parameters führt unweigerlich zur Änderung anderer Einflußgrößen.

In einer Studie wurde der Frage nachgegangen, ob der Effekt bei Personen, die ein Bedürfnis nach Entspannung haben, stärker aus-

fallen würde. Für die Versuche wurden besonders leicht erregbare, hyperaktive Personen herangezogen. Tatsächlich zeigten sich stärkere Effekte der Beruhigung, offenbar weil sie davon mehr profitierten als Personen, bei denen dieses Bedürfnis nicht derart stark ausgeprägt ist.
Eine weitere Einsicht, die das Team gewann, betrifft den Biofeedback-Prozeß selbst. Bei der direkten mentalen Beeinflussung scheint Feedback keine Grundvoraussetzung zu sein. Feedback mag hilfreich sein, die Vorstellungsbilder und damit die Intention zu kontrollieren, aber auch ohne Rückmeldung wurden signifikante Resultate erzielt. Das Ergebnis bestätigt die Einsichten, die man bei der Analyse des Remote Viewing-Prozesses gewonnen hat.
Brauds Studien wurden speziell für die Frage einer positiven Einflußnahme auf Organismen konzipiert. Freilich können diese Effekte auch mit einer negativen Absicht ausgeübt werden. Ethnologische Beobachtungen zeigen, daß Schamanen und Medizinmänner ihre Psi-Fähigkeiten sowohl zum Guten als auch zum Bösen einsetzen. Der Tötungszauber gehört ebenso zu ihrem Geschäft wie das magische Heilen.[93] Es stellt sich also die unvermeidliche Frage: Kann man einer versuchten Beeinflussung entgegenwirken?
Braud führte einige exploratorische Versuche nach einer Technik durch, die in der okkulten Literatur verbreitet ist: Die Versuchspersonen sollten sich einen Schutzschild um den Körper vorstellen oder eine Glocke von weißem Licht. Die wenigen Versuche deuten in die Richtung, daß ein solcher passiver mentaler Schutz möglich ist. Die Studien zur Psi-Interferenz von mentalen Prozessen legen nahe, daß auch eine aktive Störung der Fernbeeinflussung möglich ist. Die Frage, was geschieht, wenn eine Intention gegen eine andere steht, ist noch nicht einmal ansatzweise erforscht. Eines muß man festhalten: Alle Versuchsteilnehmer der DMILS-Studien wußten und waren einverstanden damit, daß ihre autonomen physiologischen Reaktionen fernbeeinflußt werden sollten und niemand hat den Effekt jemals als unangenehm beschrieben.
Wer kennt nicht diese Situation: Sie gehen gedankenverloren spazieren oder sitzen in einem Konzertsaal und haben plötzlich das Gefühl, daß sie von hinten angestarrt werden. Sie wenden sich um, und tatsächlich, jemand beobachtet sie. Manchmal ist es gar keine

bewußte Vermutung. Aus einem Impuls heraus, einem Gefühl des Unbehagens, schaut man nach hinten und sieht ein Augenpaar auf sich gerichtet.
Braud war der Ansicht, daß es sich dabei ebenfalls um einen subtilen Psi-Effekt handeln kann. Weil er häufig als unbewußte Reaktion erfolgt, vermutete er, daß die Psi-Information »Ich werde angestarrt« als eine leichte Erregung, eine Aktivierung autonomer physiologischer Parameter registriert wird, die das Unbehagen, die »Ahnung« nach sich ziehen.
In einem eleganten Versuchsaufbau ging er dieser Hypothese nach.[94] Um alle Möglichkeiten der sinnlichen Informationsübertragung auszuschließen, durfte der »Anstarrer« sein »Opfer« nicht direkt beobachten. Dieses befand sich in einem anderen Raum, und der »Anstarrer« sah es nur von einer Videokamera übertragen auf dem Bildschirm. Er sollte versuchen, die Aufmerksamkeit der Person zu gewinnen. Der Angestarrte mußte nicht bewußt angeben, wann er das Gefühl hatte, von hinten betrachtet zu werden. Diese Aufgabe übernahm das physiologische Meßgerät, das die elektrische Hautaktivität registrierte. Braud und seine Mitarbeiter konnten feststellen, daß sich das Anstarren in den physiologischen Aufzeichnungen als eine emotionale Information, eine Art leichte Angstreaktion des Körpers niederschlug.
Mittlerweile wurden auch in mehreren anderen Labors die Experimente von Brauds Team zur mentalen Beeinflussung von autonomen physiologischen Reaktionen mit ähnlichem Erfolg wiederholt.

Bio-PK gegen Strahlenschäden

Die Babies im *Labor für Psychosomatik* in Kobe, Japan, hatten keine Ahnung, was mit ihnen geschehen sollte. In jedem Fall taten sie ohnehin das, was Kleinkinder im Alter von drei bis 21 Monaten nachts am liebsten tun: schlafen. Mehr wurde von ihnen auch nicht verlangt. Mit dem geringen Unterschied, daß sie einige Elektroden an ihren kleinen Gliedmaßen zu tragen hatten. Die allerdings schienen sie kaum zu stören. Und das war gut so, denn sie sollten nicht merken, daß zu verschiedenen Zeiten während der

Nacht eine Hand über sie gehalten wurde mit der Absicht, den Organismus positiv zu beeinflussen. Währenddessen zeichneten die Geräte unermüdlich physiologische Daten der Babies auf: den peripheren Blutfluß, Mikrovibrationen, Elektrokardiogramm und Atmungsfrequenz. In allen Versuchen dieser Art konnten deutliche Reaktionen festgestellt werden, die sich in Körperbewegungen, tiefem Atmen oder einer Änderung in der Schlafphase niederschlugen. Die Forscher schließen, daß die »Fähigkeit zum unbewußten Informationstransfer dieser Art der ganzen Menschheit eigen ist«.[95]

Wir betreten mit diesen Studien ein Feld, das von großer Tragweite ist. Sollten sich die Resultate dieser Forschungen bestätigen, könnte die klinische Anwendung von Psi nicht mehr mit gutem Gewissen abgelehnt werden. Die Tatsache, daß auch Menschen, die sich weder als Sensitive noch als Heiler fühlen, meßbare Effekte erzielten, spricht für eine weit verbreitete Fähigkeit. Reicht es tatsächlich, eine bestimmte Intention zu verfolgen, um heilende Wirkung auf Organismen ausüben zu können? Wie spezifisch können diese Wirkungen sein? Wie stark und dauerhaft ihre Effekte?

Einen Eindruck von der Intensität der Interaktion von Bewußtsein mit entfernten biologischen Systemen vermittelten unlängst die russischen Forscher Dimitri Mirza und sein Mitarbeiter V. I. Kartsew.[96] Mirza leitet die Forschungsabteilung des *Nationalen Zentrums für traditionelle Volksmedizin* in Moskau. Bei seinem Versuch wurden Mäuse in drei Serien tödlichen Dosen von Ionenstrahlen (Gammastrahlen) ausgesetzt. Die Strahlungsdosis nahm von Serie zu Serie zu. In der ersten Versuchsserie behandelten verschiedene Heiler 15 Minuten lang die strahlenverseuchten Tiere. Die Behandlung fand ohne Kontakt zu den Mäusen statt. In der zweiten Serie wurde der Bio-PK-Effekt als Präventivmaßnahme eingesetzt; die Heiler behandelten die Tiere etwa 20 Minuten, bevor sie der tödlichen Dosis ausgesetzt wurden. In der dritten Serie wurden die Tiere sowohl vor als auch nach der Bestrahlung behandelt. Von besonderem Interesse sind die Ergebnisse der zweiten und dritten Testreihe. Die zweite Serie bestand aus vier Kontrollgruppen und vier Experimentalgruppen von jeweils zehn Mäusen. Die Sterblichkeitsrate in den Kontrollgruppen betrug 100 %, alle

40 Tiere waren bis zum 19. Tag nach der Bestrahlung gestorben. Hingegen lag nach 19 Tagen in den vier Experimentalgruppen die Sterblichkeitsrate bei 90 %, 50 %, 40 % und 22 %.
Das Überraschende an diesem Ergebnis ist nicht allein der Umstand, daß bei allen Gruppen, an denen die Heiler sich in Bio-PK versuchten, im Gegensatz zu den Kontrollgruppen noch Tiere am Leben waren, sondern daß der erfolgreichste Heiler aus der Ferne arbeitete. Die Heiler der ersten drei Gruppen behandelten die Tiere, indem sie einfach ihre Hände über sie hielten. M. B. Fatkin, der Heiler, der für die vierte Gruppe zuständig war und das beste Resultat erzielte, übte seinen Einfluß von Jalta auf der Halbinsel Krim aus, während sich die bestrahlten Mäuse in Moskau befanden – über eine Entfernung von 1500 Kilometer!
Dieses erstaunliche Experiment begann Mitte August 1991. Im Januar 1993 waren immer noch 15 Mäuse der Experimentalgruppen am Leben (38 %). In der dritten Testreihe, mit den Behandlungen vor und nach der Bestrahlung, überlebten in einer Untergruppe neun von zehn und in einer anderen alle zehn Tiere.
Es ist interessant diesen Versuch in bezug zu einem Experiment zu stellen, das ein Team des *Nationalen Instituts für Radiologische Wissenschaften* in Chiba, Japan, unter Leitung von Masatake Yamauchi von der *Genom-Forschungsgruppe* unternommen hat. Es wurde der Einfluß von Heilern auf Kulturen menschlicher Zellen untersucht, die letalen Dosen eines Antibiotikums oder Röntgenstrahlen ausgesetzt worden waren.[97] Die Heiler sollten versuchen, die Zellkulturen trotz der Belastung durch die Stoffe weiter wachsen zu lassen (Foto 40). Während das bei den mit Antibiotika behandelten Zellen nicht gelang, kam es bei den durch Röntgenstrahlen verseuchten Zellen zu Neuentwicklungen von Zellkolonien. Die Wissenschaftler schlossen aus diesen Pilotversuchen, daß die vermutete anomale Emission durch die Heiler bei der ständigen Anwesenheit einer tödlichen Dosis eines chemischen Mittels nicht stark genug war, dem letalen Effekt entgegenzuwirken.
Durch die Röntgenbestrahlung wird der Doppelstrang der DNA zerbrochen, was schließlich zum Zelltod führt. Organismen sind in der Lage, durch eine Reihe von Gegenmaßnahmen solche Beschä-

digungen zu reparieren. Offenbar konnten die Heiler die natürlichen Mechanismen, die zur Reparatur beschädigter DNA führen, in positiver Weise anregen.
Aufgrund solcher Berichte müßte man zu dem Schluß kommen: Psi-Heilung ist möglich. Dennoch ist Vorsicht angebracht. Wir befinden uns in einem frühen Stadium der Forschung. Die zahlreichen provokanten Einzelergebnisse müssen zusammengeführt und in systematischen Vergleichsstudien abgesichert werden.

Anomale Heileffekte

Seit den jüngsten aufsehenerregenden Studien des französischen Allergologen Jacques Beneviste über das »Gedächtnis« von Wasser weiß man, daß Wasser Informationen speichern und vermitteln kann. Die Tatsache, daß sich Wassermoleküle Millionenmal in der Sekunde in verschiedene Muster arrangieren und rearrangieren können, sieht Beneviste als Grundlage der Informationsspeicherung an. Die Moleküle können sich auch in Helix-Form ausrichten, die einen elektromagnetischen »Schaltkreis« von Protonen über die Sauerstoffatome bilden können.
Offenbar sind diese Eigenschaften von Wasser dafür verantwortlich, daß es sich in besonderer Weise als Medium für die Übertragung von Bio-PK-Effekten eignet. Das konnte bereits in den sechziger Jahren bei Untersuchungen mit dem nach Kanada ausgewanderten ungarischen Heiler Oskar Estebany festgestellt werden, der sich dem Arzt Bernard Grad von der McGill-Universität für sorgfältig kontrollierte Laborexperimente zur Verfügung stellte. Es war der Beginn der seriösen Erforschung des paranormalen Heilens.
Als Teil des Forschungsprogramms ließ Grad Gerstenkeimlinge mit einer hochprozentigen Kochsalzlösung gießen, die Estebany zuvor eine Viertelstunde lang in der Hand gehalten hatte. Schon am neunten Tag waren Estebanys Pflanzen deutlich höher gewachsen als unbehandelte. Offenbar konnte der Heiler auf die Molekularstruktur der Lösung Einfluß nahmen, um ihren schädlichen Einfluß aufzuheben.
Der Industrieforscher Robert Miller vom Agnes Scott College in

Atlanta, Georgia, untersuchte Wasser, das von der Heilerin Olga Worrall behandelt wurde.[98] Er entdeckte eine stark verminderte Oberflächenspannung und Veränderungen in den Verbindungen der Wasserstoffmoleküle.

Neue Experimente der russischen Forscher L. N. Pyatnitsky und V. A. Fonkin unter Anwendung von Lichtstreuuungsmethoden bestätigten, daß die Molekularstruktur von Wasser durch eine psychokinetische Einwirkung verändert werden kann.[99] Sie konnten feststellen, daß dieser Effekt bei verschiedenen Probanden unterschiedlich ausfällt.

Ein Team des *Forschungsinstituts für Feinmechanik und Optik* in St. Petersburg untersuchte ebenfalls die Effekte von Psi-Begabten auf die optischen Eigenschaften von Wasserlösungen.[100] Diese Modifikationen ähnelten einer Veränderung der Parameter der Symmetrie organischer Moleküle. Sie ähnelten auch dem Einfluß von elektromagnetischen, akustischen Feldern oder Temperaturfeldern auf die Lösung.

In der *Abteilung für Biophysik* der biologischen Fakultät der Staatsuniversität Moskau gelang es dem Heiler Igor Verbitsky den pH-Wert von Wasser zu verändern. Der pH-Wert gibt ein Maß für den Säuregrad einer Lösung an. Zu Beginn gelangen ihm nur sehr kleine Veränderungen des pH-Wertes. Mittlerweile soll er in der Lage sein, den Säuregrad von Wasser in der Größenordnung von 1,5 Einheiten von pH zu verändern. In alkalischen Lösungen (pH = 8,0–9,0) ist der Effekt gewöhnlich unumkehrbar, während saure Lösungen (pH = 5,0–6,0) nach der Beeinflussung langsam wieder den Ausgangswert erreichen.[101]

Der Einfluß von Operatoren auf lebende Systeme kann am lebenden Objekt oder *in vitro*, also auf isolierten Präparaten, untersucht werden. Beide Ansatzpunkte sind entscheidend, um zu einer umfassenden Kenntnis der Einflußmöglichkeiten zu kommen. In einer Anzahl von Einzelstudien wurde der Effekt von DMILS auf gesundes und krankes Gewebe erkundet.

Menschliche Blutzellen enthalten Monoaminoxidase (MAO), ein Enzym, das auf wichtige Chemikalien im Gehirn wirkt. MAO baut Botenstoffe (Neurotransmitter) zwischen Nervenzellverbindungen ab und spielt eine Rolle bei Depressionen und anderen Gemütszuständen. Im Vergleich zu unbehandelten Zellen erzielte ein Heiler, ohne eine bestimmte Intention zu verfolgen, manchmal eine Erhöhung und bisweilen eine Verminderung der Enzymaktivität.[102] Warum der psychokinetische Einfluß unterschiedlich ausfiel, konnte nicht geklärt werden. Als Ansatzpunkt für einen Heileffekt ist die MAO-Studie allerdings von großer Bedeutung. Sie deutet darauf hin, daß Heiler vielleicht direkt die Nervenfunktionen ändern und deshalb die oft beobachteten Gemütsveränderungen bei ihren Patienten hervorrufen können.

Wenn man rote Blutkörperchen in einer Lösung von ähnlicher Konzentration wie Körperflüssigkeiten lagert, können sie lange aufbewahrt werden. Bringt man sie in eine verdünnte Flüssigkeit ein, führt der osmotische Druck dazu, daß die Zellen anschwellen und zerbrechen. Die Folge ist das Austreten des Blutfarbstoffs (Hämoglobin) aus den roten Blutkörperchen. Den Vorgang nennt man Hämolyse. Das Hämoglobin verfärbt die Flüssigkeit und seine Konzentration läßt sich mit Hilfe eines Spektrophotometers messen.

Der bekannte englische Heiler Matthew Manning sollte bei fünf von zehn Proben versuchen, die Hämolyserate zu verlangsamen.[103] Das sehr sorgfältig geplante und durchgeführte Experiment war ausgesprochen erfolgreich. Die von Manning allein durch gedankliche Konzentration beeinflußten Proben zeigten eine statistisch sehr signifikant verzögerte Hämolyserate.

Für den Prozeß des paranormalen Heilens ist dieses Ergebnis von großer Tragweite. Man kann es als Hinweis darauf werten, daß die Membranen roter Blutkörperchen durch einen anomalen Einfluß verstärkt werden können. Es mag sein, daß an dieser Stelle Psi-Heilen tatsächlich ansetzt, zumal Zellmembranen sowohl als Barrieren wie als Schleusen zwischen der zellulären Umgebung dienen.

Schon vor dreißig Jahren gelang es Forschern an der Universität von Santiago de Chile nachzuweisen, daß Probanden in der Lage waren, das Wachstum von künstlich hervorgerufenen Krebsgeschwulsten bei Mäusen durch gerichtete Intention zu verzögern.[104] Später sollte Matthew Manning in einem Versuch von John Kmetz Krebszellen in einem Reagenzglas zum Zerfallen bringen.[105] Gesunde Krebszellen bleiben an der Plastikoberfläche des Glases durch elektrostatische Kräfte kleben. Sterben die Zellen ab, verlieren sie ihre normale positive Ladung, lösen sich von der negativ geladenen Oberfläche ab und diffundieren in das flüssige Medium. Manning gelang es, dramatische Veränderungen auf die Krebszellen auszuüben. Durch Handauflegen, aber auch auf Entfernung in einem elektrisch abgeschirmten Raum, lösten sich 200–1200 % mehr Krebszellen vom Glas als ohne Bio-PK-Einfluß.

Leider bleibt bei vielen dieser Einzelstudien zur direkten Einwirkung auf Zellen das Problem der Wiederholbarkeit bestehen. Häufig können erste Erfolge in Erkundungsversuchen bei Nachfolgeexperimenten unter verschärften Bedingungen nicht mehr nachgewiesen werden. Manchmal treten anomale Effekte auf, die allerdings nicht in der Richtung der Intention des Heilers liegen.[106]

Das ganze Gebiet ist überaus schwierig zu erforschen. Den vielen Versuchen, von denen ich hier nur einen kleinen Ausschnitt präsentiert habe, müßten groß angelegte Langzeitstudien folgen, die spezifische Effekte nach allen Regeln der Kunst beleuchten. Tatsache bleibt, daß heute bereits so viele Untersuchungen mit bedeutenden Effekten vorliegen, daß ein solches Forschungsprogramm mehr als gerechtfertigt wäre. Eine exzellente Übersicht und kritische Würdigung der Studien über psychokinetisches Heilen legte der amerikanische Psychiater Daniel Benor vor.[107]

Ein Ergebnis dieser Untersuchungen können wir auf jeden Fall festhalten: Wie kompliziert auch immer die Aufgabenstellung war, psychokinetische Effekte ließen sich feststellen. Ein Heiler muß nicht wissen, welche Vorgänge in einem Organismus angeregt oder gehemmt werden müssen, um Erfolg zu haben. Viele Heiler oder freiwillige Versuchspersonen hatten keine Ahnung, welche biochemischen und physiologischen Prozesse in den Zellen ablaufen müssen, um ein bestimmtes Ergebnis hervorzurufen. Damit wird in eindrucksvoller Weise eine Beobachtung bestätigt, welche die Parapsychologen schon bei PK auf unbelebte Materie gemacht hatten: Der Prozeß der anomalen Perturbation ist zielgerichtet. Die Absicht, ein bestimmtes Ergebnis zu erwirken, ist vollkommen ausreichend. Psi sucht sich gleichsam selber den Ansatzpunkt, der benötigt wird, um die Information an die richtige Stelle zu dirigieren.

Im Grunde genommen spiegelt dieser Prozeß den Vorgang des Remote Viewing. Auch dabei hatte man festgestellt, daß sich die anomale Kognition auf das beabsichtigte Ziel automatisch einstellt. Der Mechanismus der Zielgerichtetheit scheint in der Natur von Psi zu liegen.

Auf der Suche nach subtilen Energien

Lange Zeit hindurch betrachtete man das Problem Bio-PK als einen geistigen Effekt auf ein materielles biologisches System. Der dahinterliegende Gedanke schreibt dem Bewußtsein oder der Intention eines Menschen die Fähigkeit einer nichtlokalen Wirkung zu. Die Kernfrage lautete, wie das Bewußtsein mit dem entfernten materiellen System in Interaktion tritt. Findet lediglich eine Informationsübermittlung statt, oder handelt es sich um eine bislang unbekannte Form eines Energieflusses?

Wie wir gesehen haben, wurde die Psi-Forschung in den letzten Jahren von unorthodoxen medizinischen Untersuchungen und von dem Aufschwung der Qigong-Forschung in China und Japan mit einem neuen Konzept befruchtet. Dieses Konzept geht von einem Energieaustausch aus. Die Idee ist, daß das Bewußtsein ein natürliches energetisches Reservoir im eigenen Körper zu mobilisieren vermag. Unter bestimmten Voraussetzungen läßt sich diese Energie auf andere Organismen und materielle Systeme übertragen. Abgesehen davon, daß die Natur einer derartigen Energie noch völlig im Dunkeln liegt, bleibt der Effekt selbst paranormal. In irgendeiner noch nicht erklärbaren Weise muß eine vom Bewußtsein ausgehende anomale Perturbation eines materiellen oder energetischen Systems vorliegen.

Auf welcher Ebene soll nach möglichen energetischen Trägern für die Bio-PK-Effekte gesucht werden? Die Wissenschaft hat sich bislang wenig um die Energien im menschlichen Körper gekümmert. Darum sind unsere Kenntnisse sehr beschränkt, und man weiß allzu wenig, wie sie sinnvoll eingesetzt werden können. Wir wissen beispielsweise, daß Organismen fluktuierende Magnetfelder besitzen. In der modernen westlichen Medizin werden Magnetfelder des Menschen nur zu Diagnosezwecken eingesetzt, z. B. beim sogenannten Magnetocardiogramm (MCG) oder dem Magnetoenzephalogramm (MEG). Da das Blut bewegte elektrische Ladungen enthält, verändert es Magnetfelder. Diese Veränderungen sind wiederum meßbar. Auf diese Weise läßt sich etwa die Fließgeschwindigkeit des Blutes bestimmen.

In den letzten Jahren hat sich gezeigt, daß Magnetfelder eine gewisse, noch weitgehend ungeklärte Rolle bei anomalen Effekten im Heilprozeß spielen können. Bei Experimenten der Biologin Justa Smith gelang Oskar Estebany eine Bio-PK-Wirkung auf das Enzym Trypsin, die vergleichbar der Einwirkung eines Magnetfeldes war.[108] Der gleiche Effekt eines beschleunigten Trypsin-Aufbaus, den der Heiler hervorgerufen hatte, konnte auch durch ein starkes Magnetfeld erzeugt werden. Hatte Oskar Estebany auf paranormalem Weg sozusagen ein »virtuelles« Magnetfeld erzeugt oder ist lediglich der Psi-Effekt identisch mit dem eines Magnetfeldes?

Japanische Forscher von der *Abteilung für Physiologie* an der Showa-Universität in Tokyo haben nun nachgewiesen, daß Qigong-Meister bei der externen Emission von Qi in der Lage waren, sehr starke Magnetfelder auszustrahlen (Foto 35).[109] Eine Gruppe von Wissenschaftlern vom *Bioelektrochemistry Laboratory* der *Mount Sinai School of Medicine* in New York konnte feststellen, daß Qigong-Meister bei einem Versuch ein biologisch relevantes Enzymsystem zu beeinflussen, einen Effekt, entsprechend der Einwirkung eines Magnetfeldes, hervorriefen.[110]

Der Ansatzpunkt über Magnetfelder ist sicherlich vielversprechend, aber noch weiß niemand, wohin er führen wird. Zahlreiche Effekte von Bio-PK und externer Emission von Qi konnten festgestellt werden, die durch Einwirkungen von Magnetfeldern nicht erklärbar waren. Vielleicht ist die Erzeugung von Magnetfeldern nur ein Nebenprodukt, das in gewissen Situationen selbst für anomale Effekte sorgt.

Wenn eine subtile Energie in Bio-PK-Heilprozessen tatsächlich eine Rolle spielt, dann muß sie Eigenschaften besitzen, die uns bislang unbekannt waren. Ein großes Rätsel bleibt, warum die beobachteten Wirkungen auch über große Entfernungen nicht schwächer werden. Im Gegenteil. Häufig wurden gerade auf Entfernung die stärksten Effekte registriert.

Eine andere Richtung, die verfolgt wird, beschäftigt sich mit der

Frage, ob DMILS so funktioniert, daß sie den Zellen Informationen über deren natürliche Kommunikationskanäle zukommen läßt. An dieser Kommunikation scheinen vor allem Biophotonen beteiligt zu sein. Bei den Untersuchungen des deutschen Physikers Fritz Albert Popp vom *Internationalen Institut für Biophysik* der Universität Kaiserslautern zeigte sich, daß Lebensmittel über die Biophotonen Informationen auf den Organismus des Menschen übertragen.[111] Über die Nahrung wird also gleichsam auch die »Bioinformation« des Nahrungsmittels aufgenommen.

Nachdem es chinesischen Forschern gelungen war, Photonenemissionen bei Qigong-Meistern nachzuweisen,[112] konnte Popp in exploratorischen Versuchen bestätigen, daß dieser Bioinformationsprozeß ein wesentliches Bindeglied für DMILS sein kann. Im seinem Labor wurden die Abstrahlungen von Biophotonen bei Heilern gemessen.[113] Es ging um die Frage, ob Biophotonen beim paranormalen Heilvorgang zum Einsatz kommen. Für die Untersuchungen wurden die Hände der amerikanischen Heilerin Rosalyn Bruyere und des italienischen Heilers Nicola Cutolo in eine eigens dafür umgebaute Apparatur gesteckt. Die von der Hand emittierten Biophotonen wurden durch einen Restlichtverstärker festgehalten und quantitativ erfaßt. Normalerweise sind Menschen nicht in der Lage, die natürliche Abstrahlung von Biophotonen in ihren Händen zu regulieren. Die Lichtintensität der Hand war bei allen Versuchspersonen, die Popp getestet hatte, nicht einmal so stark, daß sie mit dem Restlichtverstärker meßbar gewesen wäre.

Ganz anders dagegen bei den beiden Heilern. Als Rosalyn Bruyere versuchte, »heilende Energie« durch die Hand zu senden, stieg sofort die Photonenemission auf das Dreifache an. Sie fiel innerhalb einer Minute ab und pendelte sich auf einem Niveau ein, das konstant über der festgestellten Photonenmenge ohne Vorstellung, Energie zu senden, lag. Bei Nicola Cutolo etwa wurden enorm erhöhte Biophotonenemissionen von mindestens ca. 1000 Photonen pro Sekunde gemessen (Foto 31). Sie waren damit etwa zehnmal stärker als von normalen Personen. Die Signale erschienen nicht als ständiger Lichtstrom, sondern als Lichtblitze mit einer Dauer von mindestens $^1/_{10}$ Sekunden. Eine anomale Abstrahlung folglich, die nicht kontinuierlich, sondern in Eruptionen erfolgt.

Popp zufolge spielen die Biophotonen eine wichtige Rolle an der Basis des Lebens selbst. Er versteht Leben als die optimale Fähigkeit zur Kommunikation, Informationsbasen aufzubauen und zu nutzen. Lebensfähigkeit und Gesundheit stehen eng mit der Fähigkeit zur Kommunikation in Beziehung. Gestörte biologische Kommunikation resultiert in Krankheit. Die Zuführung geeigneter Information kann diese Störung wieder aufheben.

Sind die Biophotonen der Schlüssel zum Verständnis des paranormalen Heilens? Sind sie der meßbare Anteil jener Lebensenergie, von der in allen Kulturen in Zusammenhang mit magischen Heilungen gesprochen wird? Im Grunde weiß man nicht, was Qi oder die »Lebensenergie« ist und inwieweit Biophotonen daran beteiligt sind. Man kann nur feststellen, daß es fernreichweitige Wechselwirkungen gibt, die meist mit Energie gleichgesetzt werden.

Heilen ist ein Vorgang, in dem die Biophotonen sicherlich eine Rolle spielen, aber aufgrund seiner hohen Komplexität ist er nur schwer, wenn überhaupt, zu verstehen. Auf welche Weise Psi in diese subtilen Formen der Kommunikation eingreift, beginnt man erst zu erkunden.

Einer der großen Pioniere der Biofeedback-Forschung, Elmer Green, ist nach Jahrzehnten und ungezählten Experimenten über die Selbstregulation interner, unwillkürlicher Prozesse immer mehr dazu übergegangen, die willentliche Kontrolle externer Prozesse (DMILS) zu untersuchen.[114] Green interessiert dabei die Möglichkeit, DMILS oder die äußere Emission von Qi, als eine unbekannte subtile Energieform meßbar zu machen. Theoretisch lehnt sich Green an altindische Vorstellungen vom Aufbau des menschlichen Körpers an. Yoga behauptet, daß die physische Struktur des menschlichen Körpers aus Materie besteht, die sieben Ebenen umfaßt. Das sind einerseits drei Ebenen der Dichte (fest, flüssig, gasförmig) und vier Ebenen der *pranas* (subtile Energien). Die sieben Energieebenen sind untereinander verwoben, so daß Änderungen in der einen auch in einer anderen Ebene registriert werden. Der Geist gilt als das organisierende Prinzip auf allen Ebenen. Der Geist erzeugt »Gedankenformen«, deren Subtilität noch jenseits der sieben Ebenen der physischen Existenz steht. Die Gedankenformen hängen nicht davon ab, ob wir einen Körper haben oder nicht. Sie werden vollständig nach »mentalen« Gesetzen gebildet. Solange wir einen Körper besitzen, erzeugen die Gedankenformen eine Resonanz mit der physischen Materie. Auf diese Weise können wir Gliedmaßen bewegen oder durch unsere Intentionen auf innerkörperliche, beispielsweise immunologische Prozesse einwirken. Green geht davon aus, daß die vier physischen subtilen Energien als primäre Verbindungsstelle zwischen Geist und Materie genutzt werden. Indem wir lernen die subtilen Energien zu modulieren um autonome Prozesse in unserem Körper zu regulieren, können wir nach und nach dazu übergehen, dieselben Energien zu modulieren um Prozesse außerhalb unseres Körpers zu kontrollieren.

Für Green sind diese Vorstellungen nicht mehr reine Theorie. Er und seine Mitarbeiter sind experimentell in jene Bereiche vorgestoßen, in denen die externen Effekte von Modulationen subtiler Energien mit großem Erfolg untersucht werden.

Seit einigen Jahren wird an der *Menninger Clinic* in Topeka, Kansas, unter seiner Leitung das »Kupferwand Projekt« vorangetrieben. Green fand die Beschreibung einer obskuren tibetischen Meditationstechnik in einem Artikel aus dem Jahre 1882. Meditationsschüler wurden vom Erdboden elektrisch isoliert, während sie unter einem Magneten saßen und ihr Antlitz in einer polierten Kupferplatte erblickten. Er erkannte darin den Versuch, elektrostatische Ladungen durch Meditation bei elektrischer Isolierung des Körpers hervorzurufen. Green ließ das »Kupferwand-Labor« bauen: eine Kammer mit vier Kupferwänden (vorne, hinten, oben und unten), in deren Mitte, vom Boden elektrisch isoliert, eine Person sitzen kann, über ihr ein Magnet. Die Probanden waren an psychophysiologischen Meßgeräten angeschlossen, deren Aufzeichnungen über optische Telemetrie in den Kontrollraum übermittelt wurden. Bei verschiedenen Versuchen zeigten sich bei Personen in Meditation, aber noch auffälliger bei Heilern, Änderungen des Körperpotentials. Die Heiler erreichten Erhöhungen des Körperpotentials, die von vier bis 190 V reichten. Diese enormen elektrischen Phänomene führen die Forscher auf die Modulation von subtilen Energien im Heilprozeß zurück, ohne dafür noch eine Erklärung anbieten zu können. Auffallend war der Umstand, daß die Potentialänderungen mit der Intention zu heilen korrespondierten, also durch einen mentalen Prozeß willentlich gesteuert wurden.

Die neue Psi-Forschung in Japan

Lange Zeit galten unter den Fachkollegen die Parapsychologen in Japan als Parias der Forschung. Das wenige, das von dort Eingang in die internationale Fachliteratur fand, waren einige brave herkömmliche Untersuchungen. Außerhalb Japans mußte man den Eindruck haben, daß in diesem hochtechnisierten fernöstlichen Land dem Paranormalen wenig Aufmerksamkeit geschenkt wird. Vielleicht beruhte diese Einschätzung auf einem Wahrnehmungsproblem, das dem westlichen Geist das asiatische, insbesondere das japanische Denken als undurchdringlich erscheinen läßt. Denn seit einigen Jahren sehen wir uns plötzlich mit einer überaus eigenständigen und vitalen Forschung konfrontiert, sogar mit einer Produktionsfülle, die bereits droht, unüberschaubar zu werden.
Die aktivste wissenschaftliche Psi-Forschung in Japan wird gegenwärtig am bereits mehrfach erwähnten *Bio-Emissionslabor* in Chiba betrieben. Leiter der Abteilung ist der Physiker Mikio Yamamoto, der sich seit 1993 intensiv mit der Erforschung von Qigong und mit der systematischen Erkundung von anomaler Kognition in Abhängigkeit von Gehirnstromwellen auseinanderzusetzen begann. Das Hauptaugenmerk am *Bio-Emissionslabor* liegt auf der Frage, wie subtile Energien feststellbar sind und auf welche Weise sie kontrollierbar werden.
Die von Yamamoto geleitete Gesellschaft *International Society for Life Information Sciences* erhielt 1995 Forschungsgelder in der Höhe von 100 Millionen Yen (ca 1,55 Mio. DM) für ein fünfjähriges Forschungsprogramm zur Analyse außergewöhnlicher Körperfunktionen unter Verwendung zahlreicher simultaner Messungen. Hauptziel der Forschung ist es, die physiologischen Begleiterscheinungen anomaler Effekte eingehend zu studieren.[115] Yamamoto ist zuversichtlich, daß auch sein Antrag für Forschungsgelder beim Ministerium für Wissenschaft und Technologie Japans zum intensi-

ven Studium von Emissionen lebender Körper positiv beschieden werden wird. Sollte sein Ansinnen akzeptiert werden, wäre es eines der bestfinanzierten Forschungsprogramme auf einem Spezialgebiet der Psi-Forschung. Immerhin hat Yamamoto dafür 1 Milliarde Yen (ca. 15,5 Mio. DM) beantragt.

Teil des Forschungsprogrammes war die Erforschung einer in den japanischen Kampfkünsten als »Tohate« bekannten Form einer Fernwirkung. Tohate ist die japanische Abwandlung einer zielgerichteten plötzlichen Aussendung von Qi, wie sie im Qigong angewendet wird. Yamamoto ging der Frage nach, ob Qigong-Schüler tatsächlich, wie sie behaupteten, eine Tohate-Aktion ihres Meisters körperlich spüren können.[116] Um jede Möglichkeit eines suggestiven Effektes auszuschließen, wurden ein Qigong-Meister und ein Schüler in zwei verschiedene, abgeschirmte Räume auf unterschiedlichen Stockwerken des Labors untergebracht. An zufällig ausgewählten Zeitpunkten führte der Meister eine Tohate-Aktion durch. Sein Schüler reagierte in sechs von 16 Fällen auf diese Aussendung von Qi innerhalb von einer Sekunde. In einem zweiten Experiment zeigte sich, daß der Schüler in 16 von 49 Einzelversuchen innerhalb von ±5,5 Sekunden von der Qi-Emission des Meisters reagierte.

Bei weiteren Versuchen dieser Art wurde der Schüler an ein EEG-Gerät angeschlossen.[117] Die mittleren Amplituden im Alpharhythmus in der rechten frontalen Seite des Gehirns zeigten statistisch bedeutsame Änderungen in Zusammenhang mit den Perioden, in denen eine Qi-Emission versucht wurde. Die Untersucher sind der Auffassung dadurch, unabhängig von einer sichtbaren Reaktion, nachgewiesen zu haben, daß ein anomaler Informationstransfer stattfand.

Neue Darstellungsmethoden erlauben die bildhafte Wiedergabe der Verteilung der EEG-Muster über das Gehirn (»EEG-Topographien«). Es werden dabei die in den jeweiligen Arealen prozentual überwiegenden Intensitäten der Gehirnwellen farblich dargestellt. Yamamoto ist der Ansicht, daß sich die von ihm aufgezeichneten topographischen Muster der Betawellen von Sender und Empfänger während der Tohate-Aktion ähneln.

Interessant ist die Frage, ob die willentliche Kontrolle des Qi-Flus-

ses im Körper mit eindeutigen physiologischen Parametern korreliert. Sollte sich ein solcher Zusammenhang erhärten lassen, könnte er auf »klassische« Psi-Versuche übertragen werden. Man könnte daran eventuell prüfen, ob Psi und Qi nur zwei Begriffe für ein und denselben Prozeß darstellen, oder ob der anomale Informationstransfer verschiedene Formen annehmen kann.
Yoshio Machi, ein Physiker von der Tokio Denki-Universität, untersuchte physiologische Muster bei einer speziellen Übung des Qigong, dem sogenannten »Kleinen Kreislauf« (*Xiao Zhoutian*). Beim Kleinen Kreislauf wird Qi vom mittleren Kanal an der Rückseite des Körpers (*Du Mai*) zum mittleren Kanal an der Vorderseite des Körpers (*Ren Mai*) zirkuliert. Das Qi wird aus dem Unterbauch entlang der Wirbelsäule über den *Du*-Kanal zum Scheitelpunkt des Kopfes, dort über die Mitte nach vorn und über den *Ren*-Kanal, der zentral an der Vorderseite des Rumpfes verläuft, wieder hinunter gelenkt. Diese Qi-Zirkulation wird durch Atmung und Vorstellungskraft bewirkt.
Machis Untersuchung brachte einige Besonderheiten an den Tag.[118] Die Atmung des Meisters verringerte sich von 14 Atemzügen pro Minute vor der Übung zu sechs Atemzügen pro Minute während des Qigong. Diese auffällige Änderung der Atemkurve soll mit der Zirkulation von Qi in Zusammenhang stehen. Um diese Ansicht zu überprüfen, zeichnete Yoshio Machi die EEG-Topographien für das Alphawellenband auf.
In der Mitte des Atemzyklus, wenn die größte abdominale Expansion vorliegt, findet am Scheitel die Verbindung der *Du*- und der *Ren*-Kanäle durch Qi von der Rückseite zur Vorderseite statt. Genau zu diesem Zeitpunkt zeigt sich die stärkste Intensität der Alphawellen über die gesamte Mitte des Cortex vom okzipitalen zum frontalen Bereich (Foto 41). Machi ist der Überzeugung, daß die Alpha-Aktivität ein eindeutiges Zeichen für die Bewegung von Qi im Körper darstellt. Wenn Alphawellen tatsächlich einen Bereitschaftszustand für Außergewöhnliches darstellen und als eine Art »Trägerfrequenz« für Psi dienen, könnte diese Untersuchung auf einen engen Zusammenhang zwischen Psi und Qi verweisen. Der Nachweis des »Alpha-Tores«. Der Eintritt in das »raumöffnende« Bewußtsein.

Verschiedentlich wurde der Anstieg von langsamen Gehirnwellen während des Qigong, vor allem Alphawellen hoher Amplituden,[119] und das Auftreten von regelrechten Ausbrüchen von Alphawellen registriert.[120] Kimiko Kawano, von der *Nippon Medical School* in Tokio konnte feststellen, daß bei der externen Emission von Qi gewisse Angleichungen in den EEG-Mustern des Meisters und seines Patienten zu beobachten sind. Bei beiden treten frontal Alphawellen auf, und das EEG zeigt insgesamt einen stärker synchronisierten Zustand. Außerdem nimmt bei beiden die Frequenz der Alphawellen zu. Das Betawellenband des Qi-Empfängers stimmt in seiner Topographie mit dem des Qigong-Meisters überein.[121] Insbesondere die Synchronisierung der Betawellen zwischen »Sender« und »Empfänger« deutet darauf hin, daß ein anomaler Informationstransfer stattfindet, der direkt mentale Prozesse betrifft.

Was auffällt an der japanischen Forschung, ist ein unbekümmertes, stark medizinisch-technologisch ausgerichtetes Herangehen an das Feld der anomalen mentalen Phänomene. Viele interessante Ideen werden sogleich in die Tat umgesetzt und zu einem Experiment gemacht. Leider scheint diese Umsetzung oft zu rasch zu erfolgen, ohne die auf dem Gebiet des Paranormalen so wichtigen sorgfältigen methodischen Überlegungen, Planungen und Durchführungen von Versuchen. Zugleich bleibt es vielfach bei Pilotexperimenten. Noch ist kein zusammenhängendes Forschungsprogramm ersichtlich, das eine aufgenommene Spur nach allen Regeln der Kunst verfolgt. Vielmehr bleiben die Versuche weitgehend zusammenhanglose Momentaufnahmen eines sehr umfangreichen und überaus komplexen Gebietes mit einem noch nicht einschätzbaren Wert.

Man darf dennoch die Intensität, mit der die japanischen Kollegen ans Werk gehen, nicht unterschätzen. Ich bin der festen Überzeugung, daß in Japan – und China – eine wichtige Stütze für die Aufdeckung der Geheimnisse anomaler mentaler Phänomene erwachsen könnte, wenn das vorhandene wissenschaftliche Potential sich mit der nötigen Entschiedenheit den methodischen Erfordernissen dieses Forschungsbereichs stellt.

Wenn man von »Qi-Emission« oder »externer Aussendung von Qi« spricht, darf das nicht darüber hinwegtäuschen, daß die Wissenschaft heute noch keine Ahnung hat, was Qi überhaupt ist. Es geht uns hier ähnlich wie mit den Beschreibungskategorien der Psi-Phänomene. Qi muß unter wissenschaftlichem Blickwinkel als ein Etikett für eine Phänomengruppe verstanden werden, deren Wesen und Funktion noch weitgehend unbekannt sind. Einige der Phänomene erinnern an anomale Kognition, andere ähneln anomaler Perturbation, wieder andere können mit den Psi-Kategorien nicht beschrieben werden.

Vieles deutet darauf hin, daß es subtile Energien gibt, die lebende Körper und den Kosmos durchwirken, und daß diese durch bestimmte körperliche und geistige Übungen willentlich gesteuert werden können. Es ist aber noch zu früh, um diese Energien theoretisch fassen zu können und die unterschiedlichen Erscheinungsweisen von Qi richtig einordnen zu können.

Teil III

Das bewußte Universum: Die stille Revolution in den Psi-Labors

»Nicht einstmals in der fernen Vergangenheit, sondern ständig durch den bewußten Geist wird das Wunder der Schöpfung vollbracht.«

Arthur Eddington

»Alle in der Physik bekannten Kräfte, wie etwa die Gravitation, nehmen mit der Entfernung ab, und keine physikalischen Kräfte wirken frei über die Zeit hinweg wie diese [Psi]. Es ist, als ob das Bewußtsein irgendwie in der Lage ist, seinen Einfluß über Raum und Zeit hinweg direkt auszurichten. Das zu verstehen, ist wahrhaft eine Herausforderung für die Wissenschaft.«

Robert Jahn

1 Die Physik des Bewußtseins

Maschinen für den Zufall

Jeder Mensch hat immer wieder Absichten und Intentionen, manche, die er mit großer Energie und nachhaltig verfolgt, andere nur flüchtig und auf Situationen bezogen. Wenn für die DMILS-Effekte lediglich eine Intention vonnöten ist, muß man sich fragen, ob wir nicht ständig ohne unser Wissen durch unsere bewußten oder unbewußten Absichten auf unsere materielle Umwelt einwirken. Psi wäre unter dieser Perspektive nicht eine besondere Fähigkeit einiger weniger, die in überaus seltenen Fällen zum Einsatz kommen kann, sondern eine im biologischen System der Organismen angelegte Funktion. Ein ständiger Austausch durch subtile Psi-Interaktionen, die gewöhnlich unter der Wahrnehmungsschwelle ablaufen und in ihren unmittelbaren Auswirkungen zu gering sind, um auffällig in Erscheinung zu treten. Sie könnte aber in einer grundlegenden biologischen Funktion stehen.

Auf diesem Hintergrund entwickelte der amerikanische Parapsychologe Rex Stanford ein Modell, das besagt, daß der Organismus ständig und unbewußt anomale mentale Phänomene dazu einsetzt, um seinen Umgang mit der Umwelt zu optimieren. Er nannte das Modell PMIR (*Psi-mediated instrumental response*, »Psi-vermittelte instrumentelle Reaktion«).

In einem der klassischen Experimente Stanfords konnten die Versuchspersonen eine schrecklich langweilige Aufgabe nur dadurch vorzeitig zu Ende bringen, indem sie psychokinetisch auf einen verborgenen Apparat Einfluß nahmen.[1] Dieses Gerät bestimmte nach einem Zufallsschlüssel, wann der Versuch zu Ende war. Freilich wußten die Probanden weder, daß es das Gerät gab, noch daß sie es paranormal beeinflussen konnten. Stanfords Überlegung war, daß der Organismus gleichsam automatisch seine Psi-Fühler ausstrecken würde, um die langweilige Situation abzukürzen und als Psi-vermittelte instrumentelle Reaktion die Maschine veranlassen würde, früher als erwartet das Experiment für beendet zu erklären. Das Experiment war erfolgreich.

Die theoretischen Grundannahmen von Stanford haben in den letzten beiden Jahrzehnten zu beispiellos erfolg- und umfangreichen Forschungsprojekten geführt. Sie erkunden den geheimnisvollen Zusammenhang von Bewußtsein und Materie – das Wechselspiel des Geistes mit seiner Umwelt durch anomalen Informationsaustausch. Wichtigstes Utensil dieser Forschung ist das Gerät, das die Versuchspersonen von Rex Stanford ohne ihr Wissen beeinflußt haben: ein »Zufallsgenerator« – eine Maschine für den Zufall.

Mikro-PK und Makro-PK unterscheiden sich durch den Umstand, daß man einen Effekt mit dem bloßen Auge beobachten kann (Makro-PK) oder daß man eine statistische Analyse benötigt, um den Effekt nachzuweisen (Mikro-PK). Bei Mikro-PK sieht man keine Veränderung eines Objekts, sondern eine Veränderung in der Auftretenswahrscheinlichkeit von zufälligen Prozessen. Es werden also nicht Objekte verschoben, sondern die Wahrscheinlichkeitsverteilungen von Ereignissen. Bislang ging man davon aus, daß zwischen Makro-PK und Mikro-PK kein grundsätzlicher Unterschied besteht. In beiden Fällen geht es um eine ungeklärte direkte »Bewußtsein-Materie-Interaktion« (BMI).

Den klassischen Test für Makro-PK hatte J. B. Rhine in den dreißiger Jahren eingeführt. Das Verfahren suchte mögliche psychokinetische Effekte quantitativ durch fallende Würfel zu erfassen. Aufgabe der Versuchspersonen war es, sich zu »wünschen«, daß bestimmte Augenzahlen häufiger nach oben zu liegen kommen. Dean Radin und Diane Ferrari, damals an der Princeton University, nahmen sich kürzlich das umfangreiche Material der Würfelexperimente für eine Meta-Analyse vor.[2] Für diese Studie konnten sie auf zahlreiche Arbeiten zurückgreifen, die im Zeitraum eines halben Jahrhunderts durchgeführt worden waren. Ein Vorteil bei diesen Versuchen liegt darin, daß man als Maß für ein anomales Ergebnis nicht nur einen Wahrscheinlichkeitswert zur Verfügung hat, sondern auch sogenannte »Baseline-Daten«, also Kontrolldaten von Versuchsdurchgängen ohne versuchte mentale Beeinflussung.

Während der Wahrscheinlichkeitswert immer nur den Ausdruck einer Abweichung von der *theoretischen* Zufallsverteilung darstellt, kann anhand der Kontrolldaten überprüft werden, ob das Zufallssystem – in diesem Beispiel die fallenden Würfel – auch der theoretischen Erwartung entspricht und sich tatsächlich zufällig verhält. Bei der Arbeit mit analogen, makroskopischen Zufallsprozessen sind solche Überprüfungen unerläßlich, weil leichte Fehler (ungleich gearbeitete Würfel, schräge Unterlagen etc.) sich zu systematischen Fehlern summieren können.

Um in ihren Daten die nötige Homogenität zu erreichen, mußten Radin und Ferrari von den 148 Einzelstudien 52 Untersuchungen ausschließen. Von diesen wiesen 33 positive und nur 19 negative Effekte auf. Trotz der Streichung dieser vielen extrem positiven Experimente ergab sich ein robuster Nachweis für einen reproduzierbaren anomalen Einfluß des Bewußtseins auf den Fall von Würfeln. Um den Effekt auszulöschen, müßte es 20mal so viele »Schubladen-Fälle« wie berichtete Untersuchungen geben.

Das moderne Äquivalent für die Würfelexperimente sind Versuche mit Zufallszahlengeneratoren oder kurz Zufallsgeneratoren. Da diese Geräte nicht eigentlich Zahlen zufällig produzieren, sondern Zustände, die als Zahlenwerte ausgegeben werden, werden sie häufig richtiger als »Zufallereignisgeneratoren« bezeichnet und als REG (von *Random Event Generator*) abgekürzt (Foto 44). Was macht ein REG? Was Münzwürfe im Makro-Bereich sind, das führt ein REG im Mikro-Bereich aus. Ein REG erzeugt gleichsam sehr rasch hintereinander virtuelle Münzwürfe. Je nachdem, ob Kopf oder Zahl fällt, werden die Zahlen 1 und 0 – eine Sequenz von Bits – ausgegeben. Die modernen Geräte dieser Art basieren entweder auf radioaktiven Zerfallsprozessen oder elektronischem Rauschen. Diese physikalischen Prozesse erzeugen elektronische Ausschläge, die einige tausendmal pro Sekunde auftreten und nicht vorhergesagt werden können. Die zufälligen Ausschläge unterbrechen eine Zählwerk, das beispielsweise 10 Millionen Mal in der Sekunde zwischen 1 und 0 wechselt. Je nachdem in welchem Zustand sich das Zählwerk befindet (1 oder 0), wird die Zahl als Zufalls-Bit aufgezeichnet. Man kann diesen Zyklus freilich auch etwas verlangsamen und auf diese Weise echte Zufallsabfolgen von genau

1000 Bits pro Sekunde produzieren. Ein Computer zeichnet diese ungeheuer schnellen Abläufe exakt auf.
Der erste, der systematisch Zufallsgeneratoren in die Parapsychologie eingeführt hat, war der amerikanische Physiker deutscher Abstammung Helmut Schmidt (Foto 46). Schmidt ersetzte mit der technischen Neuerung nicht nur die alten »groben« Methoden des Würfelns durch exakte Zufallsprozesse, er verfolgte auch eine theoretische Absicht. Die Quelle für den Zufallsprozeß konnte bei seinen Geräten direkt auf quantenmechanische Prozesse zurückgeführt werden. Auf diese Weise konnte er die in der Quantenphysik so zentralen Interpretationen von Beobachtereffekten auf quantenphysikalische Abläufe bei Mikro-PK studieren.

PEAR und die Alltäglichkeit von Psi

Die Arbeit mit Zufallsgeneratoren hat der ehemalige NASA-Forscher und damalige Dekan der Fakultät für Ingenieurwesen und angewandte Wissenschaft an der Princeton University, Robert Jahn, ins Zentrum eines mittlerweile beinahe 20jährigen Forschungsprogrammes gestellt. Es zählt zu den aufregendsten Neuerungen in der Psi-Forschung. Weder Jahn noch seine Mitarbeiter waren Parapsychologen, als sie das Abenteuer antraten. Sie sind Physiker und Psychologen und haben ihre Untersuchungen an einer angesehenen Universität etablieren können.
1979 gründete Jahn das *Princeton Engineering Anomalies Research*-Programm, kurz PEAR genannt (»Princeton Erforschung technischer Anomalien«). Es verfolgt nur ein Ziel: die rigorose wissenschaftliche Analyse der Interaktion des menschlichen Bewußtseins mit sensitiven physikalischen Geräten. Endziel ist ein besseres Verständnis der Rolle des Bewußtseins im Aufbau der physischen Realität.[3]
Zu den Mitarbeitern von PEAR zählen Brenda Dunne, eine Entwicklungspsychologin, die ihre Rolle in der Integration der unterschiedlichen Forschungsrichtungen sieht, die PEAR in Angriff nimmt; Roger Nelson, ein Experimentalpsychologe, Spezialist für Versuchsdesign, Methodenfragen und Dateninterpretation; John-

ston Bradish, ein Elektroingenieur, verantwortlich für Entwicklung, Konstruktion und Pflege der experimentellen Apparaturen; und York Dobyns, ein theoretischer Physiker, der die Strategien für Informationsverarbeitung und Analyse der PEAR-Gruppe entwickelt. Das große Plus der Gruppe um Robert Jahn: Sie wird großzügig von verschiedenen Stiftungen und Institutionen unterstützt.

Brenda Dunne umreißt die Arbeit von PEAR mit den Worten: »Spieler haben schon immer geglaubt, sie können das Ergebnis eines Zufallsprozesses, wie das Rollen eines Würfels oder das Mischen von Karten beeinflussen. Das Phänomen, das wir messen, ist um ein Vielfaches subtiler, aber es handelt sich um dieselbe Idee, und wir haben sie im Labor gemessen.«

PEAR entwickelte für seine Versuche das sogenannte »tripolare« oder dreigeteilte Protokoll. Danach muß der Operator – so bezeichnet PEAR seine Versuchspersonen – drei mentale Ausrichtungen gegenüber dem REG verfolgen. In einer Phase soll der Operator öfter die Zahl 1 produzieren (»hohe Werte anstreben«), ein andermal die Zahl 0 (»niedere Werte anstreben«) und ein drittes Mal ohne Intention das Gerät gleichsam »für sich alleine lassen«. Sobald er einen Schalter betätigt, muß er eine dieser drei Absichten verfolgen. Sofort produziert das Gerät eine zufällig Bit-Folge (Foto 45).

Die über Jahre angesammelten Daten lassen nur einen Schluß zu: die Zufallsverteilung von REG-Datenauswürfen verändert sich in Entsprechung zur Intention eines Operators. Es handelt sich nicht um dramatische Veränderungen, sondern eher um extrem geringe Effekte in der Größenordnung von 1 %. Diese Wirkungen aber sind robust und zeigen sich über lange Zeiträume sowie bei vielen Personen, wodurch sie statistisch sehr signifikant werden.

Die PEAR-Forscher behandeln ihre Datenbanken als prozeßorientiertes Material. Es geht ihnen darum, aus einem gegebenen Datensatz so viel herauszuholen wie möglich. Deshalb nehmen sie sich ihren über die Jahre stetig anwachsenden Datenberg immer wieder vor, um neue Fragen und Probleme durch geeignete Analysemethoden zu beantworten.

Kürzlich haben sie die Ergebnisse von 5,6 Millionen Einzelversuchen aus 1262 Experimentalserien einer aufwendigen statistischen Analyse unterzogen. Die Daten hatten sich im Verlauf von zwölf Jahren bei Versuchen mit unterschiedlichen REGs angesammelt. Die Analyse zeigte, daß als primäres Korrelat der anomalen Effekte die bewußte Absicht der Operatoren zu sehen ist. Auffallend dabei sind vor allem die starken Unterschiede der besten Operatoren zu allen Versuchspersonen. Die 30 besten weisen einen stärkeren und deutlicher symmetrischen Effekt auf.

Überraschend war, daß die Verteilungen der Effekte für die Versuchspersonen unterschiedliche Kurven aufweisen. Operatoren, besonders die erfolgreichsten, scheinen die REGs in individueller Weise zu beeinflussen, wobei die Eigenart bei wiederholten Versuchen erhalten bleibt. Die Forscher sprechen in diesem Zusammenhang von »Signaturen« – eine mentale Unterschrift sozusagen, durch Mikro-PK im Datenauswurf einer Zufallsmaschine festgehalten. So gab es etwa Operatoren, die auch bei der Intention »hohe Werte anstreben« die Tendenz aufwiesen, eher niedere Werte zu produzieren. Andere waren nur in der Lage, in einer Richtung signifikante Abweichungen vom Erwartungswert zu erzielen. Wieder andere wiesen charakteristische Schwankungen auf.

Ein weiteres unerwartetes Ergebnis betrifft die räumliche Unabhängigkeit. Gleich, ob sich die Operatoren in unmittelbarer Nähe der Geräte aufhielten oder Operatoren und REGs weit voneinander entfernt waren, die charakteristische Verteilung und die »Signaturen« blieben in ihren Ausprägungen gleich.

Die Art des Feedback spielt nur in der Gruppe der guten Operatoren eine gewisse Rolle. In den Daten einiger Versuchspersonen erweist sich die Art der Instruktion als wichtige Voraussetzungen für die anomalen Ergebnisse: Auswahl der zu verfolgenden Intention nach eigenem Ermessen oder vorgegeben. Auch die Art der Auslösung von einzelnen Versuchsdurchgängen (manuell oder automatisch) und ihre Länge spielen bisweilen eine Rolle. Das deutet darauf hin, daß diese Faktoren nicht so sehr als Einflußgrößen für Psi-Effekte im allgemeinen anzusehen sind, sondern ebenfalls zu den »Signaturen« gezählt werden müssen, die individuelle Leistungen kennzeichnen.

Von den im PEAR-Labor gesammelten Daten läßt sich eine Hierarchie der Effekte, beginnend mit dem bedeutendsten, darstellen:[4]

1. Eine große Anzahl von menschlichen Operatoren kann systematische anomale Veränderungen der mittleren Verteilung der Ausgangsdaten von REGs erzielen.

2. Das Ausmaß der anomalen Effekte ist stets sehr gering (in binären Maschinen einige verschobene Bits pro tausend). Bei sehr großer Datengewinnung summieren sie sich zu hochsignifikanten statistischen Abweichungen.

3. Die vorher festgelegten Intentionen des Operators (hohe Werte anstreben; niedere Werte anstreben; keine Intention) stellt das primäre Korrelat der anomalen Effekte dar.

4. Die Form und das Ausmaß dieser dreigeteilten Aufspaltungen sind Operatoren-spezifisch. Die graphisch dargestellten Ergebnisse sind ausreichend charakteristisch, daß man von »Signaturen« der Operatoren sprechen kann.

5. Die Abhängigkeit der Ergebnisse von den eingesetzten Maschinen ist unklar. Einige scheinen ihre Signaturen auf zwei und mehr Maschinen übertragen zu können, bei anderen zeigen sich grundlegende Unterschiede zwischen den Maschinen. In den meisten Fällen bleibt das Ausmaß des Effektes erhalten.

6. Die Empfindlichkeit der Effekte auf zweitrangige technische Parameter, wie Länge und Geschwindigkeit des Versuchs, Art des Feedback usw., ist ebenfalls Operatoren-spezifisch. Manche zeigen sich dadurch stark beeinflußt, andere reagieren nicht darauf.

7. Zwei Operatoren, die gemeinsam eine Maschine beeinflussen, addieren nicht etwa ihre Signaturen, sondern erzielen eine neue, eigenständige Signatur, die für das Paar gilt.

8. Die Effekte können auf große Distanzen hin erzielt werden (bis zu mehreren tausend Kilometern). Bei einigen Operatoren bleiben die Charakteristiken der auf Entfernung erzielten Effekte den lokal erreichten sehr ähnlich.

9. In einigen Fällen können auch »in der Zeit entfernte« Effekte erzielt werden: Retro-PK, wenn das Gerät *vor* der Intention des Operators betrieben wird, und PK in die Zukunft, wenn das Gerät *nach* der Intention in Betrieb genommen wurde.

10. Obwohl erst wenige systematische Korrelationen mit psycho-

logischen und physiologischen Einflußgrößen im PEAR-Labor erhoben worden sind, scheint es kaum Abhängigkeiten in den individuellen Effekten von Persönlichkeit, Stil und Strategie zu geben.

Die Höllenmaschine und das Pendel

Bisweilen ziehen Besucher und Lehrpersonal die Stirne kraus, wenn sie am PEAR-Labor vorbeikommen. So mancher hält die Untersuchungen von Jahn und seinen Mitarbeitern für ziemlich verrückt oder zumindest für vergeudete Zeit. Einige mögen gar vermuten, daß hinter den so nüchtern klingenden Berichten und Artikeln der Gruppe in Wahrheit dämonische Dinge stehen. Wenn sie an der Tür eines bestimmten Laborraumes im Keller lauschen, hören sie immer wieder minutenlanges Klappern und Hämmern, als ob eine Höllenmaschine in Gang gesetzt wurde. Wer in den Raum eintritt, wird über die »Höllenmaschine« verwundert sein und vielleicht sogar schmunzeln.

Vor einigen Jahren hatten in den USA einfallsreiche Geister eine simple Verkaufsidee, die sie unter dem Namen *Think Big* (»denke groß«) vermarkteten: sie produzierten Kopien von Alltagsgegenständen, die so sehr das amerikanische Leben bestimmen, daß sie als Ikonen der Identifikation gelten. Das besondere an den Kopien ist, daß sie nicht mehr als das zu gebrauchen sind, wofür sie eigentlich gedacht waren, denn sie sind um ein Vielfaches größer als die Originale: etwa ein Meter lange Kunststoff-Repliken von *Craiola*-Ölkreiden, mit denen in den Staaten jedes Kind aufwächst.

Ob sich die PEAR-Forscher ihre Anregungen aus diesen Läden geholt haben ist nicht bekannt, jedenfalls denken die Mitglieder des Teams in jeder Beziehung »*big*«. Ihre »Höllenmaschine« ist eine enorm vergrößerte Version einer sogenannten Galton-Tafel, die zur Demonstration in Einführungskursen für Statistik verwendet wird: Eine handliche, durchsichtige Schachtel, auf deren Oberseite sich zahlreiche Nadeln in gleichen Abständen befinden, und unten eine Reihe von Röhrchen. Durch einen Einlaß in der Mitte werden Kügelchen eingeführt, die lustig umherspringen, um schließlich in den

Röhrchen darunter zu landen. Wenn alle Kügelchen ihre Reise durch die Hindernisse der Nadeln hinter sich gebracht haben, dann bilden sie eine glockenartige Verteilung mit den meisten Kügelchen im mittleren Röhrchen und den wenigsten in den Röhrchen an den Rändern. Man nennt diese Anordnung auch »Normalverteilung« oder »Gaußsche Verteilung«.

Im PEAR-Labor sind es 19 lange Plexiglasröhren mit einem Gitterwerk von 333 Nylonstäben darüber, die sich der Operator von einer bequemen Couch aus im holzgetäfelten Zimmer anschaut (Foto 43). Zwölf Minuten dauert es, bis alle 9000 Kunststoffbälle durch das Gitternetz dieser »Mechanischen Zufallskaskade« (RMC, *Random Mechanical Cascade*) gerasselt sind.[5] Fotoelektrische Zellen zählen jeden Ball, sobald er in eines der Rohre eintritt. Unterhalb jedes Rohres wird ständig die aktuelle Anzahl von Bällen angezeigt. So hat man neben der anschaulichen tatsächlichen Verteilung der Bälle ständig ein Feedback von der absoluten Anzahl in jedem Behälter.

Wie bei allen Versuchen der Jahn-Truppe ist die Aufgabe für den Operator denkbar »einfach«. Nach dem üblichen dreigeteilten Protokoll hat er nichts weiter zu tun, als sich einmal zu wünschen, möglichst viele Bälle mögen in die links liegenden Röhren fallen, ein anderes Mal, sie sollen möglichst auf die rechte Seite fallen, und ein drittes Mal keine Vorlieben zu haben.

Wiederum waren die Operatoren in der Lage, die Verteilung der Bälle signifikant in Übereinstimmung mit ihrer Absicht zu verschieben. Die Stärke des Effekts ist denen mit den REGs vergleichbar. Dabei zeigte sich ein eigentümlicher Effekt: Es herrscht eine »Linkslastigkeit« der anomalen Ergebnisse vor. Sie ist nicht die Folge individueller »Signaturen«, sondern sie offenbart sich über die gesamten Daten aller Operatoren. Diese Asymmetrie läßt sich nicht auf einen Fehler des Systems zurückführen, wie nicht exakt angeordnete Nylonstäbe oder leicht schräg stehende Auffangröhren, denn alle Kontrolldurchgänge ohne Operatoren oder die Durchgänge, in denen die Operatoren keine Verschiebungsabsicht hatten, erbrachten eine Basislinie, die exakt im Rahmen der erwarteten Gaußschen Verteilung liegt. Woran mag diese eigentümliche Neigung zur linken Seite liegen? Das PEAR-Team vermutet psy-

chologische, vielleicht sogar neurologische Gründe, konnte aber dem Geheimnis bisher nicht näher kommen.
Auch bei dieser Versuchsanordnung erwiesen sich die anomalen Effekte als unabhängig von der Entfernung der Operatoren. Einige Versuchspersonen erzielten statistisch signifikante Ergebnisse sogar aus einer Entfernung von mehreren tausend Kilometern vom Labor.[6]
Ein weiteres analoges Gerät, mit dem die PEAR-Forscher die Interaktion von Bewußtsein und Materie untersuchen, ist ein hochpräzises Pendel.[7] Es befindet sich in einem durchsichtigen Gehäuse aus Acryl und wird von einem computerkontrollierten, mechanischen System fixiert, welches das Pendel immer von derselben Höhe starten läßt. Ein Hochgeschwindigkeits-Binärzählwerk registriert über Fotozellen die Bewegungen des Pendels am Nadir (Fußpunkt) des Pendelbogens und mißt die Geschwindigkeit mit einer Genauigkeit von Mikrosekunden. Drei Aufgaben haben die Versuchspersonen in Durchgängen von hundert Schwüngen durchzuführen. Einmal die Schwünge möglichst hoch zu halten, also die Dämpfungsrate zu verringern, zweitens die Dämpfungsrate zu erhöhen und drittens keine Beeinflussung zu versuchen.
Die 42 Operatoren zeigten unterschiedliche Ergebnisse. Bei fünf von ihnen war der Unterschied zwischen Durchgängen, in denen die Dämpfungsrate erhöht, und jenen, in denen sie verringert werden sollte, signifikant. Fünf weitere zeigten signifikante Unterschiede zwischen der Phase ohne Beeinflussung und den Abschnitten mit Beeinflussung, konform zu ihrer Absicht. Nimmt man alle Ergebnisse zusammen, verschwindet die statistische Signifikanz, weil es einige »Ausreißer« gibt, die erstaunlich starke Effekte entgegengesetzt zu ihrer Intention erzeugten.
Bei zusammenfassenden Analysen der Ergebnisse von digitalen und analogen Zufallsgeräten fanden die Untersucher einige Eigentümlichkeiten. Sie entdeckten, daß die anomalen Effekte in sich nicht zufällig verstreut sind, sondern vielmehr einer bestimmten Gesetzmäßigkeit folgen. Welcher Natur diese Gesetzmäßigkeit ist, bleibt künftigen Analysen vorbehalten.

Interaktion von Bewußtsein und Materie

Im Jahre 1989 veröffentlichten Dean Radin und Roger Nelson in der angesehenen physikalischen Fachzeitschrift *Foundations of Physics* eine Meta-Analyse aller publizierten Arbeiten über die paranormale Beeinflussung zufälliger physikalischer Systeme.[8] Die Arbeit stützte sich auf das umfangreichste Datenmaterial, das die Psi-Forschung bislang zusammengetragen hat. Die Analyse umfaßte 597 experimentelle Studien und 235 Kontrolluntersuchungen zur versuchten Beeinflussung von mikroelektronischen Zufallsgeneratoren (REG) aus dem Zeitraum von 1959 bis 1987. Annähernd die Hälfte aller Experimentalstudien (258) und mehr als die Hälfte der Kontrolluntersuchungen (127) entstammte dem Datenmaterial des PEAR-Labors.

Erwartungsgemäß erwies sich die mittlere Effektstärke pro Einzelversuch als sehr gering, aber dafür auch als äußerst robust. Die Wahrscheinlichkeit, daß wir diese Wirkung nicht dem Zufall zuschreiben können, ist höher als eine Billion (eine Zahl mit zwölf Nullen) zu eins!

Die Forscher errechneten die unglaubliche Anzahl von 54 000 »Schubladen-Fälle«, die allesamt negative Resultate haben müßten, um die Realität einer anomalen Interaktion von Bewußtsein mit mikroelektronischen Zufallssystemen aus der Welt zu schaffen! Das sind Zahlen, die auch Skeptiker in Staunen versetzen.

Aufgrund der Meta-Analyse wurde vorhergesagt, daß künftige Versuche ähnliche Ergebnisse zutage fördern werden. Bis zum Jahr 1996 war der Datensatz von PEAR auf 1262 Studien angewachsen. An diesen Experimenten nahmen 108 Operatoren teil, von denen 30 den überwiegenden Anteil der Daten beisteuerten. Die Resultate entsprachen genau den durch die Meta-Analyse entdeckten Effekten.[9]

Jahn und seine Mitarbeiter kamen zu dem Schluß, daß es keine gängigen theoretischen Modelle gibt, welche die anomalen Wirkungen erklären können. Sie sind der Ansicht, daß ein stark erweitertes Modell der Realität vonnöten ist, um sie eingliedern zu können. Ein Modell, das dem Bewußtsein eine aktive Rolle in seiner Erfahrung der physischen Realität zugesteht. Die PEAR-Gruppe ist nicht bei der Anhäufung von empirischen Daten stehengeblieben, sie hat vielmehr ein solches Modell entwickelt. Ihre Grundannahme besagt: Die elementare Art, mit der das Bewußtsein mit seiner Umwelt Informationen austauscht, bringt Ordnung in diese Information und interpretiert sie. In dieser Weise gestattet es auf Wahrscheinlichkeiten basierende Systeme in eine Schieflage zu bringen, wodurch es eine gewisse Kontrolle über seine Realität gewinnt.

Was wir bereits bei der Erforschung der direkten mentalen Beeinflussung lebender Systeme festgestellt hatten, wird nunmehr erhärtet: Das Bewußtsein verschiebt durch Ausrichtung (Intention) labile Systeme in der materiellen Wirklichkeit in Entsprechung zu der in ihm aktualisierten Ordnung.[10]

Das Modell betrachtet viele Konzepte der Quantenmechanik, allen voran das Prinzip der Komplementarität und der wellenmechanischen Resonanz, als fundamentale Charakteristika des *Bewußtseins* und nicht als Muster einer objektiven, physischen Realität. Unter diesem Gesichtspunkt würde man die anomalen Phänomene, die in den Experimenten von PEAR nachgewiesen wurden, in Systemen, in denen Menschen mit Maschinen oder Menschen mit Menschen in Interaktion treten, erwarten.

Welche psychologischen Mechanismen hinter diesem eigentümlichen Effekt liegen, kann aufgrund der Komplexität der Daten nicht ermittelt werden. Jahn und seine Mitarbeiter schlagen deshalb eine holistische, informationstheoretische Hypothese vor. Das Bewußtsein bringt eine geringe zusätzliche Information in das technische System ein. Das System benutzt sie in der effizientesten Art, um das experimentelle Ziel zu erreichen. Das ist die technische Auslegung der psychologisch motivierten These von der Psi-vermittelten instrumentellen Reaktion, die Rex Stanford formuliert hatte.

Robert Jahn macht aber darauf aufmerksam, daß jedes Informationsübertragungs-Modell unvermeidbar auch Energieübertragungen mit einschließt. Es gibt, wie Jahn sich ausdrückt, in der physischen Welt drei Währungen: substantielle Materie (Masse), Energie und Information. Die Beziehung zwischen den ersten beiden Währungen wurde durch Einsteins bahnbrechende Formel festgelegt. Sie hat die Physik des 20. Jahrhunderts weitgehend dominiert.

Die Beziehung zwischen Energie und Information hingegen wurde weniger deutlich herausgearbeitet. »In unserer experimentellen Situation«, schreiben Jahn und seine Mitarbeiter, »besitzt die Verschiebung eines geringen Teils der Informations-Bits von ihrer Zufalls-Konfiguration oder, gleichbedeutend, die Verschiebung in den offensichtlichen elementaren Wahrscheinlichkeiten, sowohl energetische wie informative Bezüge, wobei die energetischen von geringerer Ausprägung sind ...«[11]

Das Bewußtsein des Menschen ist ein Meister der Informationsverarbeitung. Es benutzt unter den Augen der PEAR-Forscher eben diese Fähigkeit, mit der es in hervorragender Weise ausgestattet ist, um damit in aktive Wechselbeziehungen mit der physischen Welt zu treten. Es arrangiert durch anomalen Austausch nicht nur einen Teil der Informations-Ordnung der physischen Realität, sondern greift auch in deren Energie ein und damit in ihre eigentliche Essenz. Über die dritte Seite des Dreiecks Masse – Energie – Information findet das menschliche Bewußtsein einen natürlichen Eingang zur Teilhabe an der Konstruktion der greifbaren Realität. Hierin liegt die Schnittstelle zwischen der subjektiven Information des Bewußtseins und der technischen Information des Kosmos. Die Dynamik des Transfers von einer Informationsform in die andere zu erforschen, dazu sind Jahn und sein produktives Team in Princeton angetreten.

Wenn BMI einen kontinuierlichen Prozeß darstellt, dann müßte man ähnliche Effekte auch außerhalb des Labors feststellen können. Im Labor werden die Intentionen vorgegeben. Im alltäglichen Leben gibt es häufig Situationen, in denen bestimmte Absichten, oft von Gruppen von Menschen, verfolgt werden. Kann es sein, daß sich Phänomene von Gruppenbewußtsein als anomale Effekte in Zufallsgeneratoren nachweisen lassen?

Feldforschung mit REGs

Am 23. Januar 1997 nahmen Tausende von Menschen in allen Teilen der Welt an einer fünfminütigen Meditation teil. Organisiert von der Gruppe *Gaiamind Project* fand das Ereignis zwischen

17.30 und 17.35 Uhr GMT (Greenwich-Zeit) statt. Der Zeitpunkt wurde gewählt, weil er mit einer ungewöhnlichen astronomischen Konjunktion zusammenfiel. Die Meditation stand im Zeichen einer Verehrung der Erde als planetares Lebewesen und eines Austausches spiritueller Erfahrungen auf globaler Ebene.
Eine große Anzahl von Menschen in aller Welt nahm an einer koordinierten sinnvollen Tätigkeit teil. Eine einmalige Chance für die Forscher, die Hypothese zu testen, daß diese gerichtete Bewußtseinstätigkeit das statistische Verhalten von Zufallsmaschinen ändert. Man entschied sich in verschiedenen Labors, während der Meditation REGs laufen zu lassen. Ein weltumspannendes Experiment, das erst durch die moderne Kommunikationsform über das Internet zustande kommen konnte. Roger Nelson vom PEAR-Labor versandte Versuchsprotokolle über Internet-Mailinglisten, die von professionellen Parapsychologen gelesen werden und erklärte das geplante Experiment auf der Webseite der Veranstalter. Das Resultat: Parapsychologen betrieben drei REGs in den Niederlanden, drei in Deutschland, eines in Schottland und sieben in den USA. Insgesamt wurden also Daten von 14 unabhängigen Zufallsgeneratoren in sieben verschiedenen Orten in den USA und in Europa gesammelt. Die gesamten Datenausgaben zusammengenommen ergaben eine marginal signifikante Abweichung von der theoretischen Zufallsverteilung. Die Hypothese konnte, wenn auch schwach, bestätigt werden.[12]
Die Datenbänke der Laboruntersuchungen von PEAR sind über sehr lange Zeiträume gesammelt worden. Die Effekte bildeten sich deshalb ab, weil diese unglaublichen Datenmengen zur Verfügung standen. Bei dem Feldversuch liefen die Maschinen gerade einmal fünf Minuten. Konnte man in diesem Zeitraum überhaupt etwas Auffälliges erwarten? Nelson unterzog darum die Daten einer besonderen statistischen Untersuchung. Es handelt sich dabei um eine Rechenoperation, die ein sogenanntes Zeit-normalisiertes Ergebnis berechnet. In diesem Fall werden die Daten so analysiert, daß man berechnet, wie viel Zeit man aufwenden mußte, um ein bestimmtes anomales Ergebnis zu erreichen. Die Gesamtzeit, in der die 14 fünfminütigen Datengruppen generiert wurden, beträgt eine Stunde und zehn Minuten. Das ist eine äußerst kurze Zeitspanne,

verglichen mit den REG-Versuchen im Labor, die sich über Tage, Wochen, bisweilen sogar über Jahre erstrecken. Vergleicht man diese Datensätze mit jenen, die in der kurzen Zeitspanne der globalen Meditation erhalten wurden, kommt man zu einem erstaunlichen Ergebnis: Die Effektstärke des Versuchs war neunmal so hoch wie die Zeit-normalisierten Ergebnisse der gesamten REG-Versuche, die im Labor von PEAR durchgeführt worden waren!
Was ist von dem Versuch zu halten? Offenbar war ein Prozeß oder eine Bedingung während des globalen Ereignisses mit einem veränderten Verhalten der Maschinen korreliert. Möglicherweise waren nicht die Teilnehmer an der globalen Meditation für das Ergebnis verantwortlich. Die Effekte konnten auf die Intentionen der Versuchsleiter zurückzuführen sein, welche die Maschinen bedienten und vom Sinn des Experiments wußten. Sie hatten sicherlich die stärksten Motive, positive Resultate zu erlangen. In diesem Fall wären die Experimentatoren ohne ihren Wunsch zu Operatoren geworden. Solche und ähnliche Psi-vermittelte Versuchsleitereffekte stellen eines der verwirrendsten Probleme der Parapsychologie dar (Teil III, Kap. 6). Den vorliegenden Versuch auf Beeinflussungen durch die Versuchsleiter zu reduzieren, hieße – wie die Zeit-normalisierte Analyse ergeben hat –, ihnen Effekte zuzuschreiben, die weitaus stärker wären, als die bekannten. Aller Wahrscheinlichkeit nach kann man deshalb das Ergebnis doch auf eine Interaktion von einem Gruppenbewußtsein mit einem materiellen System zurückführen.
Roger Nelson ist der Pionier in der Erforschung von »Feldbewußtseinseffekten«. PEAR entwickelte einen tragbaren Zufallsgenerator mit Software, um kontinuierliche Datensequenzen in Feldsituationen aufzuzeichnen, der als Feld-REG bezeichnet wurde.
Hintergrund der Untersuchungen ist die Vorstellung, daß die Stärke des Bewußtseins in Abhängigkeit von dem Fokus der Aufmerksamkeit fluktuiert. Das gewöhnliche Alltagsbewußtsein zeichnet sich durch einen sehr geringen Fokus der Aufmerksamkeit aus. Zustände der Meditation, der Kontemplation, der Konzentration und der Euphorie, allgemein Zustände, in denen man von einem Gegenstand wie aufgesogen ist, weisen einen hohen Grad an fokussierter Aufmerksamkeit auf. Es macht dabei keinen Unterschied,

ob es sich um eine Gruppe von Mönchen beim gemeinschaftlichen Gebet oder um die Zuschauer eines Fußballspiels bei einer spannenden Szene handelt.

Eine Gruppe von Menschen mit unterschiedlichen Zuständen und Zielen ihrer Aufmerksamkeit ist in ihrer mentalen Ausrichtung fragmentiert. Hingegen erzeugen Gruppen von Menschen, die einen gemeinsamen Aufmerksamkeitsfokus verfolgen, mentale Kohärenz in der Gruppe. Je größer die Kohärenz eines Bewußtseinsfeldes, desto stärker seine Ordnung. Labile physikalische Systeme reagieren darauf ebenfalls durch einen höheren Grad an Ordnung.

Die allgemeine Hypothese von BMI besagt demnach, daß jede geordnete, ausgerichtete, homogene Bewußtseinstätigkeit einen vergleichbaren – ebenfalls ordnenden, ausrichtenden, homogenisierenden – Effekt in labilen (zufälligen) materiellen Systemen hinterläßt. Dieser Effekt wird sich vor allem im von zufälligen Prozessen kontrolliert mikrophysikalischen Bereich nachweisen lassen, aber sich nur in seltensten Fällen im makrophysikalischen Bereich zeigen. Um diese Hypothese zu testen, eignen sich am besten rasch fluktuierende Zufallsabläufe in der Natur, wie wir sie am idealsten durch REGs erzeugen können.

Im Gegensatz zum dreigeteilten Protokoll der Laborversuche, werden bei Feld-REG-Messungen keine bestimmten Intentionen vorausgesetzt. Es wird lediglich nach natürlichen Situationen gesucht, in denen ein geordnetes Gruppenbewußtsein auftritt, etwa Perioden bei wissenschaftlichen Konferenzen, in denen interessante neue Ergebnisse vorgetragen werden, welche die Aufmerksamkeit der Zuhörer auf ein Thema lenken. Die Spiegelung dieser mentalen Ordnung im Zufallsgenerator läßt sich durch relativ einfache statistische Methoden nachweisen. Man sucht in den Bit-Sequenzen des Gerätes nach Ordnungsmustern, die in einer echten Zufallsabfolge nicht auftreten dürften.

Für diese Untersuchungen entwickelte das PEAR-Team formale Protokolle. In ihnen wird festgelegt, in welchen Zeitspannen die REGs der jeweiligen Feldsituation ausgesetzt werden. Der Zeitfaktor ist wesentlich, um die Daten untereinander vergleichen zu können. Vergleicht man die Feldereignisse mit den Abschnitten, in denen extreme Abweichungen der Datenfolgen vom Erwartungswert herrschen, zeigen sich eigentümliche Übereinstimmungen mit besonderen Phasen »geordneter Bewußtseinsaktivität« in einer Gruppe von Menschen: Aufmerksamkeit, intellektuelle Geschlossenheit, geteilte Emotionen. Auf jeden Fall haben kohärente Qualitäten von Gruppen die Tendenz mit statistisch anomalen Abweichungen in den Feld-REG-Sequenzen in Übereinstimmung zu stehen.[13]

Dean Radin, Direktor der *Consciousness Research Division* an der University of Nevada in Las Vegas, hat den Effekt geordneten Gruppenbewußtseins auf REGs in verschiedenen Situationen untersucht.[14] Etwa bei Teilnehmern an einem psychotherapeutischen Workshop, während der Oscar-Preisverleihung, der Urteilsverkündung im Fall O. J. Simpson, dem Finalspiel der amerikanischen Football-Liga oder der Eröffnungszeremonie der Olympiade im Juli 1996. Bei allen diesen Ereignissen konnte man davon ausgehen, daß kleine bis riesige Menschengruppen zu markanten Momenten eine ähnlich gerichtete Aufmerksamkeit aufwiesen. Beispielsweise wurde der Moment, zu dem der Moderator bei der Oscar-Preisverleihung den Oscar für den besten Film ankündigte, als Zeitpunkt hohen Interesses ausgewählt. In diesem Augenblick warteten etwa eine Milliarde Menschen vor den Fernsehschirmen in der ganzen Welt gespannt auf das Ergebnis. Auch bei der Urteilsverkündung im Fall O. J. Simpson konnte ein eindeutiger Moment ausgemacht werden, an dem die Aufmerksamkeit von etwa 500 Millionen Fernsehzuschauern gleich ausgerichtet war.

Bei dem psychotherapeutischen Workshop – ein Seminar, bei dem durch Atemtechniken nach Stanislav Grof starke Emotionen freigesetzt werden – nahmen zwölf Personen teil. Nach neun Stunden kontinuierlicher Datenausgabe wies der Feld-REG eine statistisch signifikante, ständig anwachsende Ordnung aus.

Bei der Urteilsverkündung im Fall O. J. Simpson ließen auch Roger Nelson in Princeton und Dick Bierman, Professor für Psychologie an der Universität in Amsterdam, in ihren Labors Zufallsgeneratoren laufen. Die Ergebnisse beweisen, daß sich etwas Ungewöhnliches in allen fünf eingesetzten REGs genau zu dem Zeitpunkt ereignete, als das Urteil gesprochen wurde. Die Ordnung im Datenauswurf der Geräte stieg rapide an, kulminierte exakt zur Urteilsverkündung und fiel danach sofort wieder auf das Zufallsniveau ab. Auch bei den anderen Untersuchungen, den Oscar-Preisverleihungen 1995 und 1996, der Eröffnungszeremonie der Olympiade und dem Endspiel der Football-Liga konnten eindeutige Unterschiede im Verhalten der Zufallsgeneratoren festgestellt werden. Während sie sich in den Segmenten, die geringes Zuschauerinteresse hervorriefen, zufällig verhielten, erreichten sie in den Abschnitten, die großes Interesse beanspruchten, erhöhte Merkmale von Kohärenz und Ordnung.

»Ganz gleich, ob eine Schlechtwetterperiode vorherrscht, beim St.-Peter- und Pauls-Fest ist immer schönes Wetter.« Solches hörte ich oft, als ich in Bretten lebte, und betrachtete es als eine lokale Legende, die sich im Lauf der Jahre zu einer festgefahrenen Meinung, vielleicht auch einem frommen Wunsch verdichtet hatte. Indes war ich doch erstaunt, wie häufig pünktlich zum Festtag die bedrohliche Wolkendecke aufriß und die Sonne zum Vorschein kam.

Ähnliche Anekdoten kennt man aus allen Teilen der Welt. In Princeton ist man der Meinung, daß die Zeremonien zum Universitätsabschluß, die zum großen Teil im Freien stattfinden, von gutem Wetter verwöhnt werden. Für Roger Nelson eine Gelegenheit, das Gerücht auf die Probe zu stellen. Sollte der kollektive Wunsch nach schönem Wetter die komplexe meteorologische Situation derart beeinflussen, daß die Wahrscheinlichkeit von Regenfällen abnimmt?[15]

Nelson analysierte die Wetterdaten für die Tage vor, während und nach der Zeremonie aus einem Zeitraum von 30 Jahren. Dazu untersuchte er Niederschlagsmengen von sechs Städten aus der Umgebung für die gleichen Tage. Er wollte herausfinden, ob an den Tagen der Abschlußfeier tatsächlich mehr Sonnenschein und weniger Regen als an den Tagen davor und danach zu verzeichnen waren. Nelson fand seine Vermutung bestätigt, obwohl die Wahrscheinlichkeit gegen einen zufälligen Effekt nur 20 zu eins betrug.

Eigenartigerweise lag der mittlere Niederschlag am Tag der Abschlußfeier selbst höher als am selben Tag in den Städten der Umgebung. Der Grund war ein enormer Wolkenbruch am 12. Juni

1962, der in der Umgebung wesentlich gemäßigter ausfiel. Allerdings erinnern sich die Graduierten des Jahrgangs 1962 lebhaft, daß der Wolkenbruch erst einsetzte, als die Zeremonie auf dem Rasen zu Ende war.[16]

Man darf die kulturelle Bedeutung der Entdeckung der Interaktion von Bewußtsein und Materie und die Effekte des Feldbewußtseins nicht unterschätzen. Die Religionen künden seit Jahrtausenden von der engen Verflechtung allen Seins, und für die Mystiker ist diese die einzig wahre Sicht der Dinge. Der moderne Mensch, der Götter vertrieb, Religion als Zeitvertreib für unmündige Menschen und Mystik für eine gutartige Form einer Geisteskrankheit ansieht, kann mit spirituellen Wahrheiten wenig anfangen. Seine Götter sind technologischer, wirtschaftlicher und pragmatischer Natur: die wunderbare Maschine, die Generierung von Geld und alles, was uns noch wunderbarere Maschinen und noch mehr Geld erzeugen läßt. Der technologische Nachweis der Interaktion von Bewußtsein und Materie, wie ihn die PEAR-Forscher zementieren, steht wie ein Monolith in der eintönigen Landschaft wissenschaftlich akzeptierter Denkmodelle. Mit einem Mal gibt es greifbare Resultate und wunderbare Maschinen, die unanzweifelbare Daten liefern – Beweise für subtile Verbindungen jenseits von Raum und Zeit.

Ob diese Tatsache wirklich ein Umdenken der Sicht unserer selbst, unserer Beziehungen zu anderen und zum Kosmos, in dem wir leben, befördern wird, ist ungewiß. Robert Jahn ist davon überzeugt, auch daß dieses Umdenken unsere Werte ändern wird, unsere Prioritäten und unser Verantwortungsgefühl.

Ich glaube nicht, daß sich eine bessere kulturelle Ethik gleichsam zwangsläufig daraus entwickelt. Die produktive Wiedervereinigung der seit langem »entfremdeten Geschwister« Wissenschaft und Spiritualität, Analyse und Ästhetik, Intellekt und Intuition, wie sie Jahn erwartet, kann bestenfalls als ein Fernziel gesehen werden. Ein Fernziel, das nur dann erreicht werden kann, wenn die Ergebnisse der neuen Psi-Forschung ins Bewußtsein der Menschen Eingang finden. Wenn die Menschen nicht mehr nur vor der Wahl stehen, zweifelhafte Großtaten von angeblichen Medien zu bewundern oder Psi als Anhängsel von Okkultismus und esoterischer Beliebigkeit zu verdammen. Wenn sich die Erkenntnis durchsetzt, daß Psi

Ausdruck eines Gespürs, eines Instinkts, eines verborgenen Sinnes ist, der uns auf einer sehr tiefen Ebene mit allem verbindet, was uns umgibt.

Peilsystem Psi

Wenn Raum und Zeit keine Hindernisse darstellen, entsteht das große Problem bei Feld-REG-Versuchen, die richtige Zuordnung von Absicht und Effekt vornehmen zu können. Bei diesen Feldversuchen wissen die Teilnehmer meistens nicht, daß sie einen Zufallsgenerator »beeinflussen« sollen. Sie wissen noch nicht einmal, daß sie Teil einer Psi-Studie sind. Im Laborexperiment kann die Zuordnung immer durch den eindeutigen Bezug zwischen Operator und Maschine angegeben werden: Die Versuchsperson *weiß*, daß sie ihre Intention auf ein bestimmtes Gerät im Labor zu richten hat. Wir haben gesehen, daß Psi-Effekte zielgerichtet sind. Die Verbindung von Geist und Maschine im Labor ist für Psi problemlos zu finden.

Da dieser nichtlokale und eventuell nicht-zeitgebundene Effekt sich auch ohne Wissen von Versuchspersonen durch Perturbationen von Zufallssequenzen nachweisen läßt, stellt sich die Frage, wessen Effekte im Feld eigentlich gemessen werden. Woher weiß das Bewußtsein der »Feld-Versuchspersonen«, daß es mit einem bestimmten REG zu interagieren hat? Wenn es dies aber automatisch tut, weil der Austausch zwischen Bewußtsein und Materie ein ständiger nichtlokaler und nicht-zeitgebundener ist, dann läßt sich schwer eine Zuordnung zu den Bit-Sequenzen und der Bewußtseinstätigkeit eines bestimmten Kollektivs finden. Irgendwo auf der Welt sind ständig Gruppen von Mönchen oder religiöse Gemeinschaften in der einen oder anderen Weise mit Meditation, Kontemplation, Gebet beschäftigt, es finden ständig Massenveranstaltungen sportlicher oder politischer Art statt. Es gibt also sicher zu jedem Zeitpunkt unterschiedliche Menschengruppen, die ein intensiv ausgerichtetes, einheitliches, »geordnetes« Bewußtseinsfeld aufweisen, das sich in jeder REG-Messung niederschlagen müßte.

Die Hauptbefürworter der Feld-REG-Experimente gehen davon

aus, daß sich diese Einflüsse gegenseitig aufheben, weil unzählige andere Menschen mit völlig anderen Dingen beschäftigt sind und sich die ordnenden mit den chaotischen Bewußtseinseinflüssen gegeneinander aufheben. In diesem Fall wäre es unmöglich, auch nur eine einzige aussagekräftige Feld-REG-Studie zu unternehmen, weil man immer davon ausgehen muß, daß bestimmte ordnende Bewußtseinsfelder durch chaotische in ihrer Wirkung ausgelöscht werden.

Ein großes Problem stellt der zeitunabhängige Aspekt dar. Wie kann man ausschließen, daß beispielsweise die effektiv festgestellten signifikanten Ergebnisse während der globalen Meditation im Januar 1997 nicht noch auf Versuche nachwirken, die einige Tage, Wochen, Monate später durchgeführt werden?

Sollte man gar annehmen, daß durch intensive meditative Anstrengungen, wie sie die Anhänger von Maharishi Mahesh Yogi in der sogenannten »Transzendentalen Meditation« (TM) unternehmen, um – wie sie meinen – das globale Bewußtsein zu verändern, über die Zeit hinweg eine »Anhäufung von ausgerichtetem Bewußtsein« entsteht, das alle künftigen Feld-REG-Messungen beeinflussen müßte? Die Wirkung wäre nicht unähnlich dem von dem englischen Biologen Rupert Sheldrake postulierten Effekt der »morphischen Resonanz«. Und in der Tat wären dann die Anstrengungen der TM-Anhänger ein Ausdruck der »morphischen Resonanz« und die Feld-REG-Studien eine Möglichkeit ihre Effektivität zu messen.

Die Realität allerdings sieht ganz anders aus. Nichts in den vorliegenden Untersuchungen läßt den Schluß zu, daß die im Feld gemessenen REG-Resultate *völlig* unabhängig vom Faktor Zeit sind. Nichts deutet darauf hin, daß sich eine kumulative Wirkung von »größeren« und wiederholt auftretenden »Bewußtseinsfeldern« nachweisen läßt. Noch nicht einmal die Annahme der *völligen* Raumunabhängigkeit des Effektes läßt sich eindeutig dokumentieren.

Dennoch besteht kein Zweifel, daß der Effekt real, meßbar und wiederholbar ist. Eine in höchstem Maße spannende Möglichkeit eröffnet sich: Kann es sein, daß diese Wirkung in der Tat (weitgehend) unabhängig von räumlichen und (weitgehend) unabhängig von zeitlichen Faktoren ist, aber nicht beliebig erfolgt, sondern gleichsam nach gezielter Auswahl? Wie bei den Laborversuchen, die eine eindeutige Zuordnung zwischen Operator und Maschine erlauben, durch das Wissen des Operators um seine Anstrengungen im Hinblick auf ein ganz bestimmtes Gerät, sind die Feld-REG-Versuche auch nicht völlig ohne eine solche »interne Verbindung« denkbar. Diese wird durch den Experimentator bereitgestellt. Sein Wissen ist das fehlende Bindeglied zwischen dem Bewußtseinsfeld und der Maschine. Wenn man so will, muß man einen Absender und eine Adresse festlegen, damit die richtige Sendung (geordnetes Bewußtseinsfeld) ihr Ziel (REG) erreicht. Die Aufgabe entspricht dem Problem, das Ingo Swann für den Einsatz von Remote Viewing für Spionagezwecke zu lösen versuchte. Er entdeckte, daß es durchaus ausreichend war, für das Bewußtsein das Ziel zu finden, wenn es mit Koordinaten gefüttert wurde. Die »Koordinaten« für die Feld-REG-Versuche formuliert der Versuchsleiter durch die Fragestellung seines Experiments. Sobald diese festgelegt ist, wird die Verbindung hergestellt. Absender und Adresse sind formuliert. Auf diesem Hintergrund können wir auch verstehen, warum Koordinaten beim Remote Viewing später nicht mehr nötig waren, warum es ausreichte, codierte oder gar keine Koordinaten zu verwenden. Die Verbindung zum Zielobjekt war bereits hergestellt. Entweder vom Experimentator, der davon wußte, oder vom Auftraggeber. Die Auswahl des Zieles für Psi erfolgt auf der gleichen Ebene, auf der Psi aktiv ist. Sie ist Psi-vermittelt.

2 Subtile Verbindungen

Geomagnetische Einflüsse

Manche Menschen spüren das Wetter in ihren Gliedern, andere schlafen bei Vollmond unruhig, aber wer denkt daran, daß unser Verhalten von Teilchen auf der Sonnenoberfläche und sogar von anderen Planeten beeinflußt wird? Nein, es geht nicht um Astrologie, es geht um meßbare physikalische Einwirkungen, denen die Erde und die Menschen, die darauf leben, ausgesetzt sind.
Die Erde ist von einem Magnetfeld umgeben, das sich aus einem inneren und einem äußeren Anteil zusammensetzt. Der innere Anteil, der den überwiegenden Teil des Erdmagnetfeldes ausmacht, besteht aus dem Permanentfeld und aus Magnetfeldern von elektrischen Strömen, die in einer Tiefe von annähernd 3000 km im Erdinnern fließen. Zu einem geringeren Prozentsatz wird das Erdmagnetfeld in seinem äußeren Anteil von Feldern variabler elektrischer Ströme in der Atmosphäre mitbestimmt. Eine global gesehen äußerst geringe oberflächliche Beeinflussung des Magnetfeldes erfolgt durch die Gesteine der Erdkruste, die aber lokal zu bedeutenden räumlichen Variationen führen kann.
Das Hauptfeld der Erde ist nur langsamen zeitlichen Veränderungen nach Richtung und Stärke unterworfen, die sich über mehrere hundert Jahre erstrecken. Daneben weist das Magnetfeld der Atmosphäre rasche zeitliche Variationen auf in Perioden, die von einer Sekunde bis mehr als 24 Stunden dauern. Sie werden durch die Sonnenaktivität hervorgerufen, durch den sogenannten Sonnenwind, ein nach außen gehender, ständiger Strom geladener Teilchen. Die weltweiten Schwankungen des geomagnetischen Feldes nennt man magnetische Stürme. Auch die Wechselbeziehung mit Magnetfeldern anderer Planeten beeinflußt das geomagnetische Feld.
Um die erdmagnetische Aktivität zu messen, werden verschiedene

Indizes herangezogen. Einer der bekanntesten ist der sogenannte aa-Index oder Antipodal-Index. Er wird zweimal täglich für jede Hemisphäre erhoben und hat den großen Vorteil, daß er bereits seit über einem Jahrhundert kontinuierlich registriert wird.
Michael Persinger, Professor für Neurowissenschaften an der Laurentian University in Sudbury, Kanada, ist die Autorität auf dem Gebiet des Einflusses geomagnetischer und elektromagnetischer Strahlen auf den Menschen. Im Zuge seiner Untersuchungen war ihm aufgefallen, daß auch ungewöhnliche Erscheinungen mit Fluktuationen im Erdmagnetfeld in Zusammenhang stehen.[17]
Persinger hat sich dieser Frage angenommen und in einer Reihe von Studien die Zeitpunkte von spontanen Erlebnissen außersinnlicher Wahrnehmung mit den Index-Daten über die geomagnetische Aktivität verglichen. Dafür zog er die berühmten historischen Sammlungen der Forscher der *Society for Psychical Research,* Edmund Gurney, Frederick Myers und Frank Podmore[18] vom Ende des 19. Jahrhunderts heran. Persinger machte eine interessante Entdeckung: Spontane telepathische Erlebnisse traten vermehrt an Tagen mit geringer geomagnetischer Aktivität auf, denen zumeist ein Tag mit erhöhter Aktivität vorangegangen ist.[19] Diese Ergebnisse konnten durch eine Reihe von Nachfolgeuntersuchungen an großen Sammlungen von Spontanphänomenen bestätigt werden. Es zeigte sich, daß die Phänomene an Tagen auftraten, die geomagnetisch ruhiger waren als die vorangegangenen und nachfolgenden und die darüber hinaus eine niedrigere Aktivität aufwiesen, als im Durchschnitt in dem betreffenden Monat erreicht wurde.[20]
Auch in den Daten von experimentellen Studien über außersinnliche Wahrnehmung konnte der gleiche Effekt nachgewiesen werden.[21] Der geomagnetische Effekt trat nur in jenen Datensätzen auf, bei denen sich auch ein Psi-Effekt zeigte; ein Hinweis darauf, daß spontane und experimentelle Phänomene dem gleichen Mechanismus unterliegen.
Stanley Krippner, einer der Traumforscher am *Maimonides Medical Center,* unterwarf gemeinsam mit Persinger die Ergebnisse der jahrelangen Telepathieversuche im Traum der Analyse. Sie fanden, daß in den Nächten mit niederer geomagnetischer Aktivität die besten Resultate erzielt wurden.[22] Ihre Untersuchungen geben auch eine

vorläufige Antwort darauf, ob das absolute Niveau der Aktivität entscheidend ist, oder die relative Abnahme der geomagnetischen Aktivität im Hinblick auf vorhergegangene geomagnetische Stürme. Es scheint, daß ein *absolutes* und nicht ein relatives niedriges Niveau die Psi-Phänomene begünstigt.
In den Daten für 97 Ganzfeld-Studien, die am Koestler-Lehrstuhl an der Universität Edinburgh durchgeführt wurden, konnte eine Abhängigkeit der Psi-Leistung von geomagnetischen Aktivitäten nur bedingt nachgewiesen werden.[23] Einige Indizes zeigten den vermuteten Zusammenhang, während andere sogar in die entgegengesetzte Richtung tendierten, ohne Signifikanz zu erreichen. Bei anderen Studien mit Ganzfeld-Experimenten konnte ein anomaler Zusammenhang für den Tag vor dem Versuch gefunden werden: War am Tag vor dem Experiment die erdmagnetische Aktivität erhöht, dann erzielten die Versuchspersonen bessere Psi-Leistungen.[24]
Zu diesen etwas unsteten Ergebnissen kommt hinzu, daß für Psychokinese weitaus verwirrendere Resultate gefunden wurden. Aufgrund von Beobachtungen bei spontanen psychokinetischen Phänomenen wurde die Annahme vertreten, daß PK mit einer erhöhten geomagnetischen Tätigkeit einhergehen könnte. Im Gegensatz zur anomalen Kognition, die von Entspannungszuständen profitiert, scheinen körperliche Erregungszustände für psychokinetische Effekte förderlich. Man vermutete deshalb, daß Versuchspersonen in PK-Experimenten besser abschneiden würden, wenn sie – beispielsweise durch die geomagnetische Aktivität – angeregt würden. In einigen PK-Experimenten konnte ein vorsichtiger Hinweis in diese Richtung gefunden werden.[25] Kürzlich nahm eine Forschergruppe unter Leitung von Stanley Krippner kontinuierliche lokale Messungen des Magnetfeldes bei der Untersuchung des brasilianischen Sensitiven Amyr Amiden vor.[26] Amiden behauptet von sich, Gegenstände auftauchen und verschwinden lassen zu können (sogenannte »Apporte«). Bei den Sitzungen erschienen Ringe, Broschen und Medaillen mit religiösen Motiven. Die Untersucher konnten zwar einen Trick nicht ausschließen, sind aber der Ansicht, daß zumindest einige dieser Phänomene anomal waren. Sie stuften die Phänomene nach verschiedenen Kriterien ein, um ein Maß für ihre vermutete anomale Herkunft zu erhalten. Tatsächlich zeigte sich, daß

die als »offensichtlich anomal« eingestuften Phänomene eine signifikante Korrelation mit dem geomagnetischen Index zeigten. Sie erschienen in Perioden erhöhter erdmagnetischer Aktivität.
Obwohl der Einflußfaktor Geomagnetismus relativ schwach ausgeprägt ist und bisweilen widersprechende Resultate zutage gefördert hat, war man doch der Ansicht, endlich auf einen physikalischen Einflußfaktor gestoßen zu sein, der für unser Verständnis des Psi-Prozesses außerordentliche Bedeutung erlangen könnte.
Ein ruhiges Feld erhöht die Auftretenswahrscheinlichkeit von anomaler Kognition, während ein aktiviertes Feld sie senkt.[27] Es gibt zwei Möglichkeiten, diesen Effekt einzuordnen. Einmal könnte es sein, daß es in der Natur von Psi liegt, mit erdmagnetischen Feldern in engem Zusammenhang zu stehen. Geomagnetische Stürme würden in diesem Fall die Beziehung beeinträchtigen. Die andere Möglichkeit wäre eine direkte Wirkung des geomagnetischen Feldes auf die Empfänglichkeit des Gehirns für Psi. Unter diesem Gesichtspunkt ist Psi immer anwesend in Raum und Zeit. Nur unsere Fähigkeit, Zugang zu diesem Potential zu erhalten, wird von Umwelteinflüssen und von psychologischen Bedingungen moduliert.

Die Psi-Schaltstelle im Gehirn

Der Organismus reagiert ständig auf natürliche elektromagnetische Einflüsse. Einem deutschen Forscherteam an der Universität Gießen gelang es, sehr schwache elektromagnetische Impulse, die gewöhnlich von atmosphärischen Entladungen (Blitzen) erzeugt werden, künstlich herzustellen.[28] Der Einfluß der Impulse schlug sich in den Gehirnströmen nieder und blieb auch nach der Stimulation erhalten. Das Bedeutende dieser Studie ist der Hinweis, daß der menschliche Organismus auf minimale magnetische Reize reagiert. In welchem Zusammenhang diese Reaktionen mit Psi stehen, ist eine Frage, die gegenwärtig heftig diskutiert und empirisch erforscht wird.
Persinger vertritt die These, daß in den geomagnetischen Aktivitäten der Schlüssel zu Psi-Erfahrungen verborgen liegt. Sein Ansatzpunkt ist die Reproduktion von elektrischen Aktivitäten im Ge-

hirn, die Psi-Erlebnisse künstlich hervorrufen können. Die elektromagnetischen Felder, die er verwendet, sind nicht gefährlich, sie sind schwächer als die eines Föns. Das Problem besteht in der Übersetzung der in ihnen enthaltenen Informationen in die Sprache des Gehirns. Wie das geht, versucht Persinger der Natur abzuschauen, wie sie über die geomagnetische Aktivität zahlreiche Verhaltensweisen des Menschen steuert.

Viele Fischarten beispielsweise kommunizieren durch elektromagnetische Felder, Tauben orientieren sich nach dem Erdmagnetfeld, Bienen benutzen elektrische Felder, um Informationen ihrer Umgebung einzusammeln. Persinger ist der Meinung, daß auch telepathische Phänomene durch die Verbindung aller Gehirne über das erdmagnetische Feld zustande kommen.

Neurologisch scheint ein Ort dafür prädestiniert zu sein, auf geomagnetische Einflüsse selektiv zu reagieren – die Schläfenlappen des Gehirns. Persinger konnte nachweisen, daß die elektrische Aktivität in tiefen Strukturen der Schläfenlappen (Temporallappen) in Entsprechung zu globalen erdmagnetischen Bedingungen steht. Ein Anstieg der erdmagnetischen Aktivität unterdrückt die Produktion von Melatonin in der Zirbeldrüse. Es ist bekannt, daß Melatonin bei Störungen, die mit den Schläfenlappen in Beziehung stehen, wie Depressionen und Anfälle, eine wichtige Funktion hat. Halluzinationen in Krisensituationen und psychokinetische Effekte könnten eine bislang noch ungeklärte Verbindung zu diesen biochemischen Prozessen im Gehirn besitzen. Ebenso religiöse und mystische Erfahrungen, die das Resultat von elektrischen Phänomenen in den Temporallappen sein können.[29] Persinger gelang es durch Kontrolle von Magnetfeldern, Gehirnstrommuster zu simulieren, wodurch er starke Emotionen ebenso hervorrufen konnte wie Halluzinationen, lebhafte Gefühle von Berührung und Bewegung, sogar die Erscheinungen von Verstorbenen.[30] Die Tragweite dieser Entdeckung ist enorm, weil wir nun wissen, daß solche Erfahrungen in einer bestimmten Region des Gehirns ihren Entstehungsort haben.

Die Frage ist allerdings, welche Funktion die elektrischen Phänomene in den Schläfenlappen besitzen, durch die solche Erfahrungen vermittelt werden. Letztlich werden alle Erfahrungen vom Gehirn »übersetzt«. Indem wir das wissen, erscheint uns die Wahr-

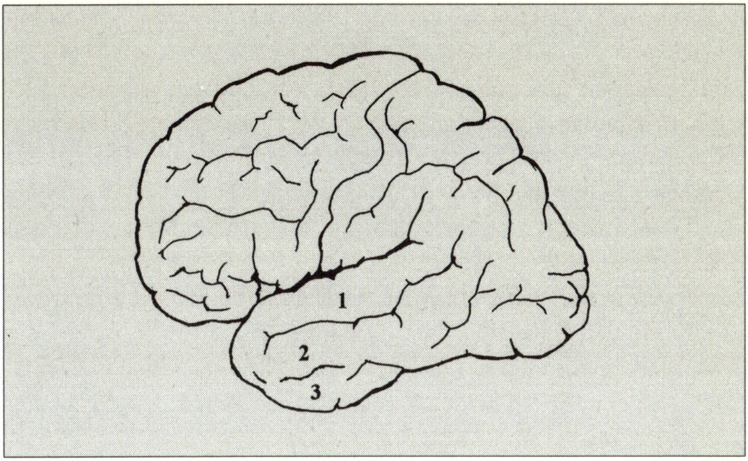

Abb. 6: Das menschliche Gehirn mit der oberen (1), mittleren (2) und unteren (3) Windung des Schläfenlappens.

nehmung unserer alltäglichen Umgebung nicht weniger real. Vielleicht muß man die geomagnetische Aktivität als modulierende Einflußgröße sehen, welche die Bereitschaft des Gehirns, Psi-Informationen bewußt zugänglich zu machen, steuert.
Der menschliche Schläfenlappen (Temporallappen) unterteilt sich in drei Windungen – eine obere, eine mittlere und eine untere (Abb. 6). Insbesondere bei elektrischer Reizung der oberen und mittleren Windung des Schläfenlappens kommt es zu Gehörshalluzinationen, Déjà-vu-Erlebnissen und Traumzuständen. Bei einer Untersuchung an Affen konnte festgestellt werden, daß die mittleren und unteren Windungen der Schläfenlappen an der Verarbeitung von visueller Information beteiligt sind. Die visuelle Information wird vom sogenannten primären Projektionsbereich in der okzipitalen Gehirnrinde über die mittleren und unteren Windungen des Schläfenlappens weitergeleitet. Man bezeichnet deshalb neuerdings diese Region des Temporallappens als »zweiten visuellen Assoziationskortex«. Heute wissen wir, daß in den Temporallappen Informationen von sämtlichen Wahrnehmungsmodalitäten einlaufen.
Aus klinischer Sicht bekannt wurden die Schläfenlappen vor allem durch das sogenannte Schläfenlappensyndrom. Erstmals wurde es

von Norman Geschwind von der *Harvard Medical School* beschrieben.[31] Es entsteht durch Läsionen (Verletzungen) in den Schläfenlappen und äußert sich durch Vertiefungen religiöser Gewißheiten, einen ausgeprägten Wunsch zu schreiben (Hypergraphie) und das Praktizieren bizarrer sexueller Praktiken. Die Art des Glaubens spielt dabei keine Rolle, das Syndrom macht für jede Art von Glaubenslehren empfänglich, die in unsteter Weise oft rasch geändert werden.[32]

Störungen in den Schläfenlappen sind oft Hinweise auf eine spezielle Form der Epilepsie, die sogenannte psychomotorische oder Temporallappenepilepsie (TLE). Sie entsteht, wenn eine Gehirnläsion in einem oder in beiden Schläfenlappen auftritt. 20–30 % aller Epilepsie-Formen sind TLE.

Ende der sechziger Jahre führte der südafrikanische Neurologe Gordon Nelson EEG-Aufzeichnungen von Trance-Medien durch und bemerkte spezifische Störungen in den Schläfenlappen. Dem südafrikanischen Psychiater Vernon Neppe fiel auf, daß die Berichterstatter von Psi-Erlebnissen auch andere ungewöhnliche Erfahrungen beschrieben, die denen bei Schläfenlappenstörungen auffallend ähnlich sind.[33] Bei Patienten mit Dysfunktionen in den Schläfenlappen treten am häufigsten Geruchshalluzinationen und Déjà-vu-Erlebnisse auf. Zahlreiche Patienten Neppes mit subjektiven Psi-Erlebnissen berichteten sowohl über Déjà-vu-Erlebnisse als auch über Geruchshalluzinationen. Jedenfalls handelte es sich hauptsächlich um angenehme Gerüche, während unter Schläfenlappenstörungen normalerweise unangenehme, faule und verbrannte Gerüche halluziniert werden.

Der schottische Psychiater James McHarg[34] beschrieb Erscheinungen einer Patientin, die alle Charakteristika eines paranormalen Phänomens hatten, jedoch durch eine TLE ausgelöst wurden. Die Patientin war im neuen Haus eines Freundes zu Besuch. Sie bemerkte die Symptome, die gewöhnlich einem Anfall vorangehen: ein »milchiger« Geruch und das Gefühl, die Umgebung würde unwirklich werden. In solchen Zuständen erlebte die Frau zumeist visuelle Halluzinationen. In diesem Fall sah sie eine Frau mit braunem Haar vor einem Herd stehen. Die Erscheinung blickte erstaunt auf die Patientin und verschwand. Wie sich herausstellte,

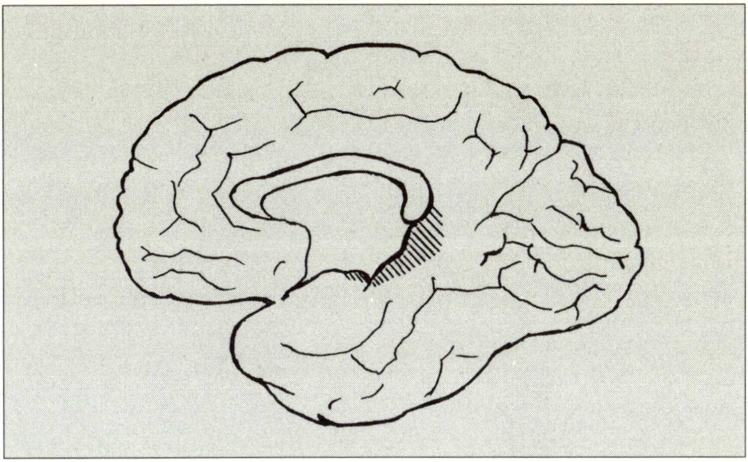

Abb. 7: Schnitt durch das menschliche Gehirn. Hippocampus und limbisches System (schraffiert).

stand an jener Stelle tatsächlich früher ein Herd. Eine der beiden Schwestern, die zuvor das Haus bewohnt hatten, wurde von McHargs Patientin als die Frau aus ihrer Erscheinung identifiziert. Psi-Informationen gelangen vielleicht auf demselben Weg wie gewöhnliche Sinnesinformation in die Schläfenlappen. Dort werden sie gefiltert und nur in besonderen Fällen an die höheren, kognitiven Regionen des Gehirns weitergegeben. Elektrische Entladungen in den Schläfenlappen könnten die dort stattfindende Zensur aufheben, so daß verstärkt Psi-Informationen ins Bewußtsein gelangen.

Zwei Strukturen, die in engem Zusammenhang mit den Schläfenlappen stehen, könnten eine einzigartige Stellung als Vermittler von Psi-Erlebnissen besitzen. Es handelt sich dabei um den Mandelkern (Amygdala) und den Hippocampus, ein in der Tiefe des Schläfenlappen gelegenes Rindenband. Der Mandelkern ist das zentrale Element im sogenannten limbischen System und ist für vegetative und emotionale Reaktionen verantwortlich. Im limbischen System selbst werden unsere Emotionen gesteuert. Der Grund dafür, daß vor allem emotional aufwühlende Inhalte via Psi ins Bewußtsein gelangen, liegt offenbar hier verborgen. Emotionsgeladene Informationen, anomal oder nicht, wirken auf das fragile Erinnerungs- und Zensursystem in den Schläfenlappen und bewirken, daß gewisse Inhalte unbewußt gespeichert oder ins Bewußtsein gehoben werden.

Die Gehirntätigkeit läßt sich nicht nur durch die elektrische Aktivität der Gehirnrinde messen, sondern auch anhand der Blutflüsse in den einzelnen Gehirnregionen. Das Blut fließt verstärkt in Regionen, die metabolisch aktiv sind, um die Zellen mit Sauerstoff zu versorgen. Durch sogenannte PET-Aufnahmen (Positron-Emission-Tomographie) können acht bis zehn Schnittbilder des Gehirns in kurzer Zeit hergestellt werden. Auf diese Weise lassen sich sehr gut regionale Blutflüsse im Gehirn verfolgen. Die Aufnahmen lassen Schlüsse darüber zu, welche Gehirnregionen zu bestimmten Zeitpunkten eine erhöhte Aktivität aufweisen.

EEG-Untersuchungen von Qigong-Meistern mit gleichzeitigen PET-Aufnahmen der regionalen Blutflüsse im Gehirn haben nun den Nachweis erbracht, daß die Schläfenlappen und die Hippocampi während des Qigong aktiviert werden, während das Großhirn ruhig bleibt.[35] Dabei stehen die tiefen Strukturen im limbischen System, Mandelkern und Hippocampus, mit langsamen Gehirnwellen (Alpha, Theta und Delta) in Beziehung. Die Untersucher fanden auch Aktivierungen in Zusammenhang mit Alphawellen in einer spezifischen Region im rechten Temporallappen, wo Entladungen bei TLE zu halluzinatorischen Erlebnissen führen.

Neuere Untersuchungen über die Funktionen von Mandelkern und Hippocampus, unterstützen ihre Bedeutung in der Verarbeitung von Psi-Signalen. Einer Gruppe von Zellen im Hippocampus (CA3-Zellen) kommt eine besondere Aufgabe bei der Verbindung von äußeren Sinneseindrücken mit inneren Assoziationen zu. Die CA3-Zellen verändern ihre Funktionsweise durch Streß. Paranormal Begabte berichten häufig, sie hätten ihre Fähigkeiten erlangt, nachdem sie extremem physischem oder mentalem Streß ausgeliefert waren, häufig nach lebensbedrohlichen Unfällen oder Erkrankungen oder, wie bei Epileptikern, zur Zeit der Pubertät. Die streßbedingte Veränderung in den CA3-Zellen könnte zu dem Abbau der Zensur und damit zu einer verstärkten Durchlässigkeit für Psi-Signale führen.

Von speziellem Interesse für Psi ist die Fähigkeit des Hippocampus, Langzeitpotentiale aufbauen zu können – der erste Schritt zum Gedächtnis. Eine elektrische Reizung von lediglich einer Sekunde mit einer Frequenz von 400 Hz kann zu nahezu permanenten Änderungen in der elektrischen Aktivität führen. Sie produziert darüber hinaus innerhalb von zehn Minuten Wachstum von dendritischen Verzweigungen (Nervenzellfortsätze). Sie sind ein Zeichen, daß neue permanente Verbindungen eingegangen werden.
Diese überaus rasche Plastizität deutet darauf hin, daß einige Sekunden eines angemessenen Psi-Reizes ausreichen würden, um dauerhafte Veränderungen in Mikrostrukturen des Gehirns hervorzurufen und dadurch das Gedächtnis zu modifizieren. Sobald die neue Information konsolidiert, wird sie ebenso real und gewöhnlich zugänglich wie Gedächtnisinhalte, die auf normalem Weg erlangt wurden.
Ich habe bereits davon gesprochen, daß Psi-Eindrücke eher Erinnerungen denn Sinneswahrnehmungen gleichen, und man hat die bewußte Reproduktion von außersinnlichen Informationen mit der subliminalen Wahrnehmung gleichgesetzt.
Neue Untersuchungen haben gezeigt, daß den Schläfenlappen in der Verarbeitung von subliminalen Reizen eine wichtige Rolle zukommt.
Ein Team um Manabu Tashiro von der *Abteilung für Nuklearmedizin* an der Tohoku-Universität in Sendai konnte feststellen, daß bei subliminaler visueller Reizung zunächst verstärkt zerebrale Blutflüsse im Hinterhauptslappen zu beobachten sind.[36] Dann bewegen sich die Blutflüsse in die Region der oberen und mittleren Windungen des Schläfenlappens. Die Untersuchung zeigt, daß den Temporallappen eine Schlüsselfunktion in der Verarbeitung von Informationen zukommt, die unbewußt bleiben.
Bei der Erforschung psychischer Automatismen, vor allem beim sogenannten »automatischen Schreiben«, konnte festgestellt werden, daß Menschen bisweilen in der Lage sind, von Dingen zu berichten, von denen sie eigentlich nichts wissen konnten. So erlebte Hans Bender bei seinen frühen Versuchen zum automatischen Buchstabieren mit einem einfachen Dienstmädchen als Versuchsperson folgenden eigentümlichen Fall. Beim Glasrücken wird ein

Zeigefinger auf ein umgestülptes Glas gelegt. Im Kreis sind die Buchstaben des Alphabets aufgezeichnet. Ohne Zutun des Bewußtseins bewegt sich das Glas und tippt nacheinander, oft äußerst rasch, Buchstaben an, die sinnvolle Sätze ergeben. Bei dem Versuch von Bender ergab die Buchstabenfolge auf den ersten Blick keinen Sinn, bis man zum Erstaunen aller bemerkte, daß es sich um englische Worte handelte. Das Dienstmädchen war allerdings der englischen Sprache nicht mächtig. Der Text wurde schließlich als die Anfangssätze der Novelle *The Woman Who Rode Away* von D. H. Lawrence identifiziert. Des Rätsels Lösung war ebenso einfach wie verblüffend. Die Frau des Hauses, bei der sie in Diensten stand, hatte einen Band mit Lawrence-Novellen auf dem Nachttisch liegen. Das Mädchen hatte das aufgeschlagene Buch gesehen, und der optische Eindruck der Worte hatte sich ihr eingeprägt. Man spricht in solchen Fällen von Kryptomnesie (von griech. »verborgenes Gedächtnis«), wenn Erinnerungen an nie bewußt wahrgenommene, dennoch gespeicherte Inhalte erlebt werden. Man kann daran ermessen, welche ungeheure Speicherkapazität der menschliche Geist besitzt und in welchem Mißverhältnis der Anteil von bewußt Wahrgenommenem zu den gesamten aufgenommenen Eindrücken sein muß.[37]

In den historischen Versuchen zum automatischen Buchstabieren zeigte sich, daß in den Texten häufig außersinnliche Informationen auftauchten. Offenbar handelt es sich um eine Vorgangsweise, durch die über die Tätigkeit der Schläfenlappen vormals gespeicherte anomale Informationen zugänglich werden können, wobei die Schwelle des Wachbewußtseins umgangen wird. Die Versuchspersonen wissen nicht, was sie automatisch buchstabieren. Auf diese Weise können nicht bewußt ankommende Psi-Signale gespeichert und eventuell zu einem späteren Zeitpunkt abrufbar werden. Die Erforschung von anomalem Informationstransfer in Träumen bestätigt diese Annahme. Außersinnliche Eindrücke, die während des Tages nicht die Zensurschranke überwinden konnten, werden in dem günstigen Bewußtseinszustand des Traumes zugänglich.

Alles deutet darauf hin, daß die Erscheinungsformen spontaner Psi-Phänomene von der Funktion der Schläfenlappen dominiert werden: Sie treten sehr häufig im Traum und in Phantasien während des Wachzustands auf, wobei sie von intensiven Affekten begleitet werden, die den Erfahrungen nachhaltige persönliche Bedeutung verleihen.

Die elektrische Labilität der Schläfenlappen bedeutet, daß bestimmte Reize Erlebnisse stimulieren können, die Psi-Erfahrungen lediglich *ähneln*. Die TLE ist der einzige Zustand im Gehirn, in der spontane Psi-artige Erfahrungen erzeugt werden. Wenn eine epileptische elektrische Entladung in einem Lappen bleibt und nicht die motorischen Regionen erreicht, entstehen keine epileptischen Krampfanfälle. Ein Beobachter würde überhaupt nicht bemerken, daß eine Person einen epileptischen Anfall erlebt. Gewöhnlicherweise führt der Epileptiker irgendeine Art von Routinehandlung durch. Manchmal sind es nur einfache Wiederholungen bestimmter Körperbewegungen. Es können aber auch länger dauernde und komplexe Handlungen sein. In diesen Perioden, die wenige Sekunden bis mehrere Minuten und gelegentlich auch viel länger dauern können, tritt ein veränderter Bewußtseinszustand infolge der plötzlichen Veränderungen der gehirnelektrischen Aktivität in einem Temporallappen auf. Man könnte deshalb solche, auf eine epileptische Entladung zurückgehende, Erlebnisse von »Pseudo-Psi« mit echten Psi-Phänomenen verwechseln.

In jedem Fall ist es ein Fehler anzunehmen, daß Psi-Erlebnisse eine Form der TLE darstellen. Auslöser für ein Psi-Erlebnis ist eine äußere Begebenheit, während ein inneres Ereignis einen epileptischen Anfall verursacht. Am häufigsten werden außersinnliche Erfahrungen während der gewöhnlichen nächtlichen Traumphasen berichtet, die mit epileptischen Phänomenen nichts zu tun haben.

Persinger fand heraus, daß die meisten spontanen Berichte über außersinnliche Wahrnehmungen zwischen 2.00 und 4.00 Uhr morgens stattfanden. Der Zeitabschnitt mit dem zweithäufigsten Auftreten von Psi lag zwischen 21.00 und 23.00 Uhr. Exakt in diesen Zeitintervallen wurden früher, bevor geeignete Medikamente auf dem Markt waren, die meisten epileptischen Anfälle beobachtet. Allerdings konnte noch ein dritter Gipfelpunkt für Psi um 16.00 Uhr festgestellt werden, der mit den Daten über TLE nicht übereinstimmt.[38]

Der Zusammenhang von Psi mit dem Faktor »religiöse« oder »spirituelle Überzeugungen« könnte durch die Funktion der Schläfenlappen verständlich werden, zumal die Vertiefung religiöser Gewißheiten als Teil von Dysfunktionen des Schläfenlappens beschrieben wurde. Jüngste Untersuchungen über mystische und transpersonale Erfahrungen erhärten die Rolle der Temporallappen in diesem Zusammenhang.

EEG-Muster bei mystischen und transpersonalen Erfahrungen zeigen eine extreme Zweiteilung der Wellenmuster in sehr hoch- und sehr niederfrequente Wellen.[39] Diese Zweiteilung entspricht einem erregten Aufmerksamkeitszustand (hochfrequente Wellen) und einem tiefen Entspannungszustand (niederfrequente Wellen). Beim Eintritt in solche Zustände treten zunächst im Zentrum der Gehirnrinde die niederfrequenten Wellen von 1 bis 6 Hz (Delta- und Thetawellen) auf. Vermutlich wird dadurch unsere gewöhnliche Raum-Zeit-Wahrnehmung ausgeschaltet. Sobald man tiefer in einen transzendenten Zustand eintritt, teilen sich die Wellenfrequenzen auf. Die entscheidende elektrische Aktivität verlagert sich vom Zentrum in die beiden Schläfenlappen (deutlicher bei Frauen als bei Männern). Dort treten verstärkt hochfrequente Beta- und extrem hochfrequente Gammawellen auf.

Die elektrische Aktivität in den Schläfenlappen weist dann nicht die gewöhnliche Stromstärke von ca. 20 mV auf. Sie zeigt sich vielmehr in regelrechten Eruptionen von sehr niedrigen bis zu sehr hohen Stromstärken. Es ist, als ob in den Schläfenlappen immer wieder von neuem ein Feuerwerk entfacht wird. Bei Untersuchungen des 70jährigen Heilers Rod Campbell zeichnete das EEG extrem hochfrequente Gammawellen von 18–32 Hz mit 9,7 mV, von 32–64 Hz mit 29,9 mV und von 64–128 Hz mit 39 mV in den Schläfenlappen auf. Personen in ekstatischen Zuständen erreichten sogar Eruptionen von Gammawellen mit 120–150 mV.

Gammawellen scheinen das Markenzeichen für den Verlust der herkömmlichen Ich-Grenzen zu sein. Die Konzentration dieser extrem hochfrequenten Wellen in den Schläfenlappen könnte den normalen Input der Sinnesinformation unterbinden und das Gehirn auf die Weiterleitung von außersinnlichen und mystischen Erfahrungen »umstellen«.

Vielleicht liegt der Schlüssel für das Verständnis vom Zusammen-

hang zwischen paranormalen, spirituellen und bestimmten abnormen Erfahrungen in den Temporallappen verborgen. Dort, wo Sinnesreize, auch unterschwellige, integriert, gefiltert und gespeichert werden. Wo sie dann über interne oder externe elektrische Phänomene als nach außen verlegte interne Bilder – Halluzinationen, Erscheinungen, Visionen – oder als spontane Psi-Erlebnisse in Erscheinung treten können.
Das Spannende an der Rolle dieser Gehirnregion für unser Verständnis von Psi ist ihre überaus leichte Beeinflußbarkeit durch elektromagnetische Wellen. So weisen etwa einzelne Neuronen oder Gruppen von Neuronen innerhalb des Hippocampus Perioden von elektrischer Aktivität auf, in denen sie durch äußere elektromagnetische Felder eines ähnlichen Pulses oder einer natürlichen Frequenz relativ leicht beeinflußt werden können. Hier scheint der Ansatzpunkt vorzuliegen, bei dem Umwelteinflüsse wie geomagnetische Fluktuationen einen Zustand der Bereitschaft oder der Unterdrückung von Psi-Signalen hervorrufen können.

Unter dem wechselhaften Mond

Vielleicht die älteste Vorstellung vom Einfluß der Himmelskörper auf die Menschen wird dem Mond zugeschrieben. Aus allen Völkern und Kulturen geht die Bedeutung des Mondes aus ihren Kulthandlungen und Mythen hervor. Die Phasen des Mondes wurden in engem Zusammenhang mit »zunehmenden« und »abnehmenden« Natur- und Lebensvorgängen auf der Erde gesehen: Wachstum und Gedeihen, Fruchtbarkeit bei Pflanzen und Tieren, Krankheit, Geburt, Liebe, Ehe und Tod. In der Antike behauptete schon Plinius der Ältere, daß mit zunehmendem Mond das Blut im menschlichen Körper steige und mit abnehmendem Mond sinke. Nun konnte die moderne Wissenschaft feststellen, daß alter Volksglaube kein Aberglaube sein muß: Um den Vollmond erwiesen sich postoperative Blutungen am stärksten.
Lange Zeit war man der Überzeugung, daß der Mond sich vor allem auf die Geistesverfassung des Menschen auswirkt. Im engli-

schen Sprachgebrauch bezeichnete man den Wahnsinn als *lunacy*, und im Deutschen hieß der Somnambulismus »Mondsucht«.
Noch heute glauben viele Menschen, daß sie in ihren Stimmungen und Empfindungen vom Mond beeinflußt werden. Nur so ist der gegenwärtig ungeheure Erfolg des Buches einer Tiroler Bergbäuerin erklärbar, in dem sie ihr überliefertes Wissen über die Mondrhythmen im täglichen Leben niedergeschrieben hat.[40]
In Übereinstimmung mit magischen Vorstellungen hatte Andrija Puharich Telepathieversuche angestellt und erwartet, daß die Psi-Leistungen mit dem Vollmond ansteigen, bis zum Halbmond abfallen und zum Neumond abermals ansteigen würden.[41] Die Ergebnisse bestätigten seine Hypothese. Dean Radin hat eine alternative Erklärung für dieses Ergebnis parat. Nicht die Mondphasen selbst beeinflussen die Psi-Leistung, sondern Fluktuationen im geomagnetischen Feld, die von den Mondphasen ausgelöst werden. Zahlreiche Studien, die sich mit dem Problem von Mondphasen und geomagnetischen Feldern auseinandergesetzt haben, konnten kein eindeutiges Resultat erbringen. Einige deuteten darauf hin, daß der Zusammenhang in Wahrheit auf die Fluktuationen des Sonnenwindes zurückgeführt werden kann, andere sprechen für einen direkten Einfluß des Mondes auf das Magnetfeld der Erde.
Was auch immer dahinterstehen mag, Radin wollte dem Mond-Effekt auf Psi auf die Schliche kommen. Er ging an die Fragestellung mit einem rein empirischen Ansatz heran. Der Nachweis von Präkognition und Psychokinese, wenngleich seltene Phänomene, müßte dort am besten gelingen, wo der Zufall regiert und Unmengen von Daten gesammelt werden können. Das trifft in idealer Weise auf Spielcasinos zu. Radins Labor liegt nicht umsonst in Las Vegas, der Hauptstadt der Spielcasinos.
Dean Radin analysierte die durchschnittlichen Gewinne für fünf Arten von Glücksspielen im Verhältnis zu den Mondzyklen und zur geomagnetischen Aktivität.[42] Seine Hypothese: die höchsten Gewinne würden an Tagen um den Vollmond und um den Neumond gemacht und an Tagen mit niederer geomagnetischer Aktivität. Er konnte diese Hypothese bestätigen, allerdings ohne daß sie eindrucksvolle statistische Signifikanz erreichte. Die Detailanalyse zeigte hingegen, daß die sechs größten Jackpots an den »Einarmi-

gen Banditen« alle bei Vollmond oder am Tag zuvor oder danach ausgezahlt wurden – ein Ergebnis, das sehr signifikant ist. Vergleichbare Mond- und geomagnetische Effekte konnte er auch anhand von enormem Datenmaterial bei Lotteriegewinnen feststellen. Die täglichen Fluktuationen bei den Gewinnen von Casinobesuchern können mithin nicht auf reinen Zufall zurückgeführt werden. Sie zeigen eine gewisse Gesetzmäßigkeit. Sie stehen mit den täglichen Fluktuationen der Psi-Fähigkeiten der Spieler in engem Zusammenhang. Diese wiederum werden durch Umwelteinflüsse bestimmt. Dieses Ergebnis hat bedeutende Konsequenzen für unser Verständnis der Rolle von Psi in Bewußtseinsfeldern. Psi ist weiter verbreitet als wir dachten und wird – unbewußt – alltäglich eingesetzt.

Auf der Webseite seiner *Consciousness Research Division* hat Dean Radin das Casino ins Labor geholt. Dort laufen einige virtuelle Glücksspiele, anhand deren man seinen eigenen Zugang zu Psi testen kann.[43] Es werden die Daten der Zeitpunkte der einzelnen Versuche erhoben. Ein Fragebogen erkundet die eigene Einschätzung über die momentane »Glücks-« oder »Pechsträhne«.

Die ersten Ergebnisse von etwa 2000 Versuchen via Internet bestätigen die Ergebnisse, die Radin bei den Casino- und Lotterieuntersuchungen erhalten hatte: Die Leistungen im Präkognitionstest wiesen eine positive Korrelation mit dem Faktor »Kreativität« auf und eine negative Korrelation geomagnetischer Aktivität. Die Ergebnisse der zweiten, größeren Online-Studie sind zur Zeit in der Analyse. Darin zeichnen sich einige interessante Beziehungen ab.

Die fundamentale Psi-Funktion

Wir sind an einem Punkt angelangt, an dem eine kleine Reflexion über die Natur von Psi angebracht ist. Alles deutet darauf hin, daß Psi in seiner ursprünglichsten Form ein bislang unbekannter, unbewußter und biologisch determinierter Prozeß des ständigen anomalen Austausches von Informationen ist. Psi funktioniert durch Informationsextraktion (anomale Kognition) und Informationsabgabe (anomale Perturbation). Dabei hat sich gezeigt, daß AC und

AP nicht grundsätzlich voneinander unterschieden sind. Sie verhalten sich komplementär zueinander und scheinen zwei Erscheinungsweisen ein und derselben Grundfunktion zu sein.

Weiterhin ist Psi Teil eines autonomen Prozesses im Organismus, der über geophysikalische Einflußgrößen moduliert wird. Man könnte diesen Vorgang als reziproken Beobachtungsprozeß zwischen Organismus und Umwelt verstehen, im Zuge dessen Bewußtsein und physikalische Wirklichkeit sich gegenseitig affizieren. Basis dieser Wechselwirkung ist eine Art universeller Scan-Mechanismus, wobei die unmittelbare räumlich-zeitliche Umgebung des Organismus ständig »abgetastet« oder »eingelesen« wird. Diese grundlegende Ausdrucksweise von Psi nenne ich »fundamentale Psi-Funktion« (FPF).

Wenn die fundamentale Psi-Funktion tatsächlich ein grundlegender biologischer Mechanismus ist, würde man erwarten, daß er früh in der Evolution in Erscheinung tritt. Als eine Art »intuitiver Instinkt« könnte er ein exzellentes Werkzeug für die Sicherung des Überlebens einer Spezies darstellen. Die zahlreichen Fallstudien und Experimente von Psi bei Tieren unterstützen diese Ansicht. Tiere können die FPF vielleicht deshalb »besser« einsetzen als Menschen, weil die Reaktionen auf den Informationsaustausch völlig automatisch erfolgen. Die Reaktionen sind Reflexe, die auf der Ebene des vegetativen Nervensystems ablaufen. Wie im Reich der Tiere die fundamentale Psi-Funktion ausgebildet ist, soll nur ein Beispiel illustrieren.

In den siebziger Jahren entwickelte der französische Ingenieur Pierre Janin einen Roboter für PK-Experimente, das Tychoskop. Das zylinderförmige Gerät wird von einem Zufallsgenerator betrieben und vollführt auf diese Weise eine »Zufallswanderung«, die mittels eines an der Unterseite befestigten Schreibers auf einem Blatt Papier festgehalten wird. Das Nachfolgemodell, Tychoskop II, von Roger Tanguy wird von einem externen Zufallsgenerator ferngesteuert und ist für die statistische Auswertung direkt mit einem Computer verbunden.

In seinem Experiment machte sich René Peoc'h die biologische Tatsache zunutze, daß viele Spezies von Vögeln in einem frühen Entwicklungsstadium auf das Muttertier geprägt werden und deshalb fortan hinter diesem herlaufen. Für ihr Überleben ist dieser biologische Mechanismus ausschlaggebend, solange sie nicht in der Lage sind, sich selber zu ernähren. In berühmt gewordenen Experimenten hat der Verhaltensforscher und Nobelpreisträger Konrad Lorenz junge Graugänse auf sich selber geprägt. Fortan folgten die Tiere dem Forscher als ihrer »Ersatzmutter«.

René Peoc'h benutzte das Tychoskop II als »Ersatzmutter«. Er prägte einige Küken darauf und plazierte sie dann in einen Käfig am Rand einer rechteckigen Fläche. In die Mitte der Fläche wurde das Tychoskop eingeschaltet. Das Erstaunliche trat ein: der zufallsgesteuerte Roboter bewegte sich zweieinhalbmal öfter auf den Käfig mit den konditionierten Küken zu, als in Kontrollsitzungen ohne Küken im Käfig. Wurden Küken in den Käfig gesetzt, die nicht darauf konditioniert waren, das Tychoskop als »Ersatzmutter« zu akzeptieren, vollführte es die erwartete zufällige Wanderung. Die einzige Erklärung für dieses Verhalten des Roboters: Offenbar setzten die konditionierten Küken psychokinetische Fähigkeiten ein, um den Roboter öfter als erwartet in ihre Nähe zu bewegen.[44]

In einem weiteren Experiment verwendete Peoc'h 80 Gruppen von jeweils 15 Küken im Alter von einem bis sieben Tagen, die in völliger Dunkelheit großgezogen wurden. Küken mögen tagsüber keine Dunkelheit. Sobald Licht eingeschaltet wurde, hörten sie auf zu piepsen. Der Forscher montierte auf das Tychoskop eine Kerze als einzige Lichtquelle im Raum. Die Küken wurden in durchsichtigen Käfigen zu verschiedenen Zeitpunkten an unterschiedlichen Seiten der rechteckigen, umgrenzten Fläche, auf der sich das Tychoskop bewegte, abgestellt. In 57 der 80 Einzelversuche (das sind 71,25 % der Fälle) schlug der Roboter öfter die Richtung zu den Küken ein, als von ihnen weg. Bei Kontrollversuchen ohne Küken lag die Wahl der Laufrichtung absolut innerhalb der Zufallserwartung.[45]

Diese Versuche zementieren die Idee einer den Organismen eigenen fundamentalen Psi-Funktion. Sie scheint bei Tieren freier verfügbar zu sein als beim Menschen. Zukünftige Forschungen müssen klären, ob auch bei Tieren dieselbe Abhängigkeit von geophysikalischen Einflüssen besteht, oder ob diese nur beim Menschen zum Ausdruck kommen, wo sie vielleicht eine Rolle in der Übersetzung der Psi-Information ins Bewußtsein spielen. Die Psi-Experimente mit Tieren von René Peoc'h, Sergei Speransky, Natalia Yanowa und anderen legen nahe, daß die fundamentale Psi-Funktion auch von vorangegangenen Erfahrungen, von der Art der Aufzucht, bio-emotionale Bande u. ä. moduliert wird.

Hier ist nicht der Platz zu erörtern, warum die fundamentale Psi-Funktion nicht durch die Evolution ausgewählt und verbessert wurde, wenn es sich um eine so brauchbare Fähigkeit handelt. Es können nur einige Hypothesen – Spekulationen vielmehr – zu diesem umfangreichen Thema gegeben werden. Die physikalische Charakteristik von Psi als Kanal für Extraktion und Zufuhr von Information mag sich grundlegend von jenen unterscheiden, die von den anderen Sinnessystemen benutzt werden. Alle Formen von Energie, die von Lebewesen benutzt werden, werden durch Entfernung abgeschwächt und transportieren nur einen beschränkten Teil der Information ihrer Quelle. Psi scheint im Prinzip keinen solchen Einschränkungen zu unterliegen, weder der Abschwächung durch räumliche Entfernung, noch der Abnahme der transportierten Information. Wenn es also einen ständigen anomalen Kontakt mit allen Organismen untereinander und der Umwelt geben sollte, wird dieses anomale Informationsbombardement zu einem einzigen riesigen Rauschen. Das Verhältnis von Signal zu Rauschen würde praktisch unendlich klein werden und es unmöglich machen, unmittelbar sinnvolle Information zu isolieren.[46]

Auch die hinter einer solchen ständigen Interaktion von Bewußtsein und Materie stehenden Intentionen von Menschen und Bedürfnissen von Tieren würden sich buchstäblich gegeneinander aufheben. Dennoch erleben wir bisweilen deutliche Psi-Phänomene. Im Prinzip lassen sich also das ungünstige Verhältnis von Signal zu Rauschen und die Interferenzen durch zielgerichtete anomale Perturbation überwinden. Diese speziellen Fälle hätte die Evolution bevorzugen und perfektionieren müssen.

Eine Möglichkeit, warum dies nicht der Fall war, liegt in den Vorteilen der Beschränkungen der bekannten Sinnesorgane. Sie konnten evolutionär auf jene Anforderungen eingestellt werden, die die jeweilige Spezies zu bewältigen hat. So »sehen« etwa bestimmte Tierarten bevorzugt Objekte, die sich in einer bestimmten Geschwindigkeit bewegen: Es ist die typische Geschwindigkeit ihrer Beutetiere.

Ein wichtiger Grund für die evolutionäre »Vernachlässigung« von Psi kann genau darin liegen: Es fehlte das organische Substrat, an dem die Mechanismen der Evolution eingreifen konnten. Die fundamentale Psi-Funktion hat kein Eingangsorgan zur Verfügung, in dem sich die nötigen Strukturen ausbilden konnten, um die Signale nach den Bedürfnissen der Spezies auszuwählen. Eine Einschränkung des Signalbombardements konnte nur auf der zentralnervösen Ebene, also als eine Aufgabe des Gehirns gelöst werden. Die grundlegende Art der Lösung bestand wohl darin, daß schwache Psi-Signale nach ihrer Bedeutung für das Individuum gewichtet wurden. Die Gewichtung selbst muß in einer körperlichen, emotionalen Reaktion bestehen.

Auf der anderen Seite ist der Psi-Kanal, wie wir heute wissen, von externen Einflüssen abhängig. In dieser Beziehung hätte man erwarten können, daß die Sensitivität für Psi-fördernde modulierende Umwelteinflüsse in den entsprechenden organischen Strukturen evolutionär bevorzugt worden wäre. Offenbar schlug die biologische Entwicklung einen anderen Weg ein.

Die Ausbildung der besseren, weil genaueren Kommunikationsmöglichkeiten bei Menschen durch Zeichen (Sprache und Schrift) auf der Basis der bekannten Sinnesorgane mag die fundamentale Psi-Funktion als Überlebensmechanismus in den Hintergrund gedrängt haben. Die spezifische Evolution des Bewußtseins hat schließlich zur Trennung der FPF vom bewußten Leben des Menschen geführt. Mit dem Prozeß des Bewußtwerdens wurde der Mensch auch der subtilen Verbundenheit mit allen Dingen gewahr, die in der fundamentalen Psi-Funktion ihren Ausdruck findet. Aber er war nicht mehr in der Lage, automatisch auf die unbewußten Prozesse zu reagieren, weil sein erwachendes Bewußtsein zunehmend einen Abgrund aufgerissen hatte zu unbewußten psychischen und autonomen körperlichen Prozessen. Die Auseinandersetzung mit der FPF führte zu einer verstärkten »Vergeistigung« des anomalen Austauschsystems. Indes stellte sich der bewußte

Geist zunehmend als Schranke für das reflexive Agieren auf das System heraus.

So begann der Mensch in einer Art Kompensationsverhalten, magische und okkulte Systeme zu entwickeln, um die unbekannten Zusammenhänge zu erforschen. Er begann auch sein Innenleben auf Antworten abzusuchen, auf die Fragen, die sein Geist der unverstandenen Welt gestellt hatte. Den Traum erkannte er als einen Zustand, um Fragmente des anomalen Informationsaustausches ins Bewußtsein heben zu können. Er wurde der Bewußtseinszustand par excellence, der ein gewisses Verständnis für die unbewußt ankommenden Signale gestattete. Er experimentierte auch mit anderen veränderten Bewußtseinszuständen, um von den Möglichkeiten der fundamentalen Psi-Funktion zu profitieren. Doch letztlich blieb Psi ein subtiles, unzuverlässiges Sensorium.

Im Reich der Verwirrungen

Umwelteinflüsse und elektrische Phänomene in den Schläfenlappen und im limbischen System haben in den letzten Jahren zu einer Neubewertung einer sehr umstrittenen Klasse von Phänomenen geführt – jene, die bei Spuk beobachtet werden. Spuk gehört zu den rätselhaftesten und eigenwilligsten Phänomenen, die von der Parapsychologie untersucht werden und ist auch für Psi-Forscher ein heikles Thema.[47] Man unterscheidet zwischen personengebundenem und ortsgebundenem Spuk. Die hauptsächlichen Unterscheidungskriterien für diese beiden Arten sind:

- Personengebundener Spuk ist zeitlich begrenzt, seine mittlere Dauer beträgt nur einige Wochen. Die Phänomene treten im Umkreis einer Person auf, sie folgen ihr. Hauptsächlich handelt es sich bei den Phänomenen um rätselhafte Bewegungen von Objekten.
- Ortsgebundener Spuk wird oft über Generationen hinweg an einem Ort beobachtet. Neben Klopfgeräuschen ist er vor allem durch »Erscheinungen« von Personen charakterisiert.

Untersucht haben die Parapsychologen fast ausschließlich personengebundenen Spuk. Dabei treten die rätselhaften Phänomene über einen Zeitraum von einigen Tagen bis zu mehreren Wochen

28 Versuchsperson während eines Ganzfeld-Experiments.

29 William Braud beobachtet als »Beeinflusser« bei einem DMILS-Versuch die physiologischen Aufzeichnungen einer anderen Person.

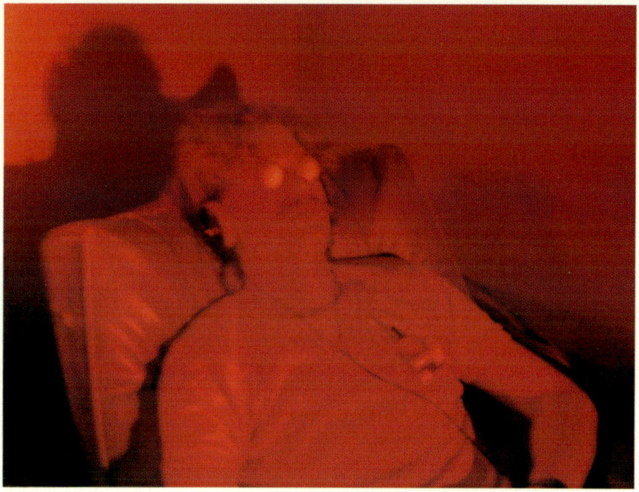

28

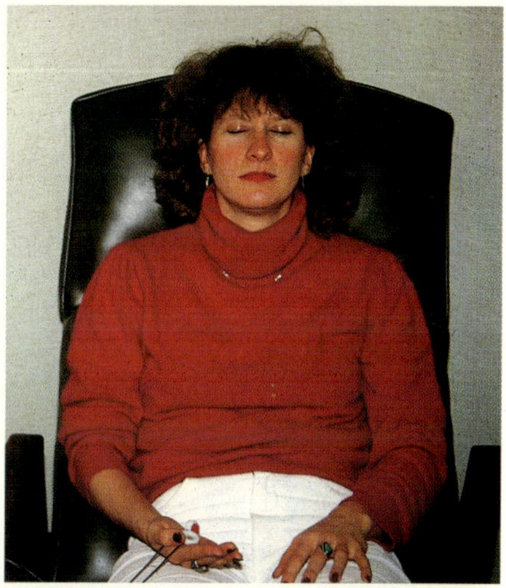

30

30 Die Hautaktivität von Marilyn Schlitz als DMILS-Versuchsperson wird registriert.

31 Eruption von Biophotonen aus der Hand des Heilers Nicola Cutolo.

31

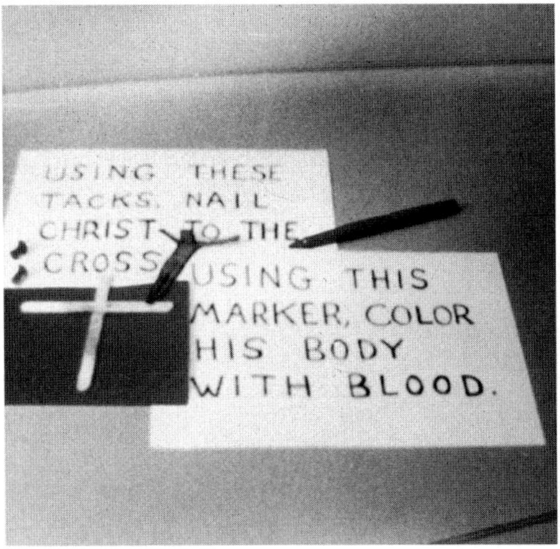

32

34

32 *Material »Kreuzigung« für ein Traumtelepathie-Experiment am* Maimonides Medical Center, *Brooklyn.*

33 *Stanley Krippner.*

34 *Das Maimonides-Team: Charles Honorton (vorne), dahinter v. li. Stanley Kripnner, K. Ramakrishna Rao, Montague Ullman.*

35 *Magnetfeldmessungen bei einem Qigong-Meister am* Bio-Emissionslabor *in Chiba, Japan.*

36 *Ein chinesischer Qigong-Meister und ein Patient bei EEG-Untersuchungen durch Kimiko Kawano.*

37 *Zentrum der* Chinesischen Akademie für Somatische Wissenschaften, *Beijing.*

35

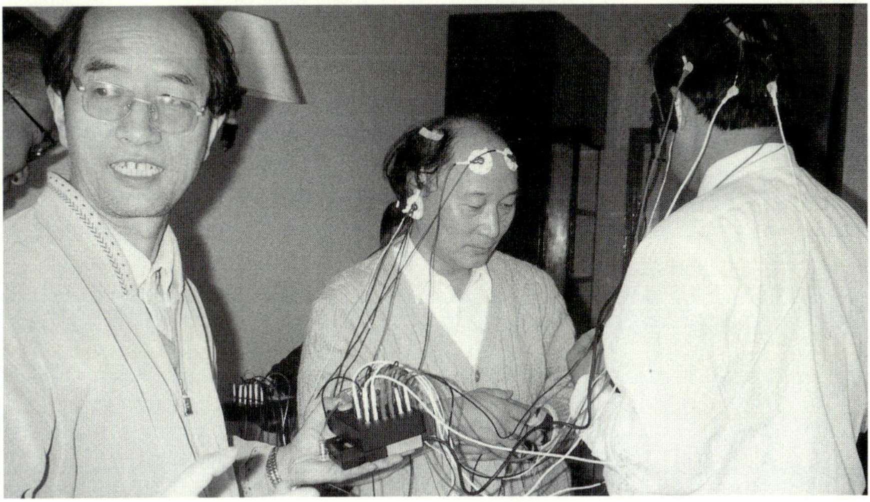
36

37

38

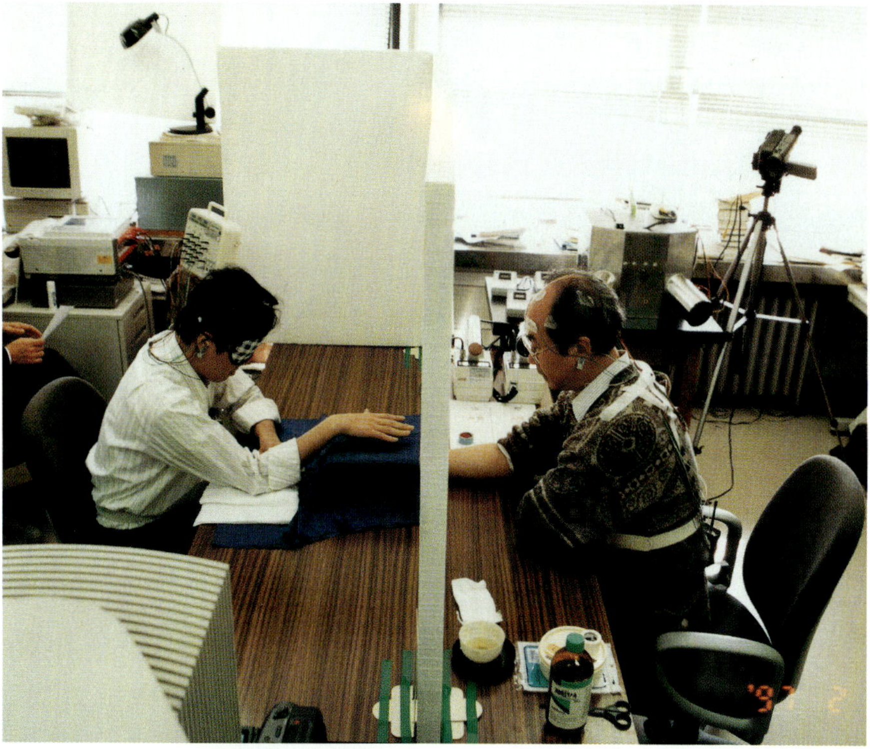

39

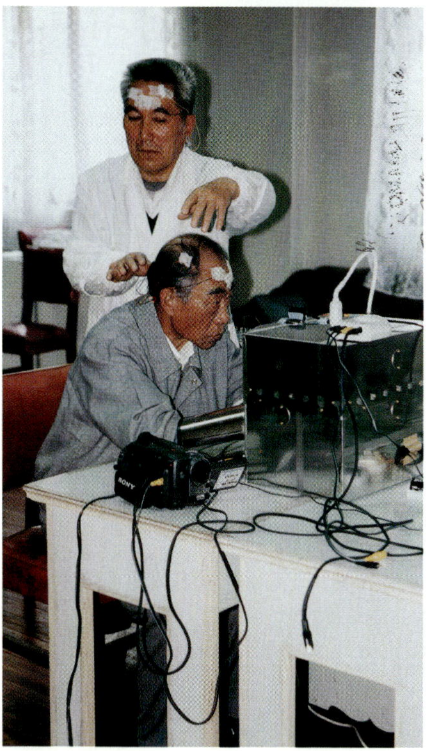

38 Qi-Emission unter Abschirmung: Der Empfänger (li.) ist sinnlich abgeschirmt, der Qigong-Meister (re.) hält seine Hand in die Metallschachtel. Bei beiden wird das EEG aufgezeichnet.

39 Messung starker Magnetfelder bei der Qi-Emission am Shanghai Qigong Institute. *Die Hand des Patienten befindet sich in einer magnetisch abgeschirmten Schachtel.*

40 Experiment am Bio-Emissionslabor *in Chiba, Japan: Qigong-Meister beeinflussen strahlenverseuchte Zellkulturen.*

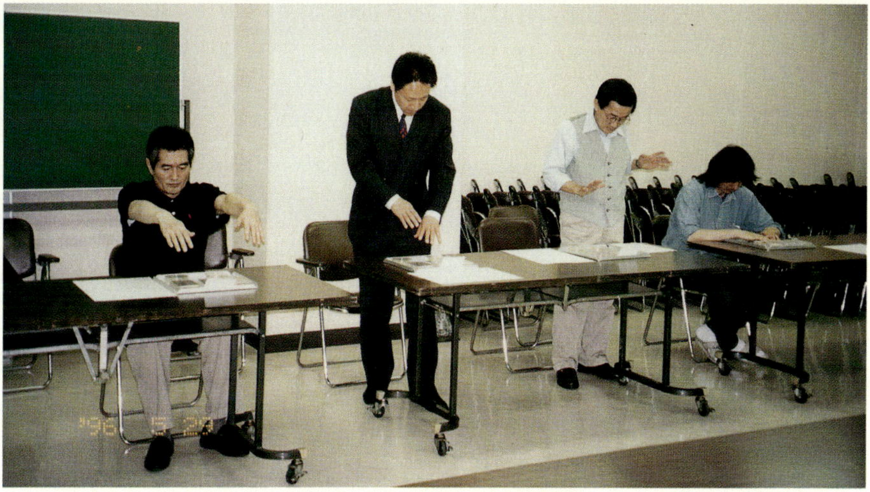

40

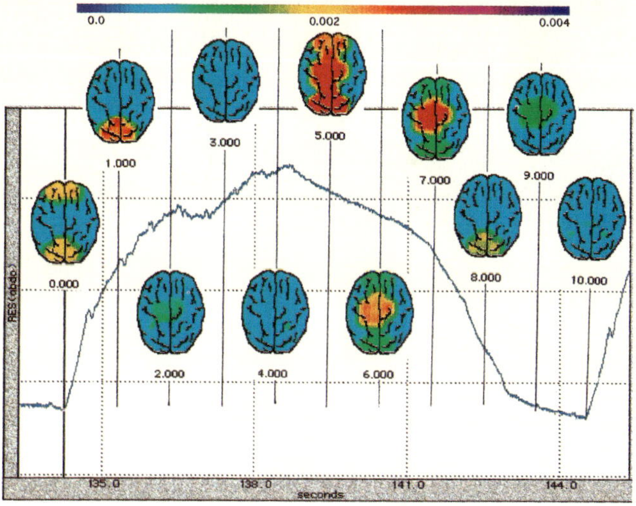

41

42

41 EEG-Topographien der Qigong-Übung »Kleiner Kreislauf« durch Yoshio Machi.

42 Mikio Yamamoto, Leiter des Bio-Emissionslabors.

43

RANDOM EVENT
GENERATOR
0 100.44
RUN MEAN
0089
SAMPLE COUNT
0050
TRIAL NUMBER
START
0100.00
INITIAL

44

45

43 PEAR-Experiment mit der mechanischen Zufallskaskade an der Princeton-Universität.

44 Zufallsgenerator (REG) der PEAR-Gruppe.

45 Experimentelle Situation mit einem REG.

46 Helmut Schmidt mit seinem ersten Zufallsgenerator.

47 Robert Jahn, Leiter der PEAR-Gruppe, Princeton.

48 Brenda Dunne.

49 Roger Nelson.

50 Dick Bierman, Universität Amsterdam.

46

47

49

im Umkreis um eine Person (»Fokusperson«) auf. Die meisten Parapsychologen sind der Auffassung, Spuk werde unbewußt von der Fokusperson ausgelöst. Es handle sich um innerseelische Spannungen, die durch Psychokinese zum Ausdruck kommen. Häufig sind die Fokuspersonen Jugendliche im Pubertätsalter.

Auffällig am personengebundenen Spuk ist sein neckisches, koboldhaftes Verhalten. Zumeist folgt das spukhafte Geschehen in seiner groben Struktur immer einem ähnlichen Muster: Die Erscheinungen beginnen außerhalb des Hauses und erinnern an Schabernack. Man hört Klopfgeräusche an Türen und Fenstern, die Klingel wird geläutet, aber keiner steht vor der Tür. Steine werden gegen die Fensterscheiben geworfen, die bisweilen zerbrechen. Dann kommt der Spuk sozusagen in die Wohnstatt: Türen gehen von selber auf und zu, Gegenstände machen sich selbständig, manchmal richtet sich der Flug dieser Gegenstände gegen bestimmte Personen. Die Flugbahnen sind allerdings seltsam, sie folgen manchmal den Konturen der Möbel: Leicht zerbrechliche Gegenstände fallen zu Boden, ohne zu Bruch zu gehen. Dinge fliegen rasch auf eine Person zu und werden kurz vor dem Auftreffen wie von Geisterhand gebremst und richten keinen Schaden an. In anderen Fällen gehen ständig Dinge kaputt. Manchmal werden Vasen und Gläser zersplittert, wie wenn sie über dem Sockel oder Stiel durch einen Laserstrahl hauchdünn durchtrennt wurden. Schwere Möbelstücke durcheinandergeworfen wie Kleinholz. Zu typischen Einzelphänomenen zählen vor allem das unerklärliche Erscheinen von Wasser, das Auftreten von spontanen Bränden und das rätselhafte Erscheinen von Steinen, die häufig unter der Zimmerdecke sichtbar werden und dann auf den Boden fallen.

Der Schabernack-Charakter der Spukphänomene ist das große Problem für den Wissenschaftler, der sie zu erhaschen versucht: Der Spuk zieht das Gewand des Schalks an. Lange Zeit hält man ihn für die Streiche eines Lausejungen. Bis die Betroffenen begreifen, daß sich etwas Ungeheuerliches und durchaus nicht Gewöhnliches um sie herum ereignet, ist es für die eilig herbeigerufenen Parapsychologen meist zu spät. Der Spuk ist bereits vorbei.

Spukforschung mußte sich bislang weitgehend auf unsichere Zeugenaussagen verlassen. In zahlreichen Untersuchungen von Spukfällen, die ich in den späten siebziger und frühen achtziger Jahren mit Professor Hans Bender durchführen konnte,[48] zeigte sich immer das gleiche zentrale Problem: Es ließ sich nicht mit Sicherheit entscheiden, ob die berichteten Phänomene zumindest teilweise psychokinetischer Natur waren. Es ist unwahrscheinlich, daß Spuk – wie die Parapsychologen vermuten[49] – wirklich nichts anderes als eine Art massiver PK-Entladungen in einem bestimmten sozialen Rahmen ist.

Deshalb verfolgt man heute alternative Ansätze. Sie fußten auf der Feld-REG-Forschung und auf der Entdeckung der geophysikalischen Einflüsse im Psi-Prozeß. Wenn anomale Perturbationen in Form von Mikroeffekten in einem Feld gemessen werden können, müßten solche Wirkungen auch bei Spuk registrierbar sein.

Daß Dysfunktionen in den Schläfenlappen mit Spuk in Verbindung stehen, vermutet der für seine Spukuntersuchungen bekannte amerikanische Parapsychologe William Roll schon seit langem. Roll und der Neurologe Elson de Montagno entwickelten die These, daß Fälle von personengebundenem Spuk mit Störungen im limbischen System und insbesondere in den Schläfenlappen korrespondieren.[50] Bei einigen Spukfällen wurde festgestellt, daß die Fokuspersonen Dispositionen zu anfallsartigen Zuständen zeigten. Roll untersuchte einen Fall 1975 in Michigan, bei dem die Eskalation der Spukereignisse in direktem Zusammenhang zu epileptischen Anfällen der Fokusperson stand. Es erwies sich, daß Fokuspersonen anderer Spukfälle ebenfalls Anzeichen für Epilepsie oder epileptoide Dispositionen zeigten. Im Schläfenlappen wirkt sich die Epilepsie als eine Art »Chaos« im elektrischen Apparat der Nervenzellen aus. Für Roll entspricht dem zentralnervösen Chaos die psychokinetisch erzeugte Unordnung des Spuks. Er vermutete, daß verstärkte geomagnetische Aktivität oder elektromagnetische und elektrostatische Felder sowie Ionenstrahlung Auslöser der Entladungen in den Schläfenlappen sind, die ihrerseits zu den psychokinetischen Effekten führen sollen.[51]

Die ersten Untersuchungen, bei denen REGs bei Spuk zum Einsatz kamen, wurden Ende der achtziger Jahre von Michaeleen Maher und George Hansen durchgeführt.[52] Sie ließen REGs in einem New Yorker Spukhaus und in einem Spukschloß in New Jersey an verschiedenen Stellen in den Häusern laufen. Sie wollten herausfinden, ob sich der Datenauswurf des Geräts an jenen Orten ändert, an denen »Geistererscheinungen« beobachtet wurden. Die Resultate waren ernüchternd: In New York wiesen die Zufallsgeneratoren, sobald sie an den Orten der »Erscheinungen« standen, lediglich eine geringfügig größere Varianz in den Ausgangsdaten auf, während die Ereignisfolgen des Zufallsgenerators in New Jersey keine Auffälligkeiten ergaben.

Sind Feld-REGs unbrauchbare Detektoren für anomale Phänomene in ortsgebundenen Spukfällen, oder muß man sie nur lange genug laufen lassen, damit sie auf die flüchtige Präsenz einer unsichtbaren Anwesenheit regieren?

Im Mai 1995 hatten die holländischen Psi-Forscher Johan Gerding, Rens Wezelman und Dick Bierman die Möglichkeit, einen personengebundenen Spukfall in einer türkischen Gastarbeiterfamilie im niederländischen Druten zu untersuchen.[53] Unter den Zeugen der unerklärlichen Ereignisse befanden sich auch Polizeibeamte. Außerdem hatten die Untersucher das Glück, sehr früh an den Ort des Geschehens zu gelangen, nur fünf Tage nachdem die ersten Phänomene berichtet wurden. Nach weiteren fünf Tagen war sprichwörtlich der ganze Spuk vorbei.

Im Zentrum der Phänomene stand das aus vielen Spukfällen bekannte »Steinwerfen«.[54] Die beiden Polizeibeamten Cramer und Van Deursen observierten am 14. Mai aus zwei unterschiedlichen Positionen die Rückseite des Hauses. Wie schon früher beobachtet, flogen Steine auf das Haus zu. Den Übeltäter hätten sie zweifellos erwischt, gaben die Beamten zu Protokoll, wenn es ihn gegeben hätte. Doch die Steine schienen »aus dem Nichts« zu kommen. Wie üblich gelang es dem Team von Untersuchern allerdings nicht, anomale Phänomene auf Videofilm aufzuzeichnen.

Dick Bierman, einer der Pioniere auf dem Gebiet der Feld-REG-Forschung, hoffte, daß sich der Zufallsgenerator als Detektor besser eignen würde. Er stellte einen Zufallsgenerator auf, der mit einem Computer verbunden war und kontinuierlich zufällige Bit-Sequenzen auswarf. Die Familienmitglieder konnten durch einen Tastendruck auf dem Keyboard des Computers die genauen Zeitpunkte anomaler Ereignisse festhalten. Nach Ende des Spuks wurden die Zufallsfolgen auf Auffälligkeiten hin durchgesehen. Diese Analyse konzentriert sich auf zwei in der Wissenschaft augenblicklich bevorzugte Verfahren, durch die festgestellt werden soll, ob das Gerät zu den markierten Zeiten nicht mehr reine Zufallsfolgen produzierte. Bei einer Methode wird die sogenannte Nicht-Zufälligkeit erster Ordnung geprüft. Eine Nicht-Zufälligkeit erster Ordnung ist dann gegeben, wenn eine Überproduktion von 1- oder 0-Bits auftritt. Beim zweiten Verfahren wird die gesamte Sequenz an Zufallszahlen in 8-Bit-Abschnitte aufgeteilt, die nach überzufälligem Auftreten von gleichen Verteilungsmustern durchsucht werden.

Die holländischen Forscher verglichen die Abschnitte, in denen ein Mitglied der Familie im Computerprogramm ein anomales Ereignis eingegeben hatte, mit den Zeiten, in denen keine Spukphänomene beobachtet wurden. Und tatsächlich – sie wurden fündig. Der Datenauswurf ergab ein ungewöhnliches Muster. Es zeigte sich eine signifikante *Abnahme* in der REG-Kohärenz erster Ordnung.

Die Sache mit dem Zufall ist schon eigentümlich. Im Alltag machen wir uns darüber wenig Gedanken und belegen höchstens ein unerwartetes, mit einem anderen Ereignis in einem akausalen Zusammenhang stehendes Geschehen mit der Bemerkung: »Ein seltsamer Zufall.« Für eine Wissenschaft, die auf vielen Gebieten auf echte Zufallsabfolgen angewiesen ist, um Antworten auf experimentelle Fragen zu erhalten, bedeutet Zufall eine sehr komplizierte mathematische Größe. Wirklich zufällig verhalten sich Abfolgen von zwei verschiedenen Zuständen oder Bits nur dann, wenn sie keine Muster aufweisen und entsprechend der erwarteten Wahrscheinlichkeitsverteilung auftreten. Allerdings: Wenn diese theoretischen Voraussetzungen praktisch exakt erreicht werden, wenn also in unserem Fall fast genau so viele 1- und 0-Bits ausgegeben wurden, ohne die von der Wahrscheinlichkeitsrechnung vorhergesagte normale Abweichung, auch dann ist etwas faul mit der Zufallssequenz.

Die beim Spuk in Druten festgestellte Abnahme der REG-Kohärenz erster Ordnung bedeutet, daß in den fraglichen Abschnitten das Gerät »zu gut« arbeitete. So paradox es klingen mag: Es produzierte zufälligere Abfolgen, als der Zufall erwarten läßt!

Wie soll man ein solches Verhalten des Apparats interpretieren?

Die holländischen Psi-Forscher wissen es nicht und beschränken sich darauf vorherzusagen, daß in ähnlich gelagerten Fällen ebenfalls eine Abnahme in der Kohärenz erster Ordnung auftreten wird. Wir können festhalten, daß ein Effekt aufgetreten ist, der dem bei der Feld-REG-Forschung gefundenen Anstieg von Ordnung in Abhängigkeit von gerichtetem Gruppenbewußtsein, entgegengesetzt ist. Aufgrund dieses Einzelergebnisses ist das zwar eine gewagte Spekulation, aber vielleicht steht der Befund in Entsprechung zu der erhöhten »Unordnung« beim Spuk – in den Phänomenen, in der psychischen Struktur und in bestimmten Gehirnfunktionen der Fokusperson.
Ein Problem bleibt in jedem Fall bestehen: Mit großer Wahrscheinlichkeit wurden im Logbuch nicht nur psychokinetische Ereignisse festgehalten, sicher waren auch falsche Beobachtungen, vielleicht Manipulationen u. ä. dabei. In diesem Aufzeichnungssystem wird sich jede Menge Rauschen vorfinden. Welche Logbucheintragungen tatsächlich anomale Effekte waren, bleibt für immer ein Geheimnis. Womit wurden also letztlich die REG-Daten verglichen? Wir wissen es nicht.
Wir müssen aber noch ein zweites, vielleicht entscheidendes Problem bedenken. Wenn Zufallsgeneratoren auf Intentionen und auf emotionale Veränderungen reagieren, dann muß das Auftauchen signifikanter Muster im Feld-REG bei einem Spukfall nicht auf das Vorhandensein von Psychokinese im Sinne eines unspezifischen PK-Feldes deuten. Bei Spuk versetzt ein außergewöhnliches Ereignis, paranormal oder nicht, die Betroffenen stets in emotionale Unruhe. Der REG-Output kann deshalb durchaus nicht einzelne spontane PK-Effekte widerspiegeln. Er registriert vielleicht in Wahrheit die Bewußtseinsänderungen der betroffenen Gemeinschaft aufgrund ihrer *Wahrnehmung* eines scheinbaren oder anscheinend seltsamen Geschehnisses.
REG-Korrelationen auf solche psychische Zustandsänderungen sind nicht weniger interessant. Sie verlagern nur die Perspektive. Es könnte sich dabei um Mikro-Perturbationen handeln, die unter dem Einfluß geeigneter physischer und psychischer Voraussetzungen über Vermittlung einer oder mehrerer Personen zu gelegentlichen Makroeffekten führen. Die geeigneten Voraussetzungen

könnten dabei Schläfenlappen-Prädispositionen und Einflüsse der geomagnetischen Aktivität sein.
In zwei Fällen von ortsgebundenem Spuk wollten Dean Radin und William Roll feststellen, ob sich geophysikalische Auffälligkeiten feststellen ließen.[55] Ziel der Erkundungen waren die Schlösser Dragsholm bei Kopenhagen und Engsö in Schweden. Roll entschied sich für die Untersuchungen, weil er die Zeugen für überaus glaubwürdig hielt und weil die Fundamente beider Schlösser aus Granit bestehen. Granit – ein guter Grund für das Auftreten anomaler Phänomene?
Es gibt Spekulationen, daß Granitblöcke an sogenannten »Heiligen Orten«, wie bei megalithischen Steinkreisen, einen direkten Einfluß auf dort erlebte transpersonale Eindrücke haben können. Wie soll man sich das vorstellen? Granit kann eine Quelle für Ionenstrahlen sein, die ungewöhnliche physiologische Zustände auslösen können. Diese könnten ihrerseits dazu führen, daß Erscheinungen wahrgenommen werden. Eine andere Theorie sieht vor, daß geologische Stressoren im Granit zu piezoelektrischen Effekten in großem Maßstab führen. Ein piezoelektrischer Effekt ist das Auftreten elektrischer Ladungen an den Oberflächen von Ionenkristallen infolge einer mechanischen Deformation. Die Wirkung auf den Granit würde zu lokalen elektromagnetischen Feldern von hoher Intensität führen. Diese Felder könnten wiederum auf die Verarbeitungsmechanismen in den Schläfenlappen von manchen Beobachtern führen und neurologische Zustände hervorrufen, in deren Folge Erscheinungen gesehen werden.
In Dragsholm wird seit jeher von wiederkehrenden Erscheinungen in und um ein bestimmtes Zimmer berichtet: »Lichtformen« und eine »Graue Frau«[56] werden gesehen, und der sprichwörtliche »kalte Lufthauch« wird wahrgenommen. Im Innenhof konnten immer wieder unerklärliche dröhnende Geräusche vernommen werden. Die Legende berichtet, daß vor einigen Jahrhunderten der Graf von Dragsholm seine Tochter in eine Wand des Schlosses einmauern ließ. Zum Erstaunen vieler fand man vor Jahrzehnten bei Renovierungsarbeiten das Skelett einer jungen Frau in einer Wand im vierten Stock des Schlosses.
Elektromagnetische Messungen in allen Räumen und in allen Gän-

gen des Schlosses erbrachten keine anomalen Ausschläge. Auch in dem fraglichen Raum der »Grauen Frau« gab es keine auffälligen Meßergebnisse. Ein wenig unerwartet war der Anstieg der Strahlungsintensität auf einer Seite im Zimmer der »Grauen Frau« in der Nähe einer Zwischenwand. Dieses Ergebnis kann nicht auf eine erhöhte Konzentration von Granit in der Wand zurückgeführt werden, zumal die drei Meter dicken Außenwände des Schlosses sicherlich einen weit höheren Anteil von Granit aufweisen, wo sich keine erhöhten Werte messen ließen. Eine Erklärung für dieses eigentümliche Meßergebnis konnte Radin nicht bieten.
In Schloß Engsö wird eine Legende von einem »verfluchten Stein« erzählt: Wer immer ihn berührt, sterbe innerhalb von drei Tagen. Es ist ein glatter, metallen aussehender Stein, den man in der Schloßkirche auf einem Podium bewundern kann. Vor wenigen Jahren ereignete sich ein beunruhigender Zwischenfall. Der Pfarrer der Kirche wollte seiner Gemeinde demonstrieren, wie unsinnig es ist, an abergläubischen Überzeugungen festzuhalten, und berührte den Stein. Drei Tage später verstarb er auf mysteriöse Weise. Kein Wunder, daß heute mehr Menschen denn je bereit sind, an die magischen Wirkungen des »verfluchten Steins« zu glauben, und kaum jemand ist derart kühn, ihn zu berühren.
Radin vermutete, es könne sich um einen Meteoriten mit ungewöhnlichen Eigenschaften oder mit atypisch hohen Konzentrationen von Ionenstrahlen handeln, die für eine tödliche Strahlenverseuchung verantwortlich sein könnte. Indes ergaben die Messungen keine irregulären Resultate. Dennoch, Radin hütete sich davor, den Stein zu berühren.
Es gab nur einen einzigen Ort im dritten Stock des Schlosses, an dem die Eigentümerin dreimal die Erscheinung einer weiblichen Gestalt gesehen hatte. Vor diesem »Geisterzimmer« konnte Radin eine schwache positive Korrelation zwischen elektrischen Feldern und Magnetfeldern feststellen, die im Inneren des Raumes in eine hochsignifikante negative Korrelation umschlug. Auffallend ist dieser Umstand besonders dadurch, da sich in diesem Teil des Schlosses keine Elektrizität befindet, weder Stromkabel, noch Steckdosen, Lampen o. ä., die für ungewöhnliche Feldänderungen gesorgt haben könnten. Eine zweite, länger dauernde Messung an

derselben Stelle zwei Tage später erbrachte keine ausgeprägte Korrelation. Das kann zweierlei bedeuten: Das erste Ergebnis ist überhaupt nicht auffällig, sondern vielmehr zufällig zustande gekommen, oder Auffälligkeiten, die sich in signifikanten Feldänderungen und Korrelationen zeigen, treten, wie die Erscheinungen selbst, nur sporadisch auf und können deshalb nur selten registriert werden. Von Theorien für eine Erklärung von Makro-PK-Effekten ist man noch weit entfernt. PK-Phänomene bei Spuk könnten zum Teil auf ungewöhnliche statische Elektrizitätseffekte zurückgehen, die der unbewußten mentalen Steuerung einer oder mehrerer Personen unterliegen. Im Normalfall bleibt die Modulation der Information durch das menschliche Bewußtsein ein nicht beobachtbarer Mikroeffekt. Nur unter gewissen Umständen kann sie zu einem Makro-PK-Effekt werden. Diese Umstände liegen noch weitgehend im dunkeln. Sie scheinen aber – was bislang vernachlässigt wurde – in einem rätselhaften Zusammenhang mit äußeren Einflußgrößen zu stehen. Der Mechanismus der Psychokinese scheint auf ein intern und extern moduliertes organisierendes Prinzip zurückzugehen, das normalen Kräften erlaubt, selektiv angewendet zu werden. Dabei können winzige Veränderung in den Randbedingungen eines physischen Systems – die zarten statistischen Verschiebungen, die man aus den Mikro-PK-Studien kennt – zu riesigen, überraschenden Makro-Effekten im Gesamtsystem führen.

3 Der Fingerabdruck des Bewußtseins

Jenseits des Vorstellbaren

Das bewußte oder unwillkürliche Eindringen des Bewußtseins auf der mikroskopischen Ebene ist in einer Zeit, in der unser Alltag zunehmend von Computern und Mikrochips bestimmt wird, von eminent wichtiger Bedeutung und von weitreichenden Konsequenzen. »Es ist etwas«, wie Robert Jahn sagt, »das zu ignorieren sich die Wissenschaft einfach nicht länger erlauben kann. Und außerdem ist es eine überaus aufregende Herausforderung an unsere gesamte Art, wie wir über die physische Welt denken.«

Anomale Effekte könnten sich verheerend auf zahlreiche informationsverarbeitende Systeme auswirken, besonders solche, die sich auf zufällige Referenzsignale verlassen. In erster Linie sind zu nennen Flugzeugcockpits, chirurgische Einrichtungen, Kontrolltechnologien für Umwelt und im Katastrophenschutz, kurzum alle sensitiven Technologien, bei denen die Emotionen von Menschen ihre Interaktionen mit den kontrollierenden Geräten und Prozessen intensivieren können. Letztlich kann man auch die komplizierten Apparate nicht ausschließen, mit denen die fundamentalen Daten gewonnen werden, auf die sich die moderne Wissenschaft stützt. Man kann den Ergebnissen nicht blind vertrauen, sondern muß immer eine Interaktion mit Wünschen, Vorstellungen und Konzepten mit einbeziehen, insbesondere jene des Experimentators.

Künftig wird es eine zentrale Aufgabe werden, nach Methoden zu suchen, wie man auf dem Einfluß des Bewußtseins basierende Interferenzen ausschließen kann. In Zukunft werden Geräte zur Informationsaufnahme und Informationsverarbeitung weiter an Bedeutung zunehmen, und die Rolle, die sie in unserem täglichen Leben spielen, wird ständig steigen. Sie werden an Leistungsfähigkeit ein Vielfaches von dem erreichen, was heute als das Maß aller

Dinge gilt. Kleinste Interferenzen können sich bei diesen Anlagen zu ungeheuren Wirkungen summieren.

Es gibt freilich auch eine optimistische Sicht der Dinge, die Science-fiction-Szenarios nicht mehr nur als reine Phantasie erscheinen lassen: die durch kognitive Prozesse gesteuerte Apparatur. Vielleicht wird die Suche nach dem Biochip, den man ins Gehirn einpflanzen kann, damit er ein Netzwerk mit den Neuronen eingeht, zweitrangig und der Bau einer völlig neuen Generation von sensitiven Apparaten, die auf individuelle, Psi-vermittelte Signaturen des Bewußtseins reagieren, der Renner. Solche Maschinen könnten kreativere Anwendungen zulassen und möglicherweise dazu gebracht werden, durch die BMI lernfähig zu werden.

Nicht auszudenken, welche Einsatzmöglichkeiten für Psi erwachsen würden, wenn, ja wenn sich die flüchtige fundamentale Psi-Funktion technisch fassen lassen würde. Genau diese technische Verwertung von Psi hat Dean Radin im Visier. Mit diesem Ansatz hat er sich weit hinaus an die Psi-Front gewagt, dorthin, wo ihm nur wenige Kollegen folgen wollen.

Dean Radin ist ein unglaublich agiler Geist, stets bereit, seine komplizierten und innovativen Experimente mit einem Hang zum Humorvollen darzustellen. Er beherrscht ebenso die unverständliche wissenschaftliche Hochsprache, wie den legeren Plauderton eines geistig regsamen US-Intellektuellen. Kein Phänomen, das ihm zu abwegig erscheint, mit den Waffen der modernen Wissenschaft zu attackieren, keines zu abenteuerlich, um nicht eine technologische Umsetzung anzuvisieren. Zurecht erhielt er im Oktober 1996 den Alexander Imich-Preis, vergeben für den Forscher mit den »bedeutendsten experimentellen Beiträgen in der Parapsychologie in den letzten fünf Jahren«.

Radin vermutet, daß BMI auf einen Informationsaustausch auf sehr niedrigem Energieniveau basiert. Man benötigt nicht viel Energie, um gigantische Effekte auszulösen, wenn man die richtige Art von Information übermittelt. Mit der richtigen Art von Information will Radin einen *Psibot* entwickeln – einen Roboter, der auf die mentalen Absichten von Personen reagiert. Beispielsweise könnte ein solches Gerät Schwerbehinderten helfen. Es könnte ein Hybrid aus einem konventionellen Roboter, physiologischen Aufzeichnungsgeräten und verschiedenen REGs sein, die darauf eingestellt sind, auf menschliche Intention zu reagieren. Diese Komponenten würden von einer fortschrittlichen Software gesteuert, welche die Eingangsdaten interpretiert und die Mechanik des Roboters kontrolliert.

Für so manchen mag ein derartiger Optimismus über die technische Anwendbarkeit von Psi nur in einer Atmosphäre gedeihen können, wo Risikobereitschaft zum alltäglichen Geschäft gehört. Radins Labor befindet sich bekanntlich in Las Vegas, dem Mekka des Glücksspiels. Doch der vielseitige Forscher ist weit davon entfernt, ein hemmungsloser »Zocker« auf seinem Gebiet zu sein. Er forschte an den angesehenen *Bell Laboratories* des Telekommunikationsgiganten AT&T, am *Stanford Research Institute*, am *Contel Technology Center* und an den *GTE Laboratories.* Nach einem Abstecher an der Universität Edinburgh arbeitete er eine Zeitlang an der Princeton University, bis er schließlich Direktor der *Consciousness Research Division* am *Harry Reid Center for Environmental Studies* der University of Nevada in Las Vegas wurde.

Bereits an den *Bell Laboratories* war Radin in der Psi-Forschung tätig. Er begründete seine Forschung damit, daß AT&T ein Interesse daran haben müßte, unerklärliche Systemzusammenbrüche zu entschlüsseln. Immer wieder wird beobachtet, daß bei manchen Menschen sensitive technische Geräte ausgezeichnet funktionieren, während sie bei anderen die Tendenz haben, überzufällig oft zusammenzubrechen. Der Physiker Wolfgang Pauli ist ein Beispiel dafür. Wann immer er in ein Labor kam, schlugen die Kollegen die Hände über dem Kopf zusammen. Garantiert würde ein Gerät kaputtgehen, herunterfallen oder einfach funktionsunfähig werden. Von einigen Spukfällen wissen wir, daß sich negative Gedanken, Unzufriedenheit, Haß und Aggressivität zerstörerisch auf die Dinge in der Umgebung auswirken können. Solche Effekte in der Makrowelt sind außerordentlich selten. Aber im Mikrobereich, wo Intentionen ständigen Austausch mit der physikalischen Wirklichkeit pflegen, sind sie weiter verbreitet als gemeinhin angenommen.

Radin sucht nach dem verborgenen Bindeglied im Interface von Mensch und Computer oder Mensch und Maschine. Der Großteil des Telefonsystems von AT&T wird von Computern und Maschi-

nen kontrolliert. Den potentiell zerstörerischen Einfluß des Bewußtseins zu ermitteln, erschien dem Management nicht abwegig, und es förderte Radins Untersuchungen.
Auch in Japan haben Industriekonzerne die Bedeutung der neuen Psi-Forschung erkannt. Der Elektronikkonzern Sony gründete 1991 auf Anordnung des Firmenchefs das *ESPER Laboratory* (*Extra Sensory Perception and Excitation Research,* »Erforschung der außersinnlichen Wahrnehmung und Reizung«), das unter Leitung des Computerwissenschaftlers Yoichiro Sako steht.
Den Ansatzpunkt für Radins Forschungen auf diesem Gebiet bilden die individuellen Signaturen, welche die *Princeton Engineering Anomalies Research*-Gruppe in den REG-Daten gefunden hatte. Anhand moderner Computeranwendungen könnte vielleicht ein Weg gefunden werden, ein Softwareprogramm so zu trainieren, daß es einzelne REG-Aufzeichnungen den Versuchspersonen korrekt zuordnen würde. Sollten in den Daten tatsächlich unterschiedliche und wiederholbare individuelle Muster auftreten, dann könnte das Programm diese identifizieren. Bei später vorgeführten Effekten derselben Versuchspersonen sollte es in der Lage sein, die individuellen Ergebnisse der jeweiligen Person richtig zuzuordnen.
Der Erfolg eines solchen Experiments würde einen großen Fortschritt in der Psi-Forschung bedeuten. Nicht nur wäre damit der Beweis angetreten, daß Psi-Mikroeffekte als individuelle Kennzeichen der Persönlichkeit in Erscheinung treten; es wäre zudem ein erster Schritt zu einer möglichen technologischen Anwendung von Psi. Um dieses Ziel zu erreichen, fütterte Radin die Daten einem sogenannten künstlichen Neuronalen Netz.

Identitätscode des Geistes

Durch die moderne Computertechnik ist es möglich geworden, unterschiedliche Daten zu einem komplexen Problem zu vergleichen und Wechselbeziehungen zu entdecken. Künstliche Neuronale Netze stellen eine Klasse von Computeranwendungen dar, die erfolgreich anhand solcher Daten lernen und sich an verändernde Situationen anpassen können, während sie ausgeführt werden.

Die Struktur eines künstlichen Neuronalen Netzes ist an den Aufbau von Nervenzellen angelehnt. Es versucht die Art und Weise, wie das Gehirn Informationen kodiert und verarbeitet, nachzubilden. Es besteht aus einer großen Anzahl von ähnlich gearteten Einheiten, den Neuronen (auch Knoten oder *Units* genannt), die im allgemeinen in Schichten angeordnet und durch Kommunikationskanäle untereinander verbunden sind. Die Neuronen verarbeiten Eingabewerte lokal und leiten sie als Aktivierungen an die mit ihnen verbundenen Neuronen weiter.

Die einzelnen Neuronen werden zu einem Netz verschaltet, das aus verschiedenen Ebenen besteht. Ein Neuronales Netz aus drei Ebenen besitzt eine Eingangs-, eine mittlere und eine Ausgangsebene. Die mittlere Ebene wird auch verborgene Ebene genannt, weil sie nicht direkt von außen beobachtet werden kann. Die Eingangs- und Ausgangsneuronen formen das spezifische Assoziationsproblem, das es zu lösen gilt. Das Geheimnis des Neuronalen Netzes liegt in den verborgenen Neuronen. Sie bilden gleichsam den mathematischen Raum, in dem das Netzwerk versucht, die Eingangs- und Ausgangsaktivitäten miteinander in Beziehung zu setzen. Auf dieser Ebene werden die entscheidenden Rechenoperationen durchgeführt, um komplexe, nicht-lineare Beziehungen zu erlernen und die beste Lösung für ein Problem zu finden.

Somit besitzt ein künstliches Neuronales Netzwerk die Eigenschaft, Erfahrungswissen zu speichern und es zum Gebrauch zur Verfügung zu stellen. Es ähnelt dem Gehirn in zweierlei Hinsicht: Wissen wird durch einen Lernprozeß gewonnen und die Stärke der Verbindungen zwischen den Neuronen wird dazu verwendet, um das Wissen zu speichern.

Neuronale Netzwerke eignen sich vor allem zur Annäherung an solche Probleme, die ein gewisses Maß an Ungenauigkeit vertragen können; wenn Daten vorliegen, die sich durch starkes »Rauschen« auszeichnen, und man nicht weiß, welche Muster in dem Rauschen verborgen sind. Es eignet sich für Daten, auf die »harte« Gesetze nicht angewendet werden können – Daten, wie jene, die in Psi-Experimenten gewonnen werden, deren dahinterliegendes Prozeßverhalten zu großen Teilen unbekannt ist.

Seine erste Konstruktion eines Neuronalen Netzes anhand der PEAR-Datenbank realisierte Dean Radin im Jahre 1988.[57]
Bei diesem exploratorischen Versuch befand sich Radin in völligem Neuland. Er mußte erkunden, ob das Netzwerk überhaupt in der Lage sein würde, anhand der Eingangsdaten zu lernen. Er mußte auch feststellen, ob es mit dem so gewonnenen Wissen künftige Daten derselben Versuchspersonen dem richtigen Individuum zuordnen kann.
Er gab die Daten von 32 Versuchspersonen dem Netzwerk ein. Am Ende sollte das Neuronale Netz als »Operator-Identität« jeder Person einen binären Code wiedererkennen. Ein einzigartiger Code, die binäre »Unterschrift« der Versuchsperson, sollte identifiziert werden. Eine Unterschrift, die allein durch mentale Intention in Zusammenhang mit Zufallsmaschinen zustande gekommen war. Ein geistiges Siegel sozusagen. Der Fingerabdruck des Bewußtseins.
Was geschieht im Neuronalen Netz, wenn ihm die Daten zugeführt werden? Das Programm erhält einen festgelegten 5-Bit-Code für jede Versuchsperson als »Lernsignal«. Nachdem die Daten eingelesen wurden, vergleicht es die erhaltenen Codes mit den vorgegebenen 5-Bit-Codes. Die Daten werden wieder zurück durchs Netzwerk geschickt und als neue Eingangsdaten abermals im Netz verarbeitet. Dieser Vorgang wird etwa 1000 bis 3000 Male wiederholt werden. Im Verlauf dieser Arbeit sucht und findet das Netzwerk immer neue »Lösungen« für sein Problem. Am Ende lernt es, zufällig erscheinende Eingangsdaten mit den vorgegebenen Identitäts-Codes zu assoziieren.
Sobald dieser Vorgang abgeschlossen war, folgte der spannende Abschnitt. Würde das Netzwerk, das nunmehr gelernt hatte, Daten von den Experimenten mit den 32 Identitäts-Codes der Versuchspersonen in Beziehung zu setzen, die Verursacher dieses Materials identifizieren, wenn ihm andere Daten derselben Personen zugeführt werden? Mit anderen Worten: Würden sich die Daten als derart unterschiedlich und individuell erweisen, daß sie das Neuronale Netz differenzieren kann, und würden sich gleichzeitig die Daten jeder Versuchsperson als interne selbstähnliche Muster zeigen, die das Netz wiedererkennen würde?

Man muß sich das so vorstellen, wie wenn man einen Kunstsachverständigen bittet, Bilder von Rubens, van Gogh und Vermeer van Delft richtig zuzuordnen. Im Normalfall wird der Fachmann damit kein Problem haben. Wenn wir Rubens z. B. als 00001 codiert haben, van Gogh als 01110 und Vermeer van Delft als 10100, wird der Sachverständige ohne Zögern den jeweiligen Bildern die entsprechenden 5-Bit-Codes zuordnen. Das wäre der Idealfall für unser Neuronales Netz: Es würde die neuen Daten mit den richtigen Identitäts-Codes assoziieren.

So einfach, wie in unserem Beispiel, stellt sich die Sachlage allerdings nicht dar. Auch für den Kunstexperten kann die Zuordnung heikel werden, wenn er mit unbekannten Bildern der genannten Maler konfrontiert wird. Es stellt sich die Frage, ob das Bild überhaupt ein Original bzw. ein Autograph ist. Rubens beispielsweise hatte eine ungeheure Produktion an Bildern und beschäftigte zahlreiche Schüler in seinem Atelier. Von van Gogh gibt es, wie Kunsthistoriker aktuell festgestellt haben, äußerst viele Fälschungen, die jahrzehntelang als Originale galten. Vermeer hat sehr eigenständig gemalt, aber nur ein schmales Œuvre von etwa 40 Gemälden hinterlassen. Angebliche Neuentdeckungen wird der Sachverständige mit großer Skepsis und Zurückhaltung einschätzen.

Es kommt ganz darauf an, wie gut die Unterscheidungskriterien der Kunstwissenschaft sind, anhand derer ein Bild eindeutig einer Person zugeordnet werden kann. Kann sich der Spezialist nicht eindeutig festlegen, ob beispielsweise ein angeblicher Rubens tatsächlich von ihm gemalt wurde, oder ob vielmehr Teile oder das gesamte Bild von einem Schüler, vielleicht sogar von einem zeitgenössischen Kopisten stammen, könnte er anstatt des eindeutigen Rubens-Codes von 00001 eine 00011 angeben. Indem vier von fünf Bits mit dem Identitäts-Code übereinstimmen, verweist er auf die hohe Wahrscheinlichkeit, daß es von Rubens stammen könnte, aber die Urheberschaft nicht mit hundertprozentiger Sicherheit ihm allein zugeschrieben werden kann.

Erschweren wir für einen Augenblick die Arbeit unseres Experten. Geben wir ihm die Aufgabe, Bilder aus einer Epoche zuzuordnen, in der individuelle Charakteristika in der Malerei, wie sie sich seit der Renaissance durchsetzten, noch nicht verbreitet waren, etwa aus der Gotik oder der Romanik. Oder lassen wir ihn sein Urteil fällen über Kunstwerke aus Kulturkreisen, deren Urheber völlig unbekannt sind und die sich bestenfalls ob ihrer übereinstimmenden Merkmale in »Schulen« oder Stilrichtungen erfassen lassen. Es wäre um ein Vielfaches schwieriger und oft unmöglich, eine exakte Zuordnung zu treffen, selbst wenn für einige dieser Werke die Urheberschaft eindeutig geklärt ist. Der Grund dafür liegt darin, daß die Eingangsdaten von starkem »Rauschen« geprägt sind: zu viele Bilder einer Epoche, Schule oder Stilrichtung ähneln einander zu sehr, um das Individuelle in ihnen erkennbar zu machen. Das Signal ist zu schwach, und unser armer Fachmann wird in seinen Zuordnungs-Codes zwar erkennen lassen, daß Gemeinsamkeiten da sind, aber keine Hoffnung auf eindeutige Zuweisung besteht.

Mit einer vergleichbaren Sachlage war das Neuronale Netz für die Psi-Daten konfrontiert. Starkes Rauschen, schwache Signale. Die Frage lautete: Würde das High-Tech-Gedächtnis des Netzes besser funktionieren können als das Low-Tech-Kombinationsvermögen eines Experten?

Dem trainierten Neuronalen Netz wurden die 32 Transferdaten präsentiert. Im Idealfall, bei fehlerfreier Wiedererkennung, hätte als Resultat für jeden Datensatz der korrekte Identitätskode angezeigt werden müssen. Wir haben bereits gezeigt, daß wir mit diesem Ausgangsmaterial weit von diesem Idealfall entfernt sind. Es wäre bereits als Erfolg zu werten, wenn das Netz in der Lage ist, mehr korrekte Codes oder Teile von Codes wiederzugeben, als man durch Zufall erwarten würde. Wenn man es als Erfolg wertet, daß vier von den fünf Binärzahlen richtig sind, dann würde man für die 32 Versuchspersonen fünf zufällig richtig identifizierte Personen erwarten. Um eine direkte Vergleichsmöglichkeit zu haben, fütterte Radin das Netzwerk mit zufälligen Daten und ließ es anhand dieser sinnlosen Eingabe die Transferdaten vergleichen.

Mit den richtigen BMI-Daten des PEAR-Labors war das Netz in der Lage im Durchschnitt 6,02 Identitäts-Codes zu 80 % richtig zu identifizieren. Anhand der zufälligen Daten wurden im Durchschnitt 4,91 Codes »wiedererkannt«. Die Quote lag damit exakt im Bereich der Zufallserwartung.

Das Netzwerk hatte etwas gelernt. Nicht viel, aber immerhin. Signaturen in REG-Daten sind keine Chimären. Nachdem Radin herausgefunden hatte, daß wiederholtes Training des Neuronalen Netzes mit mehreren Datenbeispielen eines Individuums zu besseren Ergebnissen führt, konnte er anhand neuer Netzwerk-Konfigurationen einige Jahre später verbesserte Resultate bei der Wiedererkennung erzielen.[58]

Simulationen von Psi

Um die Leistung zu steigern, wäre es denkbar, dem Netzwerk zusätzliche individuelle Kennzahlen zu präsentieren, die er mit den Psi-Daten verarbeiten könnte, beispielsweise Umwelteinflüsse, die sich als Modulatoren der Psi-Leistung erwiesen haben. Auf diese Weise könnte man eine Wiedererkennungsrate erreichen, die in die Nähe praktischer Anwendbarkeit kommen könnte. Und darum geht es ja Radin letztendlich.

Eine mögliche Anwendung dieser Ergebnisse sieht Radin in der Herstellung eines »mentalen Schlosses«. Radin nennt das Zukunftsgerät ein *mock* – von *mental lock*. Ein System aus REG und Neuronalem Netz, das auf mentale Intention reagiert. Das Netz ist darauf trainiert, die Signatur in den Psi-Daten einer bestimmten Person zu erkennen. Sobald eine Person in die Nähe des Schlosses kommt, wird sie durch einen herkömmlichen Detektor ausgemacht. In diesem Moment wirft der REG eine Zufallssequenz aus, und das Netzwerk vergleicht sie mit dem gelernten Muster. Entdeckt es eine Übereinstimmung, öffnet sich das Schloß.

Für Radin ist solcherlei keine Zukunftsmusik. Intensiv arbeitet er, unterstützt von den ungewöhnlichen Fähigkeiten des Ex-Psi-Spions Joe McMoneagle, an der technischen Umsetzung seiner Ergebnisse. McMoneagle hatte in Visionen diese Apparate der Zukunft »gesehen«. Noch vor der Jahrtausendwende will Radin Patentanträge für Psi-basierte Maschinen einreichen.

Vor einigen Jahren erkundete Dean Radin, ob sich durch Zuführung weiterer Variablen individuelle Signaturen noch besser erkennen lassen würden. In einem Langzeitversuch bestand die Aufgabe darin, die Hintergrund-Ionenstrahlung (gemessen mit einem Geigerzähler) in bestimmten Experimentalperioden psychokinetisch herabzusetzen.[59] Die Versuchsperson – in diesem Fall war es Radin selbst – mußte in diesen Abschnitten, wie bei den PEAR-Versuchen, nur die Intention haben, daß die Hintergrund-Ionenstrahlung abnimmt. Gleichzeitig wurden automatisch eine große Anzahl von Umweltvariablen aufgezeichnet, wie Umgebungstemperatur, Luftfeuchtigkeit, Luftdruck, Wetterlage, Körpertemperatur, lokales Magnetfeld, Anzahl der Sonnenflecken, geomagnetische Aktivität, Sonnenaktivität, Hintergrund-Röntgenstrahlung, Selbsteinschätzung der physischen und psychischen Verfassung und der Leistung in der Experimentalaufgabe.

Das Experiment lief täglich während 65 Tagen (vom 26. August bis zum 3. November 1992). Es gelang Radin dabei, in den Experimentalperioden die Hintergrund-Ionenstrahlung signifikant herabzusetzen. Damit war die Möglichkeit der Interaktion von Bewußtsein und Materie (BMI) in diesem speziellen Fall nachgewiesen. Doch wie verhielten sich all die anderen physikalischen Parameter, die Radin gleichzeitig gemessen hatte? Es stellte sich heraus, daß bestimmte Meßgrößen – Umwelteinflüsse, die sich modulierend auf die BMI auswirken – mit der Psi-Leistung korrelierten.

Ein zweiter Aspekt, der sich aus den Analysen ergeben hat, waren sogenannte Rückschwingungen (*rebounds*) des BMI-Effekts in Raum und Zeit. Wenn ein Geigerzähler während einer Einflußphase eine niedere Hintergrundstrahlung registriert hat, so zeigten sich bei einem anderen Geigerzähler, der sich im selben Raum, aber weiter entfernt befand, höhere Meßraten (räumliche Rückschwingung). Desgleichen folgte auf eine Erniedrigungsphase beim selben Geigerzähler sofort eine Phase erhöhter Strahlungsaktivität (zeitliche Rückschwingung). Im Zusammenhang mit Überlegungen über statistische Ausgeglichenheit in zufälligen Systemen könnten diese Effekte zu einem neuen Verständnis des subtilen Zusammenspiels zwischen Geist und Materie führen.

Radin gab die aufgezeichneten Daten der Umweltvariablen einem Neuronalen Netz ein. Es erlernte die komplexen Zusammenhänge und konnte bald aufgrund von acht Variablen die Ergebnisse

der Bewußtsein-Materie-Interaktion voraussagen. Das bedeutet, daß allein aufgrund von äußeren Einflußgrößen, wie u. a. durch geomagnetische Fluktuation, Luftdruck, Wind, Hintergrund-Röntgenstrahlenfluktuation, Stimmung und Zuversicht der Versuchsperson, die *Art* des anomalen Effektes korrekt vorhergesagt werden kann!
Psi hat die Feuertaufe bestanden. Es ist ermutigend zu sehen, daß hinter der sprunghaften Natur von Psi gesetzmäßige Prinzipien am Werk sind.

4 Über die Zeitschranke

Schatten des Künftigen

Wir haben anhand der physiologischen Untersuchungen gesehen, daß vielfach anomale Informationen vom Körper registriert werden, aber nicht die Bewußtseinsschwelle erreichen. Bei vielen herkömmlichen Experimenten zu Telepathie, Hellsehen oder Präkognition, bei denen ein Zielobjekt wiedergegeben werden soll und die negative Resultate erbringen, wird dennoch ein unbewußter anomaler Informationsgewinn stattfinden.

Halten wir fest, was wir phänomenologisch beobachten können: Es wird auf Information in einem entfernten System zugegriffen; der Zugriff erfolgt primär durch eine körperliche Reaktion; aller Wahrscheinlichkeit nach spielen die Schläfenlappen und die mit ihnen in Beziehung stehenden Strukturen des limbischen Systems eine Rolle in der Speicherung von solchen nicht bewußt wahrgenommenen Inhalten; emotionale Faktoren (das limbische System ist mit der Verarbeitung von Emotionen betraut) wirken als interne Modulatoren für die Auswahl von Psi-Signalen, wobei auf die für die jeweilige Person relevanten Informationen durch ihre emotionale Gewichtung mit einer physiologischen Reaktion geantwortet wird. Man kann sich die einfache Formel denken: Je stärker die emotionale Ladung eines Psi-Signals, desto größer die Wahrscheinlichkeit, daß es zu einer Reaktion führt oder die Bewußtseinsschwelle erreicht.

Emotionen sind es auch, die in der Hauptsache eine Klasse von Psi-Erfahrungen transportieren, die zum Erstaunlichsten zählen, was die Wissenschaft von den anomalen mentalen Phänomenen zu bieten hat: Präkognition. Das Vorherwissen künftiger Ereignisse. So unglaublich es klingen mag, Präkognition ist eine der am besten gesicherten Fakten in der Psi-Forschung. In den Archiven der Institute stapeln sich exzellent dokumentierte und abgesicherte Spon-

tanfälle. Im Labor ist das Phänomen der Präkognition nach allen Regeln der Kunst untersucht und als real erkannt worden.
Ein Fall aus der Anekdotensammlung des Paranormalen: Von dem Arzt und Dichter Friedrich Wilhelm Weber (1813–1894), Autor des Epos *Dreizehnlinden*, werden zahlreiche Begebenheiten berichtet, die seine präkognitive Gabe illustrieren. Eines Nachts, als er in seinem Zimmer las, vernahm er Laute und die Stimme eines ihm bekannten Bauern. Er kam mit seinem Wagen, um Weber zu holen, da sich seine Mutter ein Bein gebrochen hatte. Weber schickte sich an, zu gehen und rief hinaus, daß er sofort käme. Als er vor sein Haus trat, war weit und breit niemand zu sehen. Es dauerte nur eine Stunde, als der Bauer tatsächlich mit dem Wagen vorfuhr, um ihn zu seiner Mutter zu bringen. Sie hatte sich ein Bein gebrochen.
In vielen Fällen wird das künftige Geschehnis allerdings nicht *konkret* wahrgenommen, sondern nur als dumpfes Gefühl. Man spricht dann von einer Ahnung oder einer Vorahnung. Ahnungen werden bisweilen als eine unerklärliche Bedrückung erlebt, eine innere Unruhe, ein unbestimmtes, nicht konkret zu benennendes »Wissen« um ein oft bestürzendes Ereignis. Eine Ahnung ist eine Gefühlsregung aufgrund eines nicht bewußt gewordenen präkognitiven Eindruckes, das den Erlebenden manchmal zu bestimmten Handlungen veranlaßt, ohne daß dieser weiß, warum er die Handlung ausführt.
Eine Frau erzählte dem *Institut für Grenzgebiete der Psychologie und Psychohygiene* in Freiburg folgenden Fall. In den dreißiger Jahren war ihr Dorf an der Ostsee wegen Hochwassers von der 10 Kilometer entfernten Bahnstation abgeschnitten. Ihr Mann war für einige Tage nach Königsberg verreist. Am Abend des vierten Tages befiel sie eine unerklärliche Angst und Unruhe. Diese Furcht war so stark, daß sie sich auf den Bahndamm hinauswagte, der einzustürzen drohte und der allein aus den Wassermassen noch herausragte. Wie unter einem Zwang lief sie über eine Stunde den Damm entlang, ohne zu wissen warum, bis sie auf ihren Mann traf, der dem Zusammenbruch nahe war. Hohes Fieber hatte ihn gezwungen, seine Reise abzubrechen. Zu Fuß versuchte er nach Hause zu gelangen und hätte das, ohne die Ahnung seiner Frau, wohl nicht geschafft.

Zu einem interessanten Ergebnis kam William Cox bei einer scharfsinnigen statistischen Analyse.[60] Er verglich über einen langen Zeitraum hinweg die Passagierzahlen von Eisenbahnzügen, die verunglückt waren, mit der durchschnittlichen Anzahl von Passagieren an zehn anderen Tagen. Am Tag des Unfalls waren statistisch signifikant weniger Fahrgäste in den Waggons als an den anderen Tagen. Offenbar haben viele Menschen ohne ihr Wissen Vorahnungen und lassen sich von ihnen leiten.

Den umstritteneren Komplex Präkognition unterwarf Charles Honorton gemeinsam mit der Psychologin Diane Ferrari einer Meta-Analyse. Sie nahmen sich 309 Präkognitions-Experimente vor, die zwischen 1935 und 1987 durchgeführt wurden.[61] Es handelt sich dabei nur um Versuche nach der sogenannten Methode mit vorgegebenen Zielsymbolen, deren zufällige spätere Auswahl vorhergesehen werden sollte. Die Daten, mit denen die Computer gefüttert wurden, bestanden aus annähernd 2 Millionen Einzelsitzungen, die mehr als 50 000 Versuchspersonen ausgeführt hatten. Die mittlere Effektstärke pro Einzelversuch erwies sich als gering. Aber sie zeigte sich gleichzeitig als konsistent, so daß der Gesamteffekt als extrem signifikant bezeichnet werden konnte. Um ihn auszulöschen, hätten die Parapsychologen nicht weniger als 14 268 negative »Schubladen-Fälle« dieser Art verschwinden lassen müssen. Mit anderen Worten, sie hätten in dem Zeitraum von 52 Jahren, in denen die 248 Präkognitions-Studien veröffentlicht wurden, in jedem einzelnen Monat 23 weitere negative Experimente durchführen müssen, die nicht publiziert wurden! Eine unmögliche Leistung.

Honorton und Ferrari identifizierten vier Einflußvariablen, die einen systematischen Zusammenhang mit den Ergebnissen aufwiesen: 1. Studien mit Versuchspersonen, die in vorangegangenen Psi-Experimenten positive Resultate erzielt hatten, erreichten signifikant bessere Ergebnisse als nicht ausgewählte Versuchspersonen. 2. Allein getestete Versuchspersonen erzielten höhere Treffer als solche, die in Gruppen getestet wurden. 3. Es besteht ein enger Zusammenhang zwischen der Rückmeldung über Treffer und der Trefferleistung: je unmittelbarer und ausführlicher die Versuchsperson von ihrer jeweils aktuellen Trefferleistung informiert wird.

4. Es besteht ein enger Zusammenhang zwischen Trefferleistung und den Zeitintervallen, die zwischen Nennung und Auswahl der Zielobjekte lag: je kürzer das Intervall, desto besser die Leistung.

Interessant ist der festgestellte Zeiteffekt. Auf den ersten Blick könnte man vermuten, daß eine Gesetzmäßigkeit für die Präkognition formuliert werden könnte nach dem Muster, je ferner jemand in die Zukunft schauen will, desto weniger wird er erkennen. Aber die Wirklichkeit sieht komplizierter aus. Honorton und Ferrari entdeckten, daß der Zeiteffekt allein bei den nicht ausgewählten Versuchspersonen auftrat. Jenen, die bereits in früheren Psi-Experimenten erfolgreich waren, konnte die »Zeit-Schranke« nichts anhaben, ihre Trefferleistung wurde sogar mit zunehmenden Zeitintervallen leicht besser!

Was die Art der Rückmeldung betrifft, muß man vorsichtig interpretieren. Die spätere Rückmeldung über einen Treffer ist natürlich nicht unabhängig von den gewählten Zeitintervallen im Test. Wenn also eine große Gruppe von Versuchspersonen bei längeren Zeitintervallen schlechter abschneidet, kann der Grund dafür in der naturgemäß ebenfalls erst späteren Rückmeldung über ihren Erfolg oder Mißerfolg liegen. In diesem Fall wäre Feedback die Priorität einzuräumen. Es läßt sich andererseits nicht entscheiden, ob nicht der Zeitfaktor selbst in der allgemeinen »Psi-ungeübten« Bevölkerung bei der Präkognition eine wichtige Rolle spielt.

Erwartungen des Unvorhersehbaren

Wenn Psi einen grundlegenden biologischen Mechanismus als eine autonome Körperfunktion darstellt, dann sollte man erwarten, daß sich Psi-Effekte leichter erfassen lassen, wenn man das Bewußtsein ausschaltet. Speziell im Fall von außersinnlichen Wahrnehmungen kann die bewußte Wiedergabe zu psychologischen Abwehrmechanismen führen und genau jene Eindrücke verhindern, die man beobachten will.

Den Parapsychologen sind diese Überlegungen keineswegs neu. Schon in den frühen fünfziger Jahren wurden vereinzelt erfolgreiche Versuche durchgeführt, in denen telepathische Übertragungen nicht als bewußte Wiedergabe von Bildern oder Erraten von Symbolen, sondern anhand von autonomen physiologischen Reaktionen gemessen wurden. Wenn Eindrücke des Zukünftigen wirklich durch ihren affektiven Unterton vermittelt werden, eignen sich autonome physiologische Messungen, die dieser Begleiterscheinung Rechnung tragen, in besonderer Weise.

Aus psychologischen Versuchen ist bekannt, daß es zu verlängerten Reaktionszeiten kommt, wenn man eine Farbe gekoppelt mit widerstreitenden Informationen benennen soll; beispielsweise einen grünen Farbfleck, auf dem das Wort »rot« steht. Der Grund ist eine »kognitive Interferenz«: Der Sinneseindruck der Farbe wird von dem gleichzeitig gezeigten Begriff überlagert.

Was geschieht aber, wenn zuerst ein Farbfleck und kurz darauf der Name einer Farbe zu sehen ist? Versuchspersonen mußten nichts weiter tun, als so rasch wie möglich die Farbe zu benennen und dann das dargestellte Wort auszusprechen. Bei der Analyse der Reaktionszeiten konnte ein eigentümlicher Effekt nachgewiesen werden.[62] Stimmten die gezeigte Farbe und die darauffolgende Farbbezeichnung überein, war die Reaktionszeit auf den ersten Reiz – der Farbfleck – kürzer als bei jenen Farben, denen ein nicht übereinstimmendes Wort folgte. Eine »zeitverkehrte« kognitive Interferenz? Wie es den Anschein hat, wirkte das später erscheinende Wort rückwärts in der Zeit auf die Reaktionsfähigkeit ein. Oder umgekehrt ausgedrückt: die unbewußte Psi-Sondierung hatte den Begriff bereits präkognitiv ausgemacht.

Spätestens seit den sensationellen Befunden von Benjamin Libet, dem bekannten Physiologen von der *University of California* in San Francisco, sind Entscheidungsprozesse ins Zentrum der Aufmerksamkeit der Bewußtseinsforscher getreten. Die Ergebnisse seiner berühmt gewordenen Studien lassen sich einfach beschreiben, aber ihr Inhalt ist sensationell und für viele sicherlich kaum zu glauben. Unser Geist arbeitet hauptsächlich unbewußt. Libet hatte festgestellt, daß Menschen zuerst Entscheidungen treffen und sich erst *danach* über die getroffene Entscheidung bewußt werden.[63] Trotzdem ist man der Überzeugung, eine bewußte Entscheidung getroffen zu haben. Wenn Pete Sampras einen Aufschlag von Boris Becker retourniert, nimmt er den Tennisball nicht bewußt wahr.

Das geschieht erst, wenn der Ball wieder im Spielfeld auf der Seite von Boris Becker gelandet ist. Man wird der äußeren Welt erst eine halbe Sekunde nach der Entscheidung gewahr. Auf der Ebene der Neuronen im Gehirn ist das eine lange Zeitspanne. Wie kommt es aber, daß wir trotzdem meinen, Reize genau dann wahrzunehmen, wenn sie tatsächlich erfolgen? Ein eigentümlicher Mechanismus in unserem Bewußtsein sorgt dafür, daß die Wahrnehmung des eigenen Entschlusses oder eines äußeren Reizes zeitlich vordatiert wird auf den Augenblick des Reizes oder Entschlusses und sogar räumlich auf den Ort des Reizes verlagert wird. Libet nannte den ersten Effekt zeitliche und den zweiten örtliche Zuordnung.

Die Folgen dieser Erkenntnis sind bis heute noch nicht verdaut. Libets Resultate markieren eine Revolution in unserem Verständnis vom Bewußtsein und haben die philosophische Diskussion um den freien Willen um eine wesentliche Dimension erweitert. Welche geheimen Mechanismen wirken in unseren Reaktionen, wenn es nicht unser bewußter Geist ist? Findet hier die fundamentale Psi-Funktion ein Fenster, um unsere Alltagshandlungen mit zusätzlichen Informationen zu versorgen?

In einer brandneue Studie untersuchte ein Team von Psychologen Aspekte von Entscheidungsprozessen bei intuitiven Ahnungen.[64] Versuchspersonen sollten in einem Kartenspiel aus vier Kartendecks, wenn sie an der Reihe waren, jeweils eine Karte aufdecken. Die Wahl der Kartendecks war ihnen freigestellt. Bei einigen Karten würden sie gewinnen, bei anderen verlieren. Was sie nicht wußten war, daß zwei Decks eine höhere Anzahl von Verliererkarten enthielten, die anderen mehr Gewinnerkarten. Wer öfter von den »guten« Decks zog, würde am Ende gewinnen. Während des Spiels waren die Teilnehmer an physiologische Geräte angeschlossen. Es zeigten sich antizipatorische Effekte in der elektrischen Hautaktivität, die immer dann auftraten, wenn eine Entscheidung überdacht wurde, die sich als riskant herausstellte. Darüber hinaus konnte festgestellt werden, daß die Personen stärker ausgeprägte vorwegnehmende Hautleiteffekte aufwiesen, bevor sie zum ersten Mal eine Verliererkarte zogen, sogar noch bevor sie sich ihrer Entscheidungsstrategien bewußt waren, wenn sie ohne ihr Wissen eine Karte von einem der »schlechten« Decks zogen. Offensichtlich

kann es für dieses Resultat nur eine Erklärung geben: die Spieler hatten Vorahnungen, die sich physiologisch messen ließen, aber nicht die Bewußtseinsschwelle erreichten.
Emotionen gehören zu jenen menschlichen Ausdrucksweisen, die sich besonders gut durch physiologische Messungen nachweisen lassen. Aus psychophysiologischen Untersuchungen kennt man etwa den Effekt eines »Signalreizes«. Wenn ängstlichen Menschen aufregende oder neutrale Bilder gezeigt werden und sie jeweils wissen, ob das nächste Bild ein affektiv aufwühlendes ist, dann beschleunigt sich ihr Herzschlag schon vor dem Erscheinen des Bildes in auffälliger Weise. Doch was passiert, wenn man nicht weiß, was für ein Bild auftauchen wird?
Ein Experiment, das genau diese Frage klären will, hat die neue Parapsychologie in Aufregung versetzt. Es kommt – fast ist man geneigt zu sagen: wie könnte es anders sein – aus dem Labor von Dean Radin, dem einfallsreichsten Entdecker auf dem Territorium des Außergewöhnlichen.[65] Es sollte herausgefunden werden, ob Menschen mit physiologisch registrierbaren Ahnungen auf Zielsymbole reagieren, die ihnen erst in der Zukunft gezeigt werden.

Der Vorahnungsreflex

Amerikanische Zeitungen berichteten am 15. April 1997 von einer Frau, die in Las Vegas an einem Glücksspielautomaten mit einem Schlag ein Vermögen gewann. Sie erzählte, sie hätte eine Vorahnung gehabt, daß eine bestimmte Maschine den Jackpot auswerfen würde. Deshalb spielte sie nicht an den ungezählten anderen Apparaten, sondern stellte sich hinter den vor ihr wartenden Menschen an, bis sie nach einer Stunde an der Reihe war. Sie spielte, und die Maschine warf den Jackpot von 12 Millionen Dollar aus.
Sind solche Vorahnungen Zufälle oder basieren sie auf präkognitiven Informationen? Um diese Frage zu beantworten, ersann Radin sein Experiment.
Der sogenannte Orientierungsreflex ist eine körperliche Reaktion auf neue und bedeutungsvolle Reize. Der Körper signalisiert damit die Bereitschaft, einen neuen Eindruck erkennen und einordnen zu

wollen. Untersuchungen haben gezeigt, daß der Orientierungsreflex mit kurzzeitigen erhöhten Sinneswahrnehmungen, die unmittelbar dem neuartigen Reiz folgen, verbunden ist. Radin ging der Frage nach, ob ein vergleichbarer Reflex bei geeigneten Reizen nicht schon vor dem neuen Stimulus zu beobachten ist und somit eine Vorahnung widerspiegelt.

In Radins Versuch saßen die Probanden vor einem Computerbildschirm.[66] Durch einen Klick auf die Maustaste des Computers erschien nach fünf Sekunden ein Farbfoto auf dem Bildschirm, danach blieb der Monitor für zehn Sekunden dunkel. Durch einen neuerlichen Mausklick konnte der Vorgang wiederholt werden. Das Computerprogramm wählte zufällig Bilder aus einem Pool von 150 aus. Die Selektion der Bilder erfolgte erst am Ende der fünf Sekunden, während der Bildschirm dunkel blieb; ein Vorgang, der nur 0,1 Sekunden in Anspruch nahm. Jede Versuchsperson führte 40 Durchgänge aus, während die physiologischen Parameter kontinuierlich aufgezeichnet wurden. Es gab Bilder mit ruhigen, nicht emotional anregenden Inhalten, wie Landschaften, Portraits, Stilleben, Tiere und solche mit gefühlsbetonten Aussagen, deren Inhalte erotischer und aggressiver Natur waren. Radin entschied sich, nur 50 Bilder mit emotionalen Inhalten und 100 neutrale in den Pool aufzunehmen, um einen Gewöhnungseffekt durch zu häufiges Auftreten von aufwühlenden Fotos zu vermeiden.

Durch die große Bandbreite der Reaktionsweisen auf gefühlsbetonte Inhalte könnte ein schwacher anomaler Vorahnungseffekt verschwinden, wenn man die Ergebnisse aller Versuchspersonen zusammen betrachtet. Deshalb entschied Radin, die individuellen Ausprägungen der Reaktionen mit in seine Untersuchungen einzubeziehen. Es war zu erwarten, daß nach dem Auftauchen eines Bildes auf dem Bildschirm der bekannte Orientierungsreflex festzustellen war, der aber von Person zu Person sehr unterschiedlich ausfallen würde. Ein Mensch, der – physiologisch betrachtet – relativ gelassen auf aggressive Inhalte reagiert, wird auch bei seinen Vorahnungen ähnlich gelassene Reaktionen zeigen. Wichtiger als der Unterschied in den unwillkürlichen Erregungen vor neutralen und aufwühlenden Fotos ist die individuelle Konstanz der Reaktion. Radin postulierte, daß die gemessenen physiologischen Ef-

fekte *nach* Präsentation eines Bildes ähnlich den physiologischen Effekten unmittelbar *davor* sind.
Die drei physiologischen Parameter wurden durch einen komplizierten Vorgang überlagert, um ein einheitliches Maß zu erhalten. Schon die graphische Darstellung der Resultate zeigte auffallende Unterschiede in der Reaktion zwischen emotionalen und neutralen Bildern, und zwar nicht nur während und nach der Betrachtung der Fotos, sondern auch davor. Besonders deutlich wurde der Effekt, wenn man die Unterschiede der physiologischen Reaktionen zwischen neutralen und emotionalen Bildern betrachtet: Das Blutvolumen im Finger zeigt drei Sekunden, bevor das aufwühlende Bild erscheint, den stärksten Effekt, die Herzschlagrate zwei Sekunden und die Hautaktivität etwa eine Sekunde vorher. Am stärksten reagierte die Blutvolumenveränderung auf die Vorahnung. Betrachtet man unter den aufwühlenden Bildern nur jene, die von anderen Versuchspersonen als extrem negative und positive Zielbilder eingestuft worden waren, verstärkt sich der physiologisch registrierte Vorahnungseffekt noch mehr.
Auffällig war ein weiterer Befund. Die Versuchspersonen, die in allen drei physiologischen Meßgrößen *nach* Betrachtung eines emotional getönten Fotos einen ausgeprägten Orientierungsreflex zeigten, wiesen auch einen wesentlich stärkeren Vorahnungsreflex auf als die anderen Versuchsteilnehmer. Interessanterweise zeigte sich, daß die Vorahnungsreaktionen bei Menschen mit geringen Psi-Erfahrungen prägnanter waren als bei solchen, die schon öfter Psi-Erlebnisse hatten. Erstaunlich deutlich bildete sich darüber hinaus der Einfluß der geomagnetischen Aktivität in den Daten ab. Nur die Vorahnungs-Studien an geomagnetisch ruhigen Tagen erreichten statistische Signifikanz.
Die Rohdaten seiner Studie unterzog Radin zuletzt einer Analyse durch künstliche Neuronale Netze. Eines der Netzwerke lernte die Daten »Mondphase«, »Geschlecht« und die drei zusammengenommenen physiologischen Meßgrößen *vor* der Bildpräsentation mit dem Orientierungsreflex *nach* der Darbietung zu vergleichen. Dabei zeigte sich ein aufschlußreicher Lerneffekt. Während der korrelative Zusammenhang zwischen dem Vorahnungsreflex und dem Orientierungsreflex nur relativ schwach ausgeprägt war, ver-

stand es das Neuronale Netz aufgrund der zusätzlichen Einflußgrößen aus dem Vorahnungsreflex, die Art des darauf folgenden Orientierungsreflexes exakter vorherzusagen. Die Korrelation zwischen dem Vorahnungsreflex und dem vom Netz vorhergesagten Orientierungsreflex erwies sich als sehr signifikant.
Das Neuronale Netz hat also gelernt, sinnvolle Beziehungen zwischen Umweltfaktoren, Geschlecht und der physiologischen Reaktion vor dem Reiz mit der physiologischen Reaktion nach dem Reiz herzustellen. Ein vielversprechendes Ergebnis und zugleich eine unabhängige Bestätigung dafür, daß die gemessenen Effekte real sind und nicht zufällig zustande gekommen sein können. Vielleicht wird es nicht mehr allzu lange dauern, bis die Psi-Forscher die besten Einflußgrößen ausgemacht haben, um pragmatisch brauchbare Vorhersagemodelle zu entwickeln.

Der Trugschluß des Spielers

Spieler kennen diesen Effekt: Kommt beim Roulette die »falsche« Zahl, steigert sich die Erwartung, daß beim nächsten Mal die »richtige« Zahl fällt – jene, auf die der Spieler zu setzen beabsichtigt. Wenn etwa beim Roulette drei-, viermal hintereinander eine rote Zahl gefallen ist, vermuten viele Spieler, daß die Wahrscheinlichkeit höher ist, daß beim nächsten Dreh des Rouletterades die Kugel bei einer schwarzen Zahl liegen bleibt. Diese Annahme ist ein Trugschluß. Die Wahrscheinlichkeit, welche Zahl fällt, oder welcher Farbe sie zugeordnet ist, bleibt bei jedem Dreh des Rouletterades gleich. Auch wenn zehnmal hintereinander eine rote Zahl gefallen ist, bleibt die Wahrscheinlichkeit, daß beim elften Mal eine schwarze kommt, exakt gleich. Lediglich unsere Vorstellung von der Ordnung der Dinge spielt uns einen Streich.
Wenn es nur dabei bliebe! Spieler bauen eine enorme Erregung auf, wenn sie meinen, daß es an der Zeit ist, daß »ihre« Zahl kommen muß. Jeder Mensch reagiert mehr oder minder stark mit unwillkürlichen physiologischen Veränderungen auf Erwartungen, insbesondere wenn diese von intensiven Emotionen begleitet sind. Sobald die erhoffte Zahl beim Roulette gefallen ist, legt sich der Erre-

gungszustand, und der Spieler ist perplex, sollte sie gleich wieder fallen.
Bei den Vorahnungsversuchen muß man deshalb sorgfältig solche angeregten Zustände aufgrund gewöhnlich falscher Erwartungen ausschließen. Die Versuchsperson wird bald erkennen, worum es bei dem Experiment geht. Es gibt langweilige Bilder und hin und wieder solche, die einem unter die Haut gehen. Wenn eine Reihe von neutralen Bildern gezeigt wurde, wird sie automatisch erwarten, daß bald wieder ein gefühlsbetontes auftauchen wird, und eine entsprechend graduell stärkere physiologische Erwartungsreaktion aufbauen. Sobald ein extremes Bild aufgetaucht ist, fällt diese rein psychologisch motivierte Erwartungsreaktion ab.
Dick Bierman hat seine Versuche so angelegt, daß ein solcher Effekt erkannt und ausgeschlossen werden kann.[67] Unter anderem wußten die Operatoren nicht, worum es bei dem Experiment ging. Sobald das erste affektiv betonte Bild erschien, galt der Versuch als beendet. Auf diese Weise konnten die Versuchspersonen keine Erwartungshaltungen aufbauen. Dadurch handelte sich Bierman andererseits das Problem ein, besonders viele Versuchspersonen zu brauchen, weil jede Einzelsitzung nur sehr kurz war. Im ganzen genommen bestätigten Biermans Versuche, auch nach dem Ausschluß von Erwartungsstrategien, die Resultate Radins. Ein entscheidendes zusätzliches Argument für die These, daß ein echter anomaler Effekt registriert wurde.
Die exzellenten Studien zum Vorahnungseffekt zählen zu den wichtigsten Meilensteinen der neuen Parapsychologie. Sie können von den »harten« Wissenschaften nicht übersehen werden und eröffnen eine Basis für ein lange vernachlässigtes Feld, dem sich die Psychologie verstärkt zugewandt hat: Intuition. Intuition kann als eine Form nichtbewußter Problemlösung verstanden werden.[68] Wie es den Anschein hat, profitiert der Prozeß der Intuition von der fundamentalen Psi-Funktion. Die Intuition ist vielleicht sogar ihr unmittelbarster Ausdruck, eingeschlagen in den Mantel von Denkprozessen, kreativen Problemlösungsstrategien und emotionaler Gewichtung.

5 Kosmische Beziehungen: Psi, die Erde und der Himmel

Der Psi-Katalysator

Schwer zu fassen, flüchtig und schwach – das ist die Realität von Psi. Auch wenn wir heute ohne zu zögern behaupten können, daß die Frage nach der Existenz der anomalen Kognition (AC) zu ihren Gunsten beantwortet ist. Um Beweise geht es der neuen Psi-Forschung schon lange nicht mehr. Nach den zahlreichen Umweltvariablen, die mehr oder weniger auffällige Korrelationen mit der Psi-Leistung eingehen, fehlte nur noch eines: eine physikalische Einflußgröße, die stark und zuverlässig mit Psi korreliert.

Nun ist es dem Forschungsdirektor des *Cognitive Sciences Laboratory* in Palo Alto, James Spottiswoode, gelungen, eben diese Einflußgröße zu entdecken.[69] Ein Parameter, der die Güte der anomalen Kognition um ein Vielfaches steigert. Ist der Traum der Parapsychologen Wirklichkeit geworden? Hat die Wissenschaft von den anomalen mentalen Phänomenen damit den Weg gefunden, Psi an gesetzmäßige Abläufe in der Natur zu koppeln?

Spottiswoode, Mathematiker, Computerexperte und ehemaliger Berater der Weltbank, ist momentan in aller Munde. Die Ankündigung seiner Entdeckung schlug in der parapsychologischen Gemeinschaft wie eine Bombe ein. »Es ist vielleicht nicht *der* Durchbruch, aber *ein* Durchbruch ist es auf jeden Fall«, kommentiert Richard Broughton, Forschungsdirektor am *Rhine Research Center* in Durham. Alle haben eine solche Entdeckung erhofft. Niemand hat sie in dieser Weise erwartet.

Wir wissen sehr wenig über den physikalischen Mechanismus der anomalen Kognition. Um auf diesem Gebiet einer Lösung näher zu kommen, ist die Ermittlung physikalischer Parameter, die eindeutig die Leistungen von AC modulieren, ein bedeutender Schritt. Das

Problem, AC im Verhältnis zu Einflußgrößen zu untersuchen, liegt im schwer faßbaren Psi-Prozeß selbst verborgen. Wir wissen bei den Vergleichsdaten nie, wann Psi wirklich aktiv ist und wann ein Vergleich mit einem zufälligen, aber als Psi interpretierten Ereignis in Beziehung gebracht wird. Bei den Experimenten mit erzwungener Auswahl tritt dieses Problem noch deutlicher hervor als bei den Versuchen nach der Methode der freien Aussagen. Aber letztlich stoßen alle Studien, die Beziehungen zu Psi erforschen, an diese Schranke. Die Isolation von Psi ist – zum gegenwärtigen Zeitpunkt – unmöglich. Psi zeigt sich immer nur als eine Annäherung. Es ist in einem Phänomenkomplex eingebettet, doch der genaue Punkt, der Psi eindeutig identifizieren würde, läßt sich nicht lokalisieren.

Aus diesem Grund haben viele Studien, die Korrelationen von physikalischen Parametern mit Psi-Leistung erforschen, keine oder nur sehr schwache Zusammenhänge entdecken können. Eine ganze Reihe von Variablen scheinen in der Tat die Güte von Psi zu beeinflussen. Deutlich konnte indes ein solcher Einfluß kaum dingfest gemacht werden. Es gibt einen schwachen Hinweis auf eine physikalische Einflußgröße: die Abschirmung von elektrischen Feldern durch einen Faradayischen Käfig führte zu besseren AC-Leistungen.[70] Zu den vielversprechendsten Ansätzen zählen die erdmagnetischen Fluktuationen. Wie wir gesehen haben, fördert eine relativ ruhige geomagnetische Aktivität das Auftreten von anomaler Kognition. Dabei ist noch nicht endgültig entschieden, ob die geomagnetische Aktivität als ein »Träger« für Psi fungiert oder sie die Zentren der Verarbeitung von anomalen Informationen im Gehirn moduliert. So interessant die Studien mit geomagnetischen Variablen sind, der Zusammenhang mit anomaler Kognition bleibt doch relativ gering.

Auf der Suche nach physikalischen Einflüssen auf Psi haben die Parapsychologen langsam »abgehoben«. Sie bewegen sich immer weiter weg von der Erde. Zuerst entdeckten sie den Einfluß des Erdmagnetfeldes, schließlich schielten sie auf den wechselnden Mond, neuerdings sogar auf die Rotation der Sonne. Man hält es kaum für möglich, doch mittlerweile haben sie die Sterne ins Visier genommen. Alles Aberglauben? Sind die Psi-Forscher zur Astrologie übergelaufen?

Keineswegs. James Spottiswoode fand in einer Datenbank von 1468 AC-Experimenten nach der Technik der freien Aussagen einen áuffälligen Zusammenhang zwischen Trefferleistung und der lokalen Sternzeit (LST, *Local Sidereal Time*). Die Versuche, die innerhalb eines bestimmten Zeitfensters der lokalen Sternzeit durchgeführt wurden, wiesen eine um sage und schreibe 340 % erhöhte Effektstärke auf. Spottiswoode analysierte daraufhin eine weitere Datensammlung von 1015 ähnlicher Versuche, die sogar einen Anstieg der Effektstärke zur angegeben Zeit um 450 % aufwiesen!

Ist es möglich, daß der Standort des Empfängers in Bezug zum Fixsternhimmel einen Einfluß auf seine Fähigkeit hat, paranormale Eindrücke wahrzunehmen? Die Frage erscheint merkwürdig und kaum nachzuvollziehen.

Ausrichtungen im Himmel werden durch sogenannte sphärische Koordinaten festgestellt. Es gibt mehrere Möglichkeiten, den Himmel über uns durch ein Koordinatensystem einzuteilen. Die gängigste Form nennt man äquatoriales System. Dabei wird das geographische Koordinatensystem an die Himmelskugel projiziert. Man muß sich nur die Rotationsachse der Erde verlängert vorstellen, die dadurch zur Himmelsachse wird. Erweitert man in gleicher Weise den Erdäquator, erhält man den Himmelsäquator. Die Lage eines Gestirns wird durch zwei Winkel auf den sphärischen Koordinaten bestimmt: Deklination und Rektaszension (RA, »gerade Aufsteigung«). Wenn man das Erdkoordinatensystem auf den Himmel projiziert, entspricht die Rektaszension der geographischen Länge.

Als Widerspiegelung der täglichen Drehung der Erde dreht sich das äquatoriale System innerhalb von 24 (Sternen-)Stunden einmal um die Himmelsachse. Auf jedem Punkt der Erde kehren die Sterne nach dem Ablauf eines Sterntages wieder an ihre Ausgangsposition zurück. Da sich die Sonne täglich um etwa 1 Grad entgegen der täglichen Umdrehung des Himmels unter den Fixsternen fortbewegt, ist ein Sterntag um etwa 3 Minuten und 56 Sekunden kürzer als ein Sonnentag.

Für das Koordinatensystem des Himmels läßt sich somit eine Sternzeit angeben, die wie die Sonnenzeit von 0 bis 24 Uhr gezählt

wird. Wie man für jeden Punkt auf der Erde die lokale Sonnenzeit angeben kann, läßt sich auch entsprechend eine lokale Sternzeit ermitteln. Bei einem identischen LST-Wert erscheint über einem Beobachter genau der gleiche Sternenhimmel. Durch die beiden ungleichen Zeitmessungen von Sonnenzeit und Sternzeit ergibt sich, daß nur einmal im Jahr unsere Sonnenzeit mit der Sternzeit ziemlich genau zusammenfällt. Das geschieht jeweils um 12 Uhr Mittags am 22. September Weltzeit.
Zumal die Daten der Experimente aus Europa und den USA stammen und über einen langen Zeitraum zu verschiedenen Zeiten – meist während des Tages – aufgezeichnet wurden, umfassen sie die gesamte Bandbreite von LST-Werten.

Sternzeit 13:47 Uhr

Spottiswoodes Analyse stützte sich zunächst auf Remote Viewing- und Ganzfeld-Studien. Für diese Versuche lagen die nötigen exakten Angaben vor: Ort, Datum, Zeit. Wenn ein Experiment stattfindet, wird zumeist der Zeitpunkt des Beginns festgehalten. Die eigentlichen Aussagen etwa über RV eines Zielobjekts oder die hypnagogen Eindrücke im Ganzfeld finden normalerweise einige Minuten bis zu einer Viertelstunde später statt.
Spottiswoode gab die Ortskoordinaten und den Zeitpunkt der Experimente in ein Computerprogramm ein, das automatisch die entsprechenden Werte für die lokale Sternzeit errechnet. Dann stellte er die Daten in Fenstern von jeweils einer Stunde Länge dar. Es ergab sich eine dramatische Erhöhung der mittleren Effektstärke für Experimente, die zwischen 12 und 14 Uhr lokaler Sternzeit stattfanden.
In einem zweiten Arbeitsschritt unterzog Spottiswoode jene Studien einer speziellen Analyse, welche die obere Hälfte des Gipfelpunktes zwischen 12–14 Uhr LST ausmachten. Er wollte feststellen, zu welcher lokalen Sternzeit sich die maximale Effektstärke zeigt. Spottiswoode ermittelte den absoluten Gipfel bei 13:47 Uhr Sternzeit. Die Versuche zur anomalen Kognition, die im Zeitfenster von ± einer Stunde von 13:47 LST lagen, weisen allein eine Effekt-

stärke von 0,507 auf. Im Vergleich zur Effektstärke des gesamten Datenmaterials (0,148) bedeutet dies eine Zunahme um das 3,42fache!
James Spottiswoode traute seinen Augen nicht. Einen derart starken Einfluß hatte er nicht erwartet. Er war so verblüfft, daß er sich gleich entschloß, eine weitere Sammlung von Experimentaldaten dieser Analyse zu unterziehen. Entweder hatte sich der Zufall einer äußerst skurrilen Spielweise bedient, oder er war auf eine Goldader gestoßen. Die zusätzlichen Datensätze aus verschiedenen Instituten bestätigten seinen Befund in überzeugender Weise. Abermals zeigte sich ein auffälliger Anstieg der AC-Leistung um 13 Uhr LST. Der absolute Gipfel lag abermals exakt bei 13:47 Uhr lokale Sternzeit.
Aufgrund dieser eindrucksvollen Bestätigung, konnte Spottiswoode nun das gesamte Datenmaterial zur Analyse heranziehen. Das Resultat: Außersinnliche Wahrnehmung funktioniert am besten um 13:47 Uhr lokaler Sternzeit. Ein Resultat mit einer statistischen Signifikanz, die ebenfalls an die Sterne reicht: In 60 Milliar-

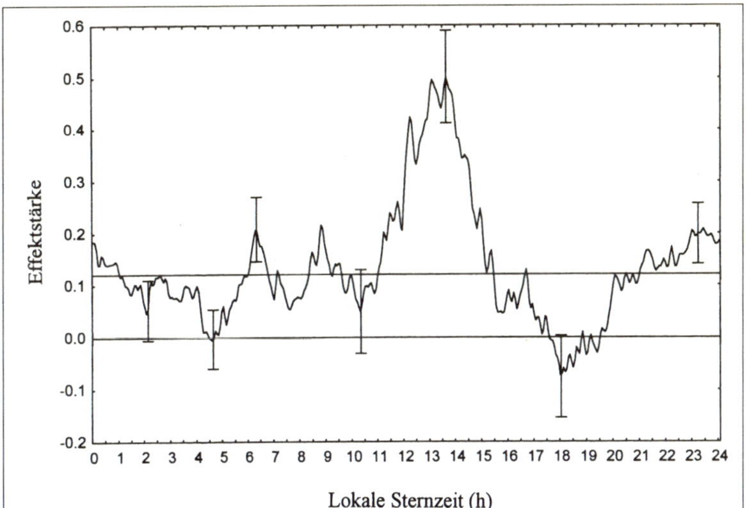

Abb. 8: Mittlere Effektstärke im Vergleich zu LST in der gesamten Datenbank (mit freundlicher Genehmigung des Journal of Scientific Exploration, P. O. Box 5848 Stanford, CA 94309-5848 USA).

den Datensätzen dieser Art würde man auf dieses Ergebnis nur einmal zufällig stoßen!
Künftig wird man die Uhren in den Psi-Labors auf die lokale Sternzeit eichen. Experimente, die im idealen Zeitfenster stattfinden, haben eine drei- bis viermal so große Chance, erfolgreich zu sein, als solche, die zu anderen Zeiten durchgeführt werden. Die ungünstigste Zeit für Psi ist übrigens der Abend eines Sterntages. Dann stehen die Sterne äußerst ungünstig. Zwischen 17.30 Uhr und 19.00 Uhr LST legt Psi sich schlafen.
Wenn Psi-Forscher beispielsweise für den 1. Juni 1998 einen Versuch in München planen, müssen sie Überstunden machen, um von dem Zeitfenster zu profitieren. Um 22.20 Uhr erreicht dort die lokale Sternzeit 13:47 Uhr, den idealen Zeitpunkt für anomale Kognition.[71]
Der nächste Schritt ist klar: Die Psi-Forscher werden in Zukunft ihre Experimente mit exakten Orts- und Zeitangaben versehen, speziell auch der Zeitangabe für die Phase, in der die außersinnlichen Eindrücke tatsächlich geschildert werden. Und sie werden versuchen, sie möglichst in dem bevorzugten Zeitrahmen zu plazieren. Schließlich ist es von unschätzbarem Vorteil, wenn den Forschern eine so einfache Variable an die Hand gegeben wird, mit der sie die Psi-Leistungen ihrer Versuchspersonen erheblich steigern können. Zahlreiche Versuche, Psi in Abhängigkeit von unterschiedlichen Einflußgrößen zu untersuchen, scheiterten oft daran, daß Psi überhaupt nicht in Erscheinung tritt. Wenn nunmehr die Wahrscheinlichkeit für Erfolg um das Vierfache erhöht werden kann, darf man auch einen rascheren Fortschritt in der Parapsychologie erwarten.
Wie kann man diese Ergebnisse interpretieren? Auf den ersten Blick zeigt sich ein unbekannter kausaler Zusammenhang zwischen einer bestimmten Rektaszension im Himmel und der Fähigkeit für anomale Kognition. Wenn es sich um einen kausalen Effekt handelt, muß dieser von außerhalb des Sonnensystems kommen, denn der interplanetare Raum wird von solaren und planetaren Effekten dominiert. Außerdem verändern die Planeten des Sonnensystems ihre Positionen.
Der Einfluß kann eine Anzahl von Ursachen haben. Der Großteil des elektromagnetischen Spektrums, von Gammastrahlen bis hin zu

niederfrequenten Radiowellen, ist auf bekannte kosmische Quellen zurückzuführen. Zudem gibt es Partikelströme, deren Herkunft festgestellt werden kann. Es könnte möglich sein, unter all diesen Emissionen einen Faktor in der Himmelsgegend auszumachen, die um 13:50 Uhr LST in gerader Aufsteigung (Rektaszension) über uns erscheint. Physikalische Einflußfaktoren aus dieser Region müßten mit dem Psi-Verstärkungseffekt in Zusammenhang stehen.
Eine Möglichkeit wäre, daß ein Signal aus dieser Richtung im Himmel (RA = 13:50 Uhr LST) kommt und das die anomale Kognition verstärkt. Da zu keinen anderen Zeiten der Verstärkungseffekt auftritt, muß dieses Signal zumindest teilweise durch die Erde blockiert werden. Man könnte auch ein Signal vermuten, das vom entgegengesetzten Punkt von 13:50 Uhr RA ausgeht, das sich hemmend auf die anomale Kognition auswirkt. In diesem Fall wäre die Abschirmung von dem hemmenden Einfluß für das erhöhte Auftreten von außersinnlicher Wahrnehmung verantwortlich. In jedem Fall scheint die Erde eine zentrale Rolle in diesem Mechanismus zu spielen, entweder indem sie das Signal absorbiert oder reflektiert.
Freilich könnte man die Ergebnisse auch von der Seite betrachten, daß bestimmte kosmische Einflüsse die Produktion von AC verhindern oder auf einem schwachen Niveau halten. Der Wegfall dieser Einflüsse um den Zeitraum 13:50 Uhr würde dann für den »Psi-Überschuß« verantwortlich sein.

Ein Zeitfenster für den geomagnetischen Effekt

Die Studien zu geomagnetischen Einflüssen auf Psi haben zahlreiche Hinweise und viele unstete Resultate erbracht. In einer nicht veröffentlichten Meta-Analyse von James Spottiswoode von 21 publizierten Arbeiten kam er zu dem Ergebnis, daß sich der Effekt am ehesten entdecken ließe, wenn man sehr große Datensätze mit hohen Effektstärken zur Verfügung hat. Die tatsächliche Korrelation von niederer erdmagnetischer Aktivität mit erhöhten Psi-Leistungen in Experimenten zur anomalen Kognition in der Meta-Analyse war enttäuschend gering und nicht signifikant.

Nach Entdeckung des Zeitfensters in der lokalen Sternzeit ging Spottiswoode daran, die Untersuchungen über geomagnetische Aktivität neu zu überprüfen.[72] Der LST-Effekt ist ein physikalischer Faktor, bei dem kosmische und irdische Gegebenheiten eine zentrale Rolle spielen. Vielleicht, dachte Spottiswoode, gibt es einen Zusammenhang zwischen dem LST-Effekt und der Wirkung des Erdmagnetfeldes.

Zur Untersuchung dieser Frage zog Spottiswoode abermals die wichtigsten Datensätze der letzten Jahrzehnte von AC-Studien nach der Methode der freien Antworten heran. Es sind jene Experimente, in welchen die größten Effektstärken aufgetreten waren: Die Ganzfeld-Studien aus den *Psychophysical Research Laboratories* in Princeton, vom *Institute for Parapsychology* in Durham, von der Psychologischen Abteilung der Universität Amsterdam, vom *Institut für Parapsychologie* in Utrecht und vom *Koestler Parapsychology Unit* an der Universität Edinburgh. Hinzu kamen die Remote Viewing-Versuchsreihen vom PEAR-Labor, vom SRI, von SAIC und die RV-Versuche, die Marilyn Schlitz und ich durchgeführt haben, sowie eigene Experimente.

Spottiswoode entdeckte einen ausgeprägten Zusammenhang zwischen AC und einem geomagnetischen Index in Abhängigkeit von der lokalen Sternzeit. Die maximale Effektstärke trat um 13:00 Uhr LST mit einer statistisch sehr signifikanten Korrelation zu verminderter geomagnetischer Aktivität auf. Nur in dem engen Band von etwa drei Stunden um den Wert 13:00 Uhr LST zeigt sich der auffällige Zusammenhang. Außerhalb dieses kleinen Zeitfensters ist der Zusammenhang gleich null. Diese Korrelation konnte auch in einzelnen Experimentalreihen, bei denen Versuche in das entsprechende Sternzeitfenster fallen, festgestellt werden. Zum Beispiel gab es keine Korrelation zwischen Psi-Leistung und erdmagnetischer Aktivität in der umfangreichen Studie des PEAR-Labors. Sobald man aber nur die Daten aus dem entscheidenden Zeitfenster herausnimmt, ist eine deutliche Korrelation zu erkennen.

Eindrucksvoll belegt die Abb. 9 diesen Befund: Wenn im Zeitfenster von ±1 Stunde um 13:47 Uhr LST hohe Leistungen in Psi-Tests erreicht werden, finden wir gleichzeitig eine besonders ruhige geomagnetische Phase vor. Interessant ist eine Analyse der trans-

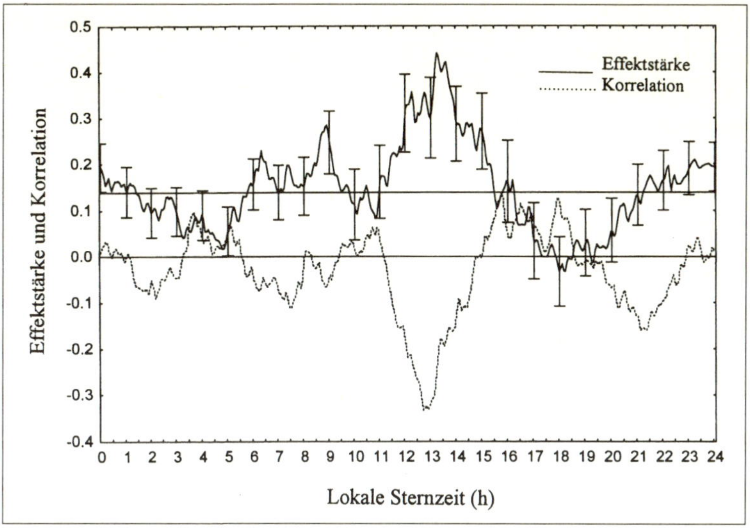

Abb. 9: Effektstärke und Korrelation zur geomagnetischen Aktivität im Verhältnis zur LST (mit freundlicher Genehmigung des Journal of Parapsychology, 402 N. Buchanan Blvd., Durham, NC 27701-1728 USA).

kontinentalen Remote Viewing-Versuche, die ich gemeinsam mit Marilyn Schlitz durchgeführt hatte (Teil I, Kap. 2), unter diesen neuen Gesichtspunkten. Ich mußte in Rom die zufällig gewählten Orte zu einer Zeit aufsuchen, da es noch hell war, und für Marilyn Schlitz mußte ein Zeitpunkt gefunden werden, der ihr für das Experiment angenehm war. Wegen der sechs Stunden Zeitdifferenz zwischen Detroit und Rom entschieden wir uns, daß ich am späten Nachmittag die Zielorte aufsuchen würde. Das entsprach dem Zeitraum zwischen 11.00 und 12.00 Uhr Ortszeit in Detroit. Als es sich Marilyn Schlitz am 3. November um 11.00 Uhr bequem machte, um in den folgenden 30 oder mehr Minuten ihre Eindrücke zu notieren, war es in Detroit ca. 13:16 lokaler Sternzeit. Der letzte Versuch der Serie am 10. November begann um ca. 13:45 LST. Somit fand die gesamte RV-Versuchsserie während des idealen Zeitfensters statt. Eine Analyse ergab außerdem, daß zu der fraglichen Zeit eine überwiegend ruhige geomagnetische Aktivität vorlag. Der Zufall hat uns die beiden Psi-fördernden äußeren Einflußfaktoren beschert, die offenbar zu dem großen Erfolg der Experimentalserie beigetragen haben.

In Spottiswoodes Analyse zeigte sich der Zusammenhang zwischen der Effektstärke von Experimenten zur außersinnlichen Wahrnehmung und erdmagnetischen Veränderungen überhaupt nur während vier Stunden lokaler Sternzeit. Das erklärt, warum die Suche nach geomagnetischen Einflußfaktoren der Psi-Leistungen bislang so unterschiedliche Ergebnisse erbracht hat. Offenbar übt die geomagnetische Aktivität nur in Zusammenhang in dem entdeckten Zeitfenster der lokalen Sternzeit ihre Wirkung aus.

James Spottiswoode gibt zu bedenken, daß globale erdmagnetische Indizes, wie der *ap*-Index, Fluktuationen im Magnetfeld des gesamten Globus messen. Die Veränderungen haben eine Dauer von wenigen Minuten bis zu einigen Stunden. In Ballungszentren können Fluktuationen in Magnetfeldern durch Gebäude und Eisenkonstruktionen viel ausgeprägter sein und rascher erfolgen. Zumal die meisten parapsychologischen Experimente in Städten durchgeführt werden, ist es laut Spottiswoode unwahrscheinlich, daß die erdmagnetischen Fluktuationen selbst für die Modulationen der Psi-Leistungen verantwortlich sind. Es ist anzunehmen, daß die anomale Kognition von komplexen Interaktionen zwischen Teilchenemissionen von der Sonne und dem Feld der Erde abhängig ist.

Die Arbeiten von Spottiswoode haben Ordnung in das verwirrende Feld physikalischer Einflußgrößen in der Psi-Leistung gebracht. Sie haben zugleich deutlich gemacht, daß es zwei Einflußgrößen gibt. »Die Effektstärke von AC hängt stark von der lokalen Sternzeit des Perzipienten ab, und in der beschränkten Phase der Sternzeit, in welcher der Effekt verstärkt auftritt, ist es wahrscheinlich, daß die Effektstärke von der Sonnenaktivität moduliert wird, die sich im geomagnetischen Feldindex widerspiegelt.«[73] Der dahinterliegende Mechanismus muß einen kausalen Grund haben. Seine Rektaszension ist während der 20 Jahre, aus denen die analysierten Daten stammen, mehr oder weniger konstant geblieben. Die Suche nach dem geheimnisvollen Faktor hinter dem Sternzeitfenster und den ruhigen geomagnetischen Phasen kann beginnen – irgendwo, draußen im Kosmos.

6 Der Parzival-Effekt

Wessen Psi?

Bei Versuchen mit so fragilen, von psychologischen und physikalischen Faktoren modulierten Phänomenen wie Psi können unterschiedliche subtile Einflüsse des Versuchsleiters auf die Ergebnisse wirken. Das können rein psychologische Effekte sein. Möglicherweise werden Versuchspersonen, denen eher gute Psi-Leistungen zugemutet werden, von den Experimentatoren besser behandelt als andere. Aber im Geschäft mit Psi steht ein ganz anderer Versuchsleitereffekt im Mittelpunkt. In den fünfziger Jahren war den beiden englischen Parapsychologen G. W. Fisk und D. J. West bei gemeinsamen Versuchen aufgefallen, daß die Versuchspersonen von West meist schlechte, hingegen die von Fisk gute Resultate in Psi-Tests erzielten, auch wenn sie zu den Versuchspersonen keinen Kontakt hatten.[74] Man entdeckte den Psi-vermittelten Versuchsleitereffekt. Bis heute gibt der Effekt den Parapsychologen Rätsel auf. Marilyn Schlitz führte kürzlich zusammen mit dem Skeptiker Richard Wiseman DMILS-Versuche durch, in denen sich der nichtlokale Psi-vermittelte Versuchsleitereffekt zeigte: Schlitz erzielte positive Resultate, Wiseman nicht.[75] Bei einer Prüfung des Phänomens des Wünschelrutengehens stießen die beiden deutschen Psychologen Harald Walach und Stefan Schmidt zufällig auf dasselbe Phänomen.[76] Es stellte sich heraus, daß nur diejenigen Wünschelrutengeher, die von einem von den drei Instruktoren eingewiesen wurden, Treffer aufwiesen, die signifikant über der Zufallserwartung lagen. Offenbar ist der Versuchsleiter in der Parapsychologie ein integraler Bestandteil jedes Experimentes. Von ihm werden anomale Informationen übermittelt, welche zu den unterschiedlichen Leistungen führten. Ungeklärt bleibt, ob diese Information unbewußt bei den Versuchspersonen ankommt und sie in einen Zustand der Be-

reitschaft für oder Widerstand gegen Psi versetzt, oder ob der unbewußte Effekt direkt auf das Ergebnis einwirkt.
Einige Chirurgen genießen eine gute Reputation, andere nicht. Wenige Menschen bringen es beim Klavierspiel zur Meisterschaft, und andere, die genausolange üben, bleiben stets mittelmäßig. Leistungen jeglicher Art setzen große Geschicklichkeit und Talent voraus, das nicht erworben werden kann. In Psi-Experimenten ist der Versuchsleiter derart intim in das Experiment eingeschlossen, daß er unmöglich von dem Experiment isoliert werden kann.
Wenn wir subtile Versuchsleitereffekte mit den Überlegungen über das »Peilsystem Psi« kombinieren, die ich bei der Feldforschung mit REGs angestellt habe, dann verlagert sich die Perspektive. Sobald der Versuchsleiter sein Experiment ersinnt, es ausfeilt und in Angriff nimmt, ist vielleicht schon das Schicksal des Experiments besiegelt. Haben wir es mit einem erfolgreichen Versuchsleiter zu tun, einen aus dem 1 % der Bevölkerung, die Psi in besonderem Maße einzusetzen verstehen, dann kann man mit signifikanten Ergebnissen in Richtung seiner Vermutungen rechnen. Denn diese spiegeln seine Wünsche, seine Intentionen. Die Absicht des Versuchsleiters ist das Zünglein an der Waage, das Psi in die richtigen Bahnen lenkt.
Eine brennende Frage bleibt unbeantwortet: Reicht die Intention des Experimentators in seinem Versuch aus, den erwünschten Effekt hervorzurufen, oder agiert sein Wissen tatsächlich nur als Kopplung der Versuchspersonen mit dem Meßgerät? Allgemeiner formuliert und über die Psi-Forschung hinausweisend, muß man die Frage stellen, ob in jedem Denkprozeß über reale Gegenstände oder über andere Menschen durch die Adressierung des Inhalts eine anomale Interaktion mit eben diesem Inhalt enthalten ist. Wird also letztlich die fundamentale Psi-Funktion durch unser Denken und Fühlen über die Welt in jedem Moment neu eingestellt? Ist dies vielleicht der Mechanismus, anhand dessen wir auf subtile Weise in den Ablauf der Dinge eingreifen und die Realität selber modulieren?
Robert Jahn und Brenda Dunne haben ein Beispiel aus der Physik zur Hand: Einem vor kurzer Zeit entdeckten Teilchen gaben die Physiker den Namen »Anomalon«, weil in verschiedenen Labora-

torien unterschiedliche Eigenschaften des Teilchens auftraten. Offenbar ist die Erscheinungsform des Anomalons derart an die Person gebunden, die es gerade beobachtet, daß es sich dieser in völlig individueller Weise anpaßt. Jahn und Dunne gehen sogar so weit zu behaupten, daß Physiker neue subatomare Teilchen in der Tat nicht entdecken, sondern gleichsam *erschaffen.* Für Psi, das ebenso auf einer sehr subtilen Ebene wirksam ist, gelten solche Mechanismen in besonderem Maße.

Die »alte Schule« der Parapsychologie dachte in deutlich unterschiedenen Kategorien von Hellsehen, Telepathie, Präkognition und Psychokinese. Jetzt stellt sich »Psi« als ein einheitliches Vermögen dar, das unterschiedlich in Erscheinung tritt. Es klingt merkwürdig, aber es hat beinahe den Anschein, als ob sich die Psi-Phänomene den neuen Erklärungsmustern der Forscher anpassen und nicht umgekehrt. Seit man sich von den herkömmlichen Klassifikationsmustern weitgehend verabschiedet hat und nach neuen Beschreibungsformen sucht, scheinen die Daten diesem Trend willig zu folgen.

Wir haben gesehen, wie eng die Beziehung zwischen Bewußtsein und Materie ist und daß ein ständiger anomaler Kommunikationsstrom zwischen Mensch und Umwelt herrscht. Es darf uns also nicht verwundern, daß gerade das Feld der wandelbaren, schwachen und flüchtigen Phänomene, die wir als »Psi« zu bezeichnen gewohnt sind, dieser Verbindung am deutlichsten Rechnung trägt. So wie die Forscher unbewußt durch ihre kontinuierliche Psi-Interaktion informiert werden, so informieren die Ideen und Konzepte der Forscher den Psi-Prozeß selbst.

Anfängerglück

Mitte der achtziger Jahre führten zwei Meeresbiologen der Universität von Delaware, C. M. Pleass und N. Dean Dey, Versuche durch, die für unser Verständnis subtiler, Psi-vermittelter Versuchsleitereffekte von großer Bedeutung sind.[77] Sie wollten die Frage klären, ob das menschliche Bewußtsein auf isolierte einzellige Mikroben einwirken kann.

In einem ersten Experiment wurden in einer eleganten Anordnung Kulturen der Meeresalge *Dunaliella tertiolecta* verwendet. In bestimmten Zeitintervallen wurden die Bewegungen der Algen durch ein opto-elektronisches System nach Geschwindigkeit und Richtung gemessen. In den experimentellen Phasen sollte die Bewegung der Mikroben durch fokussierte Aufmerksamkeit und Intention so beeinflußt werden, daß sie ihre Aktivität über das durch Zufall zulässige Maß hinausgehend veränderten. Die Untersucher legten dabei nicht fest, ob der Einfluß in einer Zunahme oder in einer Abnahme der Bewegungen seinen Ausdruck finden sollte. Die Aufgabe von Beobachtern bestand lediglich darin, »mit den Algen zu sein«, d. h. sich vorzustellen, mit der Kultur auf mentalem Wege zu interagieren.

Zunächst wurden 251 Versuche mit 18 Beobachtern durchgeführt. Es zeigte sich ein überaus signifikanter Effekt. Das Bewegungsverhalten der Mikroben während der Experimentalphasen hatte sich drastisch verändert.

Die Versuchsleiter waren von diesem Resultat selber überrascht. Angespornt von den eindeutigen Zahlen gingen sie daran, in einer zweiten Phase den Effekt zu bestätigen. Bei wissenschaftlichen Arbeiten gilt es als korrekte Vorgehensweise, in Erkundungsexperimenten gefundene Resultate durch Bestätigungsversuche abzusichern.

Um eine möglichst eindrucksvolle Bestätigung zu erreichen, gingen Pleass und Dey mit größter Sorgfalt vor. Es wurden mögliche Fehlerquellen ausgemacht und Vorkehrungen getroffen, um sie auszuschließen: Abschirmung von Radiofrequenzen, verbesserte Kontrolle der Temperaturveränderungen im Raum, bessere physische Isolierung des Gefäßes mit den Mikrobenkulturen und globale Kontrolle durch Vergleichsdaten, die von ununterbrochenen Aufzeichnungen zu einer anderen Zeit gewonnen wurden.

Die Universität von Delaware erachtete die Untersuchung für so wichtig, daß sie ein aufwendiges Temperaturkontrollsystem für das Labor der Forscher beisteuerte. In ihm errichteten Pleass und Dey eine begehbare Umweltkammer mit geerdeten Metallwänden, in denen sich die experimentelle Anlage befand. Diesmal wurden 118 Versuchsdurchgänge mit 14 Beobachtern ausgeführt. Es zeigte sich wieder ein Effekt, aber sehr zur Verzweiflung der Wissenschaftler war er nicht mehr signifikant. Die Hypothese einer Bewußtseins-Interaktion zwischen Mensch und Mikroben mußte daher verworfen werden, obgleich der Pilotversuch einen derart schlagenden Beweis dafür erbracht hatte.

Wie war das möglich? Ohne es darauf angelegt zu haben, konnten Pleass und Dey diese Frage durch ein zweites Experiment beantworten. Zu diesem Versuch wurden sie durch die Arbeiten von Cleve Backster über die angebliche »Primärwahrnehmung« von Pflanzen inspiriert (Teil I, Kap. 2). Sie wollten herausfinden, ob Mikroorganismen auch ohne Einfluß des menschlichen Bewußtseins auf ein »Psi-Signal« reagieren können. Backster hatte die Behauptung aufgestellt, daß Pflanzen mit anomalen Reaktionen auf die Tötung anderer Organismen reagieren.

Für ihr Experiment verwendeten sie eine Kolonie von einzelligen, beweglichen Meerwasseralgen (*Tetraselmis suecica*). Die Algenkultur wurde in zwei Gruppen geteilt. Eine kam in die erprobte Meßapparatur, die andere wurde in ein Gefäß über einem Behälter mit Süßwasser eingebracht. Die Experimentatoren erdachten sich eine für Algen möglichst grausame Art zu sterben, damit ein eventuelles Psi-vermitteltes Schmerzsignal auch von Geschwisterzellen in der Meßapparatur registriert werden könnte. Wenn Salzwasser-Algen in Süßwasser geworfen werden, entspricht das einem Menschen, der in ein Vakuum geschleudert wird. Die osmotische Druckdifferenz an der Zellmembran ist derart enorm, daß die Algen regelrecht zerrissen werden.

Das gesamte Experiment wurde von einem Computerprogramm gesteuert. Die Forscher konnten vor dem Wochenende ihr Labor abschließen und vorher das Programm starten. In zufälligen Intervallen sandte dann das Programm einen Impuls an ein Ventil unterhalb der Algenkolonie, die als »Opfer« diente. Das Ventil öffnete sich für kurze Zeit und beförderte einen Teil der Algen ins Süßwasser. Die Meßeinrichtung an der zweiten Kultur wurde kurz vor jedem Impuls einer »Opferung« ebenso automatisch eingeschaltet.

Den ersten kompletten Pilotversuch beraumten Pleass und Dey für einen Tag an, als ihr Labor Besuch von einem sehr skeptischen, aber durchaus aufgeschlossenen Kollegen empfing. Die beiden Bio-

logen waren derart angeregt von der Vorstellung, diese aufwendige Versuchsanordnung vorzuführen, daß sie sich kurzfristig entschlossen, nicht einen unbeaufsichtigten automatischen Ablauf des Versuchs durchzuführen, sondern einen Vorversuch mit direkter Eingabe der Ventilöffnung. Ihr Gast drückte die entscheidende Taste und besiegelte dadurch das Schicksal von etwa 20 Millionen *Tetraselmis*. Nach etwa fünf Minuten drückte der Gast abermals auf die Taste, um den Vorgang der »Algen-Opferung« abzuschließen. Nun starrte alles gebannt auf die Aufzeichnungen. Auf eine exakte mathematische Errechnung des Effekts mußte die kleine Gruppe gar nicht warten, denn die Graphik der Bewegungen der Geschwister-Algen sprach Bände: vor und nach dem entscheidenden Tastendruck wies die Algenkolonie eine weitgehend gleichbleibend hohe Aktivität auf, lediglich während der »Opferung« war diese Beweglichkeit schlagartig in sich zusammengebrochen.
Fünf Pilotversuche dieser Art führten Pleass und Dey an jenem Tag durch. Sie waren derart maßlos signifikant, daß sie die Extremwerte des verwendeten Statistikprogramms überschritten! Unmißverständlich hatte die Aktivität der beobachteten Algenkultur immer dann augenfällig abgenommen, als andere Algen in einem entfernten Behälter getötet wurden. Der Backster-Effekt einer »Primärwahrnehmung« schien eindrucksvoll bestätigt. Zumindest für den Augenblick.
Denn auch dieses Mal mußten erst die formellen Bestätigungsexperimente den Beweis für die Richtigkeit dieser Annahme erbringen. Diese Versuche verliefen nach dem anfänglich festgelegten Protokoll, wobei der Computer in Abwesenheit der Forscher zufällige »Opferungsperioden« auswählte. Bei den 37 Einzelversuchen reduzierte sich die Wahrscheinlichkeit, daß ein echter unbekannter Effekt vorliegt, dramatisch und konnte bestenfalls als marginal signifikant bezeichnet werden. Ein dritter Versuchsdurchgang mußte endgültige Klarheit erbringen. Da geschah etwas Merkwürdiges: der Effekt war verschwunden. Kein signifikantes Ergebnis mehr.
Wie konnte das sein? Beide Versuche wurden sorgfältig konstruiert und mit einer exzellenten technischen Anlage durchgeführt. Und dennoch: die »Traumergebnisse« der Pilotversuche fielen mit Fortdauer der Experimente wie ein Kartenhaus in sich zusammen.

Welche Erklärung kann es dafür geben? Die beiden Forscher selbst sind der Überzeugung, daß die außerordentlichen anfänglichen Resultate und die nicht-signifikanten weiteren Ergebnisse eine Folge ihrer persönlichen Erwartungen und Befürchtungen darstellen. Zweifellos ereignete sich ein Effekt, der nur durch einen anomalen Informationsaustausch zwischen menschlichem Bewußtsein und Algenkulturen erklärt werden kann. Auch beim zweiten Versuch waren die auffälligen Initialergebnisse in Anwesenheit der Versuchsleiter zustande gekommen und in Perioden, in denen ihnen bekannt war, daß Algen »geopfert« würden. Auch hier kann es sich deshalb um ein anomales Artefakt handeln: die positive innere Anspannung, die Aufregung über das neue Experiment führte zu einer direkten Interaktion mit den Algenkulturen, eventuell sogar mit der sensitiven optischen Anlage, welche die Bewegung der Algen maß.

Bei den Bestätigungsexperimenten hatten sich die psychischen Voraussetzungen für die Versuchsleiter geändert. Gingen sie zuvor noch unbekümmert, ohne die Konsequenzen zu bedenken, vor, so kam jetzt das Ich ins Spiel: die Angst zu versagen, oder ein sehr ungewöhnliches Ergebnis innerhalb der wissenschaftlichen Gemeinschaft verteidigen zu müssen. Solche rein psychischen Bedingungen verändern die ursprüngliche, naive Erwartungshaltung und unterdrücken, nach Meinung von Pleass und Dey, die Möglichkeit einer anomalen Bewußtseins-Interaktion.

Die beiden Biologen schließen mit der Überlegung, daß Daten tatsächlich mit den Erwartungen der Versuchsleiter auf unerklärliche Art korrelieren können, solange eben diese Erwartungen frei von Wissen um die Bedeutung ihrer Arbeit sind. »In einem größeren Kontext betrachtet, legt dies nahe, daß die Umwelt, die ein Individuum wahrnimmt, eine Manifestation seiner bewußten und unbewußten Erwartungen sein mag. In technischer Sprachweise: Das Individuum und seine Umwelt scheinen ein interaktives Feedback-System zu bilden.«[78]

Psi-Experimente sind offenbar in besonderem Maße anfällig für anomale Einflüsse durch die Experimentatoren selbst. Zuerst rufen sie den Effekt in einem Initialerfolg hervor, dann löschen sie ihn auch selber wieder aus. Der Gedanke ist das Samenkorn, das in der

materiellen Wirklichkeit etwas bewegt. Doch der Erfolg scheint an ein gesundes Maß von »Ahnungslosigkeit« gekoppelt.
Diese eigentümliche Beobachtung zieht sich in unterschiedlichen Erscheinungsweisen durch die Parapsychologie. Ich nenne sie den »Parzival-Effekt«. Parzival ist der »reine Tor«, der das, wonach andere vergeblich trachten, naiv, unwissend und ohne es zu wollen erreicht: die Gralsburg.

Vom Sinn des Außersinnlichen

Der Parzival-Effekt besagt, daß Naivität Psi begünstigt. Unsere *unreflektierten* Intentionen formen unsere Umwelt subtil. Sobald ein Wissen da ist, sobald der Sinn der Handlung überdacht wird, hört die Interaktion von Bewußtsein und Materie auf, effektiv zu sein. Bisweilen kann dieser Effekt seltsame Wege wählen.
Die erste Gruppe von Voraussagen über die Bewegung des Silberpreises vollzogen Targ, Harary und White unbefangen und mit großem Enthusiasmus, und sie hatten Erfolg (Teil II, Kap. 4). Beim zweiten Mal war die Unschuld verloren. Targ und White wollten reich werden. Mit einem Male transportierte ihre Psi-Methode eine ganz bestimmte Bedeutung. Die positiven Resultate blieben aus. In diesem Fall allerdings nicht, weil Psi verschwunden war, sondern weil die RV-Eindrücke Hararys von Targ falsch interpretiert wurden. Es scheint beinahe so, als ob das Schelmische an Psi, der Kobold, der im Spuk so deutlich zutage tritt, sich eigenartige Wege sucht, um sein Spiel der Verwirrung zu stiften.
Die Realität hinter den Anekdoten vom »Anfängerglück« scheint der Parzival-Effekt von Psi zu sein. Unbekümmert, rasch entschieden, ohne Hintergedanken, ohne analytische Überlegungen gewinnt man den besten Zugang zur fundamentalen Psi-Funktion. Man umgeht die Schranken, die das Wissen um die Bedeutung einer Handlung automatisch aufbaut. Solche Einsichten haben natürlich auch praktische Konsequenzen. Ganz allgemein entfalten Intentionen ihre anomale Wirkung wohl am effektivsten, solange sie frei von (zu viel) Sinn und Bedeutung sind.
Der Physiker Zha Leping berichtet, daß er als junger Student viele

der in China damals populären AFMK-Phänomene mit seinen Freunden trotz Anwendung ziemlich strenger Bedingungen leicht nachmachen konnte.[79] Diese unbekümmerten Experimente funktionierten problemlos. Sobald die Unbefangenheit verschwand, war es um Psi geschehen.

Je rascher die Antwort auf außersinnliche Eindrücke bei den AFMK-Versuchen mit chinesischen Kindern kam, desto genauer der anomale Eindruck. Wenn sie innerhalb weniger Minuten antworteten, erzielten sie sehr hohe Trefferraten. Manchmal kam die Antwort innerhalb von drei bis vier Sekunden. Dann lagen sie zumeist zu 100 % richtig. Dauerte es länger, waren die Ergebnisse oft falsch.[80] Entsprechend hatte Ingo Swann entdeckt, daß die erste rasche Reaktion auf einen RV-Eindruck als »Ideogramm« meist mit dem Ziel übereinstimmte.

In den frühen Psychokinese-Versuchen von J. B. Rhine und seiner Schule, als fallende Würfel beeinflußt werden sollten, entdeckte man einen sogenannten »Absinkungseffekt«. Zu Beginn der Sitzungen gab es häufig hohe Erfolgsquoten, die mit Fortdauer des Experiments abnahmen. Man führte diesen Effekt auf das nachlassende Interesse an den oft langweiligen und ermüdenden Versuchen zurück. Die anfängliche Motivation legt sich mit der Zeit, und die veränderten psychischen Voraussetzungen führen dazu, daß keine psychokinetischen »Fähigkeiten« mehr mobilisiert werden.

Die Forscher am PEAR-Labor haben jetzt einen ähnlichen Effekt in ihren Daten feststellen können.[81] Die Operatoren in Princeton wiesen eine signifikante Tendenz auf, in der ersten Serie am besten abzuschneiden. Dann fiel die Leistung während der zweiten und dritten Serie ab, häufig sogar in die entgegengesetzte Richtung der Intention, um sich ab der vierten Serie für alle weiteren Durchgänge etwas zu erholen. Der Effekt zeigt sich über verschiedene Versuchsanordnungen und sowohl bei lokalen Versuchen wie bei Experimenten auf Distanz.

Es hat den Anschein, als ob die Daten der späteren Serien die Widerspiegelung der fundamentalen Psi-Funktion sind: Die ständige, automatische Interaktion zwischen Geist und Materie. Angeregt durch etwas Neuartiges, oder durch eine bewußte Ausrichtung, oder die Entscheidung für ein Experiment, oder eine bestimmte

Absicht, wird kurzfristig die Interaktionsintensität erhöht. Da sie sehr bald wieder stark absinkt, scheint ein Prozeß dahinterzustehen, der eine dauerhafte bewußte Steuerung und Verfügbarkeit des Effekts verhindert. Die Interaktion pendelt sich auf ein »determiniertes« Maß ein.

Es könnte sich um den entsprechenden Effekt handeln wie die Rückschwünge in anomal beeinflußten physikalischen Zufallsprozessen, die Dean Radin festgestellt hatte. Auf einer subtilen Ebene des Bewußtseins vollführt die fundamentale Psi-Funktion nach einer erhöhten Interaktion einen Rückschwung in die entgegengesetzte Richtung, um sich wieder auf einem ausgeglichenen Niveau einzupendeln. Das statistische Gleichgewicht, das auf der Mikroebene die Natur wiederherstellt, muß auch im Bewußtsein wiederhergestellt werden. Perturbationen, die in ein System eingeführt werden, führen zu Reaktionen von Perturbationen in der entgegengesetzten Richtung, um eine allgemeine Bedingung statistischen Gleichgewichts zu erhalten. Besitzen wir hier einen unabhängigen Hinweis für die Annahme, daß Materie und Bewußtsein auf ihrer fundamentalsten Ebene nicht voneinander unterschieden sind?

Ich wage zu spekulieren, daß die Rückschwünge in der fundamentalen Psi-Funktion ihrerseits auf mikrophysikalische Abläufe im Gehirn wirken, die zu Interferenzen im Bewußtsein, Ermüdungserscheinungen, Nachlassen der Konzentration führen, zu jenen psychischen Faktoren also, die man traditionell als Ursache des Abfalls von anfänglich hohen Trefferleistungen ansieht.

Wie kann man überhaupt Parapsychologie betreiben, wenn der Parzival-Effekt einem ständig einen Strich durch die Rechnung macht? Erinnern wir uns daran, daß Parzival später auch wissend und kenntnisreich die Gralsburg erreichte, aber als ein Verwandelter. Es gibt also durchaus die Möglichkeit, in jenem Zwischenreich zu reüssieren, in dem das Paradoxe Programm zu sein scheint. Es geht darum, wie Freiheit von Wissen und Sinn auf dem Höhepunkt des Wissens wiederhergestellt werden kann.

In dem Science-fiction-Epos *Macroscope*[82] geht es darum, eine geeignete Person zu finden, die ein hellseherisches Teleskop-Mikroskop einer frühen hochentwickelten Zivilisation »meistern« kann. Wer es versteht, in der rechten Art in dieses Makroskop hineinzublicken, erlangt unmittelbar das nicht-kommunizierbare, universelle Wissen um die letzten Dinge. Wenn man hineinblickt, dann entfaltet sich vor dem Auge eine optimale Sequenz von Symbolen, die immer komplexer wird, deren Logik man aber nicht entkommen kann. Irgendwann spielt der Verstand nicht mehr mit und wird ob der Klarheit des Rätsels verrückt. Mehr und mehr verrückte Superwissenschaftler und Mathematiker, die es gewagt hatten, dieses Labyrinth herauszufordern, wandern schließlich umher. Die Erzeuger des Makroskops hatten eine eigentümliche Sicherheitsvorrichtung eingebaut, da sie wußten, wie destruktiv das Wissen im Besitz der »falschen« Person sein könnte. Erst ein unscheinbarer Mann meistert schließlich das Makroskop, denn er begegnet ihm mit Gefühl, Intuition, Emotion und vor allem der Bereitschaft, einer Verwandlung, einer echten Transformation zu unterliegen.

Hier haben wir eine zeitgenössische Parzival-Figur. Zwar geht es in der Parapsychologie nicht um die letzten Dinge, aber um einen Bereich der Wirklichkeit, der durch ähnliche Sicherheitsvorkehrungen gesichert ist wie das Makroskop. Ein Bereich, der sich auch nur in der Bereitschaft zu einer inneren Verwandlung erschließt.

Im buddhistischen Diamant-Sutra heißt es: »Man sollte nie einen festklammernden Geist emporsteigen lassen. Einen nicht-festklammernden Geist sollte man emporsteigen lassen.« Diese Anweisung für den spirituellen Pfad ist zugleich die richtige Empfehlung für den Umgang mit Psi. Das gilt für den Alltag, die Versuchsperson im Labor, wie für den Psi-Forscher. Man muß sich Psi mit Gelassenheit nähern, so wie die Versuchsperson, die erst den Effekt erzielt, wenn die bewußte Anstrengung nachläßt; ohne sich an seinem Wissen festzuklammern und bereit, sich überraschen zu lassen. Die Leidenschaft für die Sache indes, der Wunsch, sich dem Bodenlosen zu stellen, der muß tief im Bewußtsein abgelegt sein. Wenn es gelingt, mit der nötigen Gelassenheit die Absichten zu verfolgen, dann werden sie wirksam. Man muß den Wunsch im Geist festhalten wie einen Vogel in der Hand. Wenn man zu fest zudrückt, tötet man ihn, wenn man den Griff zu locker hält, fliegt er davon.

Der Umgang mit Psi setzt eine Annäherung voraus, wie sie in den spirituellen Systemen des Ostens gelehrt wird. Erfolg wird nur der haben, der »reinen«, um Nebenabsichten unbekümmerten Herzens ist. Der so seine Absicht verfolgt, zielt dabei auf sich selbst und wird im besten Fall aus der Veränderung heraus, die der Umgang mit einer durch Psi grenzenlos erweiterten Weltsicht befördert, selbst ein Verwandelter.

Epilog

Mit dem neuen potenten Werkzeug der Meta-Analyse in der Hand, begann für die Parapsychologie in der zweiten Hälfte der achtziger Jahre eine neue Phase des Selbstbewußtseins. Das riesige Datenmaterial, das im vergangenen halben Jahrhundert in verschiedenen Labors angesammelt wurde, bestand bravourös die wissenschaftliche Feuertaufe.

»Wenn die Psi-Forschung an denselben Standards gemessen wird wie jede andere anerkannte wissenschaftliche Disziplin, dann stimmen die Ergebnisse *exakt* mit denen überein, die in den härtesten der harten Wissenschaften beobachtet werden!«[83] Die wissenschaftliche Anerkennung der paranormalen Phänomene ist unvermeidlich.

Eine große Hürde wird – zunächst – noch das Fehlen einer angemessenen Theorie bleiben. Es gibt zahlreiche vielversprechende Ansätze, aber wenige beinhalten empirisch prüfbare Aussagen. Wie wichtig Theorien aber im Alltag der Forschung sind, kann ein einfaches Beispiel illustrieren. Um ein bestimmtes Partikel zu finden, das Omega-Minus-Teilchen, haben Physiker annähernd 200 000 Versuche angestellt. Dabei gelang es ihnen nur zweimal, das Teilchen festzustellen. Das reichte den Physikern, um sie davon zu überzeugen, daß das Teichen wirklich existiert.[84] Dieses Phänomen ist so gut wie nicht wiederholbar. Stellen sie sich vor, die Parapsychologen müßten 100 000 Versuche anstellen, um ein einziges Mal einen Hinweis auf die Existenz von Psi zu erhaschen! Sie hätten diese Wissenschaft längst aufgeben und sich anderen Dingen zuwenden können.

Warum wurde das Teilchen problemlos zugelassen und warum mußte die Psi-Forschung so lange ringen, um erste Anerkennung zu ernten? Das Geheimnis liegt nicht in der empirischen Forschung, nicht in den Experimenten, nicht in dem Berg von greifbaren Beweisen. Es liegt allein in der Theorie. Auf der Basis einer anerkannten Theorie ist die Wiederholbarkeit eines Phänomens zweitrangig. Die Voraussage der Theorie ist entscheidend.

In dieser Hinsicht hat die Wissenschaft von den anomalen mentalen Phänomenen schlechte Karten. Sie *muß* erst die Wiederholbarkeit der Effekte, die sie untersucht, unter Beweis stellen, und das nicht zu knapp. Sie hat es mit Meisterschaft getan. Die Meta-Analysen – *das* Nachweisinstrument für die Güte der Wiederholbarkeit – haben der Diskussion um die Existenz von Psi ein Ende bereitet. Zu ihren Gunsten.

Vielleicht wird man auf dem Feld des Paranormalen nie mit einer brauchbaren Theorie aufwarten können, denn es liegt ein ungeheurer Unterschied darin, ein einfaches und ein komplexes System zu verstehen. Hochkomplexe Systeme können durchaus die begrenzten Fähigkeiten menschlicher Fassungskraft übersteigen. Dann kann das System nicht mehr verstanden werden. Psi ist ein solches überaus komplexes System. Aber selbst wenn die Erstellung einer Theorie niemals möglich wäre, haben wir dennoch begonnen, die Wirkweise von Psi zu verstehen.

So, wie die großen Systeme von Yoga, Buddhismus und Zen nicht eigentlich eine »Theorie« des Bewußtseins besitzen, haben sie doch Übungen entwickelt, die es ermöglichen, das Bewußtsein in besonderer Weise zu gebrauchen, sein verborgenes Potential zu nutzen. In gleicher Weise können wir Zugänge entwickeln, anhand derer wir das verborgene Potential von Psi zu nutzen beginnen. Der Vergleich liegt nahe, denn Psi ist ein integraler Bestandteil des Bewußtseins.

Parapsychologie erforscht die Interaktionen zwischen Bewußtsein und der physikalischen Welt. Sie hat heute einen natürlichen Ort mitten im Herzen einer neuen Wissenschaft gefunden – der Bewußtseinsforschung.

Die Enträtselung des Bewußtseins gilt augenblicklich als das letzte Neuland der Wissenschaft. Bewußtseinsforschung hat in den vergangenen Jahren sowohl aus den Natur- wie aus den Geisteswissenschaften enormen Auftrieb erfahren. Die anomalen mentalen Phänomene werden als wesentliche Faktoren für unser Verständnis vom Bewußtsein angesehen. Doch auf diesem Gebiet warten noch ungezählte ungelöste Aufgaben. Der Physiker Nick Herbert bringt es auf den Punkt: »Das größte Mysterium für die Wissenschaft ist das Wesen des Bewußtseins. Nicht, daß wir schlechte oder unvollkommene Theorien des menschlichen Bewußtseins besäßen; wir besitzen einfach überhaupt keine solchen Theorien. Fast alles, was wir über das Bewußtsein wissen ist, daß es etwas mit dem Kopf zu tun hat und nicht mit dem Fuß.«[85]

Das wichtigste, das wir in der Erforschung des Bewußtseins lernen müssen, haben wir anhand der Einsichten über Psi erfahren: Das Denken in Kategorien von »entweder/oder« führt in eine Sackgasse; wir müssen beginnen, in den Kategorien des »sowohl/als auch« zu denken. So wie ein Photon sowohl ein Teilchen als auch eine Welle ist, kann das Bewußtsein auch zwei komplementäre Zustände besitzen. Im Normalzustand ist das Bewußtsein eher teilchenartig, lokalisiert in Raum und Zeit. In diesem Zustand erlebt sich der Mensch als isolierte, unabhängige Kreatur. In nicht-alltäglichen, veränderten Bewußtseinszuständen ist das Bewußtsein eher wellenartig, nicht in Raum und Zeit lokalisiert. Entsprechend erlebt in diesen Zuständen der Mensch Entgrenzung: Erfahrungen der Identifikation, der mystischen Einheit und der Zeitlosigkeit. Beide Ansichten von den Erscheinungsweisen des Bewußtseins sind gleichzeitig gültig. Dazwischen, vermittelnd und trennend, liegt Psi.

Psi ist ein Phänomen der Schnittstellen, der Übergänge und Veränderungen. Dort wo das Gleichbleibende aufhört zu sein und das Neue gerade über den Horizont blickt; wo die Sicherheiten verlorengehen und das Fremde sein Gesicht zeigt; an der Schnittstelle zwischen Wachen und Schlafen, zwischen einem alltäglichen und einem nicht-alltäglichen Bewußtseinszustand; in den Augenblicken herabgesetzter Aufmerksamkeit. Es ist ein Phänomen der »Lücke«, der Spalt zwischen den Welten, das Fenster für einen Blick in die Bodenlosigkeit unserer Existenz.

Anhang

Anmerkungen

Teil I Geheimdienste und Parapsychologie: Die Geschichte von Remote Viewing und den Psi-Spionen

1 Jessica M. Utts, An Assessment of the Evidence for Psychic Functioning. *Journal of Scientific Exploration*, 10, 1996, 3–30.
2 Jim Schnabel, *Remote Viewers: The Secret History of America's Psychic Spies.* New York, Dell, 1997, S. 7.
3 Vgl. Elmar R. Gruber, *Suche im Grenzenlosen. Hans Bender – ein Leben für die Parapsychologie.* Köln, Kiepenheuer & Witsch, 1993, S. 109.
4 Bernard Kashinskij, Peredatscha mysslei [Gedankenübertragung]. *Iswstija Assoziazii Naturalistow.* Priloshenije 2. Moskau, 1923.
5 Leonid L. Wassiliew, *Experimentelle Untersuchungen der Mentalsuggestion.* München und Bern, Francke, 1965.
6 Zit. nach Martin Ebon, *Amplified Mind Power Research in the Former Soviet Union.* Publiziert im Internet, 1996–97 (http://www.mindspring.com/~biomind/Pages/Ebon1.html).
7 Andrija Puharich, *The Sacred Mushroom: Key to the Door of Eternity.* London, Gollancz, 1959.
8 Hätte der KGB nicht gewollt, daß der Film in den Westen gelangt, wäre es dem etwas tolpatschigen John Gaither Pratt nicht gelungen, ihn an den Zollbehörden »vorbeizuschmuggeln«. Der Film mit den berühmten Experimenten der Kulagina ist auf meiner CD-ROM *Mysterium*, München, United Soft Media, 1996 zu sehen.
9 Sheila Ostrander und Lynn Schroeder, *Psychic Discoveries Behind the Iron Curtain.* Englewood Cliffs, Prentice Hall, 1970.
10 Dokumentiert in: [Name des Autors noch nicht freigegeben] Paraphysics R & D – Warsaw Pact (U), DST-1810S-202-78, *U. S. Defense Intelligence Agency,* 30. März 1978.
11 J. D. LaMothe, Controlled Offensive Behavior – U.S.S.R., U. S. Defense Intelligence Agency. Prepared by the U. S. Army, Office of the Surgeon General, *Medical Intelligence Office.* Washington, 1972 [#CT-CS-01-169-72].

[12] Marilyn Schlitz und Elmar R. Gruber, Transcontinental Remote Viewing. *Journal of Parapsychology,* 44, 1980, 305–317; Marilyn Schlitz und Elmar R. Gruber, Transcontinental Remote Viewing: A Rejudging. *Journal of Parapsychology,* 45, 1981, 233–238. Das Experiment wurde zu einem der grundlegenden Versuche der modernen Psi-Forschung und fand Aufnahme in das Buch des damaligen Direktors des *Institute for Parapsychology,* K. Ramakrishna Rao, *The Basic Experiments in Parapsychology*. Jefferson, McFarland, 1984.

[13] Gertrude R. Schmeidler, PK Effects Upon Continuously Recorded Temperature. *Journal of the American Society for Psychical Research.* 67, 1973, 325–340.

[14] Ingo Swann, *Remote Viewing: The Real Story.* Publikation im Internet, 1996–97 (http://www.mindspring.com/~biomind/Pages/RealStoryMain.html).

[15] Ingo Swann, *Remote Viewing: The Real Story.* Publikation im Internet, 1996–97 (http://www.mindspring.com/~biomind/Pages/RealStoryMain.html).

[16] Erst 1977, als es ein offenes Gerücht war, daß Swann ein »Psi-Spion für die CIA« geworden war, wurden die OBE-Versuche veröffentlicht – allerdings im *Journal* der englischen *Society for Psychical Research.*

[17] Harold E. Puthoff, CIA-Initiated Remote Viewing Program at Stanford Research Institute. *Journal of Scientific Exploration,* 10, 1996, 63–76.

[18] Ingo Swann, *Remote Viewing: The Real Story.* Publikation im Internet, 1996–97 (http://www.mindspring.com/~biomind/Pages/RealStoryMain.html).

[19] Russell Targ, Remote Viewing at Stanford Research Institute in the 1970s: A Memoir. *Journal of Scientific Exploration,* 10, 1996, 77–88.

[20] Alphawellen sind Gehirnwellen einer Frequenzbreite von 8–13 Hz.

[21] Betawellen sind Gehirnwellen einer Frequenzbreite von 13–30 Hz. Sie stehen in Zusammenhang mit bewußter Wachheit und Aufmerksamkeit.

[22] Russell Targ und Harold Puthoff, Information Transmission Under Conditions of Sensory Shielding. *Nature*, 252, 1974, 602–607.

[23] Edwin C. May, Russell Targ und Harold Puthoff, EEG Correlates to Remote Light Flashes Under Conditions of Sensory Shielding. In: Tart, Charles, Harold Puthoff und Russell Targ (Hrsg.), *Mind at Large: IEEE Symposia on the Nature of ESP,* New York, Praeger, 1979, 127–136.

[24] Edwin C. May, Wanda Luke, Virginia Trask und Thane Frivold, Brain Responses and ESP. *Research in Parapsychology* 1990, Metuchen, Scarecrow, 1992.

[25] Das SED unterstand der Kontrolle des Büros des Stellvertretenden Stabschefs für den Nachrichtendienst (ACSI, *Assistant Chief of Staff for Intelligence*).

[26] Die *Navy* blieb ihrer Unterstützung der Erforschung von elektromagnetischer Bewußtseinsmanipulation allerdings auch nach dieser Episode treu.

[27] Jim Schnabel, *Remote Viewers: The Secret History of America's Psychic Spies*. New York, Dell, 1997, S. 50 f.

[28] Harold E. Puthoff und Russell Targ, A Perceptual Channel for Information Transfer Over Kilometer Distances: Historical Perspective and Recent Research. *Proceedings of the Institute of Electrical and Electronics Engineers,* 64, 1976, 329–354.

[29] Joe McMoneagle, *Mind Trek.* Charlottesville, Hampton Roads, 1993.

[30] Harold E. Puthoff und Russell Targ, Information Transmission Under Conditions of Sensory Shielding. *Nature*, 251, 18, 1974, 602–607. Harold E. Puthoff und Russell Targ, A Perceptual Channel for Information Transfer Over Kilometer Distances: Historical Perspective and Recent Research. *Proceedings of the Institute of Electrical and Electronics Engineers,* 64, 1976, 329–354.

[31] Harold E. Puthoff, Harold und Russell Targ, *Mind Reach.* New York, Delacorte, 1977. Russell Targ und Keith Harary, *The Mind Race: Understanding and Using Psychic Abilities.* New York, Villard, 1984.

[32] Das Kürzel CRV blieb erhalten. Heute versteht Ingo Swann darunter allerdings *Controlled Remote Viewing* – »Kontrolliertes Remote Viewing«.

[33] René Warcollier, Fünfzig Jahre Telepathie. *Neue Wissenschaft*, 11, 1962, 49–57.

[34] Upton Sinclair, *Mental Radio*. Springfield, Charles C. Thomas, 1962. (Orig.-Ausg. 1930).

[35] Walter Schellenberg, *Memoiren*. Köln, 1959, S. 301.

[36] Charles T. Tart, *Learning to Use Extrasensory Perception.* Chicago, University of Chicago Press, 1976.

[37] Während Uri Gellers öffentliche Demonstrationen des »Löffelbiegens« sehr umstritten und durch Tricks leicht zu kopieren sind, haben wissenschaftliche Untersuchungen unter kontrollierten Bedingungen mit anderen Versuchspersonen den Nachweis erbracht, daß in seltenen Fällen »Löffelbiegen« ohne erkennbare physikalische Einwirkung möglich ist. Vgl. Bernhard Wälti, Die Silvio-Protokolle 1976–1977. *Zeitschrift für Parapsychologie und Grenzgebiete der Psychologie,* 20, 1978, 1–46. John B. Hasted, *The Metal-Benders.* London, 1981.

[38] Harold E. Puthoff und Russell Targ, Perceptual Augmentation Tech-

niques, Part 1, Executive Summary, *SRI Project 3183, Final Report* (aus der Periode Januar 1974 bis Februar 1975).

39 Jim Schnabel, *Remote Viewers: The Secret History of America's Psychic Spies.* New York, Dell, 1997, S. 284–286.

40 John B. Alexander, The New Mental Battlefield: ›Beam Me Up, Spock‹. *Military Review*, 9, (12), 1980, 48–54.

41 Friedrich Nietzsche, *Zu Zarathustra.* Stuttgart, Kröner, 1931, S. 446.

42 Vgl. Elmar R. Gruber, *Was ist New Age?* Freiburg, Herder, 1987. Elmar R. Gruber, *Sanfte Verschwörung oder sanfte Verblödung? Kontroversen um New Age.* Freiburg, Herder, 1989.

43 John B. Alexander, Richard Groller und Janet Morris, *The Warrior's Edge.* New York, William Morrow, 1990, S. 9 f.

44 Ein Hertz entspricht einer Frequenz von einer Schwingung pro Sekunde.

45 Charles T. Tart, A Second Psychophysiological Study of Out-of-the-Body Experiences in a Gifted Subject. *International Journal of Parapsychology,* 9, 1967, 251–258. Charles T. Tart, A Further Psychophysiological Study of Out-of-the-Body Experiences in a Gifted Subject, Robert A. Monroe. In: W. Roll, R. Morris und J. Morris (Eds.), *Proceedings of the Parapsychological Association,* 1969, S. 43–44.

46 Vgl. Robert A. Monroe, *Journeys Out of the Body.* New York, Doubleday, 1971. Robert A. Monroe, *Far Journeys.* New York, Doubleday, 1985.

47 Steven Emerson, *Secret Warriors.* New York, G. P. Putnam's Sons, 1988, S. 103–104.

48 National Research Council, *Enhancing Human Performance,* National Academy of Sciences, 1988, S. 111–4.

49 Joe McMoneagle, *Mind Trek.* Charlottesville, Hampton Roads, 1993.

50 David Morehouse, *Psychic Warrior.* New York, St. Martin's, 1996.

51 1996 hat May das CSL unter das Dach der *Laboratories for Fundamental Research* (LFR, »Laboratorien für Grundlagenforschung«) in Kalifornien eingegliedert. Zum Leitergremium von SAIC zählen Admiral Bobby Inman, der frühere Direktor der NSA und der CIA, Melvin Laird, Verteidigungsminister unter Präsident Richard Nixon und General a. D. Max Thurman, der Kommandant der Panama Invasion. SAIC ist Inhaber von *Network Solutions*, eine Firma, die seit September 1995 die Kontrolle über die Vergabe von Internet Domain Namen innehat.

52 Ray Hyman, Evaluation of a Program on Anomalous Mental Phenomena. *Journal of Scientific Exploration*, 10, 1996, 31–58. S. 57.

53 Mr. X, Part 1: Bologna On Wry. A Review of the CIA/AIR Report »An Evaluation of Remote Viewing: Research and Applications«;

Part 2: A Second Helping. Further Reflections On the AIR/CIA Assessment on Remote Viewing. Part 3: Scraps And Crumbs. Further Reflections On the AIR/CIA Assessment on Remote Viewing. Publikation im Internet, 1997 (http://www.mindspring.com/~biomind).

54 Jessica M. Utts, An Assessment of the Evidence for Psychic Functioning. *Journal of Scientific Exploration*, 10, 1996, 3–30.

55 Die Ablehnung der Psychokinese steht in Zusammenhang mit einer gegenwärtig umstrittenen Theorie in der Parapsychologie. Sie besagt, daß bestimmte PK-Effekte auf Mikroprozesse auch durch Präkognition erklärt werden können. Ed May hat diese Theorie zusammen mit Jessica Utts entwickelt. Es würde zu weit führen sie hier ausführlich zu behandeln. Die weiteren Kapitel des Buches werden genügend Beweise liefern, daß Psychokinese durchaus existiert.

56 Ray Hyman, Evaluation of a Program on Anomalous Mental Phenomena. *Journal of Scientific Exploration*, 10, 1996, 31–58. S. 57.

57 Edwin C. May, The American Institutes of Research Review of the Department of Defense's STAR GATE Program: A Commentary. *Journal of Scientific Exploration*, 10, 1996, 89–108.

58 Courtney Brown., *Cosmic Voyage: A Scientific Discovery of Extraterrestrials Visiting Earth.* Dutton 1996.

59 Abrufbar unter http://www.farsight.org/manual/manual.html.

Teil II Aktuelle Psi-Forschung: Auf dem Weg zu einem neuen Weltverständnis

1 Swann präsentierte einen Beitrag über die Techniken von Scientology als Modell für die Entwicklung und Erforschung von Psi-Fähigkeiten: Ingo Swann, Scientological Techniques: A Modern Paradigm for the Exploration of Consciousness and Psychic Integration. In: *Proceedings of the First International Congress on Psychotronic Research.* Virginia: U.S. Joint Publications Research Service, 6. September 1974, Document No. JPRS L/5022-1.

2 Louis F. Maire und J. D. LaMothe, Soviet and Czechoslovakian Parapsychology Research. *U.S. Defense Intelligence Agency.* Prepared by the U. S. Army, Medical Intelligence and Information Agency. Washington, 1975 [#DST-181OS-387-75].

3 Roger A. Beaumont, C^{nth}?: On the strategic potential of ESP. *Signal*, 36, (5), 1982, 39–45.

4 Vgl. Martin Ebon, *Amplified Mind Power Research In The Former Soviet Union.* Publikation im Internet, 1996–97 (http://www.mindspring.com/~biomind/Pages/Ebon1.html).

5 Larissa Vilenskaya, *Psi Research in the Soviet Union: Are They Ahead of Us?* In: Russell Targ und Keith Harary, *The Mind Race*. New York, Villard, 1984, S. 256.

6 Martin Ebon, *Amplified Mind Power Research In The Former Soviet Union.* Publikation im Internet, 1996–97 (http://www.mindspring.-com/~biomind/Pages/Ebon1.html).

7 Martin Ebon, *Psychic Warefare: Threat or Illusion.* New York, Mc-Graw Hill, 1983. Vgl. auch Martin Ebon, Psi ist keine Geheimwaffe. *Zeitschrift für Parapsychologie und Grenzgebiete der Psychologie,* 27, 1985, 246–252.

8 Alexander P. Dubrow, Role of Parapsychology in the Change of the Paradigm of Modern Natural Science. *Parapsychology and Psychophysics,* 23, 1997, 11.

9 Im Gegensatz dazu steht im Westen der Begriff »Bioenergetik« für die von Alexander Lowen entwickelte körperorientierte Form der Psychotherapie.

10 Edwin C. May und Larissa Vilenskaya, Overview of Current Parapsychology Research in the Former Soviet Union. *Subtle Energies,* 3, 1992, 45–67.

11 Keine signifikante Veränderung der Problemlösungs-Leistungen erfolgte, sobald die mentale Störung intermittierend ausgeführt wurde, d. h. bei den Aufgaben 2, 4 und 6.

12 Juri S. Dolin, V. I. Dymow und N. N. Khatschenkow, Preliminary Study of a Human Operator's Remote Effect on the Psychophysiological State of Another Individual with EEG Recording. *Proceedings of the 36th Annual Convention of the Parapsychological Association,* Toronto, Canada, 1993, 24–40.

13 Rupert Sheldrake, *Das schöpferische Universum.* München, Meyster 1983. Rupert Sheldrake, *Sieben Experimente, die die Welt verändern könnten*. München, Scherz, 1994.

14 Larissa Vilenskaya und Edwin C. May, Anomalous Mental Phenomena Research in Russia and the Former Soviet Union: A Follow Up. *Subtle Energies*, 4, 1993, 231–250.

15 Gabriel Veraldi, Les travaux récents de René Peoc'h. De la Psychophysique animale à une révision de la psychologie. *Bulletin de la Fondation Marcel et Monique Odier de Psycho-Physique,* 3, 1997, 24–36.

16 Juri S. Dolin, V. A. Davydov, E. V. Morozova und D. J. Shumow, Studies of a Remote Mental Effect on Plants with Electrophysiological Recording. *Proceedings of the 36th Annual Convention of the Parapsychological Association,* Toronto, Canada, 1993, 41–56.

17 Radiästhesie ist der von Abbé M. L. Bouly 1930 für die Wissenschaft und Ausübung des Wünschelrutengehens und Pendelns eingeführter Begriff.

[18] Charles T. Tart, *Transpersonal Psychologies.* New York, Harper & Row, 1975.

[19] Tõnu R. Soidla und S. I. Shapiro (Hrsg.), *Everything is According to the Way: Voices of Russian Transpersonalism.* Brisbane, Bolda-Lok, 1997.

[20] Elmar R. Gruber, *Suche im Grenzenlosen. Hans Bender – ein Leben für die Parapsychologie.* Köln, Kiepenheuer & Witsch, 1993, S. 268–270.

[21] Erlendur Haraldsson, Are Religiosity and Belief in an Afterlife Better Predictors of ESP Performance than Belief in Psychic Phenomena? *Journal of Parapsychology,* 57, 1993, 259–273. Vgl. auch Erlendur Haraldsson und Joop M. Houtkooper, Meta-Analyses of 10 Experiments on Perceptual Defensiveness and ESP. *Journal of Parapsychology*, 59, 1995, 251–271.

[22] Ingo Swann, *Remote Viewing: The Real Story.* Publikation im Internet, 1996–97 (http://www.mindspring.com/~biomind/Pages/RealStoryMain.html), Kap. III. Laut Swann soll eine dritte Kopie einer »unbeständigen Nation im Nahen Osten« verkauft worden sein, die ihrerseits einer ebenso unbeständigen Nachbarnation Einblick in die Unterlagen gab.

[23] Die Schreibweise der chinesischen Namen erfolgt nach Landesbrauch, indem der Familienname dem Vornamen vorangestellt wird.

[24] Harold Puthoff, Report on Investigations into »Exceptional Human Body Function« in the People's Republic of China. *Research in Parapsychology 1982.* Metuchen, Scarecrow, 1983, 275–278. Das SRI Team wiederholte diese Versuche, wobei sich nur eine schwache Erhöhung von Photonen (Lichtquanten) bei korrektem Remote Viewing zeigte, die nicht eindeutig mit diesem Prozeß in Verbindung gebracht werden konnten.

[25] Chen Hsin und Mei Lei, Study of the Extraordinary Function of the Human Body in China. *Research in Parapsychology 1982.* Metuchen, Scarecrow, 1983, 278–282.

[26] Leping Zha und Tron McConnell, Parapsychology in the People's Republic of China: 1979–1989. *Journal of the American Society for Psychical Research,* 85, 1991, 119–143.

[27] Zhu YiYi, In: Alexander Imich (Hrsg.), *Incredible Tales of the Paranormal: Documented Accounts of Poltergeists, Levitations, Phantoms, and Other Phenomena.* Bearsville, Bramble, 1995, S. 203.

[28] Zhu YiYi, In: Alexander Imich (Hrsg.), *Incredible Tales of the Para normal: Documented Accounts of Poltergeists, Levitations, Phantoms, and Other Phenomena.* Bearsville, Bramble, 1995, S. 206.

[29] P. Dong, *The Four Major Mysteries of Mainland China.* Engelwood Cliffs, Prentice Hall, 1984, S. 90–91.

30 Zit. in Leping Zha und Tron McConnell, Parapsychology in the People's Republic of China: 1979–1989. *Journal of the American Society for Psychical Research,* 85, 1991, 119–143, S. 125.

31 Qian Xuesen, Ist es eine ungeborene wissenschaftliche Revolution? *Renti Teyigongneng Yanjiu* (AFMK-Forschung), 1, 1983, 3–8 (Chinesisch).

32 Lin Shuhuang et al., PK Experimente: Objekte in und aus geschlossenen Behältern bewegt. *Renti Teyigongneng Yanjiu* (AFMK-Forschung), 1, 1983, 110–118 (Chinesisch).

33 Song Kongzhi, Lan Rongliang, Li Xianggao, Zhou Liangzhong, Die Erforschung des Durchbruchs durch Raumhindernisse. *Chinese Journal of Somatic Science,* 1990, 22–31 (Chinesisch).

34 Qian Cheng und Zhou Xin (Hrsg.), *Yan Xin und Qigong.* Beijing, Arbeiterverlag, 1988, S. 241 (Chinesisch).

35 Man unterscheidet zwischen *jinggong* (Übungen in Ruhe) und *donggong* (Übungen in Bewegung).

36 Yan Xin, Li Shengping, Yu Jianyuan, Li Baike, Lu Zuying, Der Effekt von Qigong auf das Raman Spektrum von Leitungswasser, Salz- und Glukoselösungen. *Ziran Zazhi,* 11, 1988, 567–571 (Chinesisch). Lu Zuying, Zhao Nanming, Li Shengping, Zheng Changxue, Yan Xin, Beobachtungen über Qi Emissionseffekte auf die Struktur und Eigenschaften einiger Substanzen. *Shengwu Wuli Xuebao* (*Acta Biophysica Sinica*), 3, 1987, 93–94 (Chinesisch).

37 Zit. in Qian Cheng und Zhou Xin (Hrsg.), *Yan Xin und Qigong.* Beijing, Arbeiterverlag, 1988, S. 315 (Chinesisch).

38 Zit. in Leping Zha und Tron McConnell, Parapsychology in the People's Republic of China: 1979–1989. *Journal of the American Society for Psychical Research,* 85, 1991, 119–143, S. 132.

39 Yin und Yang ist das grundlegende Gegensatzpaar in der chinesischen Tradition, das in allen Erscheinungsformen des Daseins sichtbar wird. Yang steht für das aktive, männliche, dynamische, helle Prinzip, Yin für das passive, weibliche, dunkle Prinzip.

40 Traumphasen können anhand physiologischer Aufzeichnung, z. B. von Augenbewegungen, festgestellt werden.

41 Montague Ullmann, Stanley Krippner, Alan Vaughan, *Dream Telepathy.* New York, Macmillan, 1973, S. 123.

42 Herman A. Witkin und Helen B. Lewis, The Relation of Experimentally Induced Pre-Sleep Experiences to Dreams: A Report on Method and Preliminary Finding. *Journal of the American Psychoanalytical Association,* 13, 1963, 819–849.

43 Vgl. Richard Broughton, *Parapsychology: The Controversial Science.* New York, Ballantine, 1991, S. 99–101.

44 Charles Honorton und Ephraim Schechter, Ganzfeld Target Retrieval with an Automated Testing System: A Model for Initial Ganzfeld Success. *Research in Parapsychology 1986.* Metuchen, Scarecrow, 1987.

45 Charles Honorton, Response to Hyman's Critique of Psi Ganzfeld Studies. *Research in Parapsychology 1982.* Metuchen, Scarecrow, 1983, S. 23–26.

46 Gene V. Glass, Primary, Secondary, and Meta-Analysis of Research. *Educational Researcher*, 5, 1976, 5–8.

47 Steering Committee of the Physician's Health Study Research Group, Preliminary Report: Finding from the Aspirin Component on the Ongoing Physicians' Health Study. *New England Journal of Medicine,* 318, 1988, 262–264. Vgl. C. Mann, Meta-Analysis in the Breech. *Science*, 249, 1990, 476–480.

48 Robert Rosenthal, *Meta-Analytic Procedures for Social Research.* Revised edition. Beverly Hills, Sage, 1991, S. 324.

49 Ray Hyman, The Psi Ganzfeld Experiment: A Critical Appraisal. *Journal of Parapsychology*, 49, 1985, 3–49.

50 Charles Honorton, Meta-Analysis of Psi Ganzfeld Research: A Response to Hyman. *Journal of Parapsychology*, 49, 1985, 51–91.

51 Robert Rosenthal, Meta-Analytic Procedures and the Nature of Replication: The Ganzfeld Debate. *Journal of Parapsychology*, 50, 1986, 315–336.

52 Ray Hyman und Charles Honorton, A Joint Communiqué: The Psi Ganzfeld Controversy. *Journal of Parapsychology*, 50, 1986, 351–364, S. 351.

53 Jessica M. Utts, Replication and Meta-Analysis in Parapsychology. *Statistical Science*, 6, 1991, 396–403.

54 Ray Hyman, Comment. *Statistical Science*, 6, 1991, 389–392, S. 392.

55 Ray Hyman, Evaluation of a Program on Anomalous Mental Phenomena. *Journal of Scientific Exploration*, 10, 1996, 31–58, S. 55.

56 Robert L. Morris, Kathy Dalton, Deborah Delanoy und Caroline Watt, Comparison of the Sender/No Sender Condition in the Ganzfeld, *Proceedings of the 38th Annual Parapsychological Association Convention,* 1995, 244–259.

57 Daryl J. Bem und Charles Honorton, Does Psi Exist? Replicable Evidence for an Anomalous Process of Information Transfer. *Psychological Bulletin*, 115, 1994, 4–18.

58 Daryl J. Bem, The Ganzfeld Experiment. *Journal of Parapsychology*, 57, 1993, 101–110.

59 M. Carlyn, An Assessment of the Myers-Briggs Type Indicator. *Journal of Personality Assessment*, 41, 1977, 461–473.

60 Charles Honorton und Ephraim Schechter, Ganzfeld Target Retrieval

with an Automated Testing System: A Model for Initial Ganzfeld Success. *Research in Parapsychology 1986.* Metuchen, Scarecrow, 1987, 36–39.

61 Richard Broughton und Cheryl Alexander, Autoganzfeld II: The first 100 Sessions, *Proceedings of the 38th Annual Parapsychological Association Convention,* 1995, 53–61.

62 A. R. Lawrence, Gathering in the Sheep and Goats: A Meta-Analysis of Forced-Choice Sheep-Goat ESP Studies, 1947–1993. *Proceedings of the 36th Annual Convention of the Parapsychological Association,* 1993, 75–86.

63 Charles Honorton, Diane C. Ferrari und Daryl J. Bem, Extraversion and ESP Performance: A Meta-Analysis and a New Confirmation. *Research in Parapsychology 1990,* Metuchen, Scarecrow, 1992, 35–38.

64 Henri Bergson, Presidential Address. *Proceedings of the Society for Psychical Research,* 24, 1913, 462–479.

65 Vgl. Elmar R. Gruber, *Tranceformation: Schamanismus und die Auflösung der Ordnung.* Basel, Sphinx, 1982. Elmar R. Gruber, *Traum, Trance und Tod.* Freiburg, Herder, 1985.

66 Über das Alter der *Yogasutras* herrscht Uneinigkeit. Neuerdings vertritt die Forschung die Auffassung, daß die *Yogasutras* erst im 2. oder 3. Jh. n. Chr. entstanden sind. Der größte Teil der originalen Yoga-Literatur in der Tradition von Patañjali stammt aus dem 4. Jh. n. Chr. Vgl. *Yoga Sutra – Der Yogaleitfaden des Patañjali.* Sanskrit-deutsch. Hamburg, Papyrus, 1987.

67 Rhea A. White, A Comparison of Old and New Methods of Response to Targets in ESP Experiments. *Journal of the American Society for Psychical Research,* 58, 1964, 21–56.

68 Peter L. Nelson, The Technology of the Praeternatural: An Empirically Based Model of Transpersonal Experiences. *Journal of Transpersonal Psychology,* 22, 1990, 35–50.

69 Charles Honorton, R. Davidson, P. Bindler, Shifts in Subjective State Associated with Feedback-augmented EEG Alpha. *Psychophysiology,* 9, 1972, 269–270. Charles Honorton, R. Davidson, P. Bindler, Feedback-augmented EEG Alpha Shifts in Subjective State, and ESP Cardguessing Performance. *Journal of the American Society for Psychical Research,* 65, 1971, 308–323.

70 Edgar S. Wilson, The Transits of Consciousness. *Subtle Energies,* 4, 1993, 171–186.

71 Masahiko Hirasawa, Mikio Yamamoto, Kimiko Kawano und Akira Furukawa, An Experiment on Extrasensory Information Transfer with Electroencephalogram Measurement. *Journal of the International Society of Life Information Sciences,* 14, 1996, 43–45.

72 Im hinteren Bereich und im Bereich des Scheitellappens der Großhirnrinde.

73 Masahiko Hirasawa, Mikio Yamamoto, Kimiko Kawano und Akira Furukawa, Nakashiro Yasuda, An Experiment on Extrasensory Information Transfer with Electroencephalogram Measurement (Part II). *Journal of the International Society of Life Information Sciences,* 14, 1996, 185–195.

74 Mikio Yamamoto, Masahiko Hirasawa, Hideyuki Kokubo, Kimiko Kawano, Tomoko Kokado, Tsuyoshi Hirata und Nakashiro Yasuda, EEG-Change in Anomalous Perception Task Related to Somatic Sensation. *Journal of the International Society of Life Information Sciences,* 15, 1997, 88–92.

75 D. H. Lloyd, Objective Events in the Brain Correlating With Psychic Phenomena. *New Horizons,* 1, 1973, 69–75.

76 Jacobo Grinberg-Zylberbaum, M. Delaflor, M., M. E. Sanchez Arellano, M. A. Guevara und M. Perez, Human Communication and the Electrophysiological Activity of the Brain. *Subtle Energies,* 3, 1992, 25–44.

77 Charles A. Warren, Bruce E. McDonough und Norman S. Don, Event-related Brain Potential Changes in a Psi Task. *Journal of Parapsychology,* 56, 1992, 1–30.

78 Hideyuki Kokubo, Tsuyoshi Hirata, Masahiko Hirasawa, Masayuki Hirafuji, Takaaki Ohta, Shinya Ito, Tomoko Kokado, Mikio Yamamoto, A Study on Remote Anomalous Cognition with Judgement and Measurement of Auditory Evoked Potential and EEG. *Journal of the International Society of Life Information Sciences,* 15, 1997, 97–102.

79 Julie Milton, Ordinary State ESP Meta-Analysis. *Proceedings of the 36th Annual Convention of the Parapsychological Association,* Toronto, Canada, 1993, 87–104.

80 Rex G. Stanford und Adam Stein, A Meta-Analysis of ESP Studies Contrasting Hypnosis and a Comparison Condition. *Journal of Parapsychology,* 58, 1994, 235–270.

81 Das ursprüngliche Gerät hieß Ten Choice Trainer (»Trainiergerät für zehn Wahlmöglichkeiten«). Die fortschrittlichere Version des Modells hieß ADEPT (*Advanced Decimal Extrasensory Perception Trainer,* »Fortgeschrittener dezimaler ASW-Trainer«).

82 Charles T. Tart, *The Application of Learning Theory to ESP Performance.* New York, Parapsychology Foundation, 1975. Charles T. Tart, Toward Conscious Control of Psi Through Immediate Feedback Training: Some Considerations of Internal Processes. *Journal of the American Society for Psychical Research,* 71, 1977, 375–408.

83 James C. Carpenter, Toward the Effective Utilization of Enhanced

Weak-Signal ESP Effects. Vortrag an der Konferenz der *American Association for the Advancement of Science.* New York, Januar 1975.

84 Stephen Schwartz, *The Alexandria Project.* New York, Delacorte, 1983.

85 Keith Harary, Response to Reply of Schwartz and De Mattei to »On the Discovery of an American Brig«. *Journal of the American Society for Psychical Research,* 86, 1992, 257–290.

86 Russell Targ versuchte die Technik auch zum Auffinden von Rohstoffen einzusetzen: Russell Targ, Proposed Application of Associational Remote Viewing to Oil and Natural Ressource Recovery. *Research in Parapsychology 1982.* Metuchen, Scarecrow, 1983, 264–266.

87 Keith Harary, The Goose That Laid the Silver Egg: A Criticism of Psi and Silver Futures Forecasting. *Journal of the American Society for Psychical Research,* 86, 1992, 375–409.

88 Russell Targ, Jane Katra, Dean Brown und Wenden Wiegand, Viewing the Future: A Pilot Study with an Error-Detecting Protocol. *Journal of Scientific Exploration,* 9, 1995, 367–380.

89 Elmar R. Gruber, Conformance Behavior Involving Animal and Human Subjects. *European Journal of Parapsychology,* 3, 1979, 36–50. Elmar R. Gruber, A Study of Conformance Behavior Involving Rats and Mice. Vortrag bei der *3rd Conference der Society for Pychical Research,* Edinburgh, 1979.

90 Willam G. Braud und Marilyn J. Schlitz, Consciousness Interactions With Remote Biological Systems: Anomalous Intentionality Effects. *Subtle Energies,* 2, 1991, 1–46.

91 William G. Braud, Allobiofeedback: Immediate Feedback for a Psychokinetic Influence upon Another Person's Physiology. *Research in Parapsychology 1977.* Metuchen, Scarecrow, 1978, 123–134.

92 Marilyn J. Schlitz, Intentionality and Intuition and Their Clinical Implications: A Challenge for Science and Medicine. *Advances: The Journal of Mind-Body Health,* 12, 1996, 58–66.

93 Vgl. Elmar R. Gruber, *Traum, Trance und Tod.* Freiburg, Herder, 1985, S. 60–75.

94 William Braud, Donna Schafer und Sperry Andrews, Reaction to an Unseen Gaze (Remote Attention): A Review, with New Data on Autonomic Staring Detection. *Journal of Parapsychology,* 57, 1993, 373–390. William Braud, Donna Schafer und Sperry Andrews, Further Studies of Autonomic Detection of Remote Staring: Replication, New Control Procedures, and Personality Correlates. *Journal of Parapsychology,* 57, 1993, 391–410.

95 Keisuke Kobayashi und Yoshiko Itagaki, Experiments on Subconscious Information Transfer in Sleeping Infants. *Journal of the International Society of Life Information Sciences,* 14, 1996.

[96] Edwin C. May und Larissa Vilenskaya, Overview of Current Parapsychology Research in the Former Soviet Union. *Subtle Energies*, 3, 1992, 45–67. V. I. Kartsew, Lethal Gamma-Irradiation and Bioenergy Therapy. *Parapsychology and Psychophysics*, 9, 1993, 44–48.

[97] Masatake Yamauchi, Toshiyuki Saito, Mikio Yamamoto, Masahiko Hirasawa, Attempts to Develop an in Vitro Experimental System for Detecting the Effect of Stimulant Emission Using Cultures Human Cells. *Journal of the International Society of Life Information Sciences*, 14, 1996, 266–271.

[98] Robert N. Miller, P. B. Reinhart und A. Kern, Scientists Register Thought Energy. *Ernest Holmes Research Foundation Research Report.* July 1974, 12–16.

[99] L. N. Pyatinitsky und V. A. Fonkin, Human Consciousness Influence on Water Structure. *Journal of Scientific Exploration*, 9, 1995, 89–105.

[100] G. N. Dulnev, V. T. Prokopenko und O. S. Polyakova, Optical Methods for the Study of Psi Phenomena. *Parapsychology and Psychophysics*, 1, 1993, 39–44.

[101] Larissa Vilenskaya und Edwin C. May, Anomalous Mental Phenomena Research in Russia and the Former Soviet Union: A Follow Up. *Subtle Energies*, 4, 1993, 231–250.

[102] Glen Rein, A Psychokinetic Effect on Neurotransmitter Metabolism: Alterations in the Degradative Enzyme Monoamine Oxidase. *Reseach in Parapsychology 1985.* Metuchen, Scarecrow, 1986, 77–80.

[103] William G. Braud, Distant Mental Influence of Rate of Hemolysis of Human Red Blood Cells. *Research in Parapsychology 1988.* Metuchen, Scarecrow, 1989.

[104] Brenio Onetto und Gita H. Elguin, Psychokinesis in Experimental Tumorgenesis. *Journal of Parapsychology*, 1966, 30, 220.

[105] Die Studie wird berichtet in: William G. Braud, Gary Davis und Robert Wood, Experiments with Matthew Manning. *Journal of the Society for Psychical Research*, 1979, 50, 199–223.

[106] Frans Snel, PK Influence on Malignant Cell Growth. *Research Letter No. 10*, Parapsychology Laboratory, University of Utrecht, 1980.

[107] Daniel J. Benor, *Healing Research*, Bd. I, München, Helix, 1992.

[108] Justa M. Smith, Paranormal Effects on Encyme Activity. *Human Dimensions Institute*, professional paper, 1972. Justa M. Smith, Paranormal Effects on Enzyme Activity. *Journal of Parapsychology*, 32, 1968, 281. Smith verwendete Enzyme, weil sie als Katalysatoren für die metabolischen Reaktionen von Zellen dienen. Zahlreiche Krankheiten können auf das Fehlen oder die Dysfunktion von Enzymen zurückgeführt werden. Bei Trypsin handelt sich um einen von Menschen und

Tieren in der Bauchspeicheldrüse produzierten Fermentkomplex, dessen Funktion es ist, Proteine in Polypeptide zu spalten.

109 Tatsutaka Yamamoto, Akira Seto, Seiki Nakazato und Tadashi Hisamitsu, Biophysical Study on the Phenomenon of Human Extremely Strong Magnetic Field Emission from a Healer. *Journal of the International Society of Life Information Sciences,* 14, 1996. Tadashi Hisamitsu, Akira Seto, Seiki Nakazato und Tatsutaka Yamamoto, Emission of Extremely Strong Magnetic Fields from the Head and Whole Body During Oriental Breathing Exercises. *Acupuncture and Electro-Therapeutics Research,* 21, 1996, 219–227.

110 David J. Muehsam, M. S. Markov, Patricia A. Muehsam, Arthur A. Pilla, Ronger Shen und Yi Wu, Effects of Qigong on Cell-Free Myosin Phosphorylation: Preliminary Experiments. *Subtle Energies,* 5, 1994, 93–108.

111 Fritz Albert Popp, *Die Botschaft der Nahrung.* Frankfurt, Fischer, 1993.

112 Liu Yaning, Zhao Xinhus, Cao Jie, Hu Yulan und Zhao Yungsheng, The Effects of Taoist Qigong on the Photon Emission from the Body Surface and Cells. *Proceedings of the First World Conference for Academic Exchange of Medical Qigong.* Beijing, Oktober, 1988.

113 Marco Bischof, *Biophotonen. Das Licht in unseren Zellen.* Frankfurt, Zweitausendeins, 1995.

114 Elmer E. Green, Mind Over Matter: Volition and the Cosmic Connection in Yogic Theory. *Subtle Energies,* 4, 1993, 151–170.

115 Mikio Yamamoto et al., Study on Analyzing Methods of Human Body Functions Using Various Simultaneous Measurements (VSM). *Journal of the International Society of Life Information Sciences,* 15, 1997, 351–358.

116 Mikio Yamamoto, Masahiko Hirasawa, Kimiko Kawano, Nakashiro Yasuda und Akira Furukawa, An Experiment on Remote Action Against Man in Sense Shielding Condition. *Journal of the International Society of Life Information Sciences,* 14, 1996, 97–99.

117 Mikio Yamamoto, Masahiko Hirasawa, Kimiko Kawano, Hideyuki Kokubo, Tomoko Kokado, Tsuyoshi Hirata, Nakashiro Yasuda, Akira Furukawa und Nobuo Fukuda, An Experiment on Remote Action Against Man in Sensory-Shielding Condition (Part II). *Journal of the International Society of Life Information Sciences,* 14, 1996, 228–239.

118 Yoshio Machi, Liu Chao und Wu Ren Zhao, Physiological Measurements for the Static Qigong »Xiao Zhou Tian«. *Journal of the International Society of Life Information Sciences,* 15, 1997, 200–206.

119 Kimiko Kawano, J. M. Shi und L. Y. Duan, The Frequency Change in

α-Waves and the Appearance of θ-Waves during Qigong and Meditation. *Journal of the International Society of Life Information Sciences,* 14, 1996, 22–27.

120 Masatoshi Itoh, Hiroshi Miyazaki und Yasuo Takahashi, Imaging of Mind using Positron Emission Tomography. *Journal of the International Society of Life Information Sciences,* 14, 1996, 67–80.

121 Kimiko Kawano, Hidemi Koito, Takeo Fujiki und Yoshiya Shinagawa, EEG Topography during Chinese »Qigong« Training. *Neurosciences,* 16, 1990, 503–508.

TEIL III Das bewußte Universum: Die stille Revolution in den Psi-Labors

1 Rex G. Stanford, R. Zenhausen, A. Taylor und M. Dwyer, Psychokinesis as Psi-Mediated Instrumental Response. *Journal of the American Society for Psychical Research,* 69, 1975, 127–133.

2 Dean I. Radin und Diane C. Ferrari, Effects of Consciousness on the Fall of Dice: A Meta-Analysis. *Journal of Scientific Exploration,* 5, 1991, 61–85.

3 Robert G. Jahn und Brenda J. Dunne, *Margins of Reality.* New York: Harcourt Brace Jovanovich, 1987. Robert G. Jahn und Brenda J. Dunne, Science of the Subjective. *Journal of Scientific Exploration,* 11, 1997, 201–224.

4 Robert G. Jahn, York H. Dobyns und Brenda J. Dunne, Count Population Profiles in Engineering Anomalies Experiments. *Journal of Scientific Exploration,* 5, 1991, 205–232, S. 206.

5 Brenda J. Dunne, Roger D. Nelson und Robert G. Jahn, Operator Related Anomalies in a Random Mechanical Cascade. *Journal of Scientific Exploration,* 2, 1988, 155–179.

6 Brenda J. Dunne und Robert G. Jahn, Experiments in Remote Human/Machine Interaction. *Journal of Scientific Exploration,* 6, 1992, 311–332.

7 Roger D. Nelson, G. J. Bradish, Robert G. Jahn und Brenda J. Dunne, A Linear Pendulum Experiment: Effects of Operator Intention on Damping Rate. *Journal of Scientific Exploration,* 8, 1994, 471–489.

8 Dean I. Radin und Roger D. Nelson, Evidence for Consciousness-related Anomalies in Random Physical Systems. *Foundations of Physics,* 19:12, 1989, 1499–1514. Vgl. Deborah L. Delanoy, Experimental Evidence Suggestive of Anomalous Consciousness Interactions. In: Dhanjoo N. Ghista (Hrsg.): *Biomedical and Life Physics.* Proceedings of the

Second Gauss Symposium, August 1993, München. Braunschweig, Vieweg, 1996, S. 398–410.

9 York Dobyns, Selection Versus Influence Revisited: New Methods and Conclusions. *Journal of Scientific Exploration,* 10, 1996, 253–268.

10 Eine unabhängige Bestätigung für den ordnenden Einfluß des Bewußtseins auf Zufallssysteme präsentierten russische Forscher. Bei ihren Untersuchungen der Einwirkung von Operatoren auf REGs, beobachteten sie in der ungeordneten Aufzeichnung des elektrischen Rauschens durch einen Oszillographen bestimmte Segmente, in denen die Impulse geordnet erscheinen. Georgi K. Gurtovoy und Alexander G. Parkhomow, Experimental Study on a Person's Remote Influence on Physical and Biological Systems. *Parapsychology and Psychophysics,* 6, 1992, 31–51.

11 Robert G. Jahn, York H. Dobyns und Brenda J. Dunne, Count Population Profiles in Engineering Anomalies Experiments. *Journal of Scientific Exploration,* 5, 1991, 205–232; S. 226.

12 Roger D. Nelson, Multiple Field REG/RNG Recordings During a Global Event. *Princeton Engineering Anomalies Research,* Princeton University, Princeton, NJ, 1997.

13 Roger D. Nelson, FieldREG Anomalies in Group Situations. *Journal of Scientific Exploration,* 10, 1996, 111–141.

14 Dean I. Radin, *The Conscious Universe: The Scientific Truth of Psychic Phenomena.* San Francisco, Harper Edge, 1997, Kap. 11.

15 Roger D. Nelson, Wishing for Good Weather: A Natural Experiment in Group Consciousness. *Journal of Scientific Exploration,* 11, 1997, 47–58.

16 Roger D. Nelson, Wishing for Good Weather: A Natural Experiment in Group Consciousness. *Journal of Scientific Exploration,* 11, 1997, 47–58, S. 50.

17 Michael A. Persinger und G. F. Lafreniere, *Space-Time Transients and Unusual Events.* Chicago, Nelson-Hall, 1977. Vgl. Sarada Subrahmanyam, P. V. Sanker Narayan, T. M. Srinivasan, Effect of Magnetic Micropulsations on the Biological Systems: A Bioenvironmental Study. *International Journal of Biometereology,* 29, 1985, 293–305.

18 Edmund Gurney, Frederick Myers und Frank Podmore, *Phantasms of the Living.* 2 Bde. London, Trübner, 1886.

19 Michael A. Persinger, Spontaneous Telepathic Experiences from Phantasms of the Living and Low Global Geomagnetic Activity. *Journal of the American Society for Psychical Research.* 81, 1987, 23–36.

20 G. B. Schaut und Michael A. Persinger, Geophysical Variables and Behavior: XXXI. Global Geomagnetic Activity During Spontaneous Paranormal Experiences: A Replication. *Perceptual & Motor Skills.* 61,

1985, 412–414. M. A. Arango, *Spontaneous Crisis-Evoked Telepathic Phenomena from the Sidgwick Collection of 1922 and Low Global Geomagnetic Activity.* Nicht veröffentlichte Dissertation. Laurentian University, Otario, Kanada, 1988.

21 R. E. Berger und Michael A. Persinger, Geophysical Variables and Behavior: LXVII. Quieter Annual Geomagnetic Activity and Larger Effect Size for Experimental Psi (ESP) Studies Over Six Decades. *Perceptual & Motor Skills,* 73, 1991, 1219–1223.

22 Michael A. Persinger und Stanley Krippner, Dream ESP Experiments and Geomagnetic Activity. *Journal of the American Society for Psychical Research,* 83, 1989, 101–116. Stanley Krippner und Michael A. Persinger, Evidence for Enhanced Congruence Between Dreams and Distant Target Material During Periods of Decreased Geomagnetic Activity. *Journal of Scientific Exploration,* 10, 1996, 487–493.

23 Kathy Dalton und Paul Stevens, Geomagnetism and the Edinburgh Automated Ganzfeld. *European Journal of Parapsychology,* 12, 1996, 23–34.

24 Erlendur Haraldsson und Loftur Reimar Gissurarson, Does Geomagnetic Activity Affect Extrasensory Perception? *Personality and Individual Differences,* 8, 1987, 745–747.

25 William G. Braud und S. P. Dennis, Geophysical Variables and Behavior: LVIII. Autonomic Activity, Hemolysis, and Biological Psychokinesis: Possible Relationships with Geomagnetic Field Activity. *Perceptual & Motor Skills,* 68, 1989, 1243–1254. Loftur Reimar Gissurarson, The Psychokinesis Effect: Geomagnetic Influence, Age and Sex Differences. *Journal of Scientific Exploration,* 6, 1992, 157–165.

26 Stanley Krippner, Michael Winkler, Amyr Amiden, Roberto Crema, Ruth Kelson, Harbans Lal Arora und Pierre Weil, Physiological and Geomagnetic Correlates of Apparent Anomalous Phenomena Observed in the Presence of a Brazilian »Sensitive«. *Journal of Scientific Exploration,* 10, 1996, 281–298.

27 S. James P. Spottiswoode, Geomagnetic Activity and Anomalous Cognition: A Preliminary Report of New Evidence. *Subtle Energies,* 1, 1990, 65–77. Michael A. Persinger, Geophysical Variables and Behavior: XXX. Intense Paranormal Experiences Occur During Days of Quiet Global Geomagnetic Activity. *Perceptual & Motor Skills*, 61, 1985, 320–322. Michael A. Persinger, Intense Paranormal Experiences Occur During Days of Quiet Global Geomagnetic Activity. *Research in Parapsychology 1985.* Metuchen, Scarecrow, 28, 1986, 32.

28 Anne Schienle, Rudolf Stark, R. Kulzer, R. Klöpper und Dieter Vaitl, Atmospheric Electromagnetism: Individual Differences in Brain Elec-

trical Response to Simulated Sferics. *International Journal of Psychophysiology,* 21, 1996, 177–188.

29 Michael A. Persinger, Religious and Mystical Experiences as Artifacts of Temporal Lobe Function: A General Hypothesis. *Perceptual & Motor Skills,* 57, 1983, 1255–1262.

30 Susan Blackmore, Alien Abduction: The Inside Story, *New Scientist,* 11, 19, 1994, 29–31.

31 Norman Geschwind, Behavioural Change in Temporal Lobe Epilepsy. *Psychological Medicine*, 9, 1979, 217–219.

32 Ethnologische Studien geben einige Hinweise darauf, daß Schamanen, indigene Heiler und Teilnehmer an Besessenheitskulten ungewöhnliche elektrische Entladungen in den Schläfenlappen erleben: Michael J. Winkelman, *Shamans, Priests and Witches: A Cross-cultural Study of Magico-religious Practitioners.* Tempe, Arizona State University, 1992.

33 Vernon M. Neppe, The Relevance of the Temporal Lobe to Anomalous Subjective Experience. *Research in Parapsychology 1983.* Metuchen, Scarecrow, 1984, 7–10.

34 James F. McHarg, An Uncanny Temporal Lobe Epilepsy Apparition. *Research in Parapsychology 1976.* Metuchen, Scarecrow, 1977, 120–122.

35 Masatoshi Itoh, Hiroshi Miyazaki und Yasuo Takahashi, Imaging of Mind using Positron Emission Tomography. *Journal of the International Society of Life Information Sciences,* 14, 1996, 67–80.

36 Manabu Tashiro, Hiroyuki Ishizaki, Nobuyuki Okamura, Hiroshi Miyazaki, Keizo Ishii, Masatoshi Itoh, Brain Activation During Visual (Subliminal) Stimulation of Ultra-Short Duration. *Journal of the International Society of Life Information Sciences,* 15, 1997, 18–26.

37 Vgl. Elmar R. Gruber, *Suche im Grenzenlosen. Hans Bender – ein Leben für die Parapsychologie.* Köln, Kiepenheuer & Witsch, 1993, S. 41.

38 Michael A. Persinger und G. B. Schaut, Geomagnetic Factors in Subjective Telepathic, Precognitive and Postmortem Experiences, *Journal of the American Society for Psychical Research,* 82, 1988, 217–235.

39 Edgar S. Wilson, The Transits of Consciousness. *Subtle Energies,* 4, 1993, 171–186.

40 Johanna Paungger und Thomas Poppe, *Vom richtigen Zeitpunkt. Die Anwendung des Mondkalenders im täglichen Leben.* München, Hugendubel, 1991.

41 Andrija Puharich, *Beyond Telepathy.* Garden City, Anchor Books, 1973, S. 281–289.

42 Dean I. Radin, *The Conscious Universe: The Scientific Truth of Psychic Phenomena.* San Francisco, Harper Edge, 1997, Kap. 12.

43 http://hrcweb.lv-hrc.nevada.edu/cogno/index3.html. Auch Dick Bier-

man bietet auf seiner Webseite kontrollierte Online Psi-Experimente an, z. B. über Präkognition: http://www.psy.uva.nl/resedu/pn/EX-PMNTS/PRE/PUBLIC/precexp2.3.html. Ebenso der Koestler-Lehrstuhl in Edinburgh: http://moebius.psy.ed.ac.uk/~psi-ping/.

44 René Peoc'h, Psychokinèse animale et humaine. *Bulletin de la Fondation Odier,* 2, 1994, 23–28.

45 René Peoc'h, Psychokinetic Action of Young Chicks on the Path on An Illuminated Source. *Journal of Scientific Exploration,* 9, 1995, 223–230.

46 Michael Levin, On the Lack of Evidence for the Evolution of Psi as an Argument Against the Reality of the Paranormal. *Journal of the American Society for Psychical Research,* 90, 1996, 221–230. S. 225.

47 Stellvertretend für zahlreiche Bücher zum Thema: Alan Gauld und Anthony D. Cornell, *Poltergeists,* London 1979.

48 Elmar R. Gruber, Four German Poltergeists. *Theta,* 8, 1980, 6–7.
Elmar R. Gruber, On the Track of the Poltergeist. *ASPR Newsletter,* 7, 1981, 1–2.

49 Man bezeichnet aufgrund dieser theoretischen Annahme, m. E. ungerechtfertigterweise, Spuk als RSPK (*Recurrent Spontaneous Psychokinesis,* »wiederkehrende spontane Psychokinese«). Vgl. Elmar R. Gruber, Spuren zum Spuk. *Unter dem Pflaster liegt der Strand,* 6, 1979, 159–176.

50 William G. Roll und Elson A. Montagno, Psi and the Brain. *Research in Parapsychology 1983.* Metuchen, Scarecrow, 1984, 4–7.

51 Neulich hat sich eine Studie von Wissenschaftlern der Universität von Illinois in Springfield gegen diese Ansicht ausgesprochen: James Houran, T. M. Harte und Rense Lange, Haunting Phenomena as an Experience of Accumulated Contexts: A Process Model. Vortrag bei der Konferenz *Towards a Science of Consciousness II,* Tucson, Arizona, 1997.

52 Michaeleen C. Maher und George P. Hansen, Quantitative Investigation of a Reported Haunting Using Several Detection Techniques. *Journal of the American Society for Psychical Research,* 86, 1992, 347–374. Michaeleen C. Maher und George P. Hansen, Quantitative Investigation of a »Haunted Castle« in New Jersey. *Journal of the American Society for Psychical Research,* 89, 1995, 19–50.

53 Johan L. F. Gerding, Rens Wezelman, Dick J. Bierman, *The Druten Disturbances: Exploratory RSPK Research.* Unveröffentlichtes Manuskript, 1997.

54 Zahlreiche Fälle mit diesem Spukmuster habe ich in meiner CD-ROM *Mysterium*, München, United Soft Media, 1996, gesammelt und ausführlich dargestellt.

[55] Dean I. Radin und William G. Roll, Investigation of two Hounted Castles in Scandinavia. *Electronic Journal for Anomalous Phenomena,* 1996.4 (http://www.psy.uva.nl/ResEdu/PN/eJAP/1996.4/1996-4.html).

[56] Das in England und Skandinavien bekannte Pendant zur »Weißen Frau« im deutschsprachigen Raum.

[57] Dean I. Radin, Searching for »Signatures« in Anomalous Human-Machine Interaction Data: A Neural Network Approach. *Journal of Scientific Exploration,* 3, 1989, 185–200.

[58] Dean I. Radin, Neural Network Analysis of Consciousness-Related Patterns in Random Sequences. *Journal of Scientific Exploration,* 7, 1993, 355–373.

[59] Dean I. Radin, Environmental Modulation and Statistical Equilibrium in Mind-Matter Interaction. *Subtle Energies,* 4, 1993, 1–30.

[60] William E. Cox, Precognition: An Analysis, II. *Journal of the American Society for Psychical Research,* 50, 1956, 99–109.

[61] Charles Honorton und Diane C. Ferrari, »Future Telling«: A Meta-Analysis of Forced-Choice Precognition Experiments, 1935–1987, *Journal of Parapsychology,* 35, 1989, 281–308.

[62] Holger Klintman, Is there a Paranormal (Precognitive) Influence in Certain Types of Perceptual Sequences? Teil I und II. *European Journal of Parapsychology,* 5, 1983, 19–49; 5, 1984, 125–140.

[63] Benjamin Libet, Elwood W. Wright, Bertram Feinstein und Dennis K. Pearl, Subjective Referral of the Timing for a Conscious Sensory Experience: A Functional Role for the Somatosensory Specific Projection System in Man. *Brain*, 102, 1979, 193–224. Benjamin Libet, Subjective Antedating of a Sensory Experience and Mind-Brain Theories: Reply to Honderich. *Journal of Theoretical Biology*, 114, 184, 563–570.

[64] A. Bechara, H. Damasio, D. Tranel und A. R. Damasio, Deciding Advantageously Before Knowing the Advantageous Strategy. *Science,* 275, (28. Februar) 1997, 1293–1295.

[65] Dean I. Radin, Unconscious Perception of Future Emotions. An Experiment in Presentiment. *Proceedings of the 39th Parapsychological Association Convention,* San Diego, 1996, 171–185.

[66] Dean I. Radin, *Autonomic Physiological Reactions to Future Emotional Targets.* Project 66 10 10, Project Report to the Institut für Grenzgebiete der Psychologie und Psychohygiene. Coinsciousness Research Division, Harry Reid Center for Environmental Studies, University of Nevada, Las Vegas, 1997. Radins Versuch fußt auf erfolgreichen vorangegangenen Erkundungen dieses Effekts: Dick J. Bierman und Dean I. Radin, Anomalous Anticipatory Response on Randomized Future Conditions. *Perceptual & Motor Skills,* 84, 1997, 689–690.

[67] Dick J. Bierman, *Emotion and Intuition I, II, III, IV & V: Unravelling Variables Contributing to the Presentiment Effect.* Unveröffentlichtes Manuskript. University of Utrecht & Amsterdam, 1997.

[68] A. Bechara, H. Damasio, D. Tranel und A. R. Damasio, Deciding Advantageously Before Knowing the Advantageous Strategy. *Science*, 275, (28. Februar) 1997, 1293–1295.

[69] S. James P. Spottiswoode, Association Between Effect Size in Free Response Anomalous Cognition Experiments and Local Sidereal Time. *Journal of Scientific Exploration,* 11, 1997, 109–122.

[70] Charles T. Tart, Effects of Electrical Shielding on GESP Performance. *Journal of the American Society for Psychical Research,* 82, 1988, 129–145. Charles T. Tart, Electrical Shielding, ESP, and the Earth's Magnetic Field. In T. M. Srinivasan, *Energy Medicine Around the World.* Phoenix, Gabriel, 1988, 325–338.

[71] Interessierte mit Internet-Zugang können die Umwandlung beliebiger Ortszeiten in lokale Sternzeit direkt über das *Institut für Geodäsie* der Universität der Bundeswehr München errechnen lassen: http://habicht.bauv.unibw-muenchen.de/ex-scherer/ast1-UTST.html.

[72] S. James P. Spottiswoode und Edwin C. May, Anomalous Cognition Effect Size: Dependence on Sidereal Time and Solar Wind Parameters. *Proceedings of the Parapsychological Association* 40th Annual Convention, Brighton, 1997.

[73] S. James P. Spottiswoode, Geomagnetic Fluctuations and Free Response Anomalous Cognition: A New Understanding. *Journal of Parapsychology,* 61, 1997, 3–12.

[74] D. J. West und G. W. Fisk, A Dual ESP Experiment with Clock Cards. *Journal of the Society for Psychical Research* 37, 1953, 185–189.

[75] Marilyn J. Schlitz und Richard Wiseman, Experimenter Effects and the Remote Detection of Staring. In Edwin C. May (Hrsg.), *Proceedings of the 39th Annual Convention of the Parapsychological Association,* San Diego, 1996.

[76] Harald Walach und Stefan Schmidt, Empirical Evidence for a Non-Classical Experimenter Effect: An Experimental, Double-Blind Investigation of Unconventional Information Transfer. *Journal of Scientific Exploration,* 11, 1997, 59–68.

[77] C. M. Pleass und N. Dean Dey, Conditions That Appear to Favor Extrasensory Interactions Between Homo Sapiens and Microbes. *Journal of Scientific Exploration,* 4, 1990, 213–231.

[78] C. M. Pleass und N. Dean Dey, Conditions That Appear to Favor Extrasensory Interactions Between Homo Sapiens and Microbes. *Journal of Scientific Exploration,* 4, 1990, 213–231, S. 230.

[79] Leping Zha und Tron McConnell, Parapsychology in the People's

Republic of China: 1979–1989. *Journal of the American Society for Psychical Research,* 85, 1991, 119–143.

80 Leping Zha und Tron McConnell, Parapsychology in the People's Republic of China: 1979–1989. *Journal of the American Society for Psychical Research,* 85, 1991, 119–143, S.123.

81 Brenda J. Dunne, York H. Dobyns, Robert G. Jahn und Roger D. Nelson, Series Position Effects in Random Event Generator Experiments. *Journal of Scientific Exploration,* 8, 1994, 197–215.

82 P. Anthony, *Macroscope*, New York, 1969.

83 Dean I. Radin, *The Conscious Universe: The Scientific Truth of Psychic Phenomena.* San Francisco, Harper Edge, 1997, Kap. 4.

84 V. Barns et al., Confirmation of the Existence of the Omega-Minus Hyperon. *Physics Letters,* 12, 1964, 134–136.

85 Nick Herbert, *Quantum Reality: Beyond the New Physics.* Garden City, Anchor Books, 1985, S. 249.

Glossar der wichtigsten Begriffe und Abkürzungen

AFMK [Abk. für »Außergewöhnliche Funktionen des menschlichen Körpers«]: Bezeichnung für paranormale Fähigkeiten unter chinesischen Wissenschaftlern.

Anomale Kognition (AC) [*anomalous cognition*]: Neuerer Sammelbegriff für → außersinnliche Wahrnehmung.

Anomale mentale Phänomene (AMP): Neuerer Sammelbegriff für alle paranormalen Phänomene.

Anomale Perturbation (AP) [»Anomale Störung«]: Neuere Bezeichnung für → Psychokinese. [→ BMI].

ASW: Abk. für → Außersinnliche Wahrnehmung.

Außerkörperliche Erfahrung (OBE) [*Out-of-Body-Experience*]: Bewußtseinszustand, in dem sich der Erlebende außerhalb seines physischen Körpers befindlich erfährt.

Außersinnliche Wahrnehmung (ASW): Die Aufnahme von Informationen außerhalb der bekannten Sinneswege. Dazu zählen: → Telepathie, → Hellsehen und → Präkognition.

Backster-Effekt: Elektrische Reaktionen von Pflanzen, die als rudimentäre »Wahrnehmungen« (Primärwahrnehmung) interpretiert werden.

Biophotonen: Von Zellen lebender Systeme emittierte Photonen (physikalisch kleinste Einheiten von Licht kohärenter Wellenlänge).

Bio-PK: → Anomale Perturbation in biologischen Systemen (Organismen, Tiere, Menschen) [→ DMILS].

BMI [»Bewußtsein-Materie-Interaktion«]: Neuerer Sammelbegriff für psychokinetische Effekte.

CIA [*Central Intelligence Agency*]: Zentrale Organisation des US-Geheimdienstes.

Déjà-vu [frz. »schon gesehen«]: Das Gefühl, eine bislang unbekannte Umgebung oder neuartige Situation schon zu kennen oder bereits erlebt zu haben.

DIA [*Defense Intelligence Agency*]: Geheimdienst des US-Verteidigungsministeriums.

Direkter Treffer: Bei der → Methode der freien Antworten das Zielobjekt, das von der Versuchsperson später aus der Anzahl aller möglichen Zielobjekte richtig ausgewählt wird.

DMILS [Abk. *Direct Mental Influence of Living Systems*]: »Direkte mentale Beeinflussung lebender Systeme«. Terminus für Versuche, bei denen biologische Systeme durch Intention fernbeeinflußt werden. [→ Bio-PK]

Empfänger: Der Empfänger einer Information in der Telepathie.

Erscheinung: Im Sprachgebrauch der Parapsychologie eine paranormale Manifestation: ein visueller paranormaler Eindruck (z. B. in Form einer Halluzination) oder eines (vielleicht) materiellen »Phantoms«.

FOIA [*Freedom of Information Act*]: Gesetz über Informationsfreiheit, das die Herausgabe von Dokumenten durch die amerikanischen Bundesbehörden regelt.

Fundamentale Psi-Funktion (FPF): Modell für einen reziproken, autonomen Prozeß zwischen Organismus und Umwelt, im Zuge dessen Bewußtsein und physikalische Wirklichkeit sich gegenseitig affizieren. Basis dieser Wechselwirkung ist ein Mechanismus, wobei die unmittelbare räumlich-zeitliche Umgebung des Organismus durch Psi ständig »abgetastet« oder »eingelesen« wird.

Ganzfeld: Technisch hergestellter veränderter Bewußtseinszustand, der das Erscheinen hypnagoger Halluzinationen begünstigt.

Halluzination [von lat. *alucinari*, »faseln«, »träumen«]: Sinnestäuschung ohne auslösenden sinnlichen Reiz.

Hellsehen: Informationen über entfernte Objekte und Situationen ohne Vermittlung der normalen Sinne.

INSCOM [*Intelligence and Security Command*]: Nachrichten- und Sicherheitskommando der US-Armee.

Konformes Verhalten [von engl. *Conformance Behavior*]: Weiterentwicklung des → PMIR-Modells. Es besagt, daß zufällige Systeme die Tendenz haben, sich zu strukturierten Systemen, die mit ihnen in anomale Beziehung treten, »konform« zu verhalten.

Makro-PK: mit freiem Auge beobachtbare → anomale Perturbation in makrophysikalischen Prozessen.

Methode der erzwungenen Auswahl [engl. *Forced-Choice Method*]: Technik von Tests zur anomalen Kognition, bei der vorgegebene Zielsymbole »erraten« werden sollen.

Methode der freien Antworten [engl. *Free-Response Method*]: Technik von Tests zur anomalen Kognition, bei der Eindrücke von unbekannten Zielbildern oder Zielobjekten in freien Schilderungen wiedergegeben werden.

Meta-Analyse: Eine Klasse von statistischen Analysen, mit denen die Bedeutung und die Wiederholbarkeit von Effekten analysiert wird.

Mikro-PK: → anomale Perturbation in mikrophysikalischen Prozessen.

NSA [*National Security Agency*]: Nationale Sicherheitsbehörde der USA.

Paranormal: Eigenschaft der von der Parapsychologie untersuchten Phänomene.

Parapsychologie: Wissenschaft, welche die Phänomenen der → anomalen Kognition und → anomalen Perturbation untersucht.

PEAR [Abk. für *Princeton Engineering Anomalies Research*, »Princeton Erforschung technischer Anomalien«]: Psi-Forschungslabor an der Princeton University.

Perzipient: → Empfänger.

PK: Abk. für → Psychokinese.

PMIR [Abk. für *Psi Mediated Instrumental Response*, »Psi-vermittelte instrumentelle Reaktion«]: Modell, das von der Idee ausgeht, daß Organismen ständig unbewußt → anomale mentale Phänomene dazu einsetzen, um ihren Umgang mit der Umwelt zu optimieren.

Präkognition [von lat. *prae* »voraus« und *cognoscere* »erkennen«]: Informationen von zukünftigen Ereignissen, ohne daß die Informationen auf normalem Weg gewonnen werden können.

PRL [Abk. für *Psychophysical Research Laboratories*, »Laboratorien für psychophysikalische Forschung«]: Psi-Forschungslabor an der Princeton University (bestand von 1980–1989).

Psi: Dreiundzwanzigster Buchstabe des griechischen Alphabets, Sammelbezeichnung aller paranormalen Phänomene (1943 von Robert Thouless und H. P. Wiesner eingeführt).

Psi-Phänomene: → anomale mentale Phänomene.

Psi-Forschung: → Parapsychologie.

Psi-missing [engl. »Psi-vermeiden«]: Der Einsatz von Psi, um Treffer in einem Psi-Experiment zu vermeiden.

Psychokinese (PK): Eine naturwissenschaftlich zur Zeit noch nicht erklärbare, mentale Einwirkung auf materielle Systeme.

Qi [auch Ch'i]: Nach alter chinesischer Vorstellung die Lebensenergie, welche den Körper und das Universum durchströmt.

Qigong: Geistig-körperliche Übungen, um die Lebensenergie → Qi zum Kreisen zu bringen. Durch »externe Emission von Qi« können paranormale Effekte hervorgerufen werden.

Remote Viewing [»Fernsehen«]: Neuere Bezeichnung für → anomale Kognition, ursprünglich aufgrund einer besonderen Versuchstechnik.

RSPK [Abk. für *Recurrent Spontaneous Psychokinesis,* »Wiederkehrende spontane Psychokinese«]: Fachterminus für Spuk.

REG [Abk. für *Random Event Generator,* »Zufallsereignisgenerator«]: → Zufallsgenerator.

Sender: Der Übermittler einer Information in der Telepathie.

Sensitiver [von lat. *sentire*, »fühlen«, »empfinden«]: Paranormal begabte Person.

Signifikanz [von lat. *significare* »anzeigen«]: In der Statistik Kennzeichnung für ein Ergebnis, das nicht zufällig zustande gekommen sein kann, sondern aufgrund einer Einflußgröße.

Spontanphänomen: Ein nicht provoziertes oder erwartetes paranormales Phänomen.

SRI [*Stanford Research Institute*]: Forschungszentrum in Menlo Park, Kalifornien.

Subtile Energie [»feinstoffliche Energie«]: Hypothetische Energie als Träger für anomale Effekte (vor allem bei → Bio-PK).

Telepathie [griech. »Fernerleiden«]: Informationsaustausch von Mensch zu Mensch ohne Zuhilfenahme der normalen Sinne.

TLE [Abk. für *Temporal Lobe Epilepsy*]: Schläfenlappenepilepsie.

Vorahnung (od. Ahnung): Undeutlicher, gefühlsbetonter → präkognitiver Eindruck.

Vorahnungsreflex (od. Ahnung): Reaktion des autonomen Nervensystems auf eine → Vorahnung.

Zufallsgenerator: Ein Gerät, das vollkommen zufällige Folgen von Zuständen erzeugt. [→ REG]

Danksagung

Bei der Vorbereitung des Manuskripts waren mir viele Menschen behilflich, deren wertvolle Hinweise meine Arbeit unterstützt haben. Mein besonderer Dank gilt Dr. Dean Radin, Prof. Dr. Dick Bierman und James Spottiswoode, die mir ihre neuesten und noch unveröffentlichten Arbeiten zur Verfügung gestellt haben. Für die Diskussionen ihrer wichtigen Experimente und der Psi-Forschung in ihren Ländern standen mir zahlreiche Kollegen zur Verfügung, denen ich meinen Dank aussprechen möchte: Carlos Alvarado, Dr. Richard Broughton, Dr. Keith Harary, Dr. Kimiko Kawano, Hideyuki Kokubo, Hong Zhang, Dr. Stanley Krippner, Prof. Dr. Andrei Lee, Li Zhi Nan, Prof. Dr. Yoshio Machi, Leszek Matela, Dr. Edwin May, Prof. Dr. Robert Morris, Alejandro Parra, Tom Porter, Dr. Hal Puthoff, Yoichiro Sako, Paul Smith, Dr. Toñu Soidla, Ingo Swann, Prof. Dr. Charles Tart, Dr. Wei Nengrun, Dr. Mikio Yamamoto. Zu Dank verpflichtet bin ich auch den Herausgebern der Zeitschriften *Journal of Parapsychology* (Dr. John Palmer) und *Journal of Scientific Exploration* (Marsha Sims), die mir die Verwendung von Abbildungen zu den Arbeiten von James Spottiswoode gestatteten, sowie dem Herausgeber des *Journal of the International Society of Life Information Science* (Dr. Mikio Yamamoto), der mir die Verwendung der thermographischen Aufnahme eines Qigong-Experiments ermöglichte.
Ganz besonders möchte ich mich bei meinem Freund Marco bedanken, der mit großer Sorgfalt und Begeisterung viele wertvolle Ratschläge und Ideen zur Abfassung des Manuskripts beigetragen hat. Wie immer hat es meine Frau Dagmar verstanden, nicht nur wichtige Anregungen zum Inhalt des Buches zu liefern, sondern mein alltägliches Leben so perfekt zu organisieren, daß ich das Manuskript zeitgerecht fertigstellen konnte. Für das aufmerksame Korrekturlesen bedanke ich mich bei Hannah und Claus Samtleben, sowie bei Claus Vester.

Personenregister

Auf den Spuren der wahren X-Akten

Hier wird erstmals nachgewiesen, daß Geheimdienste in UFO-Entführungen verwickelt sind. Machenschaften der militärisch-politischen-Elite werden aufgedeckt. Wenn Sie dieses Buch gelesen haben, werden Sie Realität und Freiheit nie wieder als selbstverständlich ansehen.

HERBIG